本书为国家社科基金青年项目"地域学派视野下方成珪考据学研究"（18CZS004）结项成果。

地域学派视野下方成珪考据学研究

刘思文 著

中国社会科学出版社

图书在版编目（CIP）数据

地域学派视野下方成珪考据学研究／刘思文著. —北京：中国社会科学出版社，2024.5
 ISBN 978-7-5227-3527-6

Ⅰ.①地… Ⅱ.①刘… Ⅲ.①考据学—研究—中国—清代 Ⅳ.①K092.49

中国国家版本馆 CIP 数据核字（2024）第 091527 号

出 版 人	赵剑英
责任编辑	王正英
责任校对	张爱华
责任印制	李寡寡

出　　版	中国社会科学出版社
社　　址	北京鼓楼西大街甲 158 号
邮　　编	100720
网　　址	http://www.csspw.cn
发 行 部	010-84083685
门 市 部	010-84029450
经　　销	新华书店及其他书店

印　　刷	北京明恒达印务有限公司
装　　订	廊坊市广阳区广增装订厂
版　　次	2024 年 5 月第 1 版
印　　次	2024 年 5 月第 1 次印刷

开　　本	710×1000　1/16
印　　张	25
字　　数	351 千字
定　　价	139.00 元

凡购买中国社会科学出版社图书，如有质量问题请与本社营销中心联系调换
电话：010-84083683
版权所有　侵权必究

方成珪画像

温州博物馆藏《方成珪传》

谨以此书献给我的母亲胡锦春女士！

序

　　刘思文博士的国家社科基金项目结项成果《地域学派视野下方成珪考据学研究》书成，可贺。由书名可知，这部专著主旨有三：地域学派、方成珪、考据学。该书四大版块各司其职：导言是理论，是全书指要，也是纲；上编为"研究"编，谈方成珪学术渊源、思想、成就与治学特色、影响及局限；下编是对方成珪八部代表著作的校勘和整理；最后附方成珪年谱和著述。全书研究将人、文、事、交、学相结合，以考据为切入点，以学派为观察点，以实实在在的文本考据为基础，少浮华之气，有朴学之风；凡材料有疑必考，凡考必遵广征群籍的古训，几乎每条都能看出作者扎实的考据功力和精谨的学术企图。这部书的特色在于，首次把方成珪放到地域学派的背景下，结合考据学理论，深入挖掘其于考据学方面的理论、实践、方法与成就；研究中用解剖麻雀的方式，条分缕析，不枝不蔓，有话多说，用材料说话，没有话就不说。这正是前人严谨治学、守正创新的优良传统。

　　凡学术必有时、空之辨，考据学也不例外。一代有一代之考据学，这是时代性；一地有一地之考据学，这是地域性。考据学必有文献、学者两端，有人才有学，有学必有术，有术则定有派。研究学术不离地理，考据学也不例外。把考据与地理组接而论起源很早，远者如"南人约简，得其英华；北学深芜，穷其枝叶"，近者如浙东、浙西，皖派、吴派，这都是以地域命名的学派。

　　学派肇始先秦。诸子百家，"家"就是学派。先秦两大显学，儒分为八，墨分为三；再往下，相里氏、相夫氏、邓陵氏，也是学派。两汉则有古文、今文；《诗》有齐、鲁、韩、毛，《论》则齐、鲁、古。

放大开来，中国学术史又有汉学、宋学之分。因此，在某种意义上说，研究学术史，就是研究学派史。学派又有历时形成和后人追认之分，有"同道""同利"之别。学派有学术思想分成的派别，也有学术师承分成的派别；有因旨趣相投自然形成的，也有根据研究领域、治学思想、学术方法而人为"分"成的。远有古、今文，近则有江藩《汉学师承记》和方东树《汉学商兑》。

方成珪（1785—1850）生活在清乾嘉时代，这是一个传统学术大发展的时代，也是后来人称为"乾嘉考据学"的黄金时代。从地域上说，瑞安考据学是清代中后期考据学的杰出代表。黄式三称誉方氏为"瑞安治考据之学自成珪始"，果如是，则以孙诒让为代表的瑞安考据学派沾溉良多。清人考据学，不仅用语言作为考据手段，也大量对语言文字以及语言事实做考据。在某种意义上说，清人考据学，实际上是语言文字考据学，可以简称为"语言考据学"。今天的学术界，有各种各样的学，甚至一个人、某个地域、某个城市都建立"学"，但唯独没有贯穿中国 2000 年学术发展史主流的考据学。不仅专业没有，课堂也没有，项目课题更少见，这是很不应该的，但又是值得深思的问题。

清人治学，先考据文本。王念孙《读书杂志》所做的工作其实就是两项：一是纠正文献之误，二是纠正后人理解之误。辩疑、证误，对时代、地域、传承原因，不懂的，要解释；文献本身错了，或前人理解错了，做辩解和纠正。方成珪较王念孙晚生四十一年，《集韵考正·自序》："文莫古于《说文》，韵莫详于《集韵》。惟其详也，故俗体兼收，讹字讹音亦不胜屈指。缘当时董其役者既未必精通小学，而卷帙繁重，馆阁令吏又不能致慎于点画之间。加以由宋迄今，递相传录，陶阴宵盲，展转兹多，固势所必然也。珪前在武林得汪君小米远孙校本，内多附严君厚民杰语，乃据未笺本雠对，惜止半部，未觏其全。丙午春以手校本就正于吴晴方学使，因假得学使与陈颂南侍御用毛斧季影抄宋板同校本，知所见之册与厚民本大同小异。其中如'去声十四太'残缺之字，藉以补足，余

序

亦拾遗订误得所据依,诚此生大快事也。"方成珪《集韵考正》罗织众本,取资《经典释文》《方言》《说文》《广雅》《类篇》诸书,查证字体异形和点画变化,订其讹误,补其疏漏,成为影响至今的集大成之作,在中国学术史上占据着重要位置。以小学为根柢,与王念孙《广雅疏证》异曲同工。

近代以降西学归来的学者,往往把语言学、语文学分成水火。其实,拿到汉语里来说,他们就是一家人。因为西方不讲文字学,汉语里要讲文字学,又不能把汉语的文字和语言截然分开。因此,凡讲中国传统语言学史的书,都把书名取成"语言学史"而极少取"语文学史"。与其把以注疏为特征的训诂学、以六书为主体的文字学、以韵书为中心的音韵学,以及清代以降的组合文献、语言考据称为"语文学",不如称为"语言考据学"更贴切。

语言考据学是以文献语言为研究对象,针对历代典籍中的形、音、义;人、事;地、时;文、典等事项,就未知问题抉发并求解、已知问题推因和释疑;对前修时贤的相关研究成果辨识、发难、补苴;考证、纠正文本流传过程产生的各种错误的一门语言学与考据学相结合的交叉学科。它的内涵可以简言之:语言考据学包括"对语言(事实)的考据"和"以语言作考据"。它的外延:考据学可以有历史考据学、文学考据学、地理考据学等,自然应该有语言考据学。语言考据学可以有音韵考据、词汇考据、语法考据,包括对语言(事实)的考据,无论形、音、义,无论对何种语言单位,包括但不限于词、语、段、篇的考据,也无论对何种语体、语境的考据,甚至异质语言事实的考据,都可以包括在内。

戴震、王念孙都是语言学家,这没有疑问。戴震说他自己的学问"不外以字考经,以经考字"。章太炎评价王念孙"以其绝学释姬(周)汉古书,冰解壤分,无所凝滞,伟哉千五百年未有其人";梁启超把王念孙的考据方法归纳为"注意""虚己""立说""搜证""断案""推论"。王念孙《读书杂志》是考据学的巅峰之作。主要成就也只是对文献的考据和对前人考据的再考据，即"足以破注家望文生义之陋"（卢文弨语）。清人考据又有个特点，就是以小学为手段，把音韵学作为基础，把义理作为目的。所谓"舟楫""阶梯"与"渡河""登高"，所谓"肩舆之隶"和"乘舆之大人"。方成珪做《集韵》诸书考据，走的也是这一路。宋慈抱称方成珪《集韵考正》《韩集笺正》《字鉴校注》等"校雠尤精"；孙诒让指方成珪"精通小学，自是后来巨擘，然以毕生精力尽于雠校，于经史巨编，未有论著，甚可惜也"。但我们认为，凡涉古典文献，文、史、哲、政、经、法、理、工、农、医、书诸学，无不需要考据。无考据则学不立，无考据则文献不安，无考据则事理无据，无考据则文章不实。不辨鲁豕陶宵，文章误读事小，贻笑天下事大。《书证》多举其例。方成珪精于校勘和小学，并非闲棋冷子，这为他的语言考据学成就打下了坚实的基础。

"鸟欲高飞先振翅。"思文博士为学勤勉，志则小学、文献相结合。2009 年，思文博士来学于余，在校收入学校最高荣誉"竢实扬华奖章"和四川省优秀毕业生，两获博士生国家奖学金，博士毕业论文得到评委很高的评价。思文博士一毕业，就获得国家社科基金青年项目，其结项成果《地域学派视野下方成珪考据学研究》很快就将出版。这部书是他迈入学术研究殿堂的第一步阶梯，也是他研究地域学派的一个小结，更是他进一步研究的起点。从中可以看到他治学方法的逐渐成熟，治学特点正在成熟。相信他会走稳每一步，也必将有所成就。

汪启明
二〇二二年七月于兰枫园寓所

目 录

导 言 1
 第一节 地域学风与学术流派 1
 第二节 瑞安学派与方成珪 5
 第三节 方成珪考据学的价值及意义 14

上编 研究篇

第一章 方成珪考据学背景及渊源 19
 第一节 时代背景 19
 第二节 文化浸润 20
 第三节 守正自得 23

第二章 方成珪生平、交游及著述 25
 第一节 生平考 25
 第二节 交游考 30
 第三节 著述考 61

第三章 方成珪考据学特色与局限 89
 第一节 考据特色 89
 第二节 学术局限 98

第四章　方成珪考据学成就与影响..............................104
第一节　考据成就..............................104
第二节　学术影响..............................108

第五章　方成珪考据成果专题研究..............................111
第一节　疏误考..............................111
第二节　字际考..............................120
第三节　音义考..............................132

下编　考校篇

《集韵考正》对读..............................146

《韩集笺正》对读..............................175

《字鉴校注》对读..............................184

《唐摭言校正》对读..............................205

《敬业堂诗校记》对读..............................278

《干常侍易注疏证》对读..............................309

《宝研斋吟草》对读..............................328

《守孔约斋杂记》对读..............................340

结　语..............................352

附录一　方成珪年谱简编..............................354

附录二　方成珪作品目录..............................380

参考文献..............................382

后　记..............................389

导　言

明末清初之季，以黄宗羲、顾炎武、方以智、阎若璩等为代表的大儒，重视对传统经籍的考证与整理，推崇汉儒训诂、考订之法，形成一股与宋明理学不同的朴学之风，影响了此期学术的走向。

第一节　地域学风与学术流派

专门学问的产生与其所在区域社会环境有着密切关系。"任何时代，都不存在一种全国共同的文化"①，只有地域文化，我们"不能不问地区笼统地谈中国文化"②。地域流派是研究区域社会环境与文化关系的样本，地域学者群的出现是区域文化繁荣的重要标志。历史上，兼有区域学术意义的学派，都与所在区域自然与人文环境有重要的联系。从稷下学派到濂、洛、关、闽四大学派，从荆州、湖湘学派到桐城、扬州学派等，"每一地域学风皆有其独到的文化域点，以及学问出处的关键部位"③。学术史家在观测这些地域学派现象时，"十分突出并强调其自然地理环境的影响力，甚至将学风与地理单元直接勾联在一处"④，但地域学派又不完全以地理界限来划分，它还需具备学说主旨、治学方法、成就影响等共性特征。如宋明浙东学派和清代瑞安学派代表并不全是籍贯为浙东或瑞安的学者，而是活跃于该地域的有相近治学旨趣、方法与学术思想的学者。

---

① 谭其骧：《中国文化的时代差异和地区差异》，《复旦学报》（社会科学版）1986年第2期，第7页。
② 谭其骧：《中国文化的时代差异和地区差异》，《复旦学报》（社会科学版）1986年第2期，第5页。
③ 王晓清：《中国地域学派叙论》，湖北人民出版社2013年版，第5页。
④ 王晓清：《中国地域学派叙论》，湖北人民出版社2013年版，第6页。

在有形的地域范围内，地域学者常因家学渊源、姻亲关系、师友交流等与同代学者交织成一张无形的地域学术网。如偏安浙东的瑞安县，自宋以来，学人蔚起。北宋皇祐年间，瑞安林石创办塘岙书塾，专研《春秋》，教授生徒，开创南宋永嘉学派，被尊称为"世宗师"，与王开祖、丁昌期合称"温州皇祐三先生"。南宋后，永嘉郑伯熊、郑伯谦、薛季宣、薛叔似，平阳王自中、乐清钱文子和瑞安陈傅良、叶适、蔡幼学、曹叔远等十多位学者继续将永嘉事功之学发扬光大。入清，瑞安学术取得蓬勃发展，涌现出以孙希旦、方成珪、孙衣言、孙锵鸣、孙诒让、陈黻宸、黄绍箕等为代表的瑞安学派，他们继承并发扬了以叶适为代表的永嘉之学和以陈亮、吕祖谦、章学诚为代表的浙东之学。这些地域学者与地域专门学术的出现，清晰地呈现了自宋以来浙东学术文化发展之脉络。

地域学术文化是中国文化的有机组成部分，它具有中华文化的一般特征，同时也有其独特的地缘内涵。当一代学术发展成熟时，有必要对其学术发展趋势、学者群体关系、姻亲家族门户和治学思想、方法及成就等加以梳理与总结，从地缘视角考察地域学术文化，是可行且有效的。不同地域学术文化共同构筑中国学术话语高地，进而影响一个时代的学术文化走向。梳理、考证、分析与总结地域学派发展脉络，有助于挖掘地域文化价值与内涵，激发中华传统文化的生机与活力。故从地域学派视角考察瑞安学派代表方成珪之考据学，或能更深刻地把握瑞安地域学术特点及方成珪考据特色、成就与影响。

一　瑞安与瑞安学派

瑞安（今浙江瑞安市）实《禹贡》扬州东瓯地，汉昭帝始元二年（前85）属回浦，吴赤乌二年（239）年析永宁县大罗山南境始建罗阳县。建县后，又先后于吴末帝宝鼎三年（268）、晋武帝太康元年（280）更名为安阳县、安固县。隋文帝开皇九年（589），撤横阳县入安固县，唐高祖武德五年（622）复置安固县、横阳县，贞观元年

导　言

（627）废横阳县入安固县，昭宗天复二年（902），始用今名"瑞安"。宋太宗太平兴国三年（978）撤县置两浙路，元世祖至元十三年（1276）升瑞安县为瑞安州，明太祖洪武二年（1369），又降县为州，明代宗景泰三年（1452）分瑞安县五都十二里置泰顺县。清圣祖康熙六年（1667）改属温处道温州府，划归浙江行省。清代瑞安县包括东南隅、东北隅、西南隅、西北隅、永丰厢五区和罗阳、清泰、南岸、集广、芳山、来安、嘉安和嘉义等八乡。

瑞安自北宋皇祐年间林石开创永嘉之学以来，学术风气逐渐变浓，涌现了如郑伯熊、郑伯谦、薛季宣、薛叔似、王楠、戴溪、陈傅良、叶适等一批永嘉之学的倡导者和实践者。清中叶后，瑞安学术取得前所未有的大发展，形成了以孙希旦、方成珪、孙衣言、孙锵鸣、黄体芳、孙诒让、陈虬、陈黻宸、黄绍箕、黄绍第、宋恕和陈怀等为代表的瑞安学派。他们在浙江省，乃至全国都有一定的影响和地位：孙希旦汉宋兼采，是乾嘉时期"以理通礼"的代表；方成珪精研小学，勤于考据，被誉为瑞安考据学之奠基者；孙诒让于经学、诸子学、考据学、校勘学和地方文献整理等方面皆有卓越成就，是清代古文经学强有力的殿军；陈虬、陈黻宸和宋恕传播西学理论，宣传维新思想，是名重清末学界的启蒙思想家。学派自成体系，具有很强的地域特色。它形成、发展、高峰和消失的过程，再现了清代浙东学术发展概况，是清代学术史中不可忽视的一个地域学派。

二　瑞安学派成因与特点

清代是学术研究集大成的时代。在这个时期内，学派纷呈，大师迭出，成果丰硕，成为中国古代学术发展的一个高峰。瑞安学派作为清中后期的地域学派，其形成的原因是多方面的（详见拙文《清代瑞安学派成因探析》）。[①]受永嘉之学和浙东之学浸润与影响，明中叶至清的学

[①] 刘思文：《清代瑞安学派成因探析》，《西华大学学报》（哲学社会科学版）2017年第5期，第27—32页。

术发展、文字狱及《四库全书》等典籍纂修和科举、书院的驱动，还有家学渊源、姻亲关系、师友交流推动等。除这些因素外，地域环境也是促进学派形成的重要外因。瑞安地处浙东沿海，是重要的造船中心和海陆贸易港口，频繁的商业活动与文化交流，使其成为经济文化中心，为瑞安学术发展提供了强有力的物质保障，有利于瑞安学者接触并了解西方文化，从中汲取营养，形成具有浓厚地域特色的瑞安文化。

受浙东地域学术文化与乾嘉考据学的综合影响，瑞安学派的治学理路呈现出清代朴学严谨审慎、求实求真之共性，同时又有新派学者通经致用、中西结合之特色，使学派保持了道德与事功的和谐统一。其中，求实求真是学派的治学核心，主要表现在以孙希旦、方成珪、孙衣言、孙锵鸣、黄体芳、孙诒让等为代表的学者打破畛畦之见，唯是而从；主张摒弃空谈，用实证说话；并提倡有价值的学术批评，反对不切实际的妄断等，这些或多或少都具有调和时代学风之意识。面对救亡图存的时代主题，学派中人冲破乾嘉考据藩篱，主动接受并学习西方理论与方法，是学派治学中较有价值的一面。

三 瑞安学派成就与影响

乾嘉考据学是清代最有代表性的学术。"清朝人的学问，经学而外，最发达的是小学，在这一期中，也焕然大明。讲考据最切要的工夫，使古学复明最紧要的手段，是校勘和辑佚，到这一期而其法大备。"[①]瑞安学派涉猎广泛，研究成果遍及经学、诸子学、小学和文学等多个方面，内容则主要侧重文献考据。经学方面代表著述有孙希旦《礼记集解》、方成珪《干常侍易注疏证》和孙诒让《周礼正义》等；诸子代表作有孙锵鸣《〈吕氏春秋〉高注补正》和孙诒让《墨子间诂》等；小学代表作有方成珪《字鉴校注》《集韵考正》和孙诒让《札逡》《契文举例》等；文学代表作则有方成珪《唐摭言校正》《韩集笺正》和黄绍箕《楚辞补注》等。这些考据成果，是清代学术成果的重要组成

---

① 吕思勉：《中国大历史》（下），民主与建设出版社2015年版，第644页。

导 言

部分。

瑞安学派学者重视地区政治经济文化的建设，在政治、经济、文化、教育和医学等领域占有非常重要的地位，对清末民初社会产生了极为深远的影响。学派代表孙希旦、孙锵鸣、孙衣言、黄体芳、黄绍箕、黄绍第和陈黻宸等先后中进士，他们积极参与政事，为兴国安邦出谋划策。如孙诒让、宋恕和陈怀等重视地方教育文化事业发展，不仅亲自参与创建瑞安学计馆、方言馆、蚕学馆和毅武女学堂等，还担任温州府中学堂、上海龙门书院、永嘉三溪书院、瑞安翼圣学堂等书院或学堂之教习，培养并影响了以项骧、林损、李笠、宋慈抱、戴家祥等一批浙东学者，促进了浙江教育文化事业的发展。又如"东瓯三先生"之一陈黻宸曾批判"求中学者，病西学；求西学者，病中学"之观点，主张"融汇中西"，并在其主编的《新世界学报》中开辟了理财学、工学等特色栏目，以启迪民智，激发地区发展活力。还有思想家陈虬，一直致力于中医实践，创办了全国第一所新式中医学堂，切实推动了中西医人才培育与发展。

第二节 瑞安学派与方成珪

瑞安学派是清中叶后一个重要的地域学派，考据学是他们其中一部分人的终身事业。方成珪是瑞安学派的中坚力量，也是瑞安考据学的开创者与奠基人。方成珪于嘉庆十三年（1808）中举，历任海宁州学正、宁波府学教授等。生平博览群书，精于音韵训诂、勤于校雠，著有《集韵考正》《韩集笺正》《字鉴校注》《唐摭言校正》《敬业堂诗校记》《干常侍易注疏证》《宝研斋吟草》和《守孔约斋杂记》等著作 13 种，约计 150 卷。清代学者黄式三非常赏识其才华，称赞"瑞安治考据之学自成珪始"[1]，朴学大师孙诒让对他更是推崇备至。

有清以来，讲议学派之风大盛。先有浙东、浙西之分，后有吴、皖之

---

[1] 易瑶瑶：《北宋至民国瑞安的藏书楼》，《温州文物》2018 年第 16 辑，第 24 页。

别。瑞安出现了孙希旦、方成珪、孙衣言、孙锵鸣、黄体芳、孙诒让、陈虬、陈黻宸、黄绍箕、黄绍第和宋恕等一批在浙江，乃至全国有一定影响和地位的学术群体。学界已有如俞天舒《黄绍箕集》（1998）、孙延钊《孙衣言孙诒让父子年谱》（2003）、李海英《朴学大师孙诒让传》（2007）、陈镇波《宋恕评传》（2010）、尹燕《陈黻宸学术思想研究》（2011）、洪振宁《孙希旦：清代品学兼优大学者》（2015）等成果。前贤时修之研究多为介绍瑞安学者时连带而及，未有专门从地域学派视野下考察方成珪生平学术之研究。爬梳剔抉，综述如次。

一 关于地域学派的研究

地域文化是中华文化的有机组成部分，它既具有文化的一般特征，同时又具有独特的区域内涵。正是这种地域差异性，给文化研究提供了丰富素材，涌现了许多地域文化研究成果。当前关于地域学派之研究，主要围绕以下内容展开。

一是湖湘学派研究。湖湘学派起于北宋周敦颐，中经胡安国、胡宏、张栻宣讲，后历朱熹、王夫之推动传播，至清末邓显鹤、曾国藩光大，直至新中国成立后才逐渐退出历史舞台，跨越了千余年，是湖湘文化的重要代表。学界对湖湘学派的研究，随时间的发展而呈现一定阶段性。20世纪以前，学界主要从代表人物、学术渊源、学术特色和成就影响等方面进行研究。代表性著述如陈谷嘉《张栻与湖湘学派研究》介绍了张栻生平、本体论逻辑结构体系、认识论思想体系特色和人性哲学、圣德王功之学、道德学说及道德规范系统与教育思想，指出湖湘学派是理学阵营中颇具特色的重要学派。[①]还有陈谷嘉等《湖湘学派源流》则对湖湘学派思想渊源、学术成就、学派特色、代表人物、师承关系、传统走向和历史影响诸方面作了多方位、多视角对比考察，阐述了湖湘学派与同代朱熹闽学、陆王心学、南宋浙东学派间相互渗透、相互影响之关系[②]。

[①] 陈谷嘉：《张栻与湖湘学派研究》，湖南教育出版社1991年版，第16—139页。
[②] 陈谷嘉、朱汉民：《湖湘学派源流》，湖南教育出版社1992年版，第292—369页。

导 言

　　21 世纪后,学界逐渐转向湖湘学派文学成果及其与其他学者或文化之间的关系研究。如宁淑华《南宋湖湘学派的文学研究》突破理学研究的传统范式,以湖湘学派大家所存文集为研究对象,全面分析了湖湘学派文学思想及其作品,提出湖湘学派文学的总体特色为:重道轻文的文学观念、论学论道的本色追求、慷慨论证的经世趋向和诗歌明道以节情。[①] 又如朱汉民《湖湘学派与湖湘文化》结合理学思潮史背景,重点解析了湖湘学派胡安国、胡宏、胡寅、张栻等与湖湘文化及其他地域学派之间的关系。[②] 再如杜钢建等《李栗谷的法思想与湖湘学派》[③] 和刘俊《"观过知仁"说释义——兼论朱子与湖湘学派的论辩》[④] 将李栗谷的法思想、朱子的"观过知仁"与湖湘学派思想进行对比,探究其中的异同与价值。这些成果中不仅有宏观的纵向梳理,也有微观的横向对比,研究视野总体较为开阔,但交叉研究类成果稍显欠缺。

　　二是永嘉学派研究。永嘉学派是南宋时期浙东永嘉地区形成的,提倡事功之学一个儒学流派,它是南宋浙东学派中一个先导学派,它曾与理学派、心学派形成三足鼎立之势。20 世纪末以来,相关的研究论文,呈现蓬勃发展之势,出现许多佳作。21 世纪以前,学者主要从总体上讨论永嘉学派学术渊源、成就与地位。代表作如章柳泉《南宋事功学派及其教育思想》系统论述以陈亮、叶适为代表的事功学派成因、影响,对事功学派教育目的、教学内容、方法和风格进行探讨,梳理出南宋事功学派学术思想及成就。[⑤] 周梦江《叶适与永嘉学派》考证叶适与永嘉学派的学术渊源及流传,认为叶适早期的思想与朱熹没有严重分歧,当其罢官回乡重新思考哲学,并建立理论体系后才明确反对道学思想。[⑥] 还有陈

---

① 宁淑华:《南宋湖湘学派的文学研究》,湖南人民出版社 2009 年版,第 177—198 页。
② 朱汉民:《湖湘学派与湖湘文化》,湖南大学出版社 2010 年版,第 72—284 页。
③ 杜钢建、赵香如:《李栗谷的法思想与湖湘学派》,《法治湖南与区域治理》2012 年第 3 期,第 357—389 页。
④ 刘俊:《"观过知仁"说释义——兼论朱子与湖湘学派的论辩》,《江淮论坛》2014 年第 5 期,第 108—113 页。
⑤ 章柳泉:《南宋事功学派及其教育思想》,教育科学出版社 1984 年版,第 34—109 页。
⑥ 周梦江:《叶适与永嘉学派》,浙江古籍出版社 1992 年版,第 16—125 页。

国灿《论南宋浙东事功学派的历史地位》指出,以叶适为代表的永嘉学派是当时事功思潮的主流,其一度与理学相鼎峙,引起广泛的社会反响,对后世的影响很深远,其在中国学术文化史上占有重要的地位。①

进入 21 世纪后,研究的视野逐渐扩大,学者们开始对永嘉学派史学、经济、法律等思想进行探究。如方如金等《论南宋浙东事功学派的史学思想》从学派研究历史的出发点、所坚持的历史进步论、呼吁史学体裁的变革及主张六经皆史、注重发挥义理的观史方法等角度入手,分析了永嘉学派的史学思想,指出其史学思想始终围绕"事功之学""经世致用"的大方向展开,贯穿着朴素唯物主义辩证法。②又如方如金、赵瑶丹《论南宋浙东事功学派的富民强国思想》主要从经济角度总结了永嘉学派主张"农商并重",提倡保护富人,倡导轻徭薄赋,呼吁施行有利于百姓发展的各种措施,以实现藏富于民,最终达到民富国强、国家中兴之目标。③还有王宇《试论永嘉学派的活动方式——以陈傅良门人集团为中心》④和刘冬梅《叶适事功法律思想研究》⑤等集中分析了永嘉学派游学与法律思想活动。这些研究跳出了纯学术研究,注意从文献中发掘对社会发展有启发意义的内容,视角更为多元,论证更为深刻。

三是泰州学派研究。泰州学派是中国历史上一个典型的思想启蒙学派,学派创始人王艮发扬了王守仁的心学思想,引领了明朝后期的思想解放潮流。改革开放以来,学界陆续发表了一些研究成果,涌现了一些佳作。如林子秋等《王艮与泰州学派》重点介绍泰州学派创始人王艮的家世、生平、著作和哲学思想、伦理思想、社会政治思想、经济思想和教育思想,阐述了泰州学派巨擘王栋、王襞,学派代表颜钧、何心隐、

---

① 陈国灿:《论南宋浙东事功学派的历史地位》,《浙江师范大学学报》(社会科学版)1995 年第 6 期,第 24—28 页。

② 方如金、张敏卿、赵瑶丹:《论南宋浙东事功学派的史学思想》,《温州大学学报》2004 年第 6 期,第 61—66 页。

③ 方如金、赵瑶丹:《论南宋浙东事功学派的富民强国思想》,《文史哲》2005 年第 6 期,第 62—69 页。

④ 王宇:《试论永嘉学派的活动方式——以陈傅良门人集团为中心》,《浙江社会科学》2007 年第 4 期,第 167—178 页。

⑤ 刘冬梅:《叶适事功法律思想研究》,硕士学位论文,重庆大学,2014 年,第 23—38 页。

导 言

李贽、焦竑、汤显祖和袁宏道等学术思想及其成就。[①]蔡文锦等《泰州学派通论》从胡瑗与泰州学派渊源关系、王艮与泰州学派创立、泰州学派其他代表人物三方面探讨了泰州学派学术渊源、代表人物、学术成就及历史影响，指出泰州学派的产生是宋明理学演变的必然，其总体发展趋势是从理本论走向心本论。[②]还如吴震《泰州学派研究》从厘定"泰州学案"入手，集中探讨了泰州学派王艮、王襞、王栋、颜钧、何心隐、罗汝芳等主要代表的思想及行为，认为泰州学派的思想特征有浓厚的社会取向、政治取向和宗教取向，其思想立场大多取于阳明心学的"现成良知"说，同时又有"回归孔孟"的思想。[③]这些佳作多从整体上纵向考察泰州学派学术渊源与历时发展，尚未将其与其他地域学派或学者进行共时的横向对比研究。

四是浙东学派研究。浙东学派源起于宋代，中兴于明代，盛行于清代。学派继承并发扬了浙东学术传统，倡导"经世致用"，对中国近代学术特别是日本和东南亚影响很大。清末以来，相关的研究文章较多，按时间顺序可分为三个主要阶段。第一个阶段是20世纪中期以前，代表学者有张其昀、陈训慈、何炳松和大经。前两人均为近代历史学家柳诒徵的学生，他们相继发表《宋代四明之学风》《浙东史学管窥》和《清代浙东之史学》三文，对推动浙东学派研究做出了积极贡献。之后何炳松《浙东学派溯源》较系统地梳理了浙东学派史学渊源，全书围绕浙东学派产生的背景、程朱二人思想区别、理学实质特点和方法论及浙东学派兴起发展等内容，回溯了宋以前我国儒道释三家源流，指出南宋后我国学术思想有"由佛家思想脱胎出来的陆九渊一派心学，由道家思想脱胎出来的朱熹一派道学和继承儒家正宗思想而转入史学研究的程颐一派"[④]三个系统，南宋后程颐一派的学说流入浙东，演化成了早期的浙东史学。

[①] 林子秋、马伯良、胡维定：《王艮与泰州学派》，四川辞书出版社2000年版，第14—165页。
[②] 蔡文锦、杨呈胜：《泰州学派通论》，江苏人民出版社2005年版，第29—104页。
[③] 吴震：《泰州学派研究》，中国人民大学出版社2009年版，第42—405页。
[④] 何炳松：《浙东学派溯源》，上海：商务印书馆1933年版，第4—150页。

浙东学派研究的第二个阶段是 20 世纪中后期至 21 世纪初,此期围绕浙东学派和代表人物召开了多次学术会议,出版了如王凤贤等《浙东学派研究》、管敏义《浙东学术史》、方如金等《陈亮与南宋浙东学派研究》、陈祖武《明清浙东学术文化研究》等系列著作,将浙东学派研究推向高潮。论文方面较有代表者如潘富恩等《论浙东学派的事功之学》,该文从事功之学理论依据、政治教育观、伦理观和历史观四个方面对南宋浙东学派事功之学进行论述,认为南宋浙东学者的民族自尊心、关心国家大事的公利心和注重历史与现实相结合研究之法对时下仍有借鉴意义。[①]第三个阶段是近二十年,学者侧重讨论浙东学派思想特点,代表作如赵连稳《清代浙东史学派经世致用思想》,其提出浙东史学经世致用思想的产生既是对我国古代史学传统的继承,又是明末清初社会现实的反映,它随清代社会发展变化呈现出形成、鼎盛、式微和终结,是一个从批判现实到为现实服务,从不和清廷合作到逐步与其合作的过程。[②]他如吴光《黄宗羲与清代浙东学派》从黄宗羲生平与著作成就入手,重点分析黄宗羲在政治、史学、文学和哲学方面的创新,肯定了其作为浙东史学开创者的历史地位。[③]

五是扬州学派研究。扬州学派是乾嘉汉学的重要分支,其学术渊源远及顾炎武,近承乾嘉吴皖两派,形成于乾嘉时期,开启了近代学术之先河。所以,研究扬州学派学者成果,成为改革开放以来学界研究的热点。概论性成果如扬州师院学报编辑部、古籍整理研究室编的《扬州学派研究》,书中收录有如赵航《"扬州学派"散论》、王世华《刘师培与章太炎的〈新方言〉》、许卫平《浅论扬州学者在方志学方面的成就》、华强等《戴震与扬州学派》等 17 篇研究扬州学派的论文,梳理了扬州学派形成发展情况,总结出学派重视传统、喜研学术史、富有开拓精神等特点以及在地理学、方志学等多个领域的成就,倡导在继承和发

[①] 潘富恩、刘华:《论浙东学派的事功之学》,《复旦学报》(社会科学版)1994 年第 5 期,第 49—54 页。
[②] 赵连稳:《清代浙东史学派经世致用思想》,知识产权出版社 2005 年版,第 43—162 页。
[③] 吴光:《黄宗羲与清代浙东学派》,中国人民大学出版社 2009 年版,第 17—243 页。

导　言

扬清代扬州学派传统的基础上，利用各种科学新成果，发掘并创建新的"扬州学派"。[①]还有如赵航《扬州学派新论》（1991）[②]《扬州学派概论》（2003）[③]和赵昌智编《扬州学派人物评传》（2007）[④]等介绍了学派代表人物学术专长、渊源、价值、地位和影响等，梳理并总结了扬州学派的发展历程与主要贡献。

关涉扬州学派的专论性成果如刘建臻《清代扬州学派经学研究》，其对扬州学派前、中、后三个时期的 23 位代表学者经学思想、方法、特点与成就作了专门梳理与归纳，认为扬州学派经学对清末民初曾国藩、俞樾、孙诒让、章太炎、刘师培等人产生了重要影响。[⑤]又如李贵生《传统的终结　清代扬州学派文论研究》从扬州学派文论的两大方向、经学与文学之交汇、骈文正宗论的经学根据和传统文论的夕照余晖四个方面阐述了学派文学成就，指出扬州学派文论是西学东渐前中国最后一套原生态的文学评论，标志着传统文论的终结，其影响力一直延续到民国初年。[⑥]还如张晓芬《天理与人欲之争　清儒扬州学派情理论探微》认为扬州学派慢慢转换了中国传统哲学，从形上精神的探索走向具体经验的实践。[⑦]他如孙显军《扬州学派教育叙事　以汪中汪喜孙父子为例》对二孙家世、庭训、母教、学历和举业等探讨，侧面展示了扬州学派的教育思想与特点。[⑧]这些研究总体上向着更细化的方向发展。

六是关学学派、荆州学派、八桂学派研究。关学学派、荆州学派和八桂学派等地域学派也受到了学者的关注，产生了一些研究成果。研究关学学派典型作品有陈俊民《张载哲学思想及关学学派》，该书分总

---

① 扬州师院学报编辑部、古籍整理研究室编：《扬州学派研究》，扬州师院印刷厂 1987 年版，第 4—291 页。
② 赵航：《扬州学派新论》，江苏文艺出版社 1991 年版，第 1—9 页。
③ 赵航：《扬州学派概论》，广陵书社 2003 年版，第 1—18 页。
④ 赵昌智编：《扬州学派人物评传》，广陵书社 2007 年版，第 66—456 页。
⑤ 刘建臻：《清代扬州学派经学研究》，江苏人民出版社 2004 年版，第 261—314 页。
⑥ 李贵生：《传统的终结　清代扬州学派文论研究》，复旦大学出版社 2009 年版，第 61—183 页。
⑦ 张晓芬：《天理与人欲之争　清儒扬州学派情理论探微》，秀威资讯科技股份有限公司 2010 年版，第 39—373 页。
⑧ 孙显军：《扬州学派教育叙事　以汪中汪喜孙父子为例》，南京大学出版社 2014 年版，第 17—144 页。

论、本论和附论三部分探讨了宋明理学思潮中关学思想的源流、形成、发展及终结的历史过程，剖析学派领袖张载确立的关学主题、结构原则和思辨逻辑。①研究荆州学派代表作如鲁锦寰《汉末荆州学派与三国政治》，其详细梳理了荆州学派产生的学术背景及渊源，认为学派形成于汉魏之际，以宋忠、司马徽为核心，精髓是标新立异、薄古厚今，富有新思想，专于革新政治，鄙视名教之治，主张名法政治，讲求经世致用。②研究八桂学派的佳作有陈吉生《试论中国民族学的八桂学派（一）》，该文系统论述了八桂学派的成因与发展历程，指出其是一个兴起于桂林的以研究少数民族为中心的地域学派，它在历史文化、学术环境和改革开放等多重因素综合影响下形成，对广西经济文化事业发展有重要影响。③这些研究因关注度不及湖湘学派、永嘉学派、扬州学派等，研究的广度和深度均有待进一步拓展。

总的来说，清末以来，海内外学者比较关注地域学派，研究视角与范围不断开阔，取得了一些有影响力的成果，为地域学派研究提供了丰富的史料。同时，这些研究也存在一些不足。第一，研究目标过于集中。学者主要关注湖湘学派、泰州学派、浙东学派和扬州学派等知名度较高的地域学派，忽视了对荆州学派、八桂学派等影响力较低的学派进行多维考察。第二，横向研究略显不足。学派产生发生离不开时代背景及其周围社会文化环境的影响。现有成果偏向纵向梳理学派历时发展情况，对学派内部、学派之间以及学派与其他领域共时比较分析的成果偏少。第三，多数研究专注于经学、史学、文学和哲学等传统领域，学科交叉研究成果比较少，仍有待进一步发掘与拓展。

二 关于方成珪的研究

如前所述，学界对方成珪的关注不多，且多数成果仅是连带而及。

---

① 陈俊民：《张载哲学思想及关学学派》，人民出版社1986年版，第32—134页。
② 鲁锦寰：《汉末荆州学派与三国政治》，《中州学刊》1982年第4期，第105—110页。
③ 陈吉生：《试论中国民族学的八桂学派（一）》，《广西社会科学》2008年第7期，第17—20页。

导 言

相关成果可分为生平及著述研究、专题研究和其他研究三大类。

一是生平及著述研究。生平研究，如徐世昌《清儒学案》（1938）、潘猛补《温州历史文选》（1998）和刘思文《清代瑞安学派考据学研究》（2017）等概述了方成珪名号、生卒、籍贯、经历和著述等，认为方氏精于校雠、训诂和音韵，是瑞安考据学的奠基人。著述研究，综合性成果如林大同《鉴止水斋谭屑》（1837）、孙诒让《温州经籍志》（1877）和孙衣言《瓯海轶闻》（1886）等集中介绍了方成珪著述名称、卷目、种类、成书过程与散佚情况。专书研究有孙诒让（1879）、陈准（1937）、邱棨鐊（1974）、张渭毅（1999）、陈新雄（2005）、赵振铎（2006，2012）等对《集韵考正》出版、流传、内容等作了考证，认为《集韵考正》的贡献已超出《集韵》，是小学类韵书影响至今的集大成之作，在中国学术史上占有重要位置。另有陈准《方成珪〈韩文笺正〉跋》（1928）、余麟《新书介绍与批评：〈韩集笺正〉》（1928）对方成珪《韩集笺正》成因、刊印和流传及价值作了简要介绍。

二是专题研究。年谱研究，如孙诒让《方成珪先生雪斋传略》（1891）、瓯风杂志社《方雪斋年谱》（1934，因经费不继未出）综合各类材料，梳理了方成珪生平、著述、治学、交游、政绩与学人对其评价，认为长期出仕官场的方成珪，身上不乏清一代瑞安淳厚的士风和学风，其诗作亦显古雅持重，不失为才气横溢的诗人。诗文研究，如孙元培《待雪楼记》（1838）介绍了方成珪与好友蔡载樾诗文交流情况，肯定了其诗文的进步意义与作用。

三是其他研究。如阮元《两浙輶轩录》（1798）、孙衣言《瓯海轶闻》（1886）中主要介绍了方成珪生平事迹、学术成就和藏书爱好，指出方成珪藏书不局限于单纯的古籍收藏和管理，而是搜集整理古籍，并对其进行细致考校，其在校雠、考据上的贡献和成就最大。

总的来说，学界已取得一定成果，为接下来的研究奠定了良好的基础。存在的问题有：第一，重视对《韩集笺正》和《集韵考正》等代表著述之研究，忽略对《敬业堂诗校记》《唐摭言校正》《干常侍易注疏证》和《字鉴校注》等考据成果的研究；第二，缺乏历时与共时的比较研究；第三，虽有成果涉及方成珪生平与著述，但多是研究瑞安学者或著述时连带而及，琐碎零散，未成系统。

第三节　方成珪考据学的价值及意义

方成珪是乾嘉以来一位不可忽视的考据学者，其博采众长，考勘并举，著述丰富，是清代瑞安学派的重要代表。尽管方成珪部分著述散佚且久失整理，但其学术价值及对清末学术影响值得重视。从地域学派视角考察方成珪考据学，具有重要的现实价值和社会意义。

一　方成珪考据学的价值

（一）学术价值

瑞安学派是清代学术史上一个承上启下的地域流派。方成珪是学派中身跨乾、嘉、道三代的重要代表，研究其考据学渊源、特点与成果，将拓宽清代地域学派研究领域。再者，方成珪精研小学，提倡实学精神，重视典籍考据，分析其治学生平、思想、方法与成就，将丰富和深化浙东区域文化研究。另外，方成珪承宋永嘉事功之学与清乾嘉考据学统，成果遍布经学、小学、文学等领域，研究其考据学将为中国考据学史研究提供借鉴。

（二）应用价值

民间文献发掘与整理必须具有地域的、典型的代表性成果，离开传统的学术探究，就如无源之水、无本之木。方成珪作为瑞安学派重要代表、瑞安考据学的开创者，其著述中蕴含有丰富的可资借鉴的资源，通过梳理、考证、分析与总结，有助于挖掘中华优秀传统文化价值内涵，深化对中华优秀传统文化重要性的认识，进一步增强文化自觉和文化自信，激发中华优秀传统文化的生机与活力，推动中华优秀传统文化的传承发展。

导　言

二　研究方成珪考据学的意义

方成珪是清代瑞安学派的核心人物，由于方成珪著述散佚与关注少等原因，其学术成就及影响被忽视。我们依托杭州、温州、瑞安等地稀见图书文献资料，客观地呈现方成珪学术生平与成就，为地方历史人文资源开发利用和社会文化建设提供一定的资料参考。另者，文化名人是地域文化的一张名片。梳理方成珪考据学精神，彰显其丰硕学术成就，对激发地域文化自豪感，激励时人学术创新精神和历史使命感，有着十分重要的现实意义。同时亦可补充与丰富清代考据学研究，为日后的学术研究提供文献参考。

上编　研究篇

第一章　方成珪考据学背景及渊源

一代有一代之学术，学术研究不能脱离时代。方成珪所处清中期是朴学大发展时期，也是考据名家辈出、考证成果纷呈的一个时期。受时代氛围、地域文化之影响，方成珪远绍近承，深造自得，成了瑞安考据学的开创者。

第一节　时代背景

清代是中国传统文化的整理与总结时期，朴学成了此期最具代表性的学术。方成珪考据学之丰硕成果，也得益于时代发展所提供的条件。清初，社会趋向安定，为学术发展提供了一个良好的环境。顺、康两朝承明制，崇尚宋学，尊信程朱，主张用四书五经"揭大义而示正理"[①]。雍乾以后，屡兴文字狱，学者噤若寒蝉。与此同时，"统治者为要杜绝后患，转移人们的视线，利用大规模修辑'类书'和开'博学鸿词'科等方法来牢笼知识分子"[②]，清儒转向典籍考据。乾隆中期后，朴学逐渐取代理学，成为学术主流。梁启超（1873—1929）称清中叶后之考据学"几乎独占学界势力，虽以素崇宋学之清室帝王，尚且从风而靡，其他更不必说了。所以稍为时髦一点的阔官乃至富商大贾，都要'附庸风雅'，跟着这些大学者学几句考证的内行话"[③]。可见考据学之学术地位与影响。

乾嘉时期，以惠栋、江声、余萧客等为代表的吴派和以戴震、金

[①] （清）王先谦：《东华续录（乾隆朝）》卷85，清光绪十年长沙王氏刻本，第1999页。
[②] 张舜徽：《清代扬州学记》，上海人民出版社1962年版，第17页。
[③] 梁启超：《中国近三百年学术史》，天津古籍出版社2003年版，第27页。

榜、程瑶田等为代表的皖派成为学术主流。他们主张运用小学训诂方法，搜集疏通汉儒经注，恢复儒家学说基本精神。"这一时期，无论研究经学、史学、文字学、音韵学、地理学、校勘目录学、天文历算学，几乎都用考据的方法，包括对古籍的校勘、辨伪、辑佚，对旧史的补作、改写与考证，以及运用金石材料考经证史等，整个学术界都被纳入到考据的轨道，考据成为一种时代的精神。"[①]乾嘉考据学者反对宋明理学之空疏，提倡脚踏实地之考证，主张"实事求是""无征不信"，总结整理了历代文献典籍，涌现了如《尚书古文疏证》《读史方舆纪要》《廿二史考异》《四书释地》《古今伪书考》等一批代表性考据著述，推动了考据学的蓬勃发展，对清中后期学界产生了深远的影响。

方成珪治学的时间主要集中在嘉庆、道光年间，其时乾嘉考据学虽已过鼎盛阶段，但考据学仍是当时的主流学术，对方成珪治学产生了重要影响。治学精神上，方成珪秉持乾嘉学者"实事求是""无征不信"之精神，追本溯源，参互钩稽，考较求绎，发扬了乾嘉考据学风。治学方法上，考据是方成珪贯彻始终的研究方法，他除运用考据法治经史外，还用其研究《集韵》《字鉴》等字韵书和《王右丞集》《韩昌黎集》《唐摭言》等诗文集，其研究范式与同时代、同地域孙诒让《札迻》《契文举例》《名原》和黄绍箕《汉书艺文志辑略》《楚辞补注》等成果没有本质区别，都是时代大环境影响所致。治学领域上，方成珪治学对象亦如乾嘉诸儒，不仅涵盖经史中文字、音韵和训诂，还关涉文学典籍校勘、辑佚与辨伪，他将历代典籍都纳入考据中，极大丰富了考据内容。此外，乾嘉诸儒考据成果也为方成珪治学提供了坚实基础，间接推动了其考据学向前发展。

第二节 文化浸润

方成珪家乡瑞安地处浙江东南沿海，历来是浙南政治、经济、文

---

① 庞天佑：《考据学》，《新国学三十讲》，凤凰出版社2011年版，第364页。

化、交通之要地。三国时，瑞安横屿船屯已是当时著名的造船中心，海上船只贯通南北和长江各口岸。唐宋后，瑞安飞云江口北岸的双穗盐场成为温州的五大盐场之一。元明两代，朝廷专设检校批验盐引所、检校批验官、盐场司令和盐课司大使等监督、管理盐场。入清，瑞安沿江地区出现了许多商肆，频繁的商业活动使瑞安成为东南沿海繁华的商业城市。在此基础上，瑞安成了木雕、竹丝画帘、木活字印刷等文化中心，为士人做学问提供了优厚的条件。同时，雄厚的经济实力又带动了私塾、学堂、书院的发展，促进了地域文化的交流与传播。

瑞安不仅港口经济发达，更有深厚的文化积淀。自宋以来，学人蔚起，涌现一大批学者。从开创南宋永嘉事功学派的林石（1004—1101），到发扬永嘉事功之学的陈傅良（1137—1203）、蔡幼学（1154—1217）、曹叔远（1159—1234）、曹豳（1170—1249）；从传播程朱理学的北宋"元丰太学九先生"之一周行己（1067—1125）和许景衡（1072—1128），到融通功利与义理的南宋永嘉事功学派集大成者叶适（1150—1223）；从元末"南戏鼻祖"高则诚（1305—1359）到明代书家任道逊（1422—1503）和姜立纲（1444—1499）等，他们开创并传播的永嘉事功之学与撰著的《永嘉谱》《浮沚集》《横塘集》《水心先生文集》和《琵琶记》等作品对宋之后的学者产生了积极影响，推动了瑞安学术文化的发展。

入清以来，瑞安学术取得了长足发展，形成了以孙希旦、方成珪、孙衣言、孙锵鸣、孙诒让、陈黻宸、黄绍箕、宋恕等为代表的地域学术群体。他们继承并发扬永嘉事功之学与乾嘉考据之学，成为清中后期一个重要的学术流派。近代学者马君武（1881—1940）《浴日楼诗文稿·序》指出：

> 瑞安自乾嘉来，文学派别亦与中原脉络息息相通。孙敬轩以经学名家，孙琴西、仲容父子继之，大昌治礼之学。黄仲弢、宋平子、陈介石长于史事，皆卓然自成一家。清之有瑞安，一如宋

之有永嘉，为异军特起者也。微尘于瑞安学派中为长于史事者，故其所为文条达渊茂，所为诗瑰异博丽，回肠荡气，令人有一唱三叹之思。①

如序文所言，清代瑞安自乾嘉以后，"人文蔚起，若孙希旦之治《礼记》，方成珪之治《集韵》，孙氏之治《周官》《墨子》及籀文，陈黻宸之治子史，皆卓然成家"②。他们专于典籍考据，取得了显著的成就，是一个异军突起的地域学派。方成珪生活在瑞安这块人文宝地，在其治学、研学过程中，或多或少都受到地域文化之影响。瑞安文史学家宋慈抱（1895—1958）《瓯海轶闻续编·自叙》：

> 瓯海一隅，虽称鄙陋，南宋时，经制学说，足与程朱相抗衡；有清时，考据学说，足与段玉相对垒。焕乎盛哉！……考据学说也。孙希旦于"三礼"专治小戴，为《集解》五十卷，疏通郑、孔之窒，补苴宋、元所无。名物制度，考索详矣。校《玉海》及《契丹国志》，又纂修三通、国史，卒以积劳而卒。方成珪为《集韵考正》《韩文笺正》，未刻如《困学纪闻校》及《东莱读诗记校》，则雠勘尤精。③

在宋慈抱看来，瑞安虽偏安一隅，但有深厚的学统。从经制之学到考据学说，均能与当时主流学术相媲美。方成珪作为地域学术代表，其治学取向与瑞安学统有密切联系。同邑学者陈谧称"吾瓯当乾嘉之际，去南宋诸儒几六百年学术衰熄殆尽。其间犹有博闻强记，明经行修之士，自孙先生希旦与方先生为最"④，间接说明方成珪考据学与瑞安前

---

① 马君武：《马君武诗序》，《瑞安文史资料》（8辑），政协瑞安市文史资料委员会1990年版，第77页。
② 宋慈抱：《瑞安县志各门小叙》，《浙江省通志馆馆刊》1945年第3期，第20页。
③ 宋慈抱：《〈瓯海轶闻续编〉自叙》，《瓯风杂志》1934年第6期，第74—75页。
④ 陈谧：《方先生墓表》，《字鉴校注》，瑞安陈襄殷1932年手钞精校本，第1—2页。

辈学者治学上存在一定的承续关系。

第三节 守正自得

身处同一时代、同一地域、同一学术文化背景中的人物，最终取得的成就也往往不尽相同，因其还和个体的主观努力有关。方成珪考据学除受时代大环境与瑞安地域学术文化影响外，还与其自身勤于钻研、守正自得密切相关。具体来说，主要表现在三个方面。

一是嗜治音韵，细心钻研。清儒吴钟骏《〈集韵考正〉序》："方君雪斋服官，暇日嗜志于音韵，钻思于雠对。"[1]同邑学者陈谧也说："精究仓雅，尤嗜雠校古籍，官奉所入尽以购书，其学奄有德州卢氏元和顾氏之长。"[2]方成珪以小学通经，细心钻研，对《集韵》《字鉴》等字韵书作了详细考证。《〈字鉴校注〉自序》："暇日手抄一过，复加考订，每字必录取音义以资讲解，注明出处，以便检阅。复得钱广伯校本，于海昌拜经楼吴氏，益藉匡所不逮。"[3]

二是喜好藏书，勤于校雠。《清史列传》卷六十九《儒林传下二》："（成珪）尤勤于校雠，官俸所入，悉以购书，储藏数万卷，丹黄殆遍，老尤矻矻不倦。"[4]如其搜辑群书，"手自点勘"[5]了《周易》《王右丞诗》《韩昌黎集》和《唐摭言》等典籍，以"补所未备"[6]。孙诒让曾评价说："尝见邑中李氏所藏《东莱读诗记》、胡氏所藏《困学纪闻》皆先生校本，旁行斜上，丹黄烂然。又见海昌蒋氏《斠补隅录》，知先生尝校王定保《唐摭言》，其所考证，多精塙绝伦。"[7]

三是乐于交游，好学上进。方成珪担任海宁州学正、训导和宁波

---

[1] （清）孙诒让：《〈集韵考正〉后记》，《集韵考正》，清光绪五年《永嘉丛书》本，第1页。
[2] 陈谧：《方先生墓表》，《字鉴校注》，瑞安陈襄殷1932年手钞精校本，第1—2页。
[3] （清）方成珪：《〈字鉴校注〉自序》，《浙江省通志馆馆刊》1945年第4期，第72页。
[4] （清）国史馆编：《清史列传》卷69，中华书局1928年排印本，第40—41页。
[5] 陈瑞赞编注：《东瓯逸事汇录》，上海社会科学院出版社2006年版，第370页。
[6] （清）管庭芬著，张廷银整理：《管庭芬日记》（第3册），中华书局2013年版，第1113—1114页。
[7] 孙诒让：《〈集韵考正〉后记》，《集韵考正》，清光绪五年《永嘉丛书》本，第1—2页。

府教授期间，结交了宋咸熙、端木国瑚、黄式三、钱泰吉、管庭芬、吴钟骏、姚燮等一批学者，常一起切磋交流学术，使其学术得到不断提升。吴钟骏《〈集韵考正〉序》："雪斋不谓余不敏，而出所作相示。余乃嘉叹其意之挚，功之密，窃自喜志愿趋向之所同，为录其副，而以原稿归雪斋。"①方成珪后在《自序》中说："丙午春，以手校本就正于吴晴方学使，因假得学使与陈颂南侍御用毛斧季影钞宋板同校本，知所见之册与厚民本大同小异。……余亦拾遗订误得所据依，诚此生大快事也。"②

简言之，在时代学术氛围、地域文化浸润和自身勤奋上进等多重因素加持下，方成珪续延永嘉地域学统，承继乾嘉治学之精神，终成道咸间瑞安考据名家。如其《五十述怀》所言："关心文字知无补，回首家园感不禁。……人许识途如老马，自怜钻纸学痴蝇。由来山水知音惯，几辈云霄得路曾。愿与诸君同努力，无穷尽味此青镫。……满庭松菊甘为主，萧洒何心学表微。"③

---

① （清）孙诒让：《〈集韵考正〉后记》，《集韵考正》，清光绪五年《永嘉丛书》本，第1页。
② （清）孙诒让：《〈集韵考正〉后记》，《集韵考正》，清光绪五年《永嘉丛书》本，第3页。
③ （清）方成珪：《宝研斋吟草》，清道光二十六年聚珍版，第56—57页。

第二章　方成珪生平、交游及著述

第一节　生平考

方成珪（1785—1850），字国宪，号雪斋，亦号瑶斋，浙江瑞安县人。少时博览群书，专研小学。入仕为官后，官俸所入，悉数购书，藏书数万卷。孙诒让《方成珪先生雪斋传略》："成珪精研小学，勤于校雠，官俸所入，悉以购书，储藏数万卷，丹黄殆遍。"[①]嘉庆十三年（1808），浙江乡试举人。嘉庆二十二年（1817）考取内务府所属景山官学汉文教习。道光二年（1822），任海宁州学正。道光六年（1826），兼任海宁州训导，继又任宁波府教授。后因老病归乡，卒于道光三十年（1850），享年66岁。葬在瑞安县十二都北门外圣寺之侧。《清史列传》卷六十九《儒林传下二》：

> 方成珪，字国宪，浙江瑞安人。嘉庆二十三年举人[②]，官海宁州学正，升宁波府教授。成珪研精小学，尤勤于校雠，官俸所入，悉以购书，储藏数万卷，丹黄殆遍，老尤矻矻不倦。尝以晋干宝《易注》亡于北宋，其学原本孟京辅翼奉六情十二律风角之占，而证诸人事，则专以殷周之际水衰土王，反复推阐，以明经义。盖《易》之兴于殷末世，周盛德当文王与纣之事，圣言足征，塙有依据。因捃摭佚文，详为疏释，为《干常侍易注疏证》二卷。又谓古韵书之

[①] 孙延钊著，徐和雍、周立人整理：《孙衣言孙诒让父子年谱》，上海社会科学院出版社2003年版，第71页。
[②] 嘉庆《瑞安县志·选举》、民国《瑞安县志稿·选举门》均作"嘉庆戊辰举人"，瑞安陈谧《方先生墓表》亦作"清嘉庆十三年戊辰浙江乡试举人"，疑"二十三年"或为"十三年"之讹。

存者，莫善于《集韵》。因据宋椠本及近时段玉裁、严杰、汪远孙、陈庆镛诸家校本，正曹刻之误；复以《方言》《说文》《广雅》《经典释文》《玉篇》《广韵》诸书，正宋椠本及景祐元修之误，为《集韵考正》十卷。吴县吴钟骏及定海黄式三叙其书，深推其精博。又谓流俗字书，承讹袭谬，其所为字有出于《类篇》《集韵》外者，或矫其弊，则又一以《说文》绳今隶，惟元李文仲《字鉴》，述古准今，斟酌悉当，因详加考释，为《字鉴校注》五卷。其他著述，有《韩集笺正》十卷，正宋廖莹中世绥堂本韩愈《集注》之误，又《宝研斋诗钞》二卷。咸丰间，以老病告归，卒。①

方成珪远祖分两支迁入瑞安。一支是清咸丰从平阳迁入瑞安鼎凤乡肇平垟，另一支是明季从福建丰和乡迁入瑞安市沙平乡。《瑞安县志稿·氏族门·方》："《采访册》有鼎凤乡肇平垟方姓十二户，先人凤歧，咸丰间由平阳迁来，有小宗一，闻其原籍本在福建丰和乡，方姓三十五户，先人钦元，明季以水患自闽省来居四十六都冯渡，再迁下林，后迁丰和乡，派柴坦宗祠一所。……沙平乡团前有十九户，先人亦自福建来，余未详。"②族祖方之正，字中行，明天启四年（1624）举人。通经史、擅于易，著有《大易辨疑集》。其子方思，康熙十一年（1672）选贡生。《瑞安县志》卷八《人物·孝友》："方之正，字中行，幼失怙恃，事大父尽孝。登天启甲子乡荐。博通经史，尤长于易，著有《大易辨疑集》。妻陈氏，守贞。子思，康熙壬子拔贡。"③方成珪《守孔约斋杂记》卷首：

> 族祖谔庭公之正，中天启甲子举人。幼偕同门三人扶乩，卜终

---

① （清）国史馆编：《清史列传》卷69，中华书局1928年排印本，第40—41页。
② 瑞安县修志委员会纂：《瑞安县志稿》，1938年铅印本，第6页。
③ （清）张德标修，黄征文、王殿金纂：《瑞安县志》卷8，清嘉庆十三年瑞安县署刻本，第24页。

身休咎。时诸人以齿为序,公最少居末。乩神为伏魔大帝,判语云:"把笔填硃字,先从易者行。三才并数目,甲子与方名。"此俗所传《神童诗》也,众皆不之信。后年最长者仅博一衿,以训蒙终。次目盲,开卜肆;又次幕游,主钱谷席;而公以甲子领乡荐。四人无一不应,乃始叹神之先知云。①

方父讳宗盛,"尝主泰顺刑钱席",后因"县治甚僻陋"回乡,被"邑之六书吏公聘为师"。适遇海盗蔡牵(1761—1809)②侵扰浙东沿海,便为被蔡牵"胁从有被获至县者"申冤昭雪,"赖以全活者甚众"。方宗盛始终将百姓生命安全放在第一位,常强调"人命至重,不可草菅视也"。③方成珪《守孔约斋杂记》中亦载其与同僚念海盗蔡牵义子年幼可悯,欲以难民身份免其死罪之事。方成珪中举后,其父母也得到了嘉奖。道光八年(1828),其父方宗盛"以覃恩貤赠尔为修职郎",母亲洪氏"以覃恩貤赠为八品孺人",道光二十五年(1845),其父又"以覃恩赠尔为文林郎"。④足见朝廷及地方对方成珪政绩之认可。

方成珪中年后喜校书,尝谓"文莫古于《说文》,韵莫详于《集韵》,惟其详也。故俗体兼收,讹字讹音亦不胜指屈,缘当时董其役者,既未必精通小学,而卷帙繁重,馆阁令吏又不能致慎于点画之间"⑤。他以曹刊本《集韵》为底本,参考吴钟骏所藏影宋本、陈庆镛校本和汪远孙、严杰等校本,结合丁度等撰《集韵》进行逐条考证,成《集韵考正》10卷,后收录于《永嘉丛书》。此外,方成珪还著有:《韩集笺正》5卷、《字鉴校注》5卷、《唐摭言校正》15卷、《敬业堂诗校记》48卷、《干常侍易注疏证》1卷、《宝研斋吟草》1卷、《守孔约

---

① (清)方成珪:《守孔约斋杂记》,清末瑞安孙氏玉海楼抄本,第1页。
② 蔡牵,福建同安人,海盗。乾隆五十九年(1794),因饥荒下海为盗,率领近万人在闽、浙、粤海面劫船,封锁航道,收"出洋税"。嘉庆十四年(1809)被浙江提督李长庚部将围攻,自炸座船,沉海而死。
③ (清)方成珪:《守孔约斋杂记》,清末瑞安孙氏玉海楼抄本,第2页。
④ (清)孙衣言:《瓯海轶闻》(下),上海社会科学院出版社2005年版,第870页。
⑤ (清)孙衣言:《瓯海轶闻》(上),上海社会科学院出版社2005年版,第638页。

斋杂记》1 卷和《王右丞诗》笺注、吕祖谦《读诗记》校本、王应麟《困学纪闻》校本等。同邑林大同（1878—1936）《鉴止水斋谭屑》：

> 乡先哲方雪斋学博成珪，博通群籍，著作等身。殁后，子姓孤寒，遗书不守。余家所得者，有手校朱氏《经义考》百卷；《周易干常侍注疏证》稿本，书经蠹损，又多涂乙，经孙征君依别写本补之，仍有残阙；手钞嘉定宜春郡斋本《唐摭言》十五卷，依雅雨堂卢刻、知不足斋鲍刻加以校正，海昌蒋之煦《斠补隅录》称其考证精确者也；东雅堂本《韩昌黎集》四十卷，录汪钝翁琬、何义门焯、王艮斋峻三家评注，参以己见，为学博精心结撰之作；《韩集笺正》写定本六卷，平议精审，迥出方崧卿、陈景云诸书之上；《宋诗钞》百一家，移录海昌陆冰修评语，有五十余家。以上所述，皆手自点勘，丹黄杂沓。①

据现有资料统计，方成珪成果累计 13 种，约 150 卷，多为佳品。然因失于整理，多散佚不全。瑞安市图书馆、温州市图书馆、浙江大学图书馆和国家图书馆等收有部分著作。除校雠古籍外，方成珪还抄录并收藏前人之著述。马叙伦《读书小记》卷二：

> 钱警石《曝书杂记》云："秀水胡菊圃丈重精于《说文》，其所著凡十种。"余丙辰在杭州，于瑞安林同庄处见其同县方雪斋成珪所过胡菊圃集诸家校《说文》，因借来京师，欲手过之。因循一年，同庄来书见索，谓将别过一本，以雪斋原过舍之浙江图书馆，嘱速寄归。余以终不得暇，无从手录，乃嘱武世兄如谷及门人毛生由庚、内弟王君馨伯分过一本，中惟惠氏《读说文记》已刊入《小学类编》。②

---

① 陈瑞赞编注：《东瓯逸事汇录》，上海社会科学院出版社 2006 年版，第 370 页。
② 陈瑞赞编注：《东瓯逸事汇录》，上海社会科学院出版社 2006 年版，第 371 页。

上编　研究篇

方成珪晚年喜诗文。道光年间，方成珪创作了近千首诗，出版了自选诗集《宝研斋吟草》。"自壬午至壬寅得诗几近千首。老年失偶，意兴萧然，不讬于音者，凡四载于兹矣。适有聚珍版之局，爰选旧作十之二，以先质骚坛。"[①]此外，他常与好友交流古物，《宝研斋吟草》中有相关的记载。如道光二十一年（1841），他以《钱警石得孙吴赤乌十二年砖及天册元年砖各一，有诗属和》和钱泰吉得孙吴古砖。次年，又《于学舍邻圃得孙吴天册元年砖，喜而有作》：

西邻得宝歌联翩，吴赤乌与天册砖。我时虽好不敢夸，褐父旁睨心茫然。谁谓珍材自呈露，近在墙东荒圃边。剡苔剔藓玉去垢，乃亦天册元年镌。篆文凡八七完好，惟有末字形不全。旁勒当时钱范二，其文曰大泉当千。此钱铸自赤乌始，嘉禾五百犹在前。想从紫髯定制后，历三嗣主无变迁。乙未改元降赦令，与晋咸宁同布宣。前年七月盛遣使，科出亡叛劳舆箯。因之域民恃地险，修治不遗东海壖。更阅五载遂归命，崇墉何足夸精坚。劫灰屡坏此不坏，迄今几千六百年。未知何时辱草莽，棘针四面相纠缠。万物沉埋有定数，一朝遇合真良缘。衰龄获此胜银尺，待成璋砚供磨研。[②]

方成珪综合古砖篆文与三国历史考证指出，古钱币"大泉当千"铸造于孙权赤乌政权（238—246）期间。从诗题"喜而有作"和诗文内容均可看出，其偶得古砖之欣喜。方成珪晚年虽身体欠佳，却未由此消沉丧志，仍坚持其学术研究。《宝研斋吟草·五十述怀》：

镜发萧疏雪渐侵，半生微尚讬秋琴。关心文字知无补，回首家园感不禁。马鬣久封频远梦，雁行中断易哀吟。追思年少团栾日，寸晷真堪抵万金。也曾踏遍软红尘，帝里风光入咏频。醉后

---

① （清）方成珪：《宝研斋吟草》，清道光二十六年聚珍版，第79页。
② （清）方成珪：《宝研斋吟草》，清道光二十六年聚珍版，第76页。

每聆燕市筑,梦中俄食圣湖莼。昭王台迥青云隔,都尉城低碧海亲。天与清闲消晚岁,香炉茗碗日随身。门前问字客频仍,立脚相期最上层。人许识途如老马,自怜钻纸学痴蝇。由来山水知音惯,几辈云霄得路曾。愿与诸君同努力,无穷尽味此青镫。孤木迎风失所依,浸成四十九年非。次公耆酒狂名箸,中散酬书懒性违。临水却知濠上乐,灌畦早息汉阴机。满庭松菊甘为主,萧洒何心学表微。①

如自寿诗所述,方成珪的晚年生活,既有"镜发萧疏雪渐侵""关心文字知无补"之感叹和"人许识途如老马,自怜钻纸学痴蝇"之自嘲,亦有"满庭松菊甘为主,萧洒何心学表微"之洒脱,侧面反映出其对学术的孜孜追求,体现了其作为一名学者之责任心。

纵观方成珪的一生,虽早年入仕为官,但始终保持一个学者的本色。从少年博览群书、精研小学到壮年为官、官俸悉数购书;从中年抄录古书、校雠经典到晚年诗文酬唱、古物考索,每个阶段都与学术紧密相连。可以说,方成珪的一生是学术化的一生,也是成果迭出的一生。

第二节 交游考

方成珪交游广泛,"与同县林先生培厚、嘉兴钱先生泰吉、青田端木先生国瑚友善"②。据《清史列传》《两浙輶轩续录》和方成珪《宝研斋吟草》及其与友人往来书信知,方成珪的交际圈,不仅有黄式三、管庭芬等治学之交,也有林培厚、端木国瑚、钱泰吉、吴钟骏等共事之交,还有宋咸熙、马锦和徐丙乙等诗文之交以及吕荣、蔡载樾、姚燮等莫逆之交。下面结合方成珪《集韵考正》《字鉴校注》《韩集笺正》《宝研斋吟草》等著作及其撰写的序、跋、评语和书信及年谱等,考释

---

① (清)方成珪:《宝研斋吟草》,清道光二十六年聚珍版,第56—57页。
② (清)方成珪:《字鉴校注》,瑞安陈襄殷1932年手钞精校本,第8页。

其交游情况,进一步认识方成珪及其生平学术。

一 治学之交

(一)黄式三

黄式三(1789—1862),字薇香,号儆居,浙江定海人。道光十二年(1832)入贡生,两年后赴乡试,因母亲突然离世,决定不再应试,潜心钻研学术。一生著述颇丰,代表作有《复礼说》《崇礼说》《约礼说》《论语后案》《诗传笺考》《周季编略》和《儆居集经说》等共22种,计77卷。

黄式三与方成珪年龄相仿,治学兴趣相投,均擅长音韵训诂。黄式三很推崇方成珪之学术,曾为其多部著述撰写序跋。黄式三《〈集韵考正〉序》:

> 雪斋渊博有识,因《集韵》之所引,寻求元本,并得各善本以校之。复得汪舍人、吴侍郎所校之本以参考之,为是书订其讹谬,补其夺漏,名之曰《集韵考正》。书成于乙巳以前,续改于丙午以后,用功勤而校雠精,《集韵》自是成完书矣。[①]

又如《〈韩集笺正〉跋》:

> 韩子之诗文,欧阳文忠公极爱之。后人虽有爱者,或未及也。十数年前遇吴文仲伦,读韩子文甚熟,所作能摹拟之,以为今之爱韩子者,吴丈其一也。今读《笺正》,而知复有方子。式三爱读秦汉文,于唐则酷嗜韩子。时或浏览乎欧阳、曾、王诸家,不若读韩子文之心悦诚服。唯是家无善本,仅得《五百家注》及徐刻《考异》本,以订俗本之讹,校对无征,宿疑莫解。譬诸摩挲美璧,不能去其玷,为惋惜者久之。方子《笺正》,为韩子雪诬如障狂澜,辟注家之讹谬如栉

[①] (清)黄式三:《〈集韵考正〉序》,《集韵考正》,清光绪五年《永嘉丛书》本,第2页。

垢爬痒，呼醉且梦者之苏醒焉，可谓爱之深而论之详矣。……读书求甚解，疑窦滋生，详书于后，以俟方子质正焉。此外有签记二十余条，未识高明以为何如？芹献不足食，取其诚而已！[1]

黄式三在两则序跋中，不吝溢美之词，分别以"用功勤而校雠精，《集韵》自是成完书矣""辟注家之讹谬如栉垢爬痒，呼醉且梦者之苏醒焉"大加赞赏，显示出他对方成珪学术的认可。这种认可，也表现在黄式三请方成珪对其著述作校读中。黄式三《〈周季编略〉书后》：

《周季编略》稿再易，幸得方雪斋（成珪）先生校读一周。后四五更改，欲就正有道，未遇其人。今誊写已竣，惜方先生已为古人，不见此书。欲竭数月功，复自校之。校甫四日，口澌神昏，老不足用矣。倪后日子孙能请博雅君子更正之，遇有谬处，恳列姓名，详言所谬之实，并刊于各条下。如子孙能自校正，亦可列名书之。祇求尚论之无差，毋掩鄙说之不是。既望救过，且免人祸、天刑云尔雨。[2]

从方成珪校读《周季编略》的时长上可看出，方成珪非常重视黄式三送来的书稿，反映出两人深厚的学术友谊。黄式三与方成珪间的校读往来，促进了相互间的学术探讨，也推动了两人友谊的发展。

（二）管庭芬

管庭芬（1797—1880），原名怀许，一作廷芬，字培兰，一字子佩，号芷湘，又号芝翁、笠翁，甚翁，浙江海宁人。"嗜书成癖，生平手钞校不下数十百种，中年为同邑蒋生沐校勘《别下斋丛书》。咸丰十年（1860），避难乡曲，日以钞书为事，两载所钞小品，约有七十余种。"[3]博学多才，精于诗文，擅画兰竹，著有《芷湘吟稿》《芷湘笔乘》《宋诗钞补》《天竺山

---

[1] （清）孙诒让：《温州经籍志》（下），上海社会科学院出版社2005年版，第1454—1455页。
[2] （清）黄式三：《黄式三全集》（五），上海古籍出版社2014年版，第422页。
[3] （清）管庭芬：《花近楼丛书序跋记》，清宣统三年国学扶轮社上海铅印本，第1页。

志》《一瓻笔存》《淳溪老屋自娱集》和《淳溪老屋题画诗》等。

管庭芬比方成珪小12岁，两人交往的过程可从《管庭芬日记》中找到线索。该日记记录了管庭芬从嘉庆二年（1797）至同治四年（1865）之间的日常活动，这段时间正好是方成珪任海宁州学正与训导的时间。管庭芬常去方成珪寓所、官署和公馆等拜访、聚会，并相约出游。如道光八年（1828）七月二十日，管庭芬"晨之方雪斋学师寓，复晤梅生、韵秋诸君，晚又与徐寿鱼先生、赵云木、曹杏庭畅谈，抵暮而返"；二十一日"晨偕仲方、香槎之雪斋师寓午酌而归，晚邹子翼、徐芸士过访"；二十二日"晚与雪斋师畅谈并偕湖上小步。夜有月。是日考嘉兴各学"。[1]道光九年（1829）十一月初一，"午后并晤雪斋、警石二学师及高润斋少尹，相谈抵暮而别"[2]。道光十年（1830）闰四月初三日，"晨之雪斋、警石二学师公馆"[3]。道光十二年（1832）十月二十五日，"仍陪丧钱氏，并晤雪斋、警石二学师，相与午酌而别"[4]。

除常规的拜访，遇过节或婚丧时，管庭芬也会去贺节或吊丧。如道光十四年（1834）正月初六，"贺深庐、雪斋二学师及诸友戚节"[5]；十九年（1839）正月十一日，"贺诸友戚及雪斋、深庐二学师节"[6]；二十二年（1842）九月初四，"是日为学师方雪斋师母讣吊之期，余因疾命纪致赙"[7]。然而拜访并非每次都顺利，有时也因外出而未能如愿。如道光十年（1830）正月二十日，"随之雪斋、警石二学师署，因赴宴于杨云浦刺史处，不值"；十二年（1832）六月初一，"晨至雪斋、警石二学师处，各因上辕不值"；十三年（1833）正月初六，"午酌幼苹处，晚候雪斋学师，不值"；十五年（1835）正月十九，

---

[1] （清）管庭芬著，张廷银整理：《管庭芬日记》（第2册），中华书局2013年版，第481页。
[2] （清）管庭芬著，张廷银整理：《管庭芬日记》（第2册），中华书局2013年版，第545页。
[3] （清）管庭芬著，张廷银整理：《管庭芬日记》（第2册），中华书局2013年版，第566页。
[4] （清）管庭芬著，张廷银整理：《管庭芬日记》（第2册），中华书局2013年版，第706页。
[5] （清）管庭芬著，张廷银整理：《管庭芬日记》（第2册），中华书局2013年版，第753页。
[6] （清）管庭芬著，张廷银整理：《管庭芬日记》（第3册），中华书局2013年版，第948页。
[7] （清）管庭芬著，张廷银整理：《管庭芬日记》（第3册），中华书局2013年版，第1093页。

"午后即往雪斋夫子处,不值";是年三月二十四日,"晤雪斋、深庐二学师,俱不值"。[1]在这些拜访未见的经历中,也有一次方成珪"不值"的记载。如道光二十三年(1843)八月初四,"是日剑秋来晤,及雪斋师过访,余过子研寓,俱不值"[2]。从这些较频繁的拜访中,可略见两人友谊非见一般。

方成珪精研考据与训诂,在海宁州任职期间,曾多次指导管庭芬的课业。如道光十二年(1832)四月初二,"晨幼坪寄方雪斋学师月课题来,'若臧武仲之知'五句,诗'下笔春蚕食叶声'得'蚕'字"[3];又五月十四日,"雪斋学师寄月课题来,文'道不同不相为谋',诗'青天无片云'得'天'字。"[4]道光十五年(1835)六月三十日,"偕友梅、象三舟入城,顺至深庐夫子署,贺子方世兄入泮之喜,并与雪斋学师论文良久而退"[5]。方成珪爱藏书,管庭芬亦赠或借其书籍。如道光十四年(1834)四月十三日,"舟之城中,晤雪斋夫子,并以旧写本陆氏《东瓯掌录》二册赠之"[6];五月十五日,"以醒园丈所校旧钞《唐摭言》足本二册假雪斋夫子"[7]。两人间的图书赠借,提高了彼此对古籍善本的认识,也有利于更好地校勘古籍。

管庭芬非常珍惜与方成珪的交流机会,这使他们每次的交流时间都比较长。如道光十四年(1834)四月二十六日,"午后偕叙卿太丈候深庐夫子疾,并与雪斋夫子谈良久而退"[8];道光十七年(1837)十月初五又记,"与雪斋、深庐二夫子相谈良久而别"[9]。正是通过这种面对面的学术交流,管庭芬与学师建立了密切的学术友谊。也由于这层特殊

---

[1] (清)管庭芬著,张廷银整理:《管庭芬日记》(第2册),中华书局2013年版,第555、683、713、791、798页。
[2] (清)管庭芬著,张廷银整理:《管庭芬日记》(第3册),中华书局2013年版,第1130页。
[3] (清)管庭芬著,张廷银整理:《管庭芬日记》(第2册),中华书局2013年版,第675页。
[4] (清)管庭芬著,张廷银整理:《管庭芬日记》(第2册),中华书局2013年版,第680页。
[5] (清)管庭芬著,张廷银整理:《管庭芬日记》(第2册),中华书局2013年版,第811页。
[6] (清)管庭芬著,张廷银整理:《管庭芬日记》(第2册),中华书局2013年版,第762页。
[7] (清)管庭芬著,张廷银整理:《管庭芬日记》(第2册),中华书局2013年版,第764页。
[8] (清)管庭芬著,张廷银整理:《管庭芬日记》(第2册),中华书局2013年版,第763页。
[9] (清)管庭芬著,张廷银整理:《管庭芬日记》(第2册),中华书局2013年版,第895页。

的师友关系,常有学者请其对方成珪著述作校读。《管庭芬日记》道光二十三年(1843)二月:

> 廿九,晴。晨舟行到馆。是日接醒园丈书云:
> 新正二十日接奉翰教,藉悉种种。比想芷湘仁兄先生起居康泰,眠食安和,定符心颂。蒙谕索观《唐摭言》,于昨晚始得检出,兹特奉上,希察妆(收)是荷。此书弟之所勤殊无足取,惟方雪斋学师积年余之力,搜辑群书,补所未备,大有益于绩学之士。倘得阁下更斟酌一过,定其去留,录成善本,俾弟与方师并得附名简中,真不胜感激于无既矣。
> 草此布达,顺候日佳不一。
> 昂驹拜上。[1]

管庭芬接信后的次月,开始"录方雪斋学师及吴醒丈互校本《唐摭言》"[2],后因事中断半年,是年十月初九,"复录《唐摭言》"[3],至十二月初八录完,前后共用了3个月。管庭芬《〈唐摭言〉跋》:

> 《唐摭言》十五卷,五代王定保之所著也。当日流传仅二卷,盖从说部摘录,故前后亦失次,非完本也。此书宋嘉定辛未柯山郑昉曾刻于宜春郡斋,竹垞翁得其影抄足本,跋而传之。近卢、鲍二家梓入丛书者,则从阁本矣。此卷标题周后人翊圣,与近梓者稍异,盖王氏系出王子晋之裔,故曰周后人,至翊圣则定保之子也。道光改元,吴醒园明经得其旧写本于武陵书肆,重加校勘,颇有正卢、鲍二家所略。雪斋方师读而善之,爰悉精力为之考订,并以史传证当日之事,盖欲仿抱经堂注《颜氏家训》体例,诚善举也。惜所注过半而雪斋师又升任甬东,此志中辍,然其签题如飘风落叶,

---

[1] (清)管庭芬著,张廷银整理:《管庭芬日记》(第3册),中华书局2013年版,第1113—1114页。
[2] (清)管庭芬著,张廷银整理:《管庭芬日记》(第3册),中华书局2013年版,第1116页。
[3] (清)管庭芬著,张廷银整理:《管庭芬日记》(第3册),中华书局2013年版,第1138页。

恐历久散去，诚为可惜。因从吴丈假归，手缮其副，使继此志者易于为力云。录书始于癸卯春暮，屡为人事间断，至腊尽始克告成。若其中审择去取，亦稍有所补益焉。①

管庭芬抄校方成珪校正本，虽说是"使继此志者易于为力云"，其实也是对学师方成珪学术的一种继承与发扬。方成珪与管庭芬这种亦师亦友的学术关系一直延续至方成珪去世。

二 共事之交

（一）林培厚

林培厚（1764—1830），字敏斋，一字辉山，浙江瑞安人。少时聪慧好学，15岁即县试第一，后屡试均获第一。嘉庆九年（1804）中举，十三年（1808）进士，选庶吉士，授翰林院编修，历任重庆知府、天津知府、湖北粮储道等职。后因勤于政事，积劳成疾，卒于通州任上。林培厚擅长书法，精通诗赋，著有《宝香山馆诗文集》《浙瓯会馆记》等，遗著《律例纲目》《作吏要言》《秋蓉阁诗稿》和《蚕说》等。

林培厚与方成珪同乡，二人均为清朝官员。林培厚从政数十年，勤政爱民，政绩卓著。方成珪《寄贺林敏斋太守擢大广顺观察二十八韵》：

初阳照簾旌，簷鹊频报喜。忽得君手书，迢迢附双鲤。长跽展书读，慰情信无似。上云年岁恶，辛苦济庚癸。流民八万余，如鲋活以水。下云贤劳独，百事待经理。手口无时停，头面不暇洗。今者列荐牍，名姓光御扆。翼幸辞旧巢，九霄随凤起。读罢再三叹，召杜真刺史。宦途日悠悠，苟且辱金紫。谁肯行实政，饥溺等由己。润物恩既多，自宜荷蕃祉。有客薄暮来，谓君已乔徙。东京名胜区，观察帝所使。三郡文武吏，前驱负弩矢。鲰生闻此言，不觉

---

① （清）管庭芬著，张廷银整理：《管庭芬日记》（第3册），中华书局2013年版，第1142—1143页。

笑口哆。留客述平素，一斗尽绿蚁。缅昔韩稺圭，旄节曾莅此。地有晚香亭，风流挂人齿。因思虎林别，赠扇及贱子。上书别兄诗，深情何旖旎。秋圃自精神，箴言系词尾。当时重分袂，讵有他意指。孰料一载后，佳兆即在是。人生有定数，况乎膺膴仕。莫谓忠献公，后尘难继美。他年昼锦堂，岂独耀闾里。①

林培厚任四川重庆知府期间，平息当地纷争，安抚救济流民，稳定社会秩序，赢得了朝廷的嘉奖。方成珪《怀林敏斋太守》曾说："蓬莱宫里旧神仙，出守巴渝政谱传。剩有清风随一鹤，频劳落月梦三鳣。我怀北海心如结，人望东山眼欲穿。闻说入都期不远，武林杯酒待留连。"②字里行间流露出方成珪对同乡林培厚的钦佩之情，也表达出对深入交往的期待。这种深切的期待，又随着距离的遥远而不断加深。道光七年（1827），方成珪又写了一首《怀林敏斋观察》，以表达思友之情。

夜中耿不寐，起坐芳树阴。凉风亦多情，韵我膝上琴。一弹水云起，再弹山月沈。钟期渺千里，谁知恬澹音。忆君在沙麓，甘棠共歌召。如何挂吏议，世事信难料。寒风西北来，鹰隼恣长啸。一鹤鸣九皋，自然不同调。谒帝帝曰咨，飞輓汝可司。武昌形胜地，琴鹤许自随。浮云蔽明月，下方空歔欷。云中本皎皎，惟有青天知。仕宦欲造福，何必取卿相。即此转运职，造福已无量。前峰凌颢苍，后峰不须让。毋令鲜于侁，独立千载上。③

"钟期渺千里，谁知恬澹音。"因为距离遥远，两人常以诗交流。孙诒让《温州经籍志》卷七《经部》：

---

① （清）方成珪：《宝研斋吟草》，清道光二十六年聚珍版，第9—10页。
② （清）方成珪：《宝研斋吟草》，清道光二十六年聚珍版，第3页。
③ （清）方成珪：《宝研斋吟草》，清道光二十六年聚珍版，第22页。

林培厚《宝香山馆集九》："除夕得方雪斋《广文岁暮怀人诗，十二韵，舟中依韵奉答，却寄诗注》，来札谓有诗三集已付梓，并笺注《王右丞诗》。"据此是（方）雪斋又有诗集及右丞诗注，然今未见。其稿其书名卷帙均无可考，谨附识于此。①

林培厚、方成珪均擅诗文，两人通过切磋交流，建立了深厚友谊。道光十年（1830），林培厚因积劳成疾，卒于通州任上。方成珪特撰《湖北督粮道林敏斋太史》以悼：

知音古难遇，一失那可更。况有师资益，且兼父执敬。忆昔初游燕，君官太史令。片言识戬明，高会厕枚乘。榻因孺子下，文邀敬礼定。君如鸾鹄姿，余忝麇鹿性。逡巡返故里，宾馆属延请。事虽不果成，礼罗意已盛。妻孥来海澨，方苦行箧罄。君怜将伯呼，解橐渥相赠。感此殷勤情，无路可报称。适君服告阕，琴鹤伴入觐。一棹趋武林，十宵共镫檠。随君跻胥山，送君上吴榜。尔时气豪甚，慷慨屡看镜。乌蟾惊递更，鱼雁每交骋。今春得手札，雅曲远和郑。泉明思田园，中散厌酬应。臣力苦就屏，君恩许乞病。谓当旋归日，再鼓少壮兴。旧约重参寻，新诗互质正。此怀郁未展，仓卒即长暝。萧萧潞水滨，惨惨元州境。魂兮如可招，梦寐期合并。②

林培厚之于方成珪，"况有师资益，且兼父执敬"，他们不仅是老乡与同道，还是知音与老友。林培厚的猝然离世，让方成珪悲痛不已。尾句"魂兮如可招，梦寐期合并"，显示出两人至深的情谊。瑞安文史学家宋慈抱评价说："宝研比琼琚，敏斋贵干莫。"③

---

① （清）孙诒让：《温州经籍志》卷7，1921年刻本，第184页。
② （清）方成珪：《宝研斋吟草》，清道光二十六年聚珍版，第47页。
③ 政协瑞安市文史资料委员会编：《瑞安文史资料》（第9辑），政协瑞安市文史资料委员会1992年版，第92页。

上编　研究篇

（二）端木国瑚

端木国瑚（1773—1837），字子彝，又字鹤田、井伯，号太鹤山人，浙江青田人。嘉庆三年（1798）中举，道光十三年（1833）中进士，历任归安教谕、内阁中书等。少年颖悟，博涉多通，爱好诗赋，著有《周易指》《周易葬说》《杨曾地理元文注》《太鹤山人诗集》和《太鹤山人文集》等。

端木国瑚与方成珪同朝为官，志同道合，结为挚友。方成珪终生未中进士，但听到好友高中，便作《喜端木鹤田登第》："定香亭赋早知名，垂老方为得意鸣。一卷青囊书旧译，三春红药句新成。清标合对芙蓉镜，冷味全抛苜蓿羹。犹有当年风骨在，众中长揖见公卿。"[①]为友而喜，甚是真挚。这种真诚友谊又建立在共同的诗文创作爱好上。方成珪《〈宝研斋吟草〉自跋》：

> 道光壬午，偕端木鹤田出都，车中同坐，相与谈诗。鹤田谓余曰："子从事于诗也久，亦知诗之不易言乎？观理不精，则无以深其旨趣也。读书不富，则无以壮其波澜也。非徧识乎古今之体裁，则无以通其变化，非静调乎阴阳之气脉，则无以养其中和。故人人言诗，而诗之途宽，亦人人言诗而诗之途窄。"鹤田固深于诗者也，而其言如此。余深有味乎其言，而有志未逮也。[②]

方成珪与端木国瑚谈诗后深受启发，于是"爰选旧作十之二，以先质骚坛"，于道光二十六年（1846）出版了《宝研斋吟草》，"惜鹤田墓草久荒，无由起九原而质之也"[③]。可以说，该诗集的出版与端木国瑚的鼓励有密切的关联。

（三）钱泰吉

钱泰吉（1791—1863），字辅宜，号警石，又号深庐、冷斋，浙江

[①] （清）方成珪：《宝研斋吟草》，清道光二十六年聚珍版，第55页。
[②] （清）方成珪：《宝研斋吟草》，清道光二十六年聚珍版，第79页。
[③] （清）方成珪：《宝研斋吟草》，清道光二十六年聚珍版，第80页。

嘉兴人。道光元年（1821）援例以训导候选，道光七年（1827）以廪贡生任海宁训导，历时近三十年。中年"即好校古书，假人善本及先辈评点之册，写而注之眉端"，治学"宗主义理，不薄考据"，"其论文亦颇法姚氏（鼐）"。①著有《曝书杂记》《甘泉乡人稿》《海昌学职禾人考》和《海昌备志》等。

钱泰吉与方成珪共事，两人在治学上彼此推重，交情匪浅。如钱泰吉《甘泉乡人稿》卷五《校〈集韵〉跋》：

> 余于乙未秋假汪小米所录严氏杰校宋本，仅至《上声》二十六《产》止，小米以《说文》《释文》校亦止于此。学使吴崧甫少宗伯尝见汲古阁影宋钞本，不能得，乃与友人分校一过。甲辰八月学使假余所校两汉书过录，余因借校此本。汲古阁影宋本严氏亦尝见之，故两本所校略同，严氏未及者得备录焉。学使本有晋江陈侍御庆镛校语，颇精核。《四库全书考证》校勘此书极详，暇日录于简端，则讹字粗可是正矣。……瑞安方雪斋教授成珪，尝校此书，录请崧甫学使序之。今从四明乞归矣，惜不及见。其在海昌时，假余所校《史记》，过录未毕，及至四明，属余录校语以寄。雪斋中年以后亦喜校书，曾校《昌黎集》及《吕氏读诗记》，用力颇勤，老尤矻矻不倦，亦知交中所难得也。②

从跋文中可知，方成珪、钱泰吉先后校《集韵》，钱泰吉钦佩方成珪"矻矻不倦"的治学精神，认为其是"交中所难得"。两人除治学上的商讨，在诗词上亦有探讨与切磋。道光二十年（1840），钱泰吉撰二百字五言诗《放蝶》，方成珪便作和诗《题钱警石广文泰吉放蝶诗》：

> 吾闻罗浮山，实惟仙人里。葛洪所遗衣，路远但翘跂。又闻太常

---

① （清）曾国藩：《曾文正公诗文集》卷3，四部丛刊景清同治本，第157页。
② （清）钱泰吉：《甘泉乡人稿》卷5，清同治十一年刻光绪十一年增修本，第47页。

蝶，精祈必戾止。在都十余年，识面愧未始。揭来东海头，日与蜻相昵。官闲无一事，上阶见辄喜。大都爱轻盈，总未脱绮靡。昨读南华罢，新诗得钱起。云有绿凤车，扇扑自槐市。无端遭羁囚，其一失凭恃。搜述索偶来，意若共生死。感其眷恋笃，纵之不移晷。呜呼么麽物，多情竟如此。旧传韩凭妻，变形互依倚。亦有杨昊化，裴回绕江氏。胚胎各有因，轻薄谅同耻。由来清淑气，细不遗虫豸。蠪蝓有君臣，蠮螉有母子。蝉有好絜性，螽有不妒美。贺喜堂有蟇，报恩狱有蚁。蛔蛔分秀灵，一一见书史。谁料目前事，耸听复尔尔。所惜笼未开，不获趋往视。烦君为写生，寿之画图里。①

题诗唱和既表达了个人见解，又加深了彼此的友谊。道光二十一年（1841），钱泰吉得孙吴赤乌十二年（249）砖与天册元年（275）砖各一块，方成珪又给钱泰吉作了一首和诗。方成珪《钱警石得孙吴赤乌十二年砖及天册元年砖各一，有诗属和》：

仲文求古心忩劬，秦碑汉牒罗清娱。旁搜又得两令辟，阳文款识皆孙吴。其一形长恰盈尺，纪年十二镌赤乌。先时海盐奏龙见，宝鼎新出临平湖。诏治城郭备盗贼，英雄将已无周瑜。赤壁功虽不再见，金城千里堪无虞。斑阑车耳势尚赫，不知何故臣当涂。末孙彭祖未归命，新宫驱使千丁夫。暴君纵欲殚民力，攻筑定知无地无。穿土得银刻年月，乃以天册夸祥符。郡县长官昧大体，在所表端争导谀。临平湖边石函启，三郎怪说腾司巫。天玺天纪元递改，浮云变灭真须臾。由来立国贵强武，奚取徽号频频殊。陶人抟埴工未竟，已看青盖飞洛都。四世相传玉玺六，一朝抛弃同碱砆。掷砖续命歌惨淡，当年瑞应空成图。劫灰吹尽百不有，惟留双璧供座隅。君诗论古具特识，流传当与斯砖俱。何时掌纹满一井，赠余作研豪常濡。②

---

① （清）方成珪：《宝研斋吟草》，清道光二十六年聚珍版，第71—72页。
② （清）方成珪：《宝研斋吟草》，清道光二十六年聚珍版，第75—76页。

这首和诗旁征博引，论述精到，展现了方成珪之考据功底。无独有偶，方成珪于道光二十二年（1842）亦得孙吴天册元年（275）砖，喜而作诗，并向钱泰吉索和。钱泰吉《甘泉乡人稿》卷二十三《可读书斋诗中·方雪斋学正（成珪）得天册元年七月造作砖，旁有钱文，作诗索和》：

> 旁舍忽见天册砖，恍如甄官井玺缺一角。钱文有二其一全，大泉当千字斑剥。吾闻魏晋钱五铢，国丰刑省如汉初。蜀钱直百平物价，五铢亦尝行成都。一当五百不堪重，直又倍之古所无。屏陵赐钱固辞谢，空名为患何取乎？爰铸器物示省息，私家所有府藏输。后来孙氏钱杂出，比轮四文轻重殊。或者民思旧物不可见，乃于令辟存形模。方君得砖平畀直，官市足当钱一亿。制为璋砚比牙璋，马上飞书能杀贼。磨砖作镜我无成，运甓徒劳频太息。[①]

学术因切磋而提升，友谊因沟通而融合。钱泰吉与方成珪通过来往酬和、相互激励、互相启发，促进了彼此学术的发展。

（四）吴钟骏

吴钟骏（1798—1853），字崧甫，又字吹声，号晴方，江苏吴县（今苏州）人。少时聪慧，遍读典籍。青年时家道中落，靠教书谋生。道光二年（1822）中举，被时任江苏巡抚梁章钜（1775—1849）聘为幕僚。光绪十二年（1832）恩科进士，授翰林院修纂，后又任福建学政、国子监祭酒、内阁学士、浙江学政、礼部右侍郎和礼部左侍郎等。生平喜好购书、藏书，著有《悟云书屋诗文集》。

吴钟骏与方成珪共事多年，常一起讨论学术。吴钟骏《〈集韵考正〉序》：

> 方君雪斋服官，暇日嗜志于音韵，钻思于雠对。即依据扬州掞本，

[①] （清）钱泰吉：《甘泉乡人稿》卷23，清同治十一年刻光绪十一年增修本，第294页。

以群书校其讹字,成若干卷。雪斋不谓余不敏,出所作相示。余乃嘉叹其意之挚,功之密,窃自喜志愿趋向之所同,为录其副,而以原稿归雪斋。因不自度梼昧,与大概校读《集韵》之体例,缀诸卷端。①

吴钟骏校读完方成珪代表作《集韵考正》,不仅称赞其"意之挚,功之密",还发现两人"志愿趋向之所同",并为方成珪提供了《集韵》版本资料。方成珪后在《自序》中说:

丙午春,以手校本就正于吴晴方学使,因假得学使与陈颂南侍御用毛斧季影钞宋板同校本,知所见之册与厚民本大同小异。其中如"去声十四太"残缺之字,藉以补足,余亦拾遗订误得所据依,诚此生大快事也。前校本学使已为作《序》,录其副以去,兹复重加研讨,又增数百条,而前校所未精者并因之更正。②

方成珪据吴钟骏校读,补足了手校本残缺字,增加了数百条考述,进一步完善了《集韵考正》。这种通过学术商讨产生的共鸣,无形中增进了吴钟骏与方成珪之间的了解,加深了两人的友谊。

三 诗文之交

（一）宋咸熙

宋咸熙(1766—1834?),字小茗,一字德恢,浙江仁和人。嘉庆十二年(1807)举人,任桐乡教谕。父大罇善藏书,家中藏书甚富。宋咸熙少承父志,建藏书楼"思茗斋",免费供寒家子弟借阅。"尝辑注《夏小正》,剧精核,《耐冷谭诗话》亦传布艺林。秉铎于桐乡时,辑有《桐溪诗述》,搜采甚博。"③另著有诗文集《思茗斋集》。

宋咸熙与方成珪均擅诗文,两人订交于道光八年(1828)。宋咸熙

---

① (清)吴钟骏:《〈集韵考正〉序》,《集韵考正》,清光绪五年《永嘉丛书》本,第1页。
② (清)方成珪:《〈集韵考正〉自序》,《集韵考正》,清光绪五年《永嘉丛书》本,第3页。
③ (清)丁申:《武林藏书录》,燕山出版社2008年版,第208页。

《耐冷谭·〈再叠前韵题绉云石〉序》：

>瑞安方雪斋成珪，官海昌学正，耽吟爱士，与少仙相埒，雪斋尤温润也。戊子二月，始与余订交于马氏。翌日，古芸约观绉云石，雪斋即为长歌，顷刻而成，不加点窜。是夜梦至其处，遇一老者，须眉甚古，自称敬修子，留饮石畔，谢其新作，并为谈皴痕之妙。①

两人订交后，一起参观绉云石峰，方成珪即兴作《后绉云石歌》：

>世间奇石亦不少，生不逢时空潦倒。弃掷荒崖深谷中，往往埋没随百草。龙虎风云适相会，常物直如希代宝。当时既得重声价，奕世犹堪佐谈藻。西子浣纱苧萝村，吴王试剑虎邱道。醉石不妨陶令卧，醒石或供赞皇抱。赌以樗蒲传到公，拜以袍笏纪米老。各有韵事留千春，至今令人魂梦绕。即如此石仅三折，其高未能出林杪。若教持比瑶石台，形模毋乃藐乎小。祗因我朝开创初，才子英雄遇合巧。卓荦高风在人口，此石遂觉无限好。不然宣和花石纲，九州四海恣搜讨。筑成艮岳罗列多，俱入华彝珍玩考。胡为过眼同烟云，摩挲不识天水赵。帝王势力有时尽，穷士声名无日了。凭眺忽增慷慨情，长歌一曲江天晓。②

然方成珪意犹未尽，是夜梦到与明季海宁史才查伊璜探究诗文，醒后依梦作《再叠前韵题绉云石》：

>今春止酒醉特少，不怕人推玉山倒。有时欲浇块垒胸，一杯两杯殊草草。昨宵饮罢检新作，正似披沙罕见宝。亦知水阔迷要津，

---

① （清）宋咸熙：《〈再叠前韵题绉云石〉序》，《绉云石小志》，海宁市文史资料委员会1996年版，第68页。
② （清）方成珪：《宝研斋吟草》，清道光二十六年聚珍版，第27—28页。

却喜花开谢浮藻。夜阑倦入华胥乡，细雨濛濛不滑道。葱芘密树莽罗列，演漾流泉互萦抱。几声入耳黄栗留，如报人间春色老。三弓别馆户乍开，九曲修廊迤相绕。矫然独秀英石峰，依旧玲珑出花杪。花间有客飘飘来，从以奚童双髻小。自称东海敬修氏，感君诗篇丽且巧。殷勤携至苍翠旁，指点绉痕说妍好。并呼银鹿召欢伯，齐物养生细论讨。举觞到口未及半，枕畔更鱼忽考考。梦中蝶趣犹恋庄，酌后鸠杖已归赵。披衣急起漏将绝，拍案狂歌兴未了。妻孥惊怪僮仆疑，尔辈昏昏那得晓。①

歌以咏志，诗以言情。从《后绉云石歌》到《再叠前韵题绉云石》，从"生不逢时空潦倒"到"正似披沙罕见宝"，再到"拍案狂歌兴未了"，同样的歌咏对象，却道出了不一样的情感，侧面反映出方成珪与宋咸熙结交后的心情变化，由此也说明两人很投合。

（二）马锦

马锦（1783—1829?），字谦甫，又作谦尊，号古芸，一号笙谷，浙江海宁人。家世殷实，乐善好施。擅绘山水，宗法元代画家黄公望（1269—1354）与倪云林（1301—1374），兼写意花卉。工诗文，"其诗浩浩落落，不事修饰，天分故自胜人"②。曾任候选运判，晚年弃举专致吟咏。著有《碧萝吟馆诗集》《苕游吟草》和《诗余》等，辑有《碧萝吟馆唱和诗词》。

马锦喜交名流，与方成珪友善。方成珪"司铎海昌，暇时辄与同人投笺赠答"，一直仰慕马锦才学，然因"马君古芸君居稍远，又懒入城"，所以"久未得见，心为怆然"③。道光七年（1827）春，方成珪阅读了马锦诗文集，"愈知古芸笃嗜风雅，有惓惓不能已者"，对其更加佩服。同时，马锦也知方成珪"耽于吟咏，因欲复举诗课，属余为之

---

① （清）方成珪：《宝研斋吟草》，清道光二十六年聚珍版，第28—29页。
② （清）蒋宝龄著，程青岳批注，李保民校点：《墨林今话》，上海古籍出版社2015年版，第363页。
③ （清）马锦：《碧萝吟馆唱和诗词》卷4，清道光三年刻本，第1页。

倡率，归语同人，各欣然以应"①。二人均擅诗文，常有诗文往还。这些诗文多保存在马锦《碧萝吟馆诗集》《碧萝吟馆唱和诗词》和方成珪《宝研斋吟草》中。据不完全统计，约有 30 首，内容涉及游览、赠答、咏物、写景和寄怀等多个方面，较全面地反映了他们之间的诗文友谊。

　　道光六年（1826）三月，马锦登海宁赞山，作《上巳日登赞山》："山势北迤逦，硖峰耸峩峩。藐兹一邱壑，远映双翠螺。石骨不可凿，云气时或多。上有龙潭水，盈盈荡春波。芒鞵踏幽草，登陟缘坡陀。桃花落红粉，鸟韵酣清歌。宿雨乍开霁，夕景披烟萝。于焉乐修禊，如从兰亭过。会拟载酒游，醉倒眠绿莎。"②方成珪虽未亲去，却为马锦《赞山图》题诗："我未登赞山，披图恍亲历。其中含深谷，其外立峭壁。苍藓浓有痕，白云澹无迹。何时尘累清，与君访幽寂。"③如诗所言，方成珪期盼与马锦见面。道光七年（1827），方成珪经过桐溪时，专门拜访了马锦。方成珪《过桐溪访马古芸舍人》：

　　　　坛坫风传浙水滨，六年前已仰芳尘。往来鱼札如谋面，著述鸿篇已等身。余事兼通书画谱，名园直占古今春。我来正值韶光丽，紫燕黄蜂也趁人。祥征子舍凤和鸣，折柬相招感盛情。恰好因群来拜纪，果然见面胜闻名。人游花国香偏腻，酒入诗家味倍清。笑我琴心难脱俗，当筵已带别离声。④

　　相比六年多的书信往来，这次登门拜访让方成珪更开心。它既联络了感情，交流了思想，也拉近了方成珪与马锦之间的距离。马锦后在《方雪斋学博过桐溪有诗留赠次韵》中说：

　　　　狂夺天瓢大海滨，何曾醉眼醒风尘。消除庾信凌云气，终老曹

---

① （清）马锦：《碧萝吟馆唱和诗词》卷4，清道光三年刻本，第1页。
② （清）马锦：《碧萝吟馆诗集》卷7，清道光六年刻本，第23—24页。
③ （清）方成珪：《宝研斋吟草》，清道光二十六年聚珍版，第17—18页。
④ （清）马锦：《碧萝吟馆唱和诗词》卷4，清道光三年刻本，第1页。

交食粟身。十亩田园徒寄迹，一庭花木又回春。年来得遇方三拜，风义无须让古人。呷哑溪岸艣枝鸣，入户春风慰我情。岂有文章通艺事，敢将书画博才名。停云落月三年久，人影梅花一笑清。料道门墙桃李满，雏鸦也学凤凰声。①

"年来得遇方三拜，风义无须让古人。"方成珪的这次拜访，让马锦感受到了其真诚。两人就文章与书画进行了交流，增进了彼此对诗文与艺术的感悟与理解，同时他们也从对方的言语中获得了新知识。是年7月，方成珪在马锦《碧萝吟馆诗集》卷八末说：

> 古芸舍人续梓第八卷诗，而以《登啸》名其集。余受而颂之音，如鸾凤离俗独异，令人有飘飘欲仙之想焉。尝读成公子安《啸赋》有云："良自然之至音，非丝竹之可儗。"又曰："信自然之极丽，羌殊尤而绝世。"夫诗亦贵其自然已耳。选诗独尊十九首，而六朝极构必推五柳先生者，惟其自然也。自然则有以得乎性情之真，而不为牛鬼蛇神之状以惊人，时花美女之姿以媚俗。此即杜少陵所谓"妙取筌蹄弃"，陆放翁所谓"文章本天成"之旨也。此乃可与诵古芸之诗文，并可以知古芸之为人矣。②

方成珪引杜甫"妙取筌蹄弃"和陆游"文章本天成"指出，马锦的诗文崇尚自然，诗性率真，"此乃可与诵古芸之诗文，并可以知古芸之为人矣"。言为心声，文如其人。方成珪能精准提炼马锦诗文主旨，这与他对马锦的了解及长期的诗文交往有密切关系。据二人的诗集所载，从道光七年（1827）至道光八年（1828），方成珪与马锦诗文往来达十余次。如下表2-1所示：

---

① （清）马锦：《碧萝吟馆诗集》卷8，清道光六年刻本，第8—9页。
② （清）马锦：《碧萝吟馆诗集》卷8，清道光六年刻本，第27页。

表 2-1 方成珪与马锦诗文交往情况

序号	年代	方成珪	马锦
1	道光七年（1827）	《过桐溪访马古芸舍人》	《方雪斋学博过桐溪有诗留赠次韵》
2		《尊经阁四景》	《和雪斋学博〈尊经阁四景〉》
3		《咏古四首》	《〈咏古四首〉和雪斋学博》
4		《〈集禊帖〉寄怀古芸》	《次韵答雪斋学博仍〈集禊帖〉》
5		《读古芸稿中痛饮苦吟各复拟四题索和》	《雪斋学博见余稿中痛饮各作访拟四题索和》
6		《积雨初霁花山笋正佳，专足采回，作图题诗以贻雪斋学博》	《古芸饷马坟笋作此志谢》《题采笋送笋图》
7		《即事二首》	《〈即事二首〉和雪斋学博》
8		《宝研斋吟草》未载①	《鸳湖晚眺和雪斋学博》
9	道光八年（1828）	《宝研斋吟草》未载	《雪斋学博赠诗次韵》
10		《宝研斋吟草》未载	《慕庐次雪斋学博韵》
11		《宝研斋吟草》未载	《重以花山笋送雪斋学博》
12		《〈影僧柱石歌〉和马古芸》	《影僧柱石歌》
13		《和古芸〈食鲥鱼二十四韵〉》	《食鲥鱼二十四韵》
14		《宝研斋吟草》未载	《大雨不止雪斋学博有诗见寄次韵》

短短两年时间，14 次的诗文赠答，反映出两人交往之密，交情之深。可是好景不长，道光八年（1828）末，马锦患病久不愈，方成珪闻之便《以诗问古芸疾兼通其意》。方成珪劝说马锦要放宽心，"金乌不停翅，日日当空飞。人客天地间，百年同一归。念此百年内，行乐亦甚微。何苦自羁束，辗转增歔欷。我昔抱心疾，灵台茫无依。往往如渴骥，奔轶不受羁"；并结合自身治病的经历叮嘱马锦要听从医生建议，"后服良医言，始悟从前非。无欲未敢讽，淡泊或庶几。手把白羽扇，遂解愁城围。君今果何为，饮食损羹薇。至令卜子夏，稍减义胜肥。中

---

① 方成珪诗作多散佚，现存可见仅为《宝研斋吟草》所收的 200 余首诗，无法窥其诗作之全貌。

流置巨石，湍急不可矶。曲巷难回旋，风怒乃撼扉"，以期其早日康复，"我虽昧医术，意揣应无违。神仙岂异人，不过尘虑稀。太冲莫与胜，长年终可祈。明春挈季咸，叩门挹清辉。愿君处三渊，示以衡者机"[1]。然而马锦最终未战胜疾病，带着遗憾离开了他的亲友。方成珪甚为悲伤，作《哭马古芸》以悼：

  两载心交遽别离，痛君翻恨识君迟。况当鸾鹤辞尘日，值我湖山寄迹时。回首欢娱浑似梦，到头消息尚成疑。更余一事增惆怅，屡荷招邀屡失期。去秋菱熟稼如云，曾到禾中一访君。得意唱酬真不倦，忘形宾主可无分。鸳湖小酌延朝爽，鹿苑闲谭送夕曛。谁料匆匆言别后，天涯落月梦徒殷。一自君归白玉岑，海滨从此少知音。岂无潇洒风流伴，谁证光明磊落心。满箧鱼书愁再检，盈樽蚁酿怕孤斟。扁舟夜泊桐溪口，似有悲飔到水浔。记得同人赋倦游，君诗萧瑟令人愁。居然撒手红尘地，不待惊心白发秋。慧业定归天上去，才名还向卷中留。碧萝吟馆弯环水，一色澄鲜空自流。[2]

这种失去挚友的悲伤，一直伴随着方成珪。道光十年（1830），方成珪又作《禾中舟次悲马古芸》："逝川风送绿波皱，薄暮相看倍怆神。萍叶因缘空别浦，桃花零落又残春。摇来柔橹鸦声缓，飞上危樯燕语新。泉下有灵应念我，扁舟萧瑟苦吟身。酒盏诗瓢迹已陈，禾中回首更酸辛。鸳鸯湖泊正春水，樱笋厨开无主人。别馆尚留宾榻在，孤镫惟有梦魂亲。寻常过此犹惆怅，况是长堤落絮辰。"[3]"空别浦""苦吟身""更酸辛"和"犹惆怅"等，透露出方成珪的孤寂与失落，体现了其对挚友的不舍与怀念。

（三）徐丙乙

徐丙乙（生卒未详），号书仙，一名藜阁，浙江永嘉人。少工科

---

[1] （清）方成珪：《宝研斋吟草》，清道光二十六年聚珍版，第33—34页。
[2] （清）方成珪：《宝研斋吟草》，清道光二十六年聚珍版，第35—36页。
[3] （清）方成珪：《宝研斋吟草》，清道光二十六年聚珍版，第43页。

举，擅诗文，才学出众，著有《藜阁诗存》《仙楼闲窗杂稿》和《仙楼闲窗琐著》等。徐丙乙与方成珪因同场赴试而结缘，并因诗文订交于嘉庆十三年（1808）。徐丙乙喜谈诗文，见识独到。方成珪十分赞赏其才气。方成珪《守孔约斋杂记》：

> 陈观察甄别中山书院，题为"克代，怨欲不行焉"一节。鲍星槎第一，余第三十一，而永嘉徐藜阁丙乙第三。复试题则"巧言令色足恭""左邱明耻之"二句，藜阁过余寓，索星槎文观之，曰："蹶矣。"因阅余作，矍然曰："子文宜首列！然子初场名次太下，佛头著粪，终当让予；子次之；星槎又次之。文有定价，视观察目力何如耳。"榜发，一如其言。余与藜阁遂从此定交焉。藜阁文名甚噪，岁、科两试，必冠曹偶。喜谈文，文不当其意，辄指示，斥无谀辞，佳者乃赞诵不去口，人以为狂，而不知其虚心服善，又如此也。惜终于拔贡生，年未五旬，遽卒，遗腹子又不育。曾有《哭友人》诗一连（联）云："老骥空有心，神龙竟无尾。"盖不啻自道也，伤哉！①

徐丙乙才情出群，性格直爽，"文不当其意，辄指示，斥无谀辞"，对"佳者乃赞诵不去口"，方成珪认为，这些看似很"狂"的性格，实为徐丙乙"虚心服善"之表现。然天妒英才，徐丙乙"终于拔贡生，年未五旬"。一句"老骥空有心，神龙竟无尾"，反映出方成珪对好友离世之惋惜。欣赏是相互的，徐丙乙亦喜欢方成珪之诗文。如《守孔约斋杂记》：

> 余邑有两奇士，一为林孝廉清澜，中嘉庆戊午南榜，生平经籍，过目不忘。……一为蒋明经锋，读书一遍即成诵。徐藜阁得余试文，夜诵至再，蒋于隔房假寐，次早询藜阁曰："子昨读谁氏

---

① （清）方成珪：《守孔约斋杂记》，清末瑞安孙氏玉海楼抄本，第17—18页。

文，而有味若是?且读文亦何必再?"藜阁愕然。蒋曰："予聆君初读，已牢记在心矣。"为藜阁诵之，自首至尾，无一字遗谬者，而并不得一科冠世，聪明天将以是安施耶?[①]

方成珪所述主人公虽非徐丙乙，但据"徐藜阁得余试文，夜诵至再"这一句，即可显示出徐丙乙对方成珪诗文之欣赏。同时，该叙述也可说明好友徐丙乙在方成珪心目中的重要地位。

四 莫逆之交

（一）吕荣

吕荣（1755—1842），字幼心，号惺园，江苏阳湖人。乾隆四十二年（1777）举人，嘉庆五年（1800）任安徽怀远知县，后又任五河知县。道光元年（1821）十月，升任浙江东防同知。著有《惺渊斋诗集》十四卷。

道光元年（1821）与道光四年（1824），吕荣两任浙江海宁东防同知，此时方成珪任海宁州学正。两人年龄虽相差30岁，但因共事且有相同爱好，常交游宴聚、互赠诗文，建立了深厚的情谊。道光六年（1826）八月，方成珪邀请吕荣一起观潮。"雨势初停暑气消，金波不动碧天遥。豪情白傅三升酒，健笔枚乘八月潮。谈笑风流归老辈，乾坤变态入深宵。朱门此际笙歌罢，正拥华衾梦覆蕉。"[②]友谊是相互的。次年（1827）九月二十九日，方成珪生日，吕荣登门祝寿，并送了菊花。方成珪《诞日幼心司马赠菊》：

> 天门訇然开，飞来丹凤皇。肩荷五色云，蹁跹下吟房。云是吕仙翁，贻此甘谷芳。花花布仙幄，叶叶裁仙裳。值我览揆辰，分置东西厢。我坐其中间，但觉仙风长。酿为延年酒，胜彼流霞浆。一饮三百杯，肌骨生清凉。一醉千余日，神气皆飞扬。翁也位紫府，

---

① （清）方成珪：《守孔约斋杂记》，清末瑞安孙氏玉海楼抄本，第18—19页。
② （清）方成珪：《宝研斋吟草》，清道光二十六年聚珍版，第16页。

八极供翱翔。愧我犹凡夫，云路空相望。佳种忽见惠，洗涤烟火肠。如赠三秀草，发我寒涧香。如移万年枝，增我小园光。他年折琼蕤，白日朝玉皇。笑看西王母，鬓发成秋霜。①

好友的登门祝贺，让方成珪感到十分高兴，"一饮三百杯，肌骨生清凉。一醉千余日，神气皆飞扬"，并以"三秀草""万年枝"为喻，称赞吕荣送的菊花"发我寒涧香"，"增我小园光"，借喻两人的友谊长青。除交游聚宴、赠物祝寿外，两人还互赠诗文，往来唱和，抒发情怀。道光七年（1827），方成珪作《尊经阁四景》向吕荣索和：

鸡声刚唱五更风，已见晴辉丽海东。云阵塝开千里碧，日华飞出一轮红。气蒸水府蛟龙避，光射天衢星斗空。看罢携镫下高阁，晓窗犹自影朦胧。

烂银盘未落檐前，高处清光得最先。远岫依稀青不断，平沙照耀白无边。寒知露湿三更地，净喜云消万里天。休道月宫人境隔，此间觞咏亦神仙。

曾羡枚生赋手豪，海滨重此见惊涛。线痕乍引尖山远，骑阵旋遮越峤高。雷起中流轰万鼓，云飞极浦动千艘。若教依样论文势，吏部当年健笔操。

重裘尚怯十分寒，绦带银杯句溯韩。乱舞常随风浩浩，平铺直接海漫漫。形疑万屋鱼鳞失，势作三霄鹤翅盘。阁下梅花消瘦甚，顿添春色到吟坛。②

吕荣因"思蹇未及完稿"，只作"观日"与"观潮"二景，"追成二律"："尊经高阁倚苍穹，残夜凭栏待晓红。星斗微茫千嶂外，乾坤开敞一轮中。卧翻云海胸怀阔，立扫烟氛眼界空。顷刻光华照林谷，负暄须让白头翁。何处飞来百尺涛，往还终古不辞劳。阵排霄汉驰千骑，

---

① （清）方成珪：《宝研斋吟草》，清道光二十六年聚珍版，第23—24页。
② （清）马锦：《碧萝吟馆唱和诗词》卷4，清道光三年刻本，第2页。

上编 研究篇

气摄蓬壶驾六鳌。破晓欲追羲驭疾,侵宵倒涌月轮高。投闲未了宣防责,独对冲波首自搔。"①是年,方成珪又作《读古芸稿中痛饮苦吟各作复拟四题索和》:

> 破浪乘风愿已违,海滨聊此息尘机。蹉跎岁月双行屐,笑傲江湖一钓矶。林下重开新白社,箧中未浣旧缁衣。鹏程雁路空翘首,且共闲鸥自在飞。
>
> 结跏浑欲闯禅关,消受身心一味间。明月有情窥隔牖,落花无语伴空山。隐囊纱帽棋初罢,竹几蕉团梦亦删。犹忆韦公诗境淡,焚香煮茗扫苔斑。
>
> 世事茫茫恨不穷,聊舒逸气向晴空。龙吟碧海波声应,凤叫丹岩谷响通。阮籍科头高阁上,孙登散发乱山中。选楼一首成公赋,未尽登临意兴雄。
>
> 诗家乐府本天然,兴到何须托管弦。佇许仙心通妙曲,不教蛮语入新篇。荷风宛转花如笑,竹露珑玲鸟亦怜。铁板铜琶太豪迈,瓣香宜祝柳屯田。②

吕荣见诗后,围绕方成珪所拟"倦游""静坐""狂啸"和"清歌"等四题,依韵和作:

> 乾坤容我遂初衣,建树无端且息机。涉历老于尝世味,衰孱空此系民依。掉头海上烟霞阔,炙背林间霜露晞。剩有浮名在尘块,不堪还问是耶非。
>
> 索居不改旧时颜,埒郊尘氛独闭关。几树幽花当座发,一轮皎月照人间。静中是处闻清籁,象外悠然见远山。莫到无聊空守寂,鼎炉方寸有丹还。
>
> 山高野阔海天空,有客披襟啸远风。振动疏林开郁勃,吹嘘幽

---

① (清)马锦:《碧萝吟馆唱和诗词》卷4,清道光三年刻本,第6—7页。
② (清)马锦:《碧萝吟馆唱和诗词》卷4,清道光三年刻本,第20页。

谷起冥蒙。本无愤懑情逾畅，一任清狂气自雄。此意昔曾题满幅，余音长在碧云中。

衰龄诗思等枯禅，高兴犹能抵少年。人与云山皆应律，天生风月自成篇。误多常待周郎顾，和寡谁将郢客传。闲向空林歌一曲，好花无语亦嫣然。①

吕荣和作紧扣方成珪所拟四题，分别以"涉历老于尝世味""静中是处闻清籁""振动疏林开郁勃""闲向空林歌一曲"对方诗中"蹉跎岁月双行屐""落花无语伴空山""龙吟碧海波声应"和"伫许仙心通妙曲"，体现出吕荣的诗文"自抒性灵，曲叙情事"②之特点。是年，吕荣还撰写了一首与方成珪同题之作《题采笋送笋图》："造物细缊化，无逾笋发生。侵晨芽甫现，薄暮甲孤擎。想见植根厚，从教连彙征。鳣堂佐樽酒，气味早同清。"③该诗原本为方成珪为好友马锦画作所题，吕荣依原题创作，除有唱和酬唱、切磋诗文之意外，也反映出两人关系非一般可比。道光九年（1829），吕荣卸任东防同知，从浙江返回江苏，方成珪得到这一消息后，顿感突然，"忽闻掉头赋归去，离心摇碎鸾玲珑"，忆起与吕荣切磋诗文的时光，"况余钝姿百不习，常凭讲贯开愚憧"，为吕荣的卸任感到惋惜，"军门一朝失谋主，愁城得酒何由攻"，并希望能与吕荣继续保持联络，"丁卯桥边小叉手，老友亦可传吟筒。讵识冷叁镇相忆，如潮日夕流无穷。明年春篘压新醅，小糟频滴珍珠红。青青柳眼望公至，相随烂漫酣春风"④。吕荣的离浙，让方成珪十分不舍。如道光十年（1830）《次韵幼心司马对菊寄怀之作》"欲陪筇屦恣游赏，其奈关山迢递何"⑤，道光十一年（1831）《寄怀吕幼心司马》"次公狂饮无聊赖，平子闲居有所思。人过钱春如惜别，书

---

① （清）马锦：《碧萝吟馆唱和诗词》卷4，清道光三年刻本，第20—21页。
② （清）刘开：《刘孟涂集》卷7，清道光六年姚氏檗山草堂刻本，第274页。
③ （清）马锦：《碧萝吟馆唱和诗词》卷4，清道光三年刻本，第30页。
④ （清）方成珪：《宝研斋吟草》，清道光二十六年聚珍版，第41—42页。
⑤ （清）方成珪：《宝研斋吟草》，清道光二十六年聚珍版，第46页。

开临发为添诗"①,抒发了对好友的思念,展现出两人的至交情谊。

(二)蔡载樾

蔡载樾(1792—1841),号砚香,浙江嘉兴桐乡人。家学源深,其父蔡德淳,嘉庆七年(1802)进士,任山东齐东知县。嘉庆十三年(1808),蔡载樾中秀才,历任浙江安吉、余杭训导。生平淹通博雅,擅诗文,喜交游。著有《待雪楼稿》《西窗听雨集》和《拈花吟馆诗钞》等。

道光十一年(1831),蔡载樾与年长他7岁的方成珪相识,结下终生友谊。蔡载樾是当时名流,擅长诗画,好友乐交,常与方成珪交游唱和。是年,与方成珪偕游桐溪,饮酒论诗,相谈甚欢。方成珪《题蔡砚香学博吟稿后》:"岁初泛櫂小桐溪,犹见龙蛇壁上题。闻说春风过苔雪,由来真味出盐齑。青山揽胜频叉手,绿酒逢欢直到脐。何日一樽相对举,更将诗律细参稽。"②道光十三年(1833),又与方成珪、马锦、王补坪等游鸳湖。方成珪后追忆说:"一棹桐溪路,相歌绿水春。分笺得诗敌,倚醉见天真。画本风霜古,欢场岁月新。祇应同调者,珍重念斯人。斯人不重见,回首思悠悠。忆昔鸳湖艇,同吟雁路秋。光阴如梦过,风景有图留。知己平生感,因兹泪更流。"③这种一起纵情山水、载酒赋诗的交游生活,后因方成珪任职宁波而中断,由此加深了对好友的思念。方成珪常以诗寄怀。道光十五年(1835),方成珪作《寄怀砚香五言长古三十二韵》:

霜侵园卉槁,月照庭梅虚。对此寒景凄,坐嫌良会疏。岁莫怀人诗,古有今不无。敬援诗家例,宽我心郁纡。忆昔闻名始,近在桐溪隅。白眉初雕谢,我往哭其庐。《招魂》凡四章,哀思聊以舒。逡巡步东壁,突见骊颔珠。言言根性真,气逼眉山苏。我诗与之较,恶如小国邾。口诵手录之,逢人辄称誉。桃花吐艳

---

① (清)方成珪:《宝研斋吟草》,清道光二十六年聚珍版,第50页。
② (清)方成珪:《宝研斋吟草》,清道光二十六年聚珍版,第50页。
③ (清)方成珪:《宝研斋吟草》,清道光二十六年聚珍版,第59页。

艳，春阳群敷腴。忽报君辱临，倒屣迎入闾。定交从此固，辖投三日余。我忝马齿长，岸然兄自居。往来岁再三，奚啻周亲如。君所不及我，形状与鹤臞。长夏不惮热，长途不惮趋。我所不及君，文章与龙摅。天网不能婴，天械不能拘。者酒喜谈笑，彼此仍合符。闲来一捧袆，鄙吝可尽袪。疑义相与析，喜过追获逋。如吻乾得饮，如腹枵得餔。如背痒得爬，如发乱得梳。两人互因依，蠻偕邛驱骟。君有克家子，腾踏千里驹。驯扰遭孙阳，过庭神为娱。晨昏至乐备，乃肯念老迂。岂非香火缘，宿契理不诬。石有时而泐，丹青有时渝。愿为双南金，磨炼长如初。[1]

方成珪对比蔡载樾的为诗为人，认为自己的"文章与龙摅"均不及蔡载樾，每次与蔡载樾讨论后，"疑义相与析，喜过追获逋"，希望彼此能携手并进。这种距离之思也困扰着蔡载樾，为改变两地相隔，以诗寄怀的现状。蔡载樾效仿唐代诗人王维为孟浩然建孟楼之意，于道光十八年（1838），在家旁边专门修建了"待雪楼"，以待与方成珪的相聚。方成珪在《宝研斋吟草》中说："砚香新建一楼，颜曰'待雪'，取辋川与襄阳善，于所居筑孟亭之意也"[2]，故赋诗二律以表谢意：

意匠营成万卷楼，乾坤清气此中收。俄闻待雪颜新额，想见临风念旧游。摩诘诗亭缘孟筑，陈蕃宾榻为徐留。由来古月同今月，一色澄辉照素秋。漫言高处不胜寒，四面云霞两眼宽。问舍未容来许汜，闭门聊自拟袁安。香生兰叶开华席，种觅梅花补曲阑。他日访君乘兴到，语溪真作剡溪看。[3]

蔡载樾收到方成珪的诗后很高兴，随即依韵和诗回寄：

---

[1] （清）方成珪：《宝研斋吟草》，清道光二十六年聚珍版，第60—61页。
[2] （清）方成珪：《宝研斋吟草》，清道光二十六年聚珍版，第65页。
[3] （清）方成珪：《宝研斋吟草》，清道光二十六年聚珍版，第65—66页。

郎当溪屋忽层楼，心事王郎笔应收。话雨多年重待雪，故人无恙订新游。苔芩气谊如君少，鸿爪因缘为我留。相望转嫌开径晚，空孤明月满庭秋。书生结拘本酸寒，新拓吾庐一角宽。入座尽教谈笑剧，对床便觉梦魂安。元冬绿醑期非远，绛帐黄垆兴已阑。同时鸥边吟榭客，雪泾卷子怕重看。①

一句"话雨多年重待雪，故人无恙订新游"，表达出蔡载樾对与方成珪坐面论道的期待。是年（1838）冬天，蔡载樾派儿子蔡锡琳（？—1851）雇船到海宁州接方成珪，待方成珪快到时则亲自到码头迎接，并安排堂弟蔡载福与好友沈作宾等人作陪。当天，方成珪与大家聊得非常尽兴，直至深夜才休息。余杭名士孙元培（生卒未详）特撰500余字《待雪楼记》，并和诗"明波曲折绕层楼，如画疏林眼应收。新牖开时花亦笑，故人来与月同游"②等6首描述了这段雅事。孙氏文稿后以砖刻方式镶嵌在待雪楼下拈花吟馆的墙壁中。

夫绿墀青琐，西汉王根之居；连闼洞房，南阳樊重之第。流水接轸，鹤盖成阴成句，浮世之荣，儒者弗尚。至若明绍之往迹，贞白之昔游，崇桐霞襄，石室云回，纵堪超轶尘口，何以招延友朋？

砚香先生家傍语溪，声望桂里，座同北海，驿置南阳。遂乃开蒋诩之径，葺仲蔚之庐，因旧址构新楼，缚香苑以为檐，架文杏而成栋，唐梯宜步，曲阑可凭，颜曰"待雪"，为海昌学博瑞安方雪斋先生作也。盖其交逾十年，路隔卅里，心乎爱矣，托庆忌以传书，远而望之，呼趾离而通梦。落岑之谊，云霞之衿，不劳榜道之寻，时有对床之约，亭传待孟，人愿依刘。寀廗改观，颇羡杜陵之突兀；粢棁耀采，亦赖昌黎之辛勤。

于时，冬日初低，晴烟欲堕，水泠环碧，竹疏摇青。压篷

---

① 王企敖、徐自谷：《崇福史话》，浙江人民出版社2014年版，第124页。
② 王企敖、徐自谷：《崇福史话》，浙江人民出版社2014年版，第125页。

霜重，故人载酒而来；叩门鹤应，贱子收帆亦至。携手同行，振衣而上，拂绮席，拓蠡窗，移徐邈之玉枪，设阴铿之荠铫。挥谢安之麈，四壁风生，解王恭之袭，一室春到。兰言既洽，雕辩遂兴。淹贯群经，过崔儦之五千卷；稽考疑义，噱徐遵之八十宗。公等有康成之精博，我则愧灵运之空疏。况乎才笔纵横，令子何殊文度。口观清词瑰丽，快婿乃得延明。相与啸傲艺林，徜徉册府，鼓宫宫动，喝月月停，可谓心游百尺之巅，足蹑三层之上者矣。

　　既而选胜探幽，命俦挈侣，庄寻黄叶，石访梅花，回飙萧槭，如闻异香。晚露沾濡，遥生静籁；萝筱留客，鹭鹚亲人。篱边影动，疑是君复之山；涧外声多，亦类张超之谷。听然胥返，又憩斯楼。于是，仲文书记钱君警石，惠连写图庶宾。缘深文字，君应歌团雪之篇；地接枌榆，我敢作登楼之赋。道光戊戌十月十有三日，钱塘孙元培撰并书。①

蔡载樾重交游，认为"天下之物，莫坚于金石，莫洁于雪。惟其坚也，固结而不可解；惟其洁也，虽流滴垂冰，而常不改其积素之质。故君子之相交必坚且洁，而后可以久而不坏也"②，他与方成珪"交逾十年，路隔卌里"，彼此却保持着"岁时相思必相访，乐事必相告，撰著必相质"③之习惯，故"旧址构新楼"，以待好友。由此可见，蔡载樾非常重视与方成珪之间的友谊。

此后，两人间的交往就更加频繁。道光十八年（1838），方成珪相继作了《访梅花峰次砚香韵》《题蔡砚香邈斋图十六韵》和《题蔡砚香戴笠图》等。道光二十一年（1841），蔡载樾因病离世。方成珪知悉后异常哀痛，作《哭蔡砚香三十韵》追悼：

---

① 《桐乡市旅游志》编纂委员会编：《桐乡市旅游志》，方志出版社 2013 年版，第 515—516 页。
② （清）钱泰吉：《甘泉乡人稿》卷 15，清同治十一年刻光绪十一年增修本，第 190 页。
③ （清）钱泰吉：《甘泉乡人稿》卷 15，清同治十一年刻光绪十一年增修本，第 190 页。

悲吟倚庭树,搔首将问天。问天于下人,福报何茫然。有文名不登,有德寿不延。万生要归死,胡令病久缠。夺我知心友,成我哀逝篇。玉棺一以闭,夜床讵再联。忆昔我与君,定交辛卯年。倾盖若旧识,撝裳识俗缘。相思辄命棹,共话俱忘眠。从此交契深,骨肉同缠绵。君书我借读,君集我手编。或时得古迹,源流烦讨沿。或互得新题,情景争写宣。欢场难具述,岁箓已十迁。今春视君疾,态状动我怜。双尻苦踡跼,右臂伤拘挛。笑瞋变倏忽,语言失清便。我留尽两日,坐对愁暗煎。差幸肤革充,饮啖仍如前。竹舆子善奉,药留神堪全。解携曾几时,凶问俄来传。年未逾五秩,魂遽升九乾。惟君性孝友,芳行扬兰荃。守身可媲玉,赡族能散钱。朋簪有始终,于我爱更偏。屋东起高楼,待雪名以镌。亭因孟浩筑,榻为周璆悬。藐躬媿匹配,挚谊铭勤拳。呜呼自今后,百尺空云连。临风莽回首,泪下如涌泉。①

方成珪与蔡载樾自道光十一年(1831)订交以来,常一起纵情山水,载酒赋诗;后因距离遥远,又以诗寄怀,筑楼待友。他们的友谊随时间的推移而不断加深,成了情同手足之挚友。在近十年的交往中,方成珪深深地认识到,蔡载樾是一个才情卓著,重友乐交的知己。方成珪自选诗集《宝研斋吟草》中,收录了八首与蔡载樾有关的诗文,这也说明了两人友谊之深。如钱泰吉《待雪楼记》所说:"石门蔡君砚香以朋友为性命,而于瑞安方君雪斋交尤深。"②

(三)姚燮

姚燮(1805—1864),字梅伯,号子复、复庄,又号野桥,署名上湖生、大梅山民、大某山民、复翁、老复、东海生等,浙江镇海人。学识渊博,善于诗画。道光十四年(1834)中举,后因 5 次应试失败,转向教学、著书与编书。著有《今乐考证》《疏影楼词》《复庄诗问》

---

① (清)方成珪:《宝研斋吟草》,清道光二十六年聚珍版,第72—74 页。
② (清)钱泰吉:《甘泉乡人稿》卷15,清同治十一年刻光绪十一年增修本,第190 页。

《复庄骈俪文榷》等,编有《今乐府选》《皇朝骈文类苑》等。

方成珪比姚燮年长20岁,且成名已久,却很喜欢姚燮的诗文。方成珪于道光二十六年(1846)拜访了姚燮,获赠《复庄诗问》诗集。《姚燮集·诗集序跋题辞》:

> 瑞安方雪斋学博成珪云:余客京师,辄闻某伯名不得见,晚始见于四明,盖积思者二十余年矣。以二十余年之久,一旦获慰,宿缘所在,夫岂偶然?丙午冬,出《诗问》相示,且校且读,浃旬而周,叹其味道之腴,食古能化,如大河东注,灏汗不穷,又如天仙化人,排闾阖而朝玉清也。[1]

从"如大河东注,灏汗不穷","又如天仙化人,排闾阖而朝玉清也"两句便知,方成珪十分推崇姚燮的诗文集,所以在校读完《复庄诗问》后,方成珪又赋诗两首加以称赞:

> 当年坛坫盛金台,未预宾筵末座杯。天北剑光沉督亢,海东云气接蓬莱。骚情不乱灵均笔,选体能精子美才。垂老明山一携手,半生襟抱为君开。诗天无际任穷搜,屈曲依人信足羞。谁与鲲鹏争变化,不随鹍蟀度春秋。身逃绮劫仙应妒,手把灵符鬼亦愁。读罢怪来香一缕,邻梅枝过短墙头。[2]

姚燮亦作诗二首酬答方成珪:

> 愧无奇骨傲金台,那有名书署玉杯?借技争荣真鼠雀,随方托贱本蒿莱。雌黄且复凭人口,太白原非纬世才。敢道文章悬日月,

---

[1] (清)姚燮著,路伟、曹鑫编:《姚燮集》(第4册),浙江古籍出版社2014年版,第1149页。
[2] (清)姚燮著,路伟、曹鑫编:《姚燮集》(第4册),浙江古籍出版社2014年版,第1016页。

千秋蒙瞖揭能开。廿年肝肾苦雕搜，炫采矜华只自羞。几炼冰霜成独行，坐看雕鹗纵长秋。身怜早弃何辞病，发苦将斑敢讳愁？眼有方千犹忆钧，吾当采蕨北山头。[1]

方成珪认为姚燮之诗"骚情不乱灵均笔，选体能精子美才"，"读罢怪来香一缕，邻梅枝过短墙头"，这也解释了姚燮"当年坛坫盛金台，未预宾筵末座杯"之影响。两人以诗代束，友情逐渐深化，成为莫逆之交。

总括之，方成珪一生交友甚广，除上述治学、共事、诗文和莫逆之交外，方氏还结识了浙江瑞安洪守一、鲍作瑞和江苏吴门蔡锡恭等学者。方成珪的交友圈，除吴钟骏、吕荣为江苏人外，其余多为以瑞安为中心的浙江文人或士绅。或许因为方成珪交际圈偏安浙南，故其交游情况未引起世人的重视。方成珪以学交善、以文会友、以友辅仁，形成了瑞安地方文人交游的具体范式。这对后人了解清中后期浙南文人士绅日常活动，特别是社会变迁有非常重要的意义。

第三节 著述考

方成珪著述多散佚，目前可见的主要有《集韵考正》10 卷、《韩集笺正》5 卷、《字鉴校注》5 卷、《唐摭言校正》15 卷、《敬业堂诗校记》48 卷和《干常侍易注疏证》《宝研斋吟草》《守孔约斋杂记》各 1 卷等，这里择要对部分代表作的成书过程、版本流传与价值影响等作一考述。

一 《集韵考正》

《集韵》共 10 卷，由宋祁、丁度等人奉宋仁宗令于景祐四年

---

[1] （清）姚燮著，路伟、曹鑫编：《姚燮集》（第 4 册），浙江古籍出版社 2014 年版，第 1015 页。

（1037）开始编纂，续由司马光完成于宝元二年（1039）。全书有平声 4 卷，上、去、入声各 2 卷，分 206 韵，收录 53525 个字。该书参许慎《说文解字》以释字，矫正了《广韵》之"类隔切"，真实展现了当时的语音使用情况。现存主要版本有中国书店影印的曹楝亭扬州使院刊本、上海图书馆藏南宋明州刻本、北京图书馆藏南宋潭州刻本、日本宫内省图书寮藏宋淳熙十四年（1187）金州刻本、清初毛氏汲古阁影宋钞本、钱氏述古堂影宋钞本和顾广圻重修本等。

方成珪《集韵考正》（简称"考正本"）以曹刊本《集韵》为底本，参宋椠本《集韵》，结合《说文》《玉篇》《广韵》《类篇》和《古今韵会举要》等 80 种著述，吸收段玉裁、严杰、汪远孙、陈庆镛等校勘成果，订正讹谬，补充脱漏，展示了方成珪精湛的考据学功力，确立了该书在韵书研究史上的地位。孙诒让在《集韵考正·后记》中说："盖非徒刊补曹本之讹夺，实能举景祐修定之误，一一理董之，是非读《集韵》者之快事哉！"①赵振铎《集韵研究》亦指出："方成珪《集韵考正》是现在能够看到对《集韵》一书用功最勤的本子。"②

考正本初稿成于道光二十五年（1845），后于道光二十六年（1846）作了修改。黄式三《〈集韵考正〉序》："书成于乙巳以前，续改于丙午以后，用功勤而校雠精，《集韵》自是成完书矣。"③吴钟骏《〈集韵考正〉序》："与大概校读《集韵》之体例，缀诸卷端。道光二十六年（1846）岁在丙午秋七月，吴县吴钟骏序。"④全书于道光二十七年（1847）正月十五后定稿。方成珪《〈集韵考正〉自序》："惟是校书如扫落叶，终无了期，况案少积书，疏舛自知不免，尚望博雅君子有以匡其谬而觉其迷焉。时道光丁未（1847）陬月望日，瑞安方成珪书于四明学舍。"⑤

---

① （清）孙诒让：《〈集韵考正〉后记》，《集韵考正》，清光绪五年《永嘉丛书》本，第1页。
② 赵振铎：《集韵研究》，语文出版社2006年版，第182页。
③ （清）黄式三：《〈集韵考正〉序》，《集韵考正》，清光绪五年后记《永嘉丛书》本，第2页。
④ （清）吴钟骏：《〈集韵考正〉序》，《集韵考正》，清光绪五年《永嘉丛书》本，第1页。
⑤ （清）方成珪：《〈集韵考正〉自序》，《集韵考正》，清光绪五年《永嘉丛书》本，第3页。

上编 研究篇

（一）考正本之版本

道光丁未年（1847）之稿本，经多次钞刻与校注，出现了多个版本。曾有学者研究指出，"方成珪《集韵考正》十卷，曹刻本，卷首有吴钟骏、黄式三序和方成珪自序，卷末有孙诒让跋，道光丁未年（1847）刊本，又瑞安孙衣言刻永嘉丛书本、万有文库影印日本天保重刊顾本。（按：邱氏（棨鐊）未列藏址）"①然前贤所述并不完整，今可考见的版本主要有8个，下面对各本作一介绍。

1.道光稿本

此本现藏于温州市图书馆。10册共10卷，毛装，书口白口，开本24.6厘米×13.5厘米，半页八行，每行字数不等，双行小字字数亦不等，无版框鱼尾。扉页印"方先生《集韵》今已照钞完工，原书取计六册，乞查收"，正文前有吴钟骏序、方成珪识和序目，无黄式三序，韵例在卷首页眉右上角。

2.清人钞刻本

（1）温州市图书馆藏孙锵鸣钞本

此本据道光稿本钞录，又称瑞安项氏藏手稿本、逊学斋藏钞本。5册共10卷，线装，书口白口，开本25.8厘米×19.6厘米，半页十行，行二十八字，无双行小字，无版框鱼尾。正文前有黄式三序、吴钟骏序和自序，首卷篇名下有韵例。

（2）温州市图书馆藏清钞本

此本10册共10卷，毛装，书口白口，开本26.4厘米×18.9厘米，半页十行，行二十四字，无双行小字，四周双边，单黑鱼尾。正文前有吴钟骏序、黄式三序、自序、凡例和序目，书缝印"长顺字号"。

（3）日本早稻田图书馆藏钱恂旧藏本

此本10册共10卷，线装，开本25.6厘米×16.5厘米，半页十三行，行二十二字，无双行小字，四周双边，单黑鱼尾。正文前有吴钟骏序、黄式三序和自序，后有孙诒让跋。扉页有"明治卅四年（1901）二

---

① 张渭毅：《中古音论》，河南大学出版社2006年版，第7页。

月廿三日支那钱恂氏献",每卷首页均印有两枚印章,一枚为"□□钱恂所有",另一枚为"东京专门学校图书"(即早稻田大学前身);书中用红色圆圈和彩笔作了一些旁批。钱恂(1853—1927),字念劬,浙江吴兴人,晚清外交家。他于1899年至1901年任湖北留日监督期间,常驻日本,与各界交往密切,将其藏书捐给东京专门学校。

3.清末民初补校本

(1)孙诒让《〈集韵考正〉补注》

此本又称《永嘉丛书》本,由瑞安孙氏诒善祠塾刻于光绪五年(1879)二月,现收藏于浙江大学图书馆,日本静嘉堂文库亦藏有此本。该本9册共9卷,缺第10卷,线装,开本25.5厘米×16.3厘米,半页十三行,行二十二字,小字双行均为二十二字,上下黑口,左右双边,单黑鱼尾,版框半页16.8厘米×13.7厘米。正文前有吴钟骏序、黄式三序和自序,各卷首有"经微堂"印章,文中有孙诒让对作的红色旁批、补注,卷尾有孙氏朱笔手记。

(2)陈准《〈集韵考正〉校记》

此本又称民国铅印本或石印本,完成于1936年3月,初刻于1937年3月,由上海商务印书馆印刷、发行,现收藏于温州市图书馆。该本1卷,线装,开本25.5厘米×16.3厘米,半页十一行,行二十二字,无双行小字,四周双边,单黑鱼尾。正文前有陈准自序和凡例。该本以方成珪考正本手钞原稿本为底本,将其与刻本复校,并按原稿卷次校正脱衍错倒。

4.近现代影印本

(1)《万有文库》本

此本又称国学基本丛书本,据《永嘉丛书》本合印,初刻于1937年3月,由上海商务印书馆印刷、发行。该本5册共10卷,平装,32开,半页十三行,行二十二字,有版框,无鱼尾。正文前有吴钟骏序、黄式三序、自序、凡例、序目和韵例,后有孙诒让跋,末附陈准校记。

（2）《续修四库全书》本

此本据《永嘉丛书》本影印，由上海古籍出版社于 2002 年 4 月出版，日本静嘉堂文库藏有此本。该本 10 册共 10 卷，精装，16 开，半页十三行，行二十二字，上下黑口，左右双边，单黑鱼尾。正文前有吴钟骏序、黄式三序、自序、序目、韵例和凡例，文后有孙诒让跋。

（二）考正本之流传

方成珪死后，文稿散佚，同乡项傅霖（1798—1858）得考正本手稿本，项氏姻亲孙锵鸣（1817—1901）借稿本传钞了一份，即孙锵鸣钞本，其侄孙诒让（1848—1908）对孙氏钞本作了校注，该本后由孙衣言（1815—1894）列入《永嘉丛书》刻印。孙诒让《籀庼述林》卷六《〈集韵考正〉跋》：

> 此书手稿本先生没后亦散出，为先舅祖项几山训导（傅霖）所得，幸未沦坠，家中父从项氏写得副本……。深幸先生遗著后先踵出，不可不为传播，遂请家大人先以此书刊之鄂中，而工匠拙劣，所刻不能精善，修改数四，乃始成书。项氏所弆手稿，间有刺举。元文而缺其校语者，殆尚未为定本。今辄就管窥所及，略为补注。诒让检核之余，间有条记，又尝得钱塘罗镜泉以智校本、长洲马达林钊景宋本校勘记，其所得有出先生此书之外者，行将续辑之，以竟先生之绪焉。①

瑞安学者陈准（1900—1940）将孙刻本与方氏手钞稿本作了互校。《〈集韵考正〉校记·序》：

> 孙琴西（衣言）先生即以此书（《集韵考正》）列入《永嘉丛书》中刻于鄂，书成修改数四，方成定本。余从方氏家得雪斋先生手钞本原稿十卷，与刻本复校，一遇相去远甚。……余友王岫庐云

---

① （清）孙诒让：《籀庼述林》卷 6，1917 年刻本，第 100—101 页。

五先生热心教育，阐扬文化为己任，网罗群籍编纂《万有文库》，《集韵考正》亦采入其中。余即驰书相告，复函嘱余另撰校记。①

从孙诒让跋和陈准序可知，《〈集韵考正〉补注》和《〈集韵考正〉校记》底本均源自考正本手钞稿本。1936 年，王云五（1888—1979）又将其编入《万有文库》。潘猛补《〈温州经籍志〉校补》：

瑞安项氏藏手稿本、逊学斋藏钞本即孙锵鸣钞校本，今藏温州市图书馆。浙江大学图书馆藏有光绪刻本（存九卷），孙诒让校（《中国古籍善本书目》四），此书刻入《永嘉丛书》。民国二十五年（1936）印入商务印书馆《万有文库》，瑞安陈准为之作校记，附印于后，一并附识于此。②

2002 年 4 月，上海古籍出版社影印《永嘉丛书》本，将其收入《续修四库全书》253 册《经部》"小学类"，这样方成珪考正本就更容易得到了。

（三）考正本之影响

考正本成稿前后，还有王琨（1736—1806）《集韵正》、马钊（？—1860）《集韵校勘记》、丁士涵（？—1894）《集韵札记》、姚觐元（1826—1902）《集韵校正会编》等类似著述和余萧客、汪道谦、钮树玉、严杰、汪远孙、陈庆镛、顾广圻、陆心源等 10 多种校本，但"流传至今、影响最大的《集韵》校本当推方成珪的《集韵考正》十卷……此书集乾、嘉、道光学者研究《集韵》之大成，它的贡献已超出刊补《集韵》版本讹夺的范围，方氏以后的校勘考证工作，实际上大多是方书的余绪或补苴"③考正本刊行后，对学界产生了重要影响，并在相关论著中得到具体体现。

---

① 陈准：《〈集韵考正〉校记》，上海：商务印书馆1937年版，第1—2页。
② （清）孙诒让著，潘猛补校补：《温州经籍志》（上），上海社会科学院出版社 2005 年版，第250页。
③ 张渭毅：《〈集韵〉研究概说》，《语言研究》1999年第2期，第133页。

1.补正文本内容

清末以来，除孙诒让《〈集韵考正〉补注》和陈准《〈集韵考正〉校记》外，邱棨鐊、赵振铎分别对考正本作过校勘，补正方校30多条，如表2-2：

表2-2 考正本文本校勘

名称	邱棨鐊《集韵研究》（1974）[①]		赵振铎《集韵研究》（2006）[②]
第6章《集韵》之校勘	（1）《集韵·支韵》："弥，氏卑切。"邱按："影宋本、宋刊本、段校本、天保本批校、备要本及《类篇》《礼韵》并作'民卑切'，与《广韵》《五音集韵》'武移切'类隔，明母，是也。方氏失考。"（1008） （2）《集韵·灰韵》："枚，谟杯切。"方校："宋本及《韵会》谟作谋，《类篇》与此同，谋、谟同明母。"邱按："淳熙本、宋刊本、陈覆毛钞本、段氏周漪塘毛钞宋本并作谟，方氏所未及。"（1019） （3）《集韵·俨韵》："险，希埯切。"方校："埯讹从土，据《类篇》正。"邱按："宋刊本、陈钞本均作埯……宋本不误，方说非。"（1094） （4）《集韵·祠韵》："祠，居蒐切。"方校："莧讹蒐。"邱按："淳熙本、宋刊本、段校本、马校本均作莧，无右下一点，方氏手误。"（1129）	第7章校理	（1）《集韵·纸韵》："崎，山形。一曰崎锜，不安皃。"方校："岿崎讹崎锜，据《类篇》及王襃《洞箫赋》注正。"赵按："似不必改。"（203） （2）《集韵·纸韵》："邹，《山海经》：'纶山东有陆邹山，通作陁'。"方校："《中山经》东下有北字，今据增。"赵按："无北字，方所据《山海经》疑是误本，可不增。"（203） （3）《集韵·纸韵》："敉，《尔雅》：抚敉，抚也。孙炎读。"方校："忨敉之忨讹抚，据《释诂》正。"赵按："方校改是，唯以此在《释诂》则非，此在《尔雅·释言》。"（203） （4）《集韵·贿韵》："飙，风动谓之妥风。"方校："'劲'讹'动'，据《类篇》改。"赵按："《广韵·贿韵》奴罪切作'动'，斯○二七一、王韵、裴正字均作'动'，似不必依《类篇》改。"（203）

2.援引考据成果

近现代以来，以校勘、考证为主的《集韵》研究，它们或多或少都参考了考正本的成果。赵振铎认为，"这部书对《集韵》作了全面的整

[①] 邱棨鐊：《集韵研究》，博士学位论文，台北文化大学，1974年。本节所引均来自此文，引文只标页码。
[②] 赵振铎：《集韵研究》，语文出版社2006年版。本节所引均来自此书，引文只标页码。

理，用功最勤。……虽然他没有更多地利用宋本，但是所得的结论，却和宋本相合，这是难能可贵的。……这是今天能够利用的整理《集韵》的好本子"[①]。如邱棨鐊《集韵研究》（1974）第6章"《集韵》之校勘"引方氏校语186条，赵振铎《集韵研究》（2006）中"结构""收字""释义""版本"和"校理"等五章引方氏校语60条，《集韵校本》（下）（2012）"校记"则直接全文过录了方氏校语，可见考正本之影响。

3.评骘著述价值

考正本成书后，经同乡孙诒让、陈准等学者的补注和校正，得以流传，受到学界关注。除张渭毅（1999）和赵振铎（2006）对其作了高度评价外，胡道静《简明古籍辞典·经籍》也指出，"《集韵考正》十卷，辨正文字及音读，于研究及使用《集韵》很有参考价值"[②]；范希曾《书目答问补正·小学第三》认为，"瑞安方成珪《集韵考正》十卷，采录众本，校核极精"[③]；陈新雄《训诂学》（下）（2005）分析方书后指出，"斟录既勤，厘析精审"，并认为孙诒让所说（"是非读《集韵》者之快事哉"[④]）"确非溢美"[⑤]。由此也可知，学界对方书非常熟悉，如此才能通过分析，发现该书之价值。

综上，方成珪考正本现存有道光稿本和清人钞刻本两种主要版系，今所考见的补校本、影印本多属清人钞刻本的续版。这些版本册数不同，版本亦略有异，虽皆属清人钞刻本之续修本，但在一定程度上表明了此后考正本流传诸本所从出的册本渊源。清末民初有两种刊本，其中以孙诒让《〈集韵考正〉补注》刻本对后世影响最大，因为近代后主要影印本皆以其作为底本。此外，现代又有《万有文库》本和《续修四库全书》本。总之，方成珪考正本版本众多，各版本之间既相互独立，又

---

① 赵振铎：《集韵校本》，上海辞书出版社2012年版，第2页。
② 胡道静：《简明古籍辞典·经籍》，齐鲁书社1989年版，第195页。
③ 范希曾：《书目答问补正·小学第三》，上海古籍出版社2001年版，第60页。
④ （清）孙诒让：《籀庼述林》卷6，1917年刻本，第100页。
⑤ 陈新雄：《训诂学》（下），台北学生书局2005年版，第647页。

上编 研究篇

互相影响,共同组成了其在后世版本的流传和演变,对学界产生了重要影响。

二 《韩集笺正》

《韩昌黎集》为唐代诗人韩愈著作合集,内容包括《昌黎先生集》40卷、《外集》10卷和《遗文》1卷,是由韩愈门人李汉和后人综合汇集整理而成。韩愈(768—824),字退之,河阳人(今河南孟州市人)。唐德宗贞元八年(792)中进士,历任监察御史、潮州刺史、国子监祭酒、兵部侍郎和礼部侍郎等,是唐代著名的文学家、思想家,其作品主要见于《韩昌黎集》。该集刊印后,受到了广泛关注,流传的版本可分为注释本与考校本两种。代表性的注释本有北宋樊汝霖《韩集谱注》、南宋韩醇《新刊诂训唐昌黎先生文集》,文谠、王俦《新刊经进详注昌黎先生文集》、祝充《音注韩文公文集》、魏仲举《新刊五百家注音辨昌黎先生文集》;通行的考校本有北宋方崧卿《韩集举正》、南宋朱熹《昌黎先生集考异》、廖莹中《世彩堂昌黎先生集注》,明徐世泰《东雅堂昌黎先生集》(简称"东雅堂本")和蒋之翘《唐韩昌黎集辑注》等,其中,又以东吴徐世泰翻刻的东雅堂本最为流行。

方成珪以东雅堂本为底本,对《韩昌黎集》进行了深入细致地笺正。方成珪《韩集笺正·卷首》:

> 明东吴徐氏东雅堂《韩集》,藏书者家置一编,盖以朱子《考异》止辨正诸本异同暨莆田方氏《举正》所从之当否,未暇它及也。以《考异》散附正文句下,自王留耕始稍有笺疏,不为赅备。建安魏本广搜众说,又未免失之太繁,惟此本录《考异》之文,节取魏本各注,易于循览耳。但徐氏所刊,实用南宋廖莹中世彩堂本,莹中为贾似道门客,学问芜浅,所采辑多不精审;又经徐氏重刻,例不标注家姓名。往往有强彼就此,胶轕不清者,则亦未得为善本也。珪于此集悉心研悦(阅),积有年所。其所援引必为寻究

本源，其人物爵里及韩子一生出处，则考之新、旧《唐书》、司马温公《通鉴》、皇甫持正《碑志》、李习之《行状》、程致道《历官记》、吕洪二《年谱》，参互钩稽，实事求是，《文苑》《文粹》亦旁资校证焉。并酌录何义门《读书记》、陈少章《韩集点勘》、王惺斋《读韩记疑》、顾侠君、方扶南各《诗注》以广见闻，间附鄙论，质之大雅。此后续有所得，当更增益其所不逮云。时道光辛丑上元日，瑞安雪斋方成珪识。①

方成珪认为，徐世泰所依廖莹中《世彩堂昌黎先生集注》"采辑多不精审"，且重刻本"例不标注家姓名"，致使部分内容"强彼就此，胶辘不清"，故本着"参互钩稽，实事求是"态度，综合《旧唐书》《新唐书》《资治通鉴》和程俱《韩文公历官记》、吕大防《韩吏部文公集年谱》等史料及清何焯《读书记》、陈景云《韩集点勘》和王元启《读韩记疑》等文献对东雅堂本作了校笺，得到了时人的认可。黄式三《〈韩集笺正〉跋》：

> 韩子之诗文，欧阳文忠公极爱之。后人虽有爱者，或未及也。十数年前遇吴文仲伦，读韩子文甚熟，所作能摹拟之，以为今之爱韩子者，吴丈其一也。今读《笺正》，而知复有方子。式三爱读秦汉文，于唐则酷嗜韩子。时或浏览乎欧阳、曾、王诸家，不若读韩子文之心悦诚服。唯是家无善本，仅得《五百家注》及徐刻《考异》本，以订俗本之讹，校对无征，宿疑莫解。譬诸摩挲美璧，不能去其玷，为惋惜者久之。方子《笺正》，为韩子雪诬如障狂澜，辟注家之讹谬如梳垢爬痒，呼醉且梦者之苏醒焉，可谓爱之深而论之详矣。②

同邑学者余麟也说：

---

① （清）方成珪：《韩集笺正》，1926年瑞安陈氏湫漻斋铅印本，第1页。
② （清）黄式三：《儆居集》（五），上海古籍出版社2014年版，第431—432页。

瑞安方雪斋先生成珪，道、咸间以校勘学名家。其所撰《集韵校正》一书，瑞安孙氏刊入《永嘉丛书》中，早已传流海内。今陈准氏复以其所撰《韩集笺正》排印行世，其精博实不在《集韵校正》下。据方氏自序云……，则此书精审可知。末附《昌黎先生诗文年谱》尤多发正，实研究韩集者，惟一之参考书也。[①]

《韩集笺正》（简称"笺正本"）成稿于道光二十一年（1841），内容包括文集40卷、外集10卷，后附《昌黎先生诗文年谱》1卷，因方成珪离世而未刊行。是本后由同乡陈准（1900—1940）获得，于1926年3月校刻刊行，世称"瑞安陈氏湫漻斋校刊本"或"瑞安陈氏湫漻斋铅印本"，由上海古籍出版社又影印出版。陈氏湫漻斋本4册共5卷，线装，书口白口，开本26厘米×19厘米，半页十二行，行三十二字，有双行小字，字数不等；左右双边，单黑鱼尾。正文前有方成珪序，后有陈准跋。陈准《〈韩集笺正〉跋》：

> 《昌黎集》世所传者，独明东吴徐氏重刊南宋廖莹中世彩堂本为最精，然亦多脱略；虽注者有百家之辨，而犹未详备，有所漏略，率皆为浅识者凭臆窜改，或意有偏长，或辞有繁杂，实疑难有所不解。方先生雪斋，精究文字训诂之学，博采朱子《考异》，暨莆田方氏《举正》、王氏《笺疏》，去取毫茫，熔裁各说，研悦（阅）有年，成《笺正》若干卷，先生于此书可谓致力闳深矣。先生治校勘考证之学，与钱警石泰吉友善，名亦相埒，而为学审慎过之。著有《集韵考正》《唐摭言》《周易干常侍注疏证》，以及《韩文笺正》诸书。独《集韵考正》前辈孙琴西先生曾为刊行，附于《永嘉丛书》中；《干氏易》等亦士林传钞，家有副本。惟《韩集笺正》虽已成书，而里人罕觏，以为经风雨剥蚀，散如云烟已。往岁曾有得录是书，将付梨枣，舟行遇风，又遭飘没。幸先生稿本

[①] 余麟：《新书介绍与批评：〈韩集笺正〉》，《北京图书馆月刊》1928年第4期，第47页。

有二，其定本尚存于家。甲子岁先生孙中矩捐馆舍，其家取皮阁旧纸，弃灰炉中，童子拾得破帙一束，则先生手写《韩集笺正》六卷在焉，卷页无恙，惊喜不已，亟欲刊行，卒卒未逮也。世局扰乱，兵火交炽，满目疮痍，不知先生之作，数十年之后又将如之何也！准惜生也晚，不多识先辈，得先生之书，可知先生之便慨矣。时民国十五年（1926）三月既望，邑后学陈准谨识。[1]

稿本现收藏于国家图书馆，瑞安陈氏湫漻斋铅印本和清道光佚名钞本藏于浙江省图书馆、温州市图书馆等。之后，瑞安陈氏湫漻斋铅印本又由中华书局、上海古籍出版社影印出版，使《韩集笺正》得以广泛流传。

三 《字鉴校注》

《字鉴》共5卷，元李文仲著。李文仲（生卒不详），长州人（今江苏吴县人）。该书成书于元英宗至治元年（1321—1323），收字1091字，按206韵编排，每字下先列反切，后引《说文》等字书以辨析形音义，最后指正俗之讹。现存主要版本有清康熙四十八年（1709）泽存堂五种仿元本、康熙中泽存堂单行本、清何煌校泽存堂本和钱泰吉录吴骞、钱馥校跋泽存堂本及道光五年（1825）许楗重刻本、道光十二年（1832）杨霈辑《字学三书》本、光绪九年（1883）长州蒋氏《铁华馆丛书》影泽存堂本、光绪十四年（1888）上海蜚英馆影康熙本、光绪十六年（1890）梅雨田辑《清芬堂丛书》本、《丛书集成初编》影《铁华馆丛书》本等。

方成珪《字鉴校注》（简称"校注本"）以泽存堂五种本为底本，先录音义、后注出处，并参钱广伯校本及清人注疏进行考校。

唐韩文公有云：凡为文词，宜略识字；识字者，非徒通其音切

---

[1] （清）陈准：《〈韩集笺正〉跋》，《韩集笺正》，1926年瑞安陈氏湫漻斋铅印本，第1页。

之谓，必深明乎源流正变，训故异同，与夫点画之不可少讹，行用之不可稍紊，而后谓之能识字也。流俗之学，承讹袭谬，其所为字有出于《类篇》《集韵》外者，而父以传子，师以授弟，千手一状，前喙同声，吁！可怪也！或鉴此而矫其弊，又昧乎古今通变之宜，而一以《说文》绳之：音韵必作音均，衣裳必作衣常，心膂必作心吕，肘腋必作肘炎；施之篇翰，今人目瞪口噤而不能读，自夸复古。其如无实用何？夫隶楷之不可尽绳以小篆，犹小篆之不可尽绳以古籀也；世代递积，字体益孳，执古绳今，如以汉律治唐狱，何能奏谳不失当哉？善夫颜元孙之言曰：自改篆隶，渐失其真，若总据《说文》，便下笔多碍，当去泰去甚，使轻重合宜。徐铉《进说文表》亦曰：高文典册，宜以篆籀箸于金石，至于常行简牍，则草隶足矣。此二君子皆精通小学，非苟且从俗者，而其言若此；然则字学之权衡，可于此而得其平已。元李文仲《字鉴》一书，述古而不泥于古，准今而不徇乎今，斟酌适中，当与宋张有《复古编》，明焦竑《俗书刊误》，并传不朽；视黄谏之《从古正文》，以小篆作楷，奇形怪态，重译乃通者，相去奚啻霄壤！暇日手钞一过，复加考订，每字必录取音义以资讲解，注明出处，以便检阅。复得钱广伯校本，于海昌拜经楼吴氏，益藉匡所不逮。于近时通儒辩论，亦博采旁搜，用备参校。于道光癸卯正月五日脱稿，藏诸家塾，质诸同志，庶几少补字学之前一焉。惟是文仲以弱冠纂成此书，而余皓首龙钟，犹沾沾从事于其后，此诚昌黎子所谓"踵常途之役役，窥陈编以盗窃"者也。清夜自维，殊增颜汗耳。道光甲辰九月望后一日，东瓯后学雪斋方成珪谨识。[1]

校注本脱稿于道光二十三年（1843）。现存版本有国家图书馆、上海图书馆藏民国石印本和温州图书馆藏 1932 年瑞安陈氏褱殷堂手钞精校本。后者 5 册共 5 卷，线装，书口白口，开本 25.8 厘米×19.6 厘米，

---

[1] （清）方成珪：《〈字鉴校注〉自序》，《浙江省通志馆馆刊》1945 年第 4 期，第 72 页。

半页十行，行二十二字，有双行小字，左右双边，单黑鱼尾。正文前有四库全书总目提要，颜尧焕、于文傅、张楧、唐泳涯等叙文和陈谧（1902—1966）[①]《方先生墓表》，后有朱彝尊识与方成珪识。

四 《唐摭言校正》

《唐摭言》，又名《摭言》，作者为唐末五代王定保。王定保（870—940），南昌人（今江西南昌人），五代南汉文学家。唐昭宗光化三年（900）进士，历任容管巡官、宁远军节度使、中书侍郎平章事等。《唐摭言》成书于后梁贞明初年，反映了作者对故国的思念。全书共15卷，103篇，主要记载了唐代科举制度、文人墨客逸事和散佚的章句等内容，"多史志所未及，其一切杂事，亦足以觇名场之风气，验士习之淳浇。法戒兼陈，可为永鉴，不似他家杂录，但记异闻已也。据（王）定保自述，盖闻之陆扆、吴融、李渥、颜荛、王溥、王涣、卢延让、杨赞图、崔籍若等所谈云"[②]。现行的主要版本分钞本、刻本和节录3个系统，其中，比较通行的版本有《稗海》本、《雅雨堂丛书》本、《四库全书》本、《学津讨原》本、《啸园丛书》本和《中国文学参考资料小丛书》本等。

清道光元年（1821），浙江海宁藏书家吴昂驹（生卒不详）从杭州吴山书肆购得《唐摭言》旧写本，并据雅雨堂卢（见曾）刻本、知不足斋鲍（廷博）刻本和朱彝尊钞本等对其作了校勘。道光十四年（1834），吴昂驹将自校本送方成珪校阅。方成珪手钞吴氏校本，据新旧《唐书》《全唐文》和《南院新书》等各类史料作了重新校正。方成珪《〈唐摭言校正〉自跋》：

《摭言》为五代王定保撰。（明）商维濬刻入《稗海》，颇多

[①] 陈谧，字穆庵，一字木庵，瑞安人。毕业于北京政法专门学校，曾任中央国史馆编纂、瑞安简师校长、《瓯风杂志》总编等。著有《陈介石先生年谱》《东瓯三先生年表》《浙东学案》等。

[②] （清）纪昀等：《四库全书总目》卷140，清乾隆武英殿刻本，第2312页。

芟削，不成完书。今秘阁所藏，乃维扬所刊宋宾王家足本也。是钞旧从嘉定宜春郡斋刊本录出，渊源尤古，惜缮写者非读书种子，鲁鱼帝虎，触目纷如；然一百三门，门目靡遗，次序不紊，纵夜光或混于鱼目，崑山间杂以碱砆，瑕不掩瑜，往往遇宝。邢子才云：日思误书，更是一适；即借为求适之具，犹胜于他本远甚。海昌吴醒园昂驹，绩学功深，出此见示，因为手钞一过，其显然纰缪者，依形声改之，或用他本正之。所云一本者，雅雨堂卢刻也；所云鲍本者，知不足斋主人所校也；所云朱本者，曝书亭朱氏所手钞也；皆醒园旧校，不敢攘善而没其劳焉。余著按字，悉系鄙论，或原本尚有可通，两本各不相碍者，必仍留其旧，亦多闻阙疑之意耳。但其中存疑正自不少，安得藏书家善本，细加雠勘，扫榛秽而辟康庄，重付梓人，岂非艺林一快事哉！荆州之惠，跂予望之矣。①

道光十四年（1834）6月，方成珪完成《唐摭言校正》（简称"校正本"），致书吴昂驹，从讹、脱、衍等方面阐述了其重新校订的15处不同，并将"所手钞且留尊处，有纰缪即望改正为幸"。吴氏对方成珪手稿本作了3次复校，并于卷首撰题识一则。是本现藏于温州市图书馆，2册共15卷，线装，开本26.2厘米×16厘米，半页十二行，行二十五字，蓝色单边，无鱼尾。正文前有卢见曾序，后有方成珪自跋，天头和正文中均有吴昂驹复校记。方成珪《与吴醒园明经书》：

醒园大兄先生阁下：

前承惠顾，匆匆不及细谈，并以俗事拘牵，未暇答候，歉甚，比惟起居多福为颂。

携去拙校《唐摭言》一部，令秋从省垣购得雅雨堂刻本，将尊藏手阅抄本细加雠勘，见抄本胜于卢刻者凡十五处。如第二卷"得

---

① （清）方成珪：《〈唐摭言校正〉自跋》，《浙江省通志馆馆刊》1986年第1期，第48页，转44页。

失以道"门"亦各有时尔","亦"刻作"犹";第三"今年及第明年登科"门"郭代公","公"刻作"云";"慈恩寺题名游赏赋泳杂记(纪)"门"淀花泛鹢诗千首","鹢"刻作"溢";卷四"师友"门"犹怜薄暮之晷","暮"刻作"慕";卷六"公荐"门"稷契夔龙之要务","契"刻作"薛";"今闻天下尚有四百人应举","尚"刻作"向";"未知谁拟试齐竽","齐"刻作"秦";"兹有二人焉偕来","偕"刻作"皆";卷十"海叙不遇"门"武东都望幸诗以刺之",刻无"诗"字;"俾使已斥冤人","斥"刻作"升";卷十一"怨怒"门"入仕三十余年","仕"刻作"事";"迥青眼于片时","青"刻作"亲";"当今天下有讥谏之士","讥"刻作"机"。此皆显然之纰缪,当改从钞本者也。又卷七"知己"门"李崿伯高","崿"刻作"萼",按既字伯高,则作"崿";"颜与陆据柳芳最善刻本","颜"下添"真卿"二字,无"最"字,"而别于三贤论"后另作一行,与退叔本集及《文粹》所载三贤论不符;卷十"海叙不遇"门"手挥绝句百篇","挥"刻作"刃",按作"刃"则下便有阙文,诚如尊论,不如作"挥"之简净;卷十四"主司失意"门"如臣孤微岂合操刉","刉"刻作"专",按作"刉"为是。刉,裁也,断也,旨充切,义同专;若作专,则声调不谐矣,此又钞本之善,当据以改正者也。至其余则亦有两通者,有钞本脱误,迥不如卢刻者。安得宋宾王家原本及他善本审定鱼虎,俾释然无复疑窦,亦大快事。愿与阁下共勉之。弟所手钞且留尊处,有纰缪即望改正为幸。

专此布达,顺请文安,临颖依驰无既。

愚弟方成珪顿首
腊月五日[①]

[①] (清)方成珪:《与吴醒园明经书》,《唐摭言》,清管庭芬抄本,第1—2页。

道光二十三年（1843），吴昂驹又将其复校过的校正本交由同乡的藏书家、学者管庭芬作再校整理。管氏钞录后，于是年腊月完成校改，进一步完善了《唐摭言》旧写本。吴昂驹《与管芷湘茂才书》：

> 新正二十日接奉翰教，藉悉种种，比想芷湘仁兄先生起居康泰，眠食安和，定符心颂。蒙谕索观《唐摭言》，于昨晚始得捡出，兹特寄上，希察存是荷。此书弟之所校殊无足取，惟方雪斋师积年余之力，搜辑诸书，补所未备，大为有益。倘得阁下更斟酌一过，定其去留，录成善本，俾弟与方师并得附名简中，真不胜感激于无既矣。
>
> 草此布达，顺候日佳，不一。
>
> 世愚弟吴昂驹拜上
暮春二十日①

管庭芬抄本现收藏于国家图书馆（编号 10687），其卷首钤有"寅昉"朱文正方印和"臣光熤印"白文正方印，版心刻有"别下斋校本"。是本除有管庭芬跋外，还附有丙鸿跋。

五 《敬业堂诗校记》

《敬业堂诗集》是清代藏书家查慎行诗集总称。全集共 56 卷，包括《正集》48 卷、《续集》6 卷和《词集》2 卷，共收诗 5300 余首。查慎行（1650—1727），原名嗣琏，字夏重，后改名慎行，字悔余，号初白，亦号查田、他山，浙江海宁人。清康熙三十二年（1693）中举，四十二年（1703）赐进士出身，官翰林院庶吉士、散馆后授编修等。康熙五十二年（1713），告假归乡，家居十余年，潜心著述。著有《敬业堂诗集》《苏诗补注》《周易玩辞集解》《黔中风土记》《庐山游记》《陪猎笔记》和《阴阳判》传奇等。雍正四年（1726），因其弟查嗣庭

---

① （清）吴昂驹：《与管芷湘茂才书》，《唐摭言》，清管庭芬抄本，第 2—3 页。

案获罪，被逮入京，次年放归，不久后病逝。

48卷《敬业堂诗集》首刻于康熙五十八年（1719），是本共11册，书口白口，开本17.6厘米×13厘米，半页十一行，行二十一字，左右双边，单黑鱼尾，版框25.7厘米×16.5厘米，正文前有许汝霖序，书中有朱笔批校。其中，6卷《续集》则刻于乾隆（1736—1795）时期。清末后，上海中华书局出版了由高时显、吴汝霖据康熙精写刻本（简称"康熙精刻本"）的辑校本，即"四部备要本"。浙籍出版家张元济（1867—1959）又据张氏六世祖所藏《敬业堂诗集》补诗61首、词5首，编入《四部丛刊》初编，即"四部丛刊本"（又名"涵芬楼影印原刊本"）。近人周劭采用新式标点对四部丛刊本作了点校，并附有查慎行外曾孙陈敬璋（1759—1813）所撰《查他山先生年谱》，由上海古籍出版社出版，即"上古标点本"。

方成珪《敬业堂诗校记》（简称"校记本"）成书于道光十八年（1838）。全书博采古今精粹，对查慎行诗歌《正集》作了细致考索与补注。如《〈敬业堂诗集参正〉序》：

俾读太史集者得之，如发腻之得梳也，如背痒之得爬也，……此二卷者，乃查氏之功臣也。

……

爬罗剔抉，增摘数十条，醒园明俟。又博采以立，成之考订，均极精详，贤主嘉宾，倡予和女文字，外言旁及，良可羡已，书来问序，因为校阅一过，并志数语，拾简端时。道光戊戌仲冬既望。[①]

现存主要版本有温州市图书馆藏1934年《惜砚楼丛刊》本和1935年《瓯风杂志》汇刊本。孙诒让《温州经籍志》卷三十一《集部》：

民国《瑞安县志稿》二十四《经籍门》著录。谓《敬业诗

---

① （清）吴昂驹辑：《敬业堂诗集参正》，清道光十八年刻本，第1—2页。

集》，为海宁查慎行著，才名籍甚，与朱彝尊称浙中朱查诗派，此记于查诗误字校正，且有查氏引书之失，为成珪抉摘者，亦不一一而足。

瓯风社据张氏传抄本排印。①

《惜砚楼丛刊》本 48 卷，共 2 册，线装，书口白口，开本 30.2 厘米×17.9 厘米，半页十二行，行二十五字，四周单边，单黑鱼尾，版框半页 16.6 厘米×11.5 厘米，正文前有《清史列传·方成珪》，书中钤有"瑞安林氏惜砚楼收藏书画金石经籍印""致和堂"等印，文后附有陈谧《方先生墓表》。《瓯风杂志》汇刊本 48 卷，1 册，线装，书口白口，开本 26.3 厘米×15.3 厘米，半页十二行，行二十五字，左右双边，单黑鱼尾，版框半页 16.6 厘米×11.4 厘米，卷端有"籀园图书馆藏书之印"。

六 《干常侍易注疏证》

《周易注》10 卷，东晋史学家、文学家干宝著。干宝（约 282—351），字令升，祖籍新蔡（今河南新蔡县）。少时饱览群书，才气焕发。曾任佐著作郎、司徒右长史、散骑常侍等职。著述丰硕，除《周易注》外，还有《周官礼注》《搜神记》《晋纪》《司徒仪》《春秋左氏义外传》《春秋序论》等均已散佚。干宝代表作《周易注》亦已亡佚，后人多据辑本窥其概貌。元屠曾辑有《干常侍易解》3 卷（简称"屠曾辑本"），后被明樊维城收入《盐邑志林》（简称"志林本"），清孙堂、丁杰对屠曾辑本作校补，分别被收入黄奭《干宝易注》（简称"黄奭辑本"）与张惠言《易义别录》（简称"张惠言辑本"），清人辑本还有汪口辑《干氏易注》3 卷（简称"汪氏辑本"）和马国翰辑《周易干氏注》3 卷（简称"马国翰辑本"）。方成珪痛惜干宝《周易注》亡

---

① （清）孙诒让著，潘猛补校补：《温州经籍志》（下），上海社会科学院出版社 2005 年版，第 1456 页。

佚，参岱南阁孙星衍刻本、雅雨堂卢见曾刻本、张惠言辑本和志林本等资料，参互钩稽，详征细绎，对马国翰辑本作了增补与完善。方成珪《〈干氏易注疏证〉序》：

> 《易》为四圣人书，絜静精微，鸿生巨儒，难言之然。汉代言《易》者，如孟长卿之卦气，京君明之世应飞伏；郑康成之爻辰，荀慈明之升降，皆渊源有自，岂可以象数小其学哉！令升易义胚胎孟京，辅以翼少君六情十二律风角之占，而证诸人事，则专属水衰木王时。盖《易》之兴于殷末世，周盛德当文王与纣之事，吾夫子不当标举以示人乎？准是为言，义自不易，惜全书不获寓目耳。爰取各本校参，录为是编，而博采旁搜为之疏证。其说解各有原本，有非数言可以通晓，复为《集证》以附于后。计三阅月告成。鲜见寡闻，不足发明绪论，而于鸿生巨儒所难言者，轻赞一词，僭越之诛，无所逃避，尚望穷经者古之君子，恕其狂瞽，有以启其梼昧焉！时道光丁酉阳月既望。①

该书在前人辑本基础上，博采旁搜，详细考释，再现了干宝《周易注》原貌，为干氏易学研究提供了方便。黄群（1883—1945）《〈干氏易注疏证〉跋》：

> 《干氏易注》久佚，仅散见于李鼎祚《周易集解》、陆德明《经典释文》中，《海盐志林》始有辑本，继此而辑者不一家，即《集解》《释文》校仇者亦不一氏。先生参合诸本，校其异同，舍短取长，写为定本。今所印于注字异同一依原定，其有他本异字为先生所刊落而未引及者，不复注出，以免歧惑；且诸家辑本，惟皋闻张氏于原注略加诠释，先生采用张释十之八九，皆依原式旁注于干注之间，而自加疏证于每节之下，今以《疏证》文繁字小，不便

---

① （清）方成珪：《干常侍易注疏证》，清光绪七年孙诒让补校本，第1页。

览观，乃改用大字，低排一格，系于干注每节之后。此第于注式上略有变更，而于先生原文不敢增损一字也。①

方成珪《干常侍易注疏证》（简称"疏证本"）成稿于道光十七年（1837）。因其博采众长、校释精准，受到了时人的认可与好评。同乡孙诒让《〈干氏易注集证〉跋》：

> 干令升《易注》，南宋以来久佚。微文碎义，略见陆氏《释文》、李氏《集解》。近代集本，有屠曾、张惠言、孙堂、马国翰四家。惟张本间有笺释，然甚疏略，于干氏义例，未能详述也。此书为吾乡方雪斋教授所著，校释精备，远出诸集本之上。又以干《易》义本孟、京，以孟、京例校干诂，大较符合，则为《集证》一卷，以广其义。干书虽亡，得此足见其概矣。稿本藏教授曾孙中矩所，余从访得，别录为此册，手稿朱墨粗互，未为定本。今以意审校理董之。《集证》尾叶札烂文缺，未敢臆补，谨仍其旧。光绪辛巳冬，校成记之。②

孙诒让认为，方成珪疏证本采摭众本，融贯古今，考释精备，集众家之大成，"干书虽亡，得此足见其概矣"。另有清末藏书家郭象升（1881—1941）也对疏证本给予了充分的肯定。他在清光绪元年（1875）湖北崇文书局刻本《周易姚氏学》扉页题记：

> 瑞安方成圭（珪）谓晋干宝之易亡于北宋，宝之学原本孟京辅翼，奉六情十二律风角之占，而证诸人事则专以殷周之世水衰土旺为说，盖易之兴本在殷周之世，当文王与纣之事，圣言足征确有据依。于是捃摭逸文，详为疏释，撰《干常侍易注疏证》二

---

① 黄群著，卢礼阳辑：《黄群集》，上海社会科学院出版社2004年版，第202页。
② 孙延钊著，徐和雍、周立人整理：《孙衣言孙诒让父子年谱》，上海社会科学院出版社2003年版，第184页。

卷，此皋文虞易之后又一发明也。第一流学者无不喜甄微索解，味于人所不味。①

疏证本稿本因疏于保存，脱烂不易读。孙诒让于光绪七年（1881）十月对其作了重新校正。他致信从妹夫周伯龙："子琳丈处所得方雪斋《周易干注疏证》，乞为代借一校，弟所得手稿本脱烂不可治，日内钞手有暇，欲为一补缀付录，勿迟。"②孙诒让历时两月校成，该本后收藏于玉海楼，又称"玉海楼钞本"。是本1册共1卷，线装，开本27.5厘米×15.8厘米，半页十行，行二十四字，小字双行同。正文前有方成珪序、旧序跋评论、晋书本传，后附有孙诒让跋文。1931年7月，藏书家黄群（1883—1945）依玉海楼钞本重新校印，即1931年"永嘉黄氏校印本"，该本收录于黄群独资刊印的《敬乡楼丛书》第3辑第10册，故又称"《敬乡楼丛书》本"。黄群《〈干氏易注疏证〉跋》：

> 瑞安方雪斋先生，清嘉、道间朴学者儒，盛有著述，孙琴西太仆刻其《集韵考正》于《永嘉丛书》。仲容比部《温州经籍志》跋其书云："尝见邑中李氏所藏《吕氏读诗记》、胡氏所藏《困学纪闻》，皆先生手自点勘，丹黄戬香，精审绝伦。尝校《唐摭言》，海宁蒋氏光煦录其精语入《斠补隅录》中。余皆湮没，不复可物色。"又言"林培厚《宝香山馆诗》注谓先生来札有诗三集，已付梓，并笺注王右丞诗。"据此，是雪斋又有《诗集》及《右丞诗注》，其书名卷帙均无可考云。余藏有先生所校书《韩集笺正》《唐摭言》《字鉴》及所著《干常侍易注疏证》《宝研斋吟草》凡五种。其《韩集笺正》，瑞安陈君绳夫已印行之；《唐摭言》校语，亦已见采于海宁蒋氏，余俱未刊。而《干易疏证》乃仲容比部手校成书者，卷末附有跋语，然则比部旋得是书，已在于纂辑《经

---

① 袁长江编，王开学辑校：《郭象升藏书题跋》，山西古籍出版社2007年版，第2页。
② 孙延钊著，徐和雍、周立人整理：《孙衣言孙诒让父子年谱》，上海社会科学院出版社2003年版，第184—185页。

籍志》之后矣。世仅知先生熟精苍雅，嗜校古书，而不知其有此专家之撰著，是尤宜亟为表彰者也。……先生官海宁时，尝为应笠湖明经校定诗集，加以评语，余亦藏有钞本云。①

玉海楼钞本和《敬乡楼丛书》本现藏于温州市图书馆。此外，该馆还藏有民国《溯初汇书》钞本（简称"《溯初汇书》本"）。此本1册共1卷，线装，书口白口，开本27.5厘米×15.8厘米，半页十二行，行二十三字，有双行小字，字数不等，四周双边，双红鱼尾，版框20.7厘米×15.4厘米。正文前有方成珪序、晋书本传、旧序跋评论，后附有孙诒让跋文。

七 《宝研斋吟草》

方成珪一生著诗近千首，然因种种原因，现今流传于世的仅有《宝研斋吟草》1卷。该集是方成珪自选之作，也是其诗文思想与成就的集中体现。方成珪从道光二十二年（1842）之前创作的近千首诗中，挑选了200余首诗编成《宝研斋吟草》。该诗集的刊行，主要受到好友端木国瑚的启发与鼓励。方成珪《〈宝研斋吟草〉自跋》：

> 余少辄耽吟，所作诗都为一册，入都时失于收拾，后竟不知落何人手？亦无一篇可追忆者。
>
> 道光壬午，偕端木鹤田出都，车中同坐，相与谈诗。鹤田谓余曰："子从事于诗也久，亦知诗之不易言乎？观理不精，则无以深其旨趣也。读书不富，则无以壮其波澜也。非徧识乎古今之体裁，则无以通其变化，非静调乎阴阳之气脉，则无以养其中和。故人人言诗，而诗之途宽，亦人人言诗而诗之途窄。"鹤田固深于诗者也，而其言如此。余深有味乎其言，而有志未逮也。
>
> 抵海昌后，胜友如云，因斐然有作。自壬午至壬寅得诗几近千

---

① 黄群著，卢礼阳辑：《黄群集》，上海社会科学院出版社2004年版，第201—203页。

首。老年失偶，意兴萧然，不讬于音者，凡四载于兹矣。适有聚珍版之局，爰选旧作十之二，以先质骚坛。惜鹤田墓草久荒，无由起九原而质之也。道光丙午如月。①

道光二十六年（1846），方成珪采用聚珍版刊印了诗集。此本即"聚珍本"，共 1 册，线装，书口白口，开本 25.3 厘米×15.9 厘米，半页九行，行十九字，双行小字，字数不等，四周双边，单黑鱼尾，正文后有自跋。其现藏于国家图书馆。1935 年 11 月，黄群又将其辑入《敬乡楼丛书》第 4 辑第 19 册，即"《敬乡楼丛书》本"，又称"永嘉黄氏校印本"。黄群《〈宝研斋吟草〉跋》：

> 方成珪雪斋先生《宝研斋吟草》一卷，《温州经籍志》未著录。此余所藏道光丙午聚珍版本，卷末先生有跋语，略云"自壬午至壬寅，得诗几近千首"，"选十之二，以先质骚坛"。然则先生所为诗，此卷之外，篇什尤盛。按《温州经籍志》七，方氏成珪《集韵考正》目后有孙仲容先生跋语，中有夹注，略云："林培厚《宝香山馆诗》注谓，先生有诗三集，已付梓，其书名、卷帙均无可考。"然则此《吟草》一卷，为仲容先生未见之书矣。余既以先生所著《干氏易注疏证》编印《敬乡楼丛书》第三辑中，又惜先生之诗全集不可复得，此仅存之《吟草》诚恐久而复佚也，爰于兹辑校印以传之。②

据孙诒让《温州经籍志》所载，方成珪诗作共三集，黄群所辑仅为方成珪诗作的一部分。该本线装，书口白口，开本 27.3 厘米×15.9 厘米，半页十二行，行二十四字，四周双边，单黑鱼尾。正文后附有方成珪自跋和黄群跋。是本现藏于温州市图书馆，该馆还藏有清钞本和民国

---

① （清）方成珪：《宝研斋吟草》，清道光二十六年聚珍版，第79—80页。
② 黄群著，卢礼阳辑：《黄群集》，上海社会科学院出版社 2004 年版，第 212—213 页。

溯初钞本等。

八 《守孔约斋杂记》

全书共 1 卷，主要记述了 22 则浙南乡邦琐闻杂事。其中，记载逸闻杂事 10 例，讲述地域人物故事 12 例，它们是了解清末浙南地域文化的重要史料。孙延钊《书〈守孔约斋杂记〉后》：

> 玉海楼世藏残钞本《守孔约斋杂记》一小册，乡哲甘庐方先生遗书之一也。先生所著《宝研斋诗钞》今传聚珍本，《集韵考正》有先子精校梓本，《韩集笺正》《干常侍易注疏证》邑中陈氏湫漻斋、永嘉黄氏敬乡楼先后刊之。他如《字鉴校注》《唐摭言》校本、《敬业堂诗校记》，则副迻之帙亦复犹存。此记二十二则，虽简札不完而霏霏落屑，间涉乡闻其志怪，述异诸条亦纪氏阅微，俞氏右台之俦欤？《清史·儒林》以仁和赵坦、钱塘严杰附先生《传》，盖宽夫善于说《易》，而均正兼采鸥盟校也。《传》载《诗钞》二卷，今检聚珍本止一卷。先生之举，于乡传谓嘉庆二十三年（1818），案是岁属戊寅，与先子《温州经籍志》所云戊辰者亦不合。先生殁于道光己酉，而《传》称咸丰间卒，则悬溯又不无违失矣。先子《考正》跋曰："吾乡修学之儒，自家敬轩编修外，无及先生者。"延钊窃闻先生诞年正即编修告终之岁，傥合二公言行而纵窥之，则于乾嘉道百年间，瑞安学术思过半矣。延钊曩次编修年谱，稿草牿具，辄欲随谱先生顾铭诔阙如。家牒未见，旷日寡成，惧徒存虚愿耳。甲戌五月，瓯风社既以《敬业堂诗校记》印行，遂议刊布此记，于是检付写官，而略就联想所及者，率书于其后云。[①]

现存的版本有温州市图书馆藏清末瑞安孙氏玉海楼抄本（简称

---

① 孙延钊：《书〈守孔约斋杂记〉后》，《瓯风杂志》1934 年第 8 期，第 83—84 页。

"清末抄本")和瓯风社刊本。其中,清末抄本1册共1卷,线装,书口白口,开本27.5厘米×15.8厘米,半页十二行,行二十四字,蓝色单边,无鱼尾。书前有"温州市图书馆藏"印,书中有朱、墨笔批校,书末有"绍廉经眼"藏书印。瓯风社刊本共1册,书口白口,开本26.3厘米×15.3厘米,半页十二行,行二十五字,左右双边,单黑鱼尾。

九 《王右丞诗笺注》

是书为方成珪校注的另一部文集。陈谧《方先生墓表》:"先生所著书曰……《宝研斋吟草》一卷、《守孔约斋杂记》一卷,《所见集时文》一卷,《王右丞诗笺注》若干卷。"[1]全书结合前人注疏,对王维作品集作了系统校勘。

《王右丞集》是由王维之弟王缙(700—781)[2]搜集整理的王维作品集。王维(701—761),字摩诘,太原祁州人(今山西祁县人),唐代诗人、画家,有"诗佛"之称,与同代孟浩然合称"王孟"。唐开元九年(721)进士,历任太乐丞、济州司仓参军、右拾遗、监察御史兼节度判官、文部郎中、给事中等。《王右丞集》共10卷,收入作品400余篇。现行版本分宋版、元版、明版和清版4个系统,其中,较通行的版本有述古堂藏南宋麻沙本《王右丞文集》、元刘辰翁《须溪先生校本唐王右丞集》、明嘉靖三十五年(1556)顾氏奇字斋刻本、嘉靖三十八年(1559)洞阳书院刻本和清乾隆二年(1737)刊赵殿成笺注本。

然方校本现已散佚,尚未见刻本传世。

十 吕祖谦《读诗记》校本、王应麟《困学纪闻》校本

两书均为方成珪点校之作。孙诒让之子孙延钊(1893—1983)《孙

---

[1] 陈谧:《方先生墓表》,《字鉴校注》,瑞安陈襄殷1932年手钞精校本,第1—2页。
[2] 王缙,字夏卿,河东太原府祁县人(今山西祁县人)。唐宰相,书法家。少好学,与其兄王维俱以名文。历任太原尹、黄门侍郎、同中书门下平章事等,累迁太子宾客,分司东都。

上编　研究篇

衣言孙诒让父子年谱》：

> 诒让见邑中李氏所藏《吕氏读诗记》，有方雪斋点勘手笺，盖据明嘉靖、万历两本校订，叹为精审绝伦，亟以朱笔传录之。复取明小字本对核一过，有墨笔校语，并移录方氏旧跋。又见邑中胡氏所藏《困学纪闻》，亦方校本。①

《吕氏家塾读诗记》是宋代名儒吕祖谦集注的诗经研究著作。吕祖谦（1137—1181），字伯恭，婺州人，（今浙江金华人），南宋著名理学家、史学家和教育家。与同代学者张栻、朱熹合称"东南三贤"。宋孝宗隆兴元年（1163）进士，历任左从政郎，南外敦宗院宗学教授、国史院编修官、实录院检讨官等。《吕氏家塾读诗记》成书于宋淳熙八年（1181）。全书共32卷，采用集注的方式，博采前人论说，对《诗经》305篇作品作了具体阐释。现行的主要版本分宋版、明版和清版3个系统，其中，较通行的版本有宋淳熙九年（1182）江西漕台刻本、明嘉靖十年（1531）傅氏刻本、明万历四十一年（1631）陈龙光、苏进等刻本。

《困学纪闻》亦为宋代名儒之作。作者王应麟（1223—1296），字伯厚，号深宁，庆元府鄞县人（今浙江宁波人）。南宋著名的经史学家、教育家和政治家。宋理宗淳祐元年（1241）进士，宝祐四年（1256）中博学鸿词科，曾任通判台州、中书舍人何礼部尚书等。德祐元年（1275），弃官归乡，潜心治学。著有《困学纪闻》《玉海》《诗考》《诗地理考》和《汉书艺文志考证》等。《困学纪闻》成书于元至元十六年（1279）到至元二十四年（1287）间，泰定二年（1325）首刻。全书采用笔记形式，对文献典籍、文化现象和学术渊源作考证与鉴析。现存主要版本有元刻本、明刻本和清笺注本三类，明刻本多据元刻

---

① 孙延钊著，徐和雍、周立人整理：《孙衣言孙诒让父子年谱》，上海社会科学院出版社2003年版，第71页。

本翻刻，清翁元圻注本兼综诸本，较为通行。

上述点校本均未见，惜无法窥其原貌。

概言之，瑞安学派代表方成珪著述较丰硕，现存可见的著作有 8 种，计 86 卷。这些著述偏重考据，内容涉及经学、小学、文学等多个方面，它们得到了清末民初学者的认可，推动了瑞安乃至浙东考据学的发展。由是观之，方成珪当为瑞安考据学的奠基者与重要代表。

第三章　方成珪考据学特色与局限

第一节　考据特色

瑞安学派代表方成珪以文本为对象，以语言文字学、文献学考据方法作手段，贯穿谨慎性原则，以求原始文献的本来面貌，形成了追本溯源、以真为要，参互钩稽、博猎有据，体例规范、考较求绎之特点，与乾嘉考据"无征不信""孤证不立""以经证经""去古未远"[①]等规范一脉相承。

一　追本溯源　以真为要

方成珪考据追本溯源、以真为要，注重对文献源流的考察，用材料事实说话。他提倡"援引必为寻究本源"[②]，即对文献中的文字错误，力求其确与真。《〈字鉴校注〉自序》指出，"流俗之学，承讹袭谬，其所为字有出于《类篇》《集韵》外者，而父以传子，师以授弟，千手一状。前喙同声，吁！可怪也！"[③]又说："暇日手钞一过，复加考订，每字必录取音义以资讲解，注明出处，以便检阅。复得钱广伯校本，于海昌拜经楼吴氏，益藉匡所不逮。"[④]《集韵考正·凡例》指出，《类篇》《古今韵会举要》载有《集韵》失收的《玉篇》示部"禮、禣、祓、禰、禃、禋、祷、禰、襂、裾、祂、视、祴、祑"14 字和《广韵》"怜、俄、残、嶢、崆、虹"6 字，但因"纂辑诸公当自有

---

① 郭康松：《清代考据学研究》，湖北辞书出版社 2001 年版，第 182—185 页。
② （清）方成珪：《韩集笺正》，1926 年瑞安陈氏湫漻斋铅印本，第 1 页。
③ （清）方成珪：《〈字鉴校注〉自序》，《浙江省通志馆馆刊》1945 年第 4 期，第 72 页。
④ （清）方成珪：《〈字鉴校注〉自序》，《浙江省通志馆馆刊》1945 年第 4 期，第 72 页。

说"①，方成珪循旧未补。书末引陈庆镛校语：

> 凡曹本缺处，宋本皆完善，而曹所据本与宋本时有不同。上声十四贿，宋本以"梁益谓履曰屣"六字，缀于"隧"字注，曹本则无此六字，而空白二寸弱。盖最初版当大书"屣"字，注云"梁益谓履曰屣"，正在曹本空白处耳。余如十四"太、耩、瘌、籁，殺、兑、税、刿"各注，曹本皆缺，赖此得以证之，是真可宝哉。②

方成珪引陈氏校语强调，因曹本《集韵》所据本与宋本异，曹本中"屣、太、耩、瘌、籁、殺、兑、税、刿"等注空缺处，可参宋本补充、完善，以恢复文献的原貌。

方成珪重视文献本源，是为呈现古籍原貌。代表作《韩集笺正》为真实反映韩愈生平、思想及成就，全书共征引了 137 种相关文献，包括引典籍和注疏两类：一是援引历代典籍，如《庄子》《汉书》《说文》《旧唐书》《新唐书》《资治通鉴》等；二是旁征诸家注疏，如郭璞注、颜师古注、方崧卿注、朱熹注、祝充注、樊汝霖注和孙汝听注等。其中，频次达 10 次及以上的文献及注疏计有 18 种，如表 3-1 所示：

表 3-1　《韩集笺正》引文名称、成书时间及作者生卒与频次统计

序号	书名	大体成书时间	传说作者（编者）及生卒	频次③
1	《旧唐书》	唐代	赵 莹等（670—749）	86
2	《说文》	东汉	许 慎（58—147）	75
3	《汉书》	东汉	班 固（32—92）	56
4	《史记》	西汉	司马迁（前135—前87）	51
5	《新唐书》	北宋	欧阳修等（1007—1072）	46
6	《广韵》	北宋	陈彭年等（961—1017）	28

---

① （清）孙诒让：《〈集韵考正〉后记》，《集韵考正》，清光绪五年《永嘉丛书》本，第2页。
② （清）方成珪：《集韵考正》卷10，清光绪五年《永嘉丛书》本，第45页。
③ "频次"指文献出现的次数，同一文献累加统计，全文同。

续表

序号	书名	大体成书时间	传说作者（编者）及生卒	频次[①]
7	《尚书》	战　国	孔子（前551—前479）	24
8	《楚辞》	战国末	屈原等（约前340—前278）	24
9	《尔雅》	战国至西汉	秦汉时人	20
10	《集韵》	北　宋	宋祁等（998—1061）	20
11	《庄子》	战　国	庄子、庄子门人及后学	19
12	《后汉书》	南　朝	范晔（398—445）	15
13	《元和郡县志》	唐　代	李吉甫（758—814）	15
14	《淮南子》	西　汉	刘安等（前179—前122）	14
15	《汉书》师古注	唐　代	颜师古（581—645）	11
16	《列子》	战　国	列子、列子门人及后学	10
17	《文选》	南　朝	萧统（501—531）	10
18	《资治通鉴》	北　宋	司马光（1019—1086）	10

据上所示，《韩集笺正》中多引唐宋及以前文献，其中，又以引《旧唐书》《说文》《汉书》和《史记》频次最高，均达50次以上；随之是《新唐书》和《广韵》，均超过25次。从所引文献类别来说，引《史记》《汉书》等史籍最多，其次是《说文》《广韵》等字书，这说明方成珪侧重对《韩昌黎集》史事作校正；从引书时代看，全书多参宋及以前文献，特别是记载韩愈所处唐代史实的新、旧《唐书》，与序文"其人物爵里及韩子一生出处，则考之新、旧《唐书》，司马温公《通鉴》"[②]一致，是以真为要的具体体现。

二　参互钩稽　博猎有据

考据学者每项成果，都借鉴并吸收了大量前人的材料和体例，是不

[①]　"频次"指文献出现的次数，同一文献累加统计，全文同。
[②]　（清）方成珪：《韩集笺正》，1926年瑞安陈氏湫漻斋铅印本，第1页。

断积累的结果。参互钩稽是方成珪考据的重要特征，具体表现为广引文献作比较互证。他在《昌黎先生诗文年谱》开篇中说："余既得程氏《历官记》，吕、洪二谱，方氏《举正》，增考各本，合以近代辩注诸书，参互钩稽，编成此帙，其无年可系者附于后，以俟博雅君子。"①又《〈干常侍易注疏证〉序》："爰取各本校参，录为是编，而博采旁搜，为之疏证，其说解各有原本，有非数言可以通晓，复为《集证》以附于后。"②《干常侍易注疏证》中，方成珪参合孙星衍刻本、卢见曾刻本、张惠言辑本和志林本等，以钩稽文献。黄群《〈干常侍易注疏证〉跋》："先生参合诸本，校其异同，舍短取长，写为定本。"③参互钩稽之特点，在《集韵考正》中体现得尤为明显。据凡例，全书以毛子晋家藏大徐本、祁春圃所刊小徐本、宋本《集韵》、汲古阁藏本《尔雅注疏》、明版《古今韵会举要》、泽存堂本《玉篇》《广韵》、毕沅经训堂本《山海经》等善本和陆德明《经典释文》、段玉裁《说文解字注》、邵晋涵《尔雅正义》、卢文弨《重校方言》、王念孙《广雅疏证》等注疏综合考证《山海经》《尔雅》《方言》《说文》《广雅》《玉篇》《广韵》《集韵》和《古今韵会举要》等典籍，详见表3-2。

表3-2　《集韵考正》援引文献统计

序号	书名	大体成书时间	传说作者（编者）	频次
1	《类篇》	北宋治平三年（1066）	司马光等	3972
2	大徐本《说文》	北宋雍熙年（984—987）	徐铉	3006
3	《集韵》	北宋庆历三年（1043）	丁度等	2301
4	小徐本《说文》	南唐末年（937—975）	徐锴	912
5	《广雅》	三国魏太和年（227—232）	张揖	761
6	《广韵》	北宋祥符元年（1008）	陈彭年等	671

---

① （清）方成珪：《昌黎先生诗文年谱》，1926年瑞安陈氏湫漻斋铅印本，第1页。
② （清）方成珪：《干常侍易注疏证》，清光绪七年孙诒让补校本，第1页。
③ 黄群著，卢礼阳辑：《黄群集》，上海社会科学院出版社2004年版，第202页。

续表

序号	书名	大体成书时间	传说作者（编者）	频次
7	《尔雅》	战国至西汉初（前475—前202）	秦汉时人	404
8	《古今韵会举要》	元大德元年（1297）	黄公绍、熊忠	402
9	《玉篇》	南朝梁大同九年（543）	顾野王	288
10	《经典释文》	隋末唐初（618）	陆德明	232
11	《方言》	西汉末至东汉（前53—公元18）	扬雄	214
12	《说文解字注》	清嘉庆戊辰年（1808）	段玉裁	168
13	《山海经》	战国后至秦初（前480—前233）	不详	142
14	《汉书》	汉和帝时（79—105）	班固	140
15	《周礼》	战国时期（前475—前221）	周公旦	107
16	《庄子》	春秋战国（前770—前221）	庄子及后学	72
17	《左传》	春秋末期（—前476）	左丘明	64
18	《礼记》	西汉甘露三年（前51）	戴圣	62
19	《诗经》	春秋时期（前770—前476）	周朝乐官	61
20	《广雅疏证》	清乾隆六十年（1795）	王念孙	56
20	《昭明文选》	南朝梁普通七年后（526）	萧统	54
22	《史记》	西汉征和二年（前91）	司马迁	42
23	《后汉书》	南朝宋元嘉二十二年（445）	范晔	40
24	《春秋传》	南宋绍兴六年（1136）	胡安国	32
25	《一切经音义》	唐元和五年（810）	释慧琳	27
26	《仪礼》	春秋晚期（—前476）	战国儒生	23
27	《尚书》	春秋时期（前770—前476）	孔子	16
28	《谷梁传》	春秋时期（前722—前476）	谷梁子	16
29	《毛诗》	西汉时期（前202—公元9）	毛亨、毛苌	14
30	《楚辞》	西汉时期（前26—前6）	屈原	14
31	《水经注》	北魏孝昌时期（525—527）	郦道元	13
32	《易经》	西周时期（前1045—前771）	伏羲、周文王	9

续表

序号	书名	大体成书时间	传说作者（编者）	频次
33	《列子》	战国中期（前450—前375）	列子及后学	9
34	《四库全书》	清乾隆五十八年（1793）	纪晓岚等	9
35	《淮南子》	西汉建元二年（前139）	刘安及门客	8
36	《扬子太玄经》	西汉末至东汉初（前53—18）	扬雄	8
37	《西京赋》	东汉时期（78—139）	张衡	8
38	《经籍籑诂》	清嘉庆三年（1798）	阮元	8
39	《释名》	东汉建安十五年（210）	刘熙	7
40	《说文篆韵谱》	南唐时期（937—975）	徐锴	7
41	《论语》	春秋时期（前770—前476）	孔子及其弟子	6
42	《晋书》	唐贞观二十二年（648）	房玄龄等	6
43	《五音集韵》	金崇庆元年（1212）	韩道昭	6
44	《国语》	春秋末至战国初（—前476）	春秋各国史官	5
45	《唐书》	五代后晋时期（936—947）	刘昫、张昭远等	5
46	《老子》	春秋末年（—前476）	李耳	4
47	《吕氏春秋》	秦王政八年（前239）	吕不韦及门客	4
48	《荀子》	战国末年（—前221）	荀况	4
49	《韩诗》	西汉前元七年（前150）	韩婴	4
50	《长笛赋》	东汉时期（79—166）	马融	4
51	《五经文字》	唐大历十一年（776）	张参	4
52	《三国志》	西晋太康元年（280）	陈寿	3
53	《周书》	唐贞观十年（636）	令狐德棻	3
54	《开成石经》	唐大和至开成（833—837）	艾居晦、陈玠等	3
55	《太平御览》	北宋太平兴国八年（983）	李昉、李穆等	3
56	《孟子》	战国时期（前250—前150）	孟子及其弟子	2
57	《洞箫赋》	西汉时期（前90—前51）	王褒	2
58	《博物志》	西晋时期（295—300）	张华	2

续表

序号	书名	大体成书时间	传说作者（编者）	频次
59	《齐民要术》	北魏末年（533—544）	贾思勰	2
60	《颜氏家训》	隋文帝末至炀帝（590—569）	颜之推	2
61	《初学记》	唐开元十六年（728）	徐坚	2
62	《增广钟鼎篆韵》	元代时期（1271—1368）	杨钧	2
63	《黄帝内经》	黄帝时期（前2717—前2599）	岐伯	1
64	《穆天子传》	西周末至东周（前771—前651）	不详	1
65	《孝经》	春秋战国（前770—前221）	孔子及其弟子	1
66	《新序》	东汉更始二年（24—25）	刘向	1
67	《论衡》	东汉元和三年（86）	王充	1
68	《西京杂记》	东晋时期（317—420）	刘歆著，葛洪辑	1
69	《抱朴子》	东晋时期（317—420）	葛洪	1
70	《括地志》	唐贞观十六年（642）	李泰	1
71	《隋书·经籍志》	唐显庆五年（656）	魏征等	1
72	《南史》	唐显庆四年（659）	李延寿	1
73	《酉阳杂俎》	唐中晚期（755—907）	段成式	1
74	《柳先生文集》	唐中后期（793—842）	刘禹锡	1
75	《梓桐山赋》	唐大中五年（851）	司马相如	1
76	《太平寰宇记》	北宋太平兴国（976—983）	乐史	1
77	《新唐书》	北宋嘉祐五年（1060）	宋祁、欧阳修等	1
78	《隶释》	北宋乾道二年（1166）	洪适	1
79	《汉艺文志考证》	南宋中后期（1242—1279）	王应麟	1
80	《朱子语类》	南宋咸淳六年（1270）	黎靖德	1

如表所示，《集韵考正》引文计 80 种，以唐宋和秦汉时期文献为主，特别是宋代韵书文献。其中，又以《类篇》、大徐本《说文》、宋本《集韵》居多，频次分别为 3972 次、3006 次和 2301 次；其次是《尔

雅》《广雅》、小徐本《说文》和《广韵》《古今韵会举要》等，频次均超过 400 次；再次是《山海经》《周礼》《方言》《汉书》《玉篇》和《说文解字注》等，频次均在 100 次以上。《集韵考正》引文上的这些表现，体现了参互钩稽，博猎有据之特点，也反映出《尔雅》《说文》《广雅》《广韵》等字书在清代考据中的重要地位。

三　体例规范　考较求绎

方成珪考据的另一典型特点是体例规范、考较求绎。体例规范主要体现在对术语的运用上。以《韩集笺正》为例，书中征引 24 种术语，如表 3-3 所示：

表 3-3　《韩集笺正》术语类型及频次统计

序号	术语类型	术语举例	频次
1	某作某	如："雨"作"两"，"左"旧史作"右"；	1045
2	某当作某	如："十"当作"士"，"侯"当作"候"；	745
3	某脱某	如："欧阳"下脱"公"字，"菜"上脱"释"字；	163
4	某或作某	如："倚"或作"旁"；"前者"或作"前人"；	135
5	某当补某	如："王"下当补"承宗卒其弟"五字；	97
6	某当从某作某	如："政"当从王本、魏本作"致"；	91
7	某当从某	如：径，一作幽，当从之。	72
8	某字衍或某衍某	如："通用"二字衍；"至下"衍"于"字；	70
9	某无某字	如：魏本无"铭"字，王本注或无"于"字；	53
10	某音某	如："汩"音"觅"，《汉书》"朐"音"劬"；	52
11	某当改某	如："七月"当改"八月"；"奉"当改"泰"；	45
12	某亦作某	如："木"王本亦作"牧"；	27
13	某或有某	如："十"下或有"一"字；	22
14	某字当删	如："今"字当删；"阁"字当删；	19
15	某疑当作某	如："子"疑当作"示"；"一"疑当作"以"；	16
16	某疑衍（文）	如："太学"二字疑衍；"颂"字疑衍文；	11

续表

序号	术语类型	术语举例	频次
17	某通作某	如："盱"通作"盼"，"摹"通作"模"；	6
18	某当移某下	如："四"字当移"成"字下；	5
19	某当灭去某	如："司马"下当灭去"卒"字，补"寻赐死"三字；	3
20	某疑脱某	如："陈"上疑脱"有"字；	3
21	某读如某	如："作"，将祚切。而以读如"佐"，为"将祚切"之讹；	3
22	某读若某	如："大"读若"太"；	3
23	某省作某	如："舍"省作""；	2
24	某假借为某	如："柰"字属六篇木部，假借为奈何字；	2

从上表可知，《韩集笺正》术语类型丰富，体例规范，考究细致。其中，出现频次最高的是"某作某"和"某当作某"，分别有 1045 次和 745 次；其次是"某脱某""某或作某""某当补某""某当从某作某"和"某当从某"，分别出现 163 次、135 次、97 次、91 次和 72 次；"某读如某""某读若某"和"某省作某"等术语出现频次较低，均不及 4 次。由此说明，方成珪考《韩昌黎集》侧重文字校勘，对音读、修辞等关注相对较少。

考较求绎则表现为反复比勘考索经籍，以校释、疏通文义。这在方成珪《干常侍易注疏证》中体现得尤为明显。如"中流而白鱼入舟，天命信矣，故曰有孚"条中，方成珪采用以词解词法，比勘《尚书大传·泰誓》《史记·周本纪》两书后认为，"白鱼"取"水德宾服"之义。[①]"白鱼入舟"本指殷亡周兴之兆。《史记·周本纪》："武王渡河，中流，白鱼跃入王舟中，武王府取以祭。"裴骃《史记集解》引马融注："鱼者，介鳞之物，兵象也。白者，殷家之正色，言殷之兵众与周之象也。"《汉书·终军传》："白鱼登舟，顺也。"颜师古引张晏

[①] （清）方成珪：《干常侍易注疏证》，清光绪七年孙诒让补校本，第 31—32 页。

注:"白鱼登舟,谓武王伐殷而鱼入王舟,象征而必获,故曰顺也。""水德"为帝王受命之德。《汉书·郊祀志上》:"今秦变周,水德之时。昔文公出猎,获黑龙,此其水德之瑞。"故"白鱼"喻指承天"改命"之义。

要言之,任何一个学者,都有其治学特点。方成珪延续了乾嘉考据传统,重视材料搜集、本源考求和文义疏通,形成了追本溯源、以真为要,参互钩稽、博猎有据,体例规范、考较求绎之特点。

第二节 学术局限

方成珪考据学成果丰硕,但和同代其他学者一样,他的考据学也存在一定的时代局限。具体来说,主要体现在三个方面:一是理论性不足,二是创辟性欠缺,三是致用性不够。

一 理论性不足

方成珪一生历乾隆、嘉庆、道光三代,此期也是清代考据学由鼎盛逐渐式微的重要时期,客观上具备了对清代考据学进行归纳与总结的条件,然而遗憾的是,方成珪并未有相关的研究成果。他在训诂学、校勘学、音韵学和古文字方面的成果,则主要以实践为主,对文字起源、演变与发展特点及规律等问题亦未提出系统性理论。所以,方成珪在学术理论方面还有一定的不足。例如,他精于校勘、考证,撰写了《字鉴校注》《唐摭言校正》和《敬业堂诗校记》等系列著述,却未如同代学者王念孙、王引之父子和俞樾那样对校勘方法与通例做出理论归纳;他善于训诂、考据,代表作《集韵考正》《韩集笺正》中虽关涉文字、音韵与训诂等领域,却缺乏对这些领域的理论审视与总结,成果系统性、理论性有所不足,这或许也是其长期被忽视的原因之一。

从理论体系来说,方成珪与同期学者段玉裁、顾广圻等相比,其不足之处就更明显。段玉裁、顾广圻二人非常重视理论体系的建设。宏观层面，段玉裁《说文解字注》对六书理论作了系统全面阐述，《六书音均表》提出了"古无去声说""古韵十七部""古音韵至谐"和"音韵随时代迁移"等理论；顾广圻《思适斋文集》提出了版本、校勘、目录等古籍整理的理论。微观层面，段玉裁与顾广圻亦十分重视理论体系建构。比如段玉裁《古文尚书撰异》从文字学视角对《尚书》异文、今古文等作了阐述，《诗经小学》中归纳了"音义通转"训诂法则，《经韵楼集》提出了"理校法"的基本理念；顾广圻《思适斋图自记》《礼记考异跋》两文着眼于"不校校之"校勘理论的探讨，《韩非子识误序》侧重对"书以弥古为弥善"的版本理论进行阐述。

又如段玉裁、顾广圻对校勘依据、原则与形式均有独特的论述，段玉裁认为，"校书之难，非照本改字不讹不漏之难也，定其是非之难。是非有二：曰底本之是非，曰立说之是非。必先定其底本之是非，而后可断其立说之是非。二者不分，辗转如治丝而棼，如算之淆其法实，而瞀乱乃至不可理"[①]，该论述与方成珪"参互钩稽"理念是相通的。另如顾广圻提出，"书必以不校校之：毋改易其本来，不校之谓也；能知其是非得失之所以然，校之之谓也。今古余先生重刻宋抚本《礼记》，悉依元书，而别撰《考异》，以论其是非得失，可云实获我心者也"[②]，这与方成珪"援引必为寻究本源"之说亦有相似之处。然而，方成珪并未如段、顾一样，将这些零散的观点提炼归纳，从而使其上升为一种学术理论。

当然，这里也必须指出的是，方成珪的这一学术局限，也是清中后期学术中常见的局限之一。如梁启超《清代学术概论》指出，清代"考证学之研究方法虽甚精善，其研究范围却甚拘迂。就中成绩最高者，惟训诂一科，然经数大师发明略尽，所余者不过糟粕"[③]，故其认为章炳麟"应用正统派之研究法，而廓大其内容延辟其新径"，是其作为清学

---

① （清）段玉裁：《经韵楼集》卷12，清嘉庆十九年刻本，第244页。
② （清）顾广圻：《思适斋集》卷14，清道光二十九年徐渭仁刻本，第105页。
③ 梁启超：《清代学术概论》，上海：商务印书馆1930年版，第71页。

正统派殿军的"一大成功也"①。方成珪生于乾嘉考据极盛之时，治学方略难免受学术传统限制，加之"考据尚积累。据文籍，以按索名物度数。举例而博求其征，亦或集证而始发其凡。……此其用心在致曲，在考迹，故恒系于曲，而暗于通理也。恒泥夫迹，而丧其神解也"②。

二 创辟性欠缺

清代朴学者，多数从事字句训诂、名物制度考证，"虽然取得了很大的成绩，有它的历史地位，但是流于烦琐，失掉了十七世纪学术思想界弘伟活泼的气象，谈不上个性的发展和见解的创辟"③。受朴学思潮影响的方成珪，继承了以字解经、以经证经之朴学传统，同时又秉持清儒无征不信、实事求是之准则，综合语言文字学、文献学方法进行考证、校勘，取得一系列的考据成果，然于个性发展与创辟性见解方面仍有欠缺。

方成珪在个性发展与创辟性见解上的欠缺，可从其学术研究的各个方面来具体考察。比如校勘方面，《集韵考正》中，方成珪征引了 32 条曹宪《博雅音》的材料考订音义，但因未据此做深入地考究，产生了一些错讹。如《集韵·号韵》"氉"字下，方成珪考正："《广雅·释诂一》作'毻'，王本同。曹宪音释云：'门悼反，氉字也。必无育字边从毛。'此依曹说。"《博雅音》卷一《释诂》"毻"字下同。王念孙《疏证》："此注讹脱甚多，不可校正。毻，音他卧反。曹宪以为氉字，非是。""氉"训解，音帽。《集韵·号韵》《类篇·毛部》："氉，莫报切。《博雅》解也。""毻"指鸟易毛，音唾。《方言·十三》："毻，易也。他卧反。"《玉篇·毛部》："毻，汤果切。"《广韵·泰韵》："毻，鸟易毛。又音唾。"氉、毻二字形音义均不同，曹宪音释与方成珪所校不确，当从王念孙《疏证》。若方成珪如王念孙一样，对曹宪音注做进一步的思考，或许能得出独见性的观点。

---

① 梁启超：《清代学术概论》，上海：商务印书馆 1930 年版，第 98 页。
② 熊十力：《境由心生：熊十力精选集》，陕西师范大学出版社 2008 年版，第 167 页。
③ 张舜徽：《清代扬州学记》，广陵书社 2004 年版，第 3—4 页。

又如训诂方面，方成珪《韩集笺正》提及"某或作某、某当补某、某衍某、某无某字、某音某、某当改某、某读如某、某读若某、某省作某、某假借为某"等 24 种术语，相较清初朴学家更趋成熟，但对比朴学学者俞樾《古书疑义举例》归纳的 88 种辞例发现，《韩集笺正》中所涉及的术语从量到质均未有根本的改变，这说明方成珪没有突破朴学"求实"的视域，故也不能实现学术思想的真正解放。梁启超认为，与方成珪同期的清代学者章学诚，其《文史通义》之所以为"乾嘉后思想解放之源泉"，与其自身思想认识有关。如章学诚"言'学术与一时风尚不必求适合'（《感遇篇》），言'文不能彼此相易，不可舍己之所求以摩古人之形似'（《文理篇》），言'学贵自成一家，人所能者，我不必以不能为媿'（《博约篇》）"，书中类似观点还有很多，"实为晚清学者开拓心胸，非直史家之杰而已"[①]。

三 致用性不够

以顾炎武、阎若璩等为代表的清初学者强调学术"致用"，"其标'实用主义'以为鹄，务使学问与社会之关系增加密度"[②]，以批判晚明空虚之学风。然至乾嘉时，"学风正趋于归纳的研究法，厌其空泛，抑亦因避触时忌，聊以自藏"[③]，考据学家放弃了"经世致用"这一本意，沉溺于脱离实际的烦琐考据之中。生于浙江瑞安的方成珪，虽身处永嘉"事功"思想与清初"经世致用"精神之中，但在具体的学术实践中，却未能摆脱朴学脱离实际、烦琐细碎之弊端。

方成珪将训诂、考证和校勘经籍作为毕生学术志业，并以此为乐。他认为，"文莫古于《说文》，韵莫详于《集韵》。惟其详也，故俗体兼收，讹字讹音亦不胜屈指"，故其以曹刊本《集韵》为底本，参宋椠本《集韵》，征引《说文》《玉篇》《广韵》和《类篇》等 80 多种著述，并吸收段玉裁、严杰、汪远孙、陈庆镛等学者成果，撰成《集韵考

[①] 梁启超：《清代学术概论》，上海：商务印书馆1930年版，第70—71页。
[②] 梁启超：《清代学术概论》，上海：商务印书馆1930年版，第14页。
[③] 梁启超：《清代学术概论》，上海：商务印书馆1930年版，第72页。

正》10卷，视其为"此生大快事也"①。后又发现，识字并非只通音，还"必深明乎源流正变，训故异同，与夫点画之不可少讹，行用之不可稍紊，而后谓之能识字也"，方成珪以泽存堂五种本《字鉴》为底本，"手抄一过，复加考订，每字必录取音义以资讲解"，成《字鉴校注》五卷，将之称为"踵常途之役役，窥陈编以盗窃者也"②。他还指出，东雅堂本《韩昌黎集》"有强彼就此，胶轕不清者"，故参合《汉书》《旧唐书》《新唐书》《资治通鉴》等137种文献进行校勘考证，"以广见闻，间附鄙论，质之大雅"③。如自序所言，这些代表性著述，都是方成珪细致考勘之成果。

除上述代表作外，经其训诂、考校的经籍还有《干常侍易注》《王右丞诗》和王定保《唐摭言》、吕祖谦《读诗记》、王应麟《困学纪闻》及查慎行《敬业堂诗集》等。方成珪丰硕的考据成果，从社会发展层面来说，致用性不够，无益于国计民生，亦不利于个人身心发展。如清中期思想家方东树（1772—1851）所说："汉学诸人，言言有据，字字有考，只向纸上与古人争训诂形声，传注驳杂，援据群籍，证佐数百千条，反之身己心行，推之民人家国，了无益处。"④因此，"嘉道以还，咸知大乱将至。追寻根原，归咎于学非所用"⑤。

统言之，以方成珪为代表的乾嘉考据学者，在封建专制统治的高压环境下，为了免于灾祸而转向专于典籍考证之路。这种脱离实际的学术研究，是此期学者共有之特色。方成珪"精通小学，自是后来巨擘，然以毕生精力尽于雠校，于经史巨编，未有论著，甚可惜也"⑥。但不可忽视的是，方成珪对《集韵》《字鉴》《干常侍易注》《韩昌黎集》和《唐摭言》等典籍进行考证、校勘、分析和整理，为清末及其之后学者研

---

① （清）孙诒让：《〈集韵考正〉后记》，《集韵考正》，清光绪五年《永嘉丛书》本，第3页。
② （清）方成珪：《〈字鉴校注〉自序》，《浙江省通志馆馆刊》1945年第4期，第72页。
③ （清）方成珪：《韩集笺正》，1926年瑞安陈氏湫漻斋铅印本，第1页。
④ （清）方东树：《汉学商兑》卷中，清光绪十一年刻本，第26页。
⑤ 梁启超：《清代学术概论》，上海：商务印书馆1930年版，第72页。
⑥ 张宪文辑：《孙诒让遗文辑存》，《温州文史资料》（第5辑），浙江人民出版社1989年版，第54页。

究古籍提供了方便。正如郭沫若（1892—1978）所说："乾嘉时代考据之学颇有成绩。虽或趋于烦琐，有逃避现实之嫌，但罪不在学者，而在清廷政治的绝顶专制，聪明才智之士既无所用其力，乃逃避于考证古籍。"又强调："此较之没头于八股文或饱食终日无所用心者，不可同日而语。"他认为，"欲尚论古人或研讨古史，而不从事考据，或利用清儒成绩，是舍路而不由"，"故考据无罪，徒考据而无批判，时代使然"[①]。此评价是客观、公允的。

[①] 郭沫若：《读随园诗话札记》，《七月寒雪随笔卷》（下），大众文艺出版社2000年版，第667—668页。

第四章 方成珪考据学成就与影响

第一节 考据成就

方成珪作为瑞安考据学的先锋与奠基者,他继承了乾嘉考据学派的研究精神与方法,发扬了晚清朴学重实证的优良传统,推动了瑞安乃至浙东考据学的发展。代表作《集韵考正》《韩集笺正》《字鉴校注》《唐摭言校正》和《干常侍易注疏证》等考据学成果,在总结、吸收前人成果的基础上,又有自己的特色,推动了清中后期浙东考据学的发展。

从整体层面而论,清代及其之后学者对方成珪的考据学成就给予了充分肯定与评价。如同邑朴学大师孙诒让说:

> 吾邑雪斋方先生,博综群籍,研精覃思,储藏数万卷,皆手自点勘,而于《集韵》致力尤深。既录得段、严、汪、陈四家校本,又以《经典释文》《方言》《说文》《广雅》诸书悉心对核,察异形于点画,辨殊读于翻纽,条举件系,成《考正》十卷,盖非徒刊补曹本之讹夺,实能举景祐修定之误,一一理董之,是非读《集韵》者之快事哉!诒让束发受书,略窥治经识字之涂径。窃闻吾乡修学之儒,自家敬轩编修外,无及先生者,徒以白首校官,名位不显,身后子姓孤微,遗书不守,散失者不可胜数。尝见邑中李氏所藏《东莱读诗记》、胡氏所藏《困学纪闻》皆先生校本,旁行斜上,丹黄烂然。又见海昌蒋氏《斠补隅录》,知先生尝校王定保《唐摭言》,其所考证,多精确绝伦。[①]

[①] (清)孙诒让:《〈集韵考正〉后记》,《集韵考正》,清光绪五年《永嘉丛书》本,第1—2页。

孙诒让的评价甚高。瑞安文史学家宋慈抱也说："方成珪为《集韵考正》《韩文笺正》，未刻如《困学纪闻校》及《东莱读诗记校》，则校雠尤精。"[1]同邑陈谧对方成珪的评价最多，也更全面。陈谧认为，方成珪能取得如此多成就，与其钻研字书经籍，喜欢校书、购书的习惯有关。他说：

> **精究仓雅，尤嗜雠校古籍，官奉所入尽以购书，其学奄有德州卢氏元和顾氏之长。**[2]

他认为，方成珪治学继承了顾炎武、卢文绍等乾嘉先贤之长。代表作《集韵考正》《韩集笺正》《唐摭言校正》等考据学著述反映出方成珪治学师古而不泥古，态度严谨又勤于笔耕。

> 先生尝谓文莫古于《说文》，韵莫详于《集韵》，惟其详也。故俗体兼收，讹字讹书，亦不胜指屈。盖当时董其役者，既未精通小学，而卷帙繁重，馆阁令史又不能致慎于点画之间。繇宋以降，递相传录，陶阴宵肯，辗转滋多，固势所必然也。初据汪氏远孙校宋本、曹寅刊本之误，又假吴氏钟骏所藏影宋本及陈氏庆镛校本重为增定。复以丁氏度所引原书件，系条举成《集韵考证》十卷，见于《永嘉丛书》。其他校本存者：《韩集笺正》五卷，致力尤深，孙先生诒让谓其"平议精审，迥出陈景云方崧卿诸书之上"。王定保《唐摭言》校本四卷，其语精者，海宁蒋氏光煦采辑《斠补隅录》中。又有《吕氏读诗记》《困学纪闻》《字鉴》《敬业堂诗校本》各若干卷。先生所著书曰《干氏易注疏证》一卷最为通博，晋干宝《易注》其书久佚，先生于陆氏德明《释文》、李氏鼎祚《集解》，屠氏曾、张氏惠言、孙氏堂、马氏

---

[1] 宋慈抱：《〈瓯海轶闻续编〉自叙》，《瓯风杂志》1934年第6期，第74—75页。
[2] 陈谧：《方先生墓表》，《字鉴校注》，瑞安陈襄殷1932年手钞精校本，第1页。

> 国翰诸家辑本兼校互释，加以疏证，而于张氏笺注采录为多。又以干氏易义本之孟喜、京房二氏，以孟京例校干诂，别为《集证》一卷，以广其义。干书虽亡，于是可得其概矣。《宝研斋吟草》一卷、《守孔约斋杂记》一卷，《所见集时文》一卷，《王右丞诗笺注》若干卷。……呜呼！吾瓯当乾嘉之际，去南宋诸儒几六百年学术衰熄殆尽。其间犹有博闻强记，明经行修之士，自孙先生希旦与方先生为最，而所传不振。①

陈谧的评价很全面，也很中肯。他指出，方成珪涉猎范围较广，治学审慎，考据扎实，对延续并推动清中后期瑞安及浙东学术发展有重要贡献。

再及具体层面，以李笠、余麟等为代表的近现代瑞安学者，对方成珪考据学著述作了针对性的评价。如李笠（1894—1962）《三订国学用书撰要》：

> 吾邑前辈方雪斋（成珪），先生著《韩文笺正》甚精洽，稿本现归陈生绳甫（普衍）掌藏，拟为集资刊行。②
> 吾邑方雪斋（成珪）前辈校正本（《字鉴校注》），甚精审，未刊。③
> 《集韵》较《广韵》增多二万七千余字，亦前代韵书之最赅博者。惟书修于宋代，六书失讲，芜秽纂多，加以曹氏刊本，精于形式，而略于校雠，是以学者病之。清儒如余萧客、段玉裁、钮树玉、严杰、陈奂、汪远孙、陈庆镛、罗以智、马钊诸人，皆有校本，然皆仅校古本一二种，未若方先生之综核群籍、精确详慎也。④

---

① 陈谧：《方先生墓表》，《字鉴校注》，瑞安陈褒殷1932年手钞精校本，第1—2页。
② 李笠：《三订国学用书撰要》，朴社1931年版，第93页。
③ 李笠：《三订国学用书撰要》，朴社1931年版，第114页。
④ 李笠：《三订国学用书撰要》，朴社1931年版，第119页。

上编 研究篇

精于文字、训诂与校勘之学的李笠用"甚精洽""甚精审""精确详慎"3个词分别评价方成珪的《韩集笺正》《字鉴校注》和《集韵考正》,可见其对方成珪考据学成果的认可与推崇。

余麟亦在《北京图书馆月刊》"新书介绍与批评"栏目对方成珪的《韩集笺正》作了专门推介。

> 瑞安方雪斋先生成珪,道、咸间以校勘学名家。其所撰《集韵校正》一书,瑞安孙氏刊入《永嘉丛书》中,早已传流海内。今陈准氏复以其所撰《韩集笺正》排印行世,其精博实不在《集韵校正》下。据方氏自序云"《韩集》东雅堂本所刊,实用南宋廖莹中世彩堂本,莹中为贾似道门客,学问芜浅,所采辑多不精审。又经徐氏重刻,例不标注家姓名,亦未得为善本。余于此集悉心研阅,积有年所,其所援引必为寻究本源,其中人物爵里及韩子一生出处,则考之于新、旧《唐书》《通鉴》、皇甫持正《碑志》、李习之《行状》、程致道《历官记》、吕洪二《年谱》,参互钩稽《唐文粹》及《文苑英华》,亦旁资校证,并酌录何义门、陈少章诸人之说"云云,则此书精审可知。末附《昌黎先生诗文年谱》尤多发正,实研究《韩集》者,惟一之参考书也。[①]

在余麟看来,方成珪是道、咸校勘学名家,《韩集笺正》校勘质量可与《集韵考正》相媲美,二者均是清代考据学著述的重要组成部分。

总言之,方成珪作为清代瑞安学派的关键人物,他继承了清代朴学研究精神与方法,同时也推动了清中后期浙东考据学的发展,是清代考据学史上一位不可忽视的学者。乾嘉考据特色在方成珪这里都得到了充分体现,《集韵考正》《韩集笺正》和《字鉴校注》等著述代表了其在朴学领域的最高成就。同时,《宝研斋吟草》《守孔约斋杂记》等著述又展现出方成珪深厚的文学素养。从这个意义上说,方成珪是清代一位

---

① 余麟:《新书介绍与批评:〈韩集笺正〉》,《北京图书馆月刊》1928年第4期,第47页。

成果颇丰的综合型学者。

第二节 学术影响

方成珪考据成果遍布经学、史学、小学等多个方面，这些成果对清中后期学界产生了积极影响。分而论之，可从以下几方面作归纳总结。

一 对清中后期朴学研究之影响

清代乾嘉及以前之朴学考据集中在经学、小学和史学等领域，"学问之中坚，则经学也。经学之附庸则小学，以次及于史学、天算学、地理学、音韵学、律吕学、金石学、校勘学、目录学等"[①]。至道、咸后，"积威日弛，人心已渐获解放"[②]。此期方成珪治学对象除《周易》《集韵》《字鉴》等传统经籍外，于文学考证与诗文创作方面亦有拓展。如对《王右丞诗》《韩昌黎集》《唐摭言》和《敬业堂诗集》等文学作品作了考证，并撰写了《韩集笺正》《唐摭言校正》《敬业堂诗校记》《王右丞诗笺注》等研究性著述和《宝研斋吟草》《守孔约斋杂记》文学作品，扩大了清中后期朴学考据范围，对清末及之后浙东文学考证、诗文创作产生了积极影响。

方成珪朴学考据之影响可从认可并推崇其治学成果的学者治学范式与成果中找到佐证。如孙诒让《契文举例》《名原》等著述，根据地下出土的甲骨卜辞文献与地上传统传世文献双重考证古代文字，开创了甲骨文研究的先河。李笠《韩愈文选选注》《颜氏家训广注》对《韩愈文选》和《颜氏家训》中所涉字、词和史实典故作了详细阐释。又如宋慈抱《两浙著述考》分文字、经术、乐律、史籍、典制、谱牒、艺术、小说等22类，收录历代浙江名士著述，并对撰者生平与作品流传进行了考证，对了解与研究浙江古今学术文化有重要的价值。这些学者治学内容不仅涉及经、史、诸子与文字，还拓展至甲骨卜辞、宗族家训、历代

[①] 梁启超：《清代学术概论》，上海商务印书馆1930年版，第49页。
[②] 梁启超：《清代学术概论》，上海商务印书馆1930年版，第72页。

史实等，丰富了朴学考据的材料，提高了考据内容的精准性。

二　对清中后期瑞安学者之影响

分析方成珪考据学的影响，自然就绕不开清代瑞安学术文化群体。因为，方成珪是瑞安考据学奠基者。方成珪所处的时代，决定了其在传承并推动瑞安学术文化发展中所担负的使命。陈谧曾在《方先生墓表》中说："吾瓯当乾嘉之际，去南宋诸儒几六百年学术衰熄殆尽。其间犹有博闻强记，明经行修之士，自孙先生希旦与方先生为最。"[①]清代中后期不少瑞安学者就深受方成珪考据学治学理路的影响。以孙诒让、陈准与李笠等为代表的瑞安考据学者，研读、引用并校勘过方成珪考据学成果。

孙诒让治学旨趣和方法，与方成珪有一定相似处，特别是小学方面。同治六年（1867），12岁的孙诒让读到方成珪校笺的吕祖谦《读诗记》时，"叹为精审绝伦，亟以朱笔传录之"[②]。光绪五年（1879），他据罗以智《校本集韵》和马钊《宋本集韵校勘记》校核《集韵考正》，指出"本书忝上从天误""手稿本缺，今以意补""本上疑夺宋字"等[③]讹、缺、脱问题18则。光绪七年（1881），从方中矩处访得《干常侍易注疏证》，"以意审校理董之，《集证》尾叶，札烂文缺，未敢臆补，谨仍其旧"[④]。另外，孙诒让还撰写了《方成珪先生雪斋传略》。这些说明方成珪治学理路对孙诒让产生了影响。又如陈准重视对方成珪著述的搜集、校勘与整理，他于1926年刻印湫漻斋校刊本《韩集笺正》4册、1932年刻印襄殷堂写印本《方校注字鉴》5册，1937年校勘并刻印了商务印书馆印本《〈集韵考正〉校记》1册。[⑤]1936年，

---

① 陈谧：《方先生墓表》，《字鉴校注》，瑞安陈襄殷1932年手钞精校本，第1—2页。
② 孙延钊著，徐和雍、周立人整理：《孙衣言孙诒让父子年谱》，上海社会科学院出版社2003年版，第71页。
③ （清）方成珪：《集韵考正》卷6，6，4，清光绪五年《永嘉丛书》本，第44、15、19页。
④ 孙延钊著，徐和雍、周立人整理：《孙衣言孙诒让父子年谱》，上海社会科学院出版社2003年版，第184页。
⑤ 陈准：《陈准刻书表》，《中华图书馆协会会报》1940年第5期，第27—29页。

陈准从方家得《集韵考正》原稿本，将其与刻本对校发现"一遇相去远甚"，如"上平一东'铼'下注引《方言》，'赵魏之间'脱'魏'字。'猢'下引《山海经·四》，'四'误'同'。'鶰'字误作'鶰'。此类甚多，不胜屡举。又九、十两卷，约增百余条"[①]，使刻本呈现出稿本原貌。还如李笠著述中多次引用方成珪考据成果。如《史记订补》卷一"至于负尾"条下："方成珪《考正》云：'负'上讹'力'，据《类篇》正。字书强为区别，盖齐东语也。"[②]整理与传播方成珪的考据成果，是陈准、李笠等瑞安后学认可与接受其治学理念与成果的表现。

综上之述，方成珪考据学对清中后期朴学研究与瑞安学者均产生了极为深远的影响。治学对象与内容上，方成珪不仅对传统经籍作了点校，同时也对前代和同代诗文集进行了校勘，并结合传世文献对新出土器物作了考证，丰富了考据的内容与范围。治学效果上，清代瑞安自方成珪后，相继涌现了如孙诒让、陈准、李笠等一批精于考据的学者，他们承继了方成珪考据思想与方法，推动了清代浙东考据学的发展。

---

① 陈准：《〈集韵考正〉校记》，上海商务印书馆1937年版，第1—2页。
② 李笠：《史记订补》卷1，1924年瑞安李氏刻本，第6页。

第五章　方成珪考据成果专题研究

《集韵》在中国字书和韵书史上占有重要地位。方成珪《集韵考正》（下称"《考正》"）是流传至今、影响最大的《集韵》校本，也是其用功最勤、最具代表性的一部著作。该书以曹刊本《集韵》为底本，广征《说文》《广韵》《类篇》等字韵书和曹宪、段玉裁、严杰等注疏成果，考证了《集韵》形音义，完善了曹刊本内容。这里以引频较高的字韵书与注疏成果为对象，对其中疏误、字际和音义等作专题分析，以展现方成珪考据特色及成就。

第一节　疏误考

方成珪《考正》"凡例"指出，"校《说文》用毛子晋所刊大徐本、祁春圃尚书所刊小徐本及段懋堂大令校本，段本雠校甚精，而不尽从者，未敢以今书改古籍也。"[①]《考正》以"大徐本""小徐本""二徐本""许书"和"《说文》"等方式标引《说文》共 3918 条，仅次于引《类篇》的 3972 条，这些材料是我们了解《考正》引用《说文》的重要文本。学界虽有如邱棨鐊（1974）、张渭毅（1999）、陈新雄（2005）、赵振铎（2006、2012）等关涉《考正》之研究，但未就《考正》引文作专门分析。这里以通行本《永嘉丛书》本《考正》所引《说文》为研究对象，参大、小徐本和段玉裁注，对方成珪所引《说文》的内容进行考订。

---

① （清）孙诒让：《〈集韵考正〉后记》，《集韵考正》，清光绪五年《永嘉丛书》本，第 1 页。本节所引文献均源自此本，引文右上角"P."前的数字表示引文所在的卷次，"P."后的数字表示具体页码，下同。

（一）字形讹混

1.頯

《集韵·霰韵》"頯"字下注："𩑶頯，秃无髮也。"方成珪《考正》："'𩑶'讹从'困'，据宋本及《说文》《篇韵》正。"卷2P.43《考正》引《说文》释义有误。大、小徐本《说文·页部》有"𩑶"无"頯"字。又《正字通·页部》："𩑶，本作𩑶，篆作𩑶。""𩑶、頯"形近易混，《考正》当据正。

2.㷮

《集韵·宵韵》"㷮"字下注："音尸昭切。"方成珪《考正》："《说文·弓部》：'𢎤，弓便利也。读若烧。'此及《广韵》㷮纽失收。"卷3P.17《考正》引《说文》释义有误。大、小徐本《说文·弓部》有"𢎨"无"𢎤"字。又《正字通·弓部》："𢎨，讹作𢎤，注云同𢎨。""𢎤""𢎨"形近相混，《考正》当据正。

3.䯓

《集韵·耕韵》"䯓"字下注："《说文》：牛䣩下骨。"方成珪《考正》："'䣩'，大徐本同。"卷4P.4《考正》引大徐本《说文》释义有误。大徐本《说文》"䯓"字下作"牛䣩下骨也"。《希麟音义》卷五"䣩踝"注："䣩，古文膝字。"又《正字通·卩部》："䣩，俗作䣩，误。""䣩、䣩"形近相混，《考正》当据正。

4.堨

《集韵·盍韵》"堨"字下注："《说文》：一曰壁間隙。"方成珪《考正》："当从小徐《说文》作'䃽閒隙'。"卷7P.38《考正》引小徐本《说文》释义有误。小徐本《说文》"堨"字下作"壁間隙"。又"壁"篆作"䃽"，行书作"䃽"，易混作"䃽"。《广碑别字·十六画·壁字》引《元新建祖师行祠报恩碑记》"壁"作"䃽"。"壁、䃽"形近相混，《考正》当据正。

5.蘁

《集韵·啸韵》"蘁"字下注："《说文》：菫艸也，一曰拜商蘬。"方成珪《考正》："大徐本'菫'作'釐'，段氏据此及小徐本、李仁甫本正。"^{卷8P.6}《考正》引小徐本《说文》释义有误。小徐本《说文》"蘬"字下作"菫艸也，一曰拜商蘬"。又小徐本《艸部》"蘬"前为"菫"字，"菫、堇"形近相混，《考正》当据正。

6.蒲

《集韵·洪韵》"蒲"字下注："《说文》：水蒿筑也。"方成珪《考正》："'筑'，讹'筑'，据二徐本正。"^{卷9P.15}《考正》引二徐本《说文》释义有误。大徐本《说文》"蒲"字下作"水蒿筑"，小徐本《说文》"蒲"字下作"水蒿筑"。又《字汇·艸部》："筑，同筑。"《正字通·艸部》："筑，筑本字。""筑"又作"筑"，"筑"与"筑、筑"，形近相混，《考正》当据正。

7.戫

《集韵·质韵》"戫"字下注："《说文》：大也。"方成珪《考正》："《说文》：从大戉声。读若《诗》'戫戫大猷'。"^{卷9P.25}《考正》引《说文》释义有误。大徐本"戫"字下作"从大戉声。读若《诗》'戫戫大猷'"，小徐本"戫"字下作"从大戫声。读若《诗》'戫戫大猷'"。又《正字通·戈部》："戫，或作戉。""戫"，二徐本篆作"戫"，楷定作"戫"。"戫、戫"与"戉、戫"形近相混，《考正》当据正。

8.鳺

《集韵·屑韵》"鳺"字下注："《说文》：鸋鳺也。"方成珪《考正》："二徐本'鸋'作'宓'。"^{卷9P.47}《考正》引二徐本《说文》释义有误。大徐本《说文》"鳺"字下作"宁鳺也"，小徐本《说文》"鳺"字下作"宓鳺也"。又《类篇·丂部》："宁，或作寍。"朱骏声《说文通训定声·丂部》："宁，叚借为宓。""宁、宓"与"宁、寍"形近相混，《考正》当据正。

9.脟

《集韵·薛韵》"脟"字下注："《说文》：胁肉也。一曰肠间脂

113

也。"方成珪《考正》:"二徐本'脂'作'肔'。"^(卷9P.51)《考正》引二徐本《说文》释义有误。二徐本《说文》"胏"字下均作"一曰胏肠间肥也"。又肥从卩,篆作"肥",宋本《广韵》楷定作"肥",形同"肔"。"肥、肔"形近易混,《考正》当据正。

10.弱

《集韵·药韵》"弱"字下注:"《说文》:弱物并,故从二弓。"方成珪《考正》:"'弱''弓',宋本作'弱''弓',与二徐本《说文》合。"^(卷10P.1)《考正》引二徐本《说文》释义有误。大徐本《说文》"弱"字下作"弱物并,故从二弓",小徐本《说文》"弱"字下作"弱物并,故從二弓"。又《正字通·弓部》:"弱,篆作弱,俗作弱。""弓、弓"形近易混,《考正》当据正。

11.圉

《集韵·昝韵》"圉"字下注:"《说文》引《尚书》:'圉圉外云,半有半无。'"方成珪《考正》:"'外'系'升'字之讹,宋本不误。二徐本及《类篇》并与此同。"^(卷10P.17)《考正》引二徐本《说文》释义有误。二徐本《说文》"圉"字下引《尚书》并作"圉圉升云,半有半无"。又《类篇·囗部》"圉"字与孙星衍刻、陈昌治刻本大徐本引同,"外"作"升",《考正》当据正。

12.韰

《集韵·葉韵》"韰"字下注:"《说文》:宋卫之间谓革韰韰。"方成珪《考正》:"'華'讹'革',据宋本及二徐本正。"^(卷10P.36-37)《考正》引二徐本《说文》释义有误。二徐本《说文》"韰"字下均作"宋卫之间谓華韰韰"。又"華"篆作"華",隶作"華"。《正字通·艸部》:"華,本作華,亦作華。""華、華"异体相混,《考正》当据正。

(二)字词缺脱

1.襜

《集韵·谈韵》"襜"字下注:"《说文》:裯谓之襜。"方成珪

《考正》："小徐本作'裯谓之褛',非。"^{卷4P.36}《考正》引小徐本《说文》有缺脱。小徐本《说文》"襤"字下："裯谓之襤。褛,无缘。"小徐本"褛"字上有"襤"字,下有"无缘"二字,《考正》当补正。

2.擩

《集韵·噳韵》"擩"字下注："《说文》：染也。《周礼》：'六曰擩祭。'"方成珪《考正》："二徐本同。"^{卷5P.24}《考正》引二徐本《说文》有缺脱。大徐本《说文》"擩"字下："染也。《周礼》：'六曰擩祭。'"小徐本《说文》"擩"字下："染也。《周礼》曰：'六曰擩祭。'"二徐本不同,小徐本"礼"下有"曰"字,《考正》当补正。

3.餧

《集韵·贿韵》"餧"字下注："《说文》：饥也。或作馁。"方成珪《考正》："《说文》有'一曰鱼败曰餧'六字。"^{卷5P.34}《考正》引《说文》有缺脱。大徐本《说文》"餧"字下作"一曰鱼败曰餧",小徐本《说文》"餧"字下作"一曰鱼败曰餧也"。二徐本不同,小徐本"餧"下有"也"字,《考正》当补正。

4.韭

《集韵·有韵》"韭"字下注："《说文》：一穜而久者。"方成珪《考正》："此与二徐本合。"^{卷6P.32}《考正》引二徐本《说文》有缺脱。大徐本《说文》"韭"字释文与此合,小徐本《说文》"韭"字下作"一穜而久生者也"。二徐本不同,小徐本"久"下有"生"字,"者"下有"也"字,《考正》当补正。

5.署

《集韵·御韵》"署"字下注："《说文》：有所网属。"方成珪《考正》："《说文》'有'上有'部署'二字。"^{卷7P.21}《考正》引《说文》有缺脱。大徐本《说文》"署"字下作"部署,有所网属",小徐本《说文》"署"字下作"部署也,各有所也,网属也"。二徐本不同，小徐本除"部署"外，还有3个"也"字和1个"各"字，《考正》当补正。

6.堨

《集韵·太韵》"堨"字下注："《说文》：一曰壁間**隙**。"方成珪《考正》："当从小徐《说文》作'**壁**間隙'，大徐本及《类篇》'隙'亦讹'**隙**'。"卷7P.38《考正》引大、小徐本《说文》有缺脱。大徐本《说文》"堨"字下作"壁間**隙**也"，小徐本《说文》"堨"字下作"壁間隙也"，二徐本"隙（**隙**）"下均有"也"字，《考正》当补正。

7.䛠

《集韵·曷韵》"**䛠**"字下注："《说文》：语相诃岠也。口岠卒。"方成珪《考正》："'口'上夺'从'字，'岠'讹'岠'，'辛'讹'卒'，据大徐《说文》补正。小徐本无'岠'字。"卷9P.37《考正》引小徐本《说文》有缺脱。小徐本《说文》"**䛠**"字下作"语相诃相岠也"，小徐本《说文》有"岠"字，《考正》当补正。

8.矍

《集韵·药韵》"矍"字下注："《说文》：从又持之，矍矍也。一曰遽也。"方成珪《考正》："'遽也'，《广韵》《韵会》并引作'视遽皃'，与二徐本合。"卷10P.3《考正》引二徐本《说文》有缺脱。大徐本《说文》"矍"字释文与《考正》合，小徐本《说文》"矍"字下作"视遽皃也"，小徐本《说文》"皃"下有"也"字，《考正》当补正。

9.甲

《集韵·狎韵》"甲"字下注："《说文》：东方之孟。一曰人头空为甲。始于十、见于千。"方成珪《考正》："'一曰'，大徐本同。小徐本作'大经'。"卷10P.44《考正》引小徐本《说文》有缺脱。小徐本《说文》"甲"字下作"《大一经》曰"，小徐本《说文》"大"下有"一"字，"经"下有"曰"字，《考正》当补正。

（三）文字误衍

1.枎

《集韵·虞韵》"枎"字下注："《说文》：枎疏，四布。"方成珪《考正》："'枎'，小徐本同，大徐本作'扶'，与篆体异。'疎'并作'疏'，当据正。"卷2P.5《考正》引小徐本《说文》有衍文。大徐本《说文》"枎"字下作"扶疎，四布也"，小徐本《说文》"枎"字下作"枎，四布也"，小徐本"枎"下无"疏"字，大徐本"疏"作"疎"，且"布"下并有"也"字，《考正》当据正。

2.燊

《集韵·臻韵》"燊"字下注："《说文》：一曰役也。"方成珪《考正》："二徐本同。"卷2P.36《考正》引二徐本《说文》有衍文。大徐本《说文》"燊"字下作"一曰役也"，小徐本《说文》"燊"字下作"一曰役"。二徐本不同，小徐本"役"下无"也"字，《考正》当删正。

3.刚

《集韵·唐韵》"刚"字下注："《说文》：彊𣃔也。"方成珪《考正》："二徐本'𣃔'作'断'，《类篇》同。"卷3P.48《考正》引二徐本《说文》有衍文。大徐本《说文》"刚"字下作"彊断也"，小徐本《说文》"刚"字下作"彊也"。二徐本不同，小徐本"彊"下无"断"字，《考正》当删正。

4.鑯

《集韵·盐韵》"鑯"字下注："《说文》：鑱也。"方成珪《考正》："宋本及二徐本同。"卷4P.37《考正》引二徐本《说文》有衍文。大徐本《说文》"鑯"字下作"一曰鑱也"，小徐本《说文》"鑯"字下作"一曰�"。二徐本不同，小徐本"鑱"作"鐫"，"鐫"下无"也"字，《考正》当删正。

5.嬾

《集韵·缓韵》"嬾"字下注："《说文》：一曰卧。"方成珪《考正》："'卧'下大徐本有'也'字，《类篇》同。小徐本作'卧

117

食也'。"卷5P.48《考正》引小徐本《说文》有衍文。大徐本《说文》"嬾"字下作"一曰卧也"，小徐本《说文》"嬾"字下作"一曰卧食"。小徐本"食"下无"也"字，《考正》当删正。

6.喟

《集韵·至韵》"喟"字下注："《说文》：大息也。"方成珪《考正》："二徐本同。"卷7P.13《考正》引二徐本《说文》有衍文。大徐本《说文》"喟"字释文与此合，小徐本《说文》"喟"字下作"大息"。二徐本不同，小徐本"息"下无"也"字，《考正》当删正。

7.闭

《集韵·霁韵》"闭"字下注："《说文》：从门，才所以距门也。"方成珪《考正》："小徐本同。大徐本'距'作'岠'。"卷7P.26《考正》引小徐本《说文》有衍文。小徐本《说文》"闭"字下作"才所以距门"。小徐本"门"下无"也"字，《考正》当删正。

8.縚

《集韵·隊韵》"縚"字下注："《说文》：会五采缯也。"方成珪《考正》："宋本、二徐本、《类篇》'也'并作'色'。"卷7P.45—46《考正》引二徐本《说文》有衍文。大徐本《说文》"縚"字下作"会五采缯色"，小徐本《说文》"縚"字下作"会五采缯"。二徐本不同，小徐本"缯"下无"色"字，《考正》当删正。

9.楉

《集韵·合韵》"楉"字下注："《说文》：楉棋。似李。"方成珪《考正》："'似'上大徐本有'果'字，小徐本有'木'字。"卷10P.34《考正》引小徐本《说文》有衍文。大徐本《说文》"楉"字下释文与《考正》同，小徐本《说文》"楉"字下作"楉棋木"，"木"下无"似李"二字，《考正》当删正。

（四）音义错置

1.捊

《集韵·虞韵》"捊"字下注："《说文》：盛土放梩中。一曰桴也。"方成珪《考正》："'於'讹'放','捊'讹'桴',据宋本及《说文》《类篇》正。"^{卷 2P.3}《考正》引《说文》释义有误。大、小徐本《说文》"捄"字下均作"盛土於梩中也","一曰扰也"。大、小徐本《说文》"桴"作"扰"。又《说文·手部》"捄"字段注："盛土於梩中也。……一曰捊也。各本作扰。今依《韵会》本正。"疑方成珪误将段注本《说文》与二徐本《说文》内容混淆，致使《考正》释义错置。

2.巡

《集韵·谆韵》"巡"字下注："《说文》：视行皃。"方成珪《考正》："小徐本'视'作'延'，此从大徐。"^{卷 2P.33}《考正》引《说文》释义错置，大、小徐本《说文》"巡"字下均作"视行皃"，此当标为"二徐本《说文》同"。又《说文·辵部》"巡"字段注："'视行'一作'延行'，延、巡双声。"孙星衍刻大徐本和陈昌治刻大徐本"巡"字下均作"延行皃"，疑方成珪误将孙刻、陈刻大徐本《说文》与祁寯藻刻小徐本《说文》内容混淆，致使《考正》释义错置。

3.犛

《集韵·爻韵》"犛"字下注："《说文》：西南夷有长髦牛也。或作氂、嫠、髦。"方成珪《考正》："《说文》补音'犛'里之切，'氂'莫交切，'嫠'洛哀切，'髦'莫袍切，并非一字。"^{卷 3P.21}《考正》引《说文》释音错置，大徐本《说文》"犛、氂、嫠"三字补音与此同，小徐本《说文》补音"利之反""梦梢反""娄才反"，此当标为"大徐本《说文》"。又孙星衍刻大徐本和陈昌治刻大徐本三字补音为"莫交切""里之切""洛哀切"，《广韵·肴韵》《类篇·犛部》与之同，疑方成珪误将"犛、氂"释音错置。

（五）小结

永嘉丛书本《考正》是研究方成珪考据学成就的一部重要文献。赵振铎指出，"方成珪校《集韵》用功颇勤，里面有些论断非常精

119

审"①。后又在《集韵校本》中强调："这部书对《集韵》作了全面的整理，用功最勤。"②综合考察《考正》所引《说文》材料后发现，先生所论甚确。这里参照毛子晋、孙星衍、陈昌治等所刻大徐本、祁寯藻刻小徐本和段玉裁注《说文》原文对书中所引《说文》内容作考订发现，校本中存在一些字形讹混、字词缺脱、文字误衍和音义错置等疏误，期待将来再版时能进一步完善该本，使其发挥应有的学术价值。

第二节 字际考

典籍校勘所见异文并不是一堆琐碎无用的材料，它们一般都有一个相互联系的共同点。异文语料的考证与分析，有利于厘清异文的类型与特点，发掘其于汉语史研究的价值。比较永嘉丛书本《考正》所引《说文》不同版本间对应异文发现，它们主要有如下类型、特点及价值。

（一）《考正》引《说文》异文的类型及来源

古籍致异的原因多样，异文的类型及来源较为复杂。永嘉丛书本《考正》所引《说文》异文，从字际关系角度来说，主要有古今字、通假字和正俗字3种。下文结合实例论列之。

1.古今字关系

（1）郯、䣝

《集韵·耕韵》"䯒"字下注："《说文》：牛䣝下骨。"方成珪《考正》："'䣝'，大徐本同。"卷4P.4

按：《考正》引大徐本《说文》释义有误。大徐本《说文》"䯒"字下作"牛䣝下骨也"。《希麟音义》卷五"䣝踝"注："䣝，古文膝

---

① 赵振铎：《集韵研究》，语文出版社2006年版，第202页。
② 赵振铎：《集韵校本》，上海辞书出版社2012年版，第2页。

字。"《方言·九》:"矛骹细如雁胫者谓之鹤𠂤。"钱绎《笺疏》:"𠂤、膝古今字。"又《太玄·疚》:"疚其𠂤,守其节。"司马光《集注》:"𠂤,与膝同。"《正字通·卩部》:"𠂤,俗作𠂤,误。""𠂤"为"膝"之古字,"𠂤、𠂤"形近易混,《考正》当据正。

（2）从、從

1）《集韵·海韵》"改"字下注:"《说文》:从己,从攴。李阳冰曰:一有过攴之即改。"方成珪《考正》:"大徐本作'从攴、己',小徐本作'从攴,己声'。"卷5P.34

2）《集韵·霁韵》"闭"字下注:"《说文》:从门,才所以距门也。"方成珪《考正》:"小徐本同。"卷7P.26

3）《集韵·稕韵》"晋"字下注:"《说文》:进也。从日。臸,古作晉。"方成珪《考正》:"小徐本云'从日,臸声'。"卷7P.49

按:《考正》引小徐本《说文》释义有误。小徐本《说文》"改"字下作"從攴","闭"字下作"從门","晋"字下作"從日"。《玉篇·从部》:"从,今作從。"《大戴礼记·夏小正》:"鹿人從者。"孔广森《补注》:"古從字作从。"又《说文·从部》"从"字段注:"从者,今之從字,從行而从废矣。……许书凡云从某,大徐本作'从',小徐本作'從'。""从、從"古今字,《考正》当据正。

（3）污、汙

《集韵·霰韵》"㶖"字下注:"《说文》:汙池。"方成珪《考正》:"宋本及《说文》《类篇》'汙'并作'污',今正。"卷8P.3

按:《考正》引《说文》释义有误。大、小徐本《说文》"㶖"字下均作"污血也"。《正字通·水部》:"污、汙、洿同,本作污。《玉篇》:从亏者古文,从于者今文。欧阳氏曰:污、汙本一字,今经传皆以今文书之。盖俗从简。""污、汙"古今字,"污"又作"污",《考正》当据正。

(4)矦、侯

《集韵·啸韵》"覜"字下注:"《说文》:诸矦三年大相聘曰覜。"方成珪《考正》:"'矦'讹'侯',据《说文》正。"^{卷8P.6}

按:《考正》引《说文》释义有误。大、小徐本《说文》"覜"字下均作"诸侯三年大相聘曰覜"。《字汇·矢部》:"矦,古侯字。"又《正字通·矢部》:"矦,同'侯'。""矦"为"侯"之古体,二者形近相混,《考正》当据正。

2.通假字关系

(1)著、箸

《集韵·脂韵》"泜"字下注:"《说文》:著止也。"方成珪《考正》:"著,大徐本同。段氏从小徐作箸。"^{卷1P.23}

按:《考正》引大、小徐本《说文》释义有误。大、小徐本《说文》"泜"字下均作"著止也"。《管子·立政》:"乡师以著于士师。"戴望《校正》:"宋本'著'作'箸'。""箸、著"端定旁纽,鱼部叠韵,声近相通。二者形近易混,《考正》当据正。

(2)以、已

《集韵·爻韵》"挦"字下注:"《说文》:自关而西,凡取物之上者为挢挦。"方成珪《考正》:"二徐本'而'作'已'。"^{卷3P.22}

按：《考正》引二徐本《说文》释义有误。大徐本《说文》"捎"字下作"自关巳西"，小徐本"捎"字下作"自关以西"。"巳"又作"以、已"。《墨子·尚贤中》："已此故也。"孙诒让《间诂》："古字以、已通。一本作以。"又朱骏声《说文通训定声·已部》："已，叚借为巳午之巳。""已、以"双声叠韵，音同相通；"已、巳"以邪邻纽，之部叠韵，音近相通。三者形近相混，《考正》当据正。

（3）虫、蟲

《集韵·戈韵》"䮃"字下注："《说文》：水虫。似蜥易，长大。"方成珪《考正》："二徐本'蜥'作'蜥'。余与此同。"卷3P.31

按：《考正》引二徐本《说文》释义有误。大、小徐本《说文》"䮃"字下均作"水蟲。似蜥易，长大"。《尔雅·释蟲》："释蟲第十五。"陆德明《释文》："今人以虫为蟲，相承假借用耳。"又《经籍籑诂·东韵》："虫通蟲。""虫"晓母灰部，"蟲"定母冬部，声韵相隔远，属形借相通。二者相承借用易混，《考正》当据正。

（4）種、穜

《集韵·有韵》"韭"字下注："《说文》：一穜而久者。"方成珪《考正》："此与二徐本合。"卷6P.32

按：《考正》引二徐本《说文》释义有误。大徐本《说文》"韭"字释文与此合，小徐本"韭"字下作"一种而久生者也"。《集韵·锺韵》："種，或作穜。"又朱骏声《说文通训定声·禾部》："種，叚借为穜。""種、穜"章母东部，双声叠韵，音同相通。二者形近相混，《考正》当据正。

123

（5）词、辞

1）《集韵·至韵》"䛐"字下注："《说文》：众词与也。"方成珪《考正》："二徐本同。"卷7P.13

2）《集韵·箇韵》"些"字下注："《说文》：语辞也。见《楚辞》。"方成珪《考正》："此系新坿字，上'辞'字，大徐作'词'。"卷8P.13

按：《考正》引二徐本《说文》释义有误。小徐本"䛐"字下作"众辞与也"，大徐本《说文》"些"字下作"语辞也"。《礼记·曲礼上》："不辞费。"陆德明《释文》："辞，本又作词，同。"又《尚书·洛诰》："汝永有辞。"孙星衍《今古文注疏》："辞与词通。"朱骏声《说文通训定声·辛部》："辞，叚借为词。""辞、词"双声叠韵，音同相通。二者音义同易混，《考正》当据正。

（6）寍、寧

《集韵·屑韵》"鴶"字下注："《说文》：鷽鴶也。"方成珪《考正》："二徐本'鷽'作'寍'。"卷9P.47

按：《考正》引二徐本《说文》释义有误。大徐本"鴶"字下作"**寧**鴶也"，小徐本"鴶"字下作"**寍**鴶也"。《类篇·宀部》："寧，或作寧。"又《古今韵会举要·青韵》："寍，今经史通作寧。"朱骏声《说文通训定声·丂部》："寧，叚借为寍。""寍、寧"双声叠韵，音同相通。"**寧、寍**"与"寧、寧"形近误混，《考正》当据正。

3.正俗字关系

（1）頤、頣

《集韵·霰韵》"頣"字下注："頤頣，秃无髮也。"方成珪

《考正》："'頤'讹从'囷',据宋本及《说文》《篇韵》正。"^{卷2P.43}

按：《考正》引《说文》释义有误。大、小徐本《说文·页部》有"頤"无"頤"字。《正字通·页部》："頤，本作頤，篆作頤。""頤"为"頤"之正字，二者形近相混，《考正》当据正。

（2）獿、獿

1)《集韵·爻韵》"獶"字下注："《说文》：犬獿獿咳吠也。"方成珪《考正》："'獿'讹'獿'，据小徐本正。大徐本及《类篇》止作'獿'。"^{卷3P.20}

2)《集韵·尤韵》"猇"字下注："《说文》：南越名犬獿獿。"方成珪《考正》："注大徐本与此同。"^{卷4P.23}

按：《考正》引《说文》释义有误。大、小徐本《说文》"獶"字下均作"犬獿獿咳吠也"，大徐本《说文》"猇"字下作"南越名犬獿獿"。"獿"又作"獿"。《龙龛手鉴·犬部》："獿，俗作獿。"《正字通·犬部》："獿，本作獿。""獿"为"獿"之正字，二者形近易混，《考正》当据正。

（3）攢、攅

《集韵·至韵》"柲"字下注："《说文》：欑也。"方成珪《考正》："宋本及大徐本'欑'作'攢'，此与《类篇》并从小徐。"^{卷7P.14}

按：《考正》引大徐本《说文》释义有误。大徐本《说文》"柲"字下作"攢也"，小徐本《说文》"柲"字下作"欑也"。《正字通·手部》《康熙字典·手部》："攅，俗攢字。""攢"为"攅"之正字，二者形近易混，《考正》当据正。

（4）甛、甜

《集韵·勘韵》"醓"字下注："《说文》：酒味苦也。"方成珪《考正》："'酒味苦'，大徐本作'酒味长'，小徐本作'甛长味'，段氏校从大徐。"卷8P.37

按：《考正》引小徐本《说文》释义有误。小徐本《说文》"醓"字下作"甜长味也"。《龙龛手鉴·舌部》："甛，或作甜。"又《正字通·甘部》："甛，俗作甜。""甛"为"甜"之正字，二者形近易混，《考正》当据正。

（5）荺、茿

《集韵·沃韵》"藩"字下注："《说文》：水蔍茿也。"方成珪《考正》："'荺'，讹'茿'，据二徐本正。"卷9P.15

按：《考正》引二徐本《说文》释义有误。大徐本《说文》"藩"字下作"水蔍荺"，小徐本《说文》"藩"字下作"水蔍荺"。《字汇·艸部》："荺，同'茿'。"又《正字通·艸部》："荺，茿正字。""茿"为"荺"之俗体，"荺、茿"形近相混，《考正》当据正。

（6）弱、弱

《集韵·药韵》"弱"字下注："《说文》：弱物并，故从二弓。"方成珪《考正》："'弱''弓'，宋本作'弱''弓'，与二徐本《说文》合。"卷10P.1

按：《考正》引二徐本《说文》释义有误。大徐本《说文》"弱"

字下作"弜物并，故从二弓"，小徐本《说文》"弜"字下作"弜物并，故從二弓"。《正字通·弓部》："弜，篆作弜，俗作弱。""弜"为"弱、弱"之正字，"弓、弓"形近易混，《考正》当据正。

（7）鵗、䳽

《集韵·铎韵》"鵗"字下注："《说文》：鸟鵗也。"方成珪《考正》："鵗，当从《类篇》改'鵗'，二徐本并作'鵗'。"卷10P.4

按：《考正》引二徐本《说文》释义有误。大徐本《说文》"鵗"字下作"鸟䳽也"，小徐本《说文》"鵗"字下作"鸟䳽也"。《广韵·觉韵》："鵗，鸟䳽。"《篇海类编·鸟兽类·鸟部》："䳽，同鵗。"又《正字通·鸟部》："鵗，本作鵗，篆作䳽。""鵗"为"鵗、䳽、䳽"之正字，形近相混，《考正》当据正。

（8）掖、腋

《集韵·铎韵》"胳"字下注："《说文》：腋下也。"方成珪《考正》："大徐本'腋'作'亦'，小徐与此同。"卷10P.6

按：《考正》引小徐本《说文》释义有误。小徐本"胳"字下作"掖下也"。柳宗元《答贡士元公瑾论仕进书》："逢掖之列。"蒋之翘《辑注》："掖，与腋同。"《说文·手部》"胳"下段注："掖，俗亦作腋。""掖"为"腋"之正字，二者形近易混，《考正》当据正。

（9）澖、澗

《集韵·职韵》"澖"字下注："《说文》：水。出汝南上蔡黑闰澖，入汝。"方成珪《考正》："'澖'讹'澗'，据二徐本正。"卷10P.27

按：《考正》引二徐本《说文》释义有误。大徐本《说文》"澺"字下作"出汝南上蔡黑间澗"，小徐本《说文》"澺"字下作"出汝南上蔡黑间澗"。《字汇·黑部》："黑，黑本字。"又"澗"，篆作"澗"，隶作"澗"。"澗"为"澗"之正字，二者形近相混，《考正》当据正。

（10）蕚、華

《集韵·叶韵》"僷"字下注："《说文》：宋卫之间谓革僷僷。"方成珪《考正》："'華'讹'革'，据宋本及二徐本正。" 卷10P.36-37

按：《考正》引二徐本《说文》释义有误。二徐本《说文》"僷"字下均作"宋卫之间谓華僷僷"。"華"篆作"蕚"，隶作"華"。又《正字通·艹部》："華，本作蕚，亦作華。""蕚"为"華"之正字，二者形近易混，《考正》当据正。

（二）《考正》引《说文》异文的作用及价值

异文是研究某一时代文字使用特征的重要材料，比较、诠释、勘正典籍中异文，可启发研究思路、提供材料佐证，帮助我们校正文献中的错讹。这里结合永嘉丛书本《集韵考正》所引《说文》异文实例论列之。

1.启发思路

（1）衔、嗛

《集韵·覃韵》"含"字下注："《说文》：嗛也。"方成珪《考正》："二徐本及《类篇》与此同。" 卷4P.34

按：《考正》引二徐本《说文》释义有误。大徐本《说文》"含"字释文与此合，小徐本《说文》"含"字下作"衔也"。同字各本所释各异，循此异文可发现其中缘由。《玉篇·口部》："嗛，衔也。"又

《史记·佞幸列传》："太后由此嗛嫣。"裴骃《集解》引徐广曰："嗛,读与衔同。""嗛、衔"音义同易混,《考正》当据正。

（2）堇、菫

《集韵·啸韵》"虉"字下注："《说文》：堇艸也,一曰拜商虉。"方成珪《考正》："大徐本'堇'作'釐',段氏据此及小徐本、李仁甫本正。"卷8P.6

按：《考正》引小徐本《说文》释义有误。小徐本《说文》"虉"字下作"菫艸也,一曰拜商虉"。此处异文可引发思考,并提供下一步考证思路。小徐本《说文·艸部》"虉"前为"菫"字,"堇、菫"形近,此处疑为涉上致误,《考正》当据正。

2.提供佐证

（1）康、乐

《集韵·海韵》"恺"字下注："《说文》：乐也。"方成珪《考正》："此从大徐本,《类篇》从小徐本训康。"卷5P.34

按：《考正》引大、小徐本《说文》释义有误。大、小徐本《说文》"恺"字下均训"康也"。该异文可为"恺"之多义提供佐证。如《诗经·大雅·旱麓》："恺弟君子。"陆德明《释文》："恺,乐也。"又《尔雅·释诂上》："恺,乐也。"邢昺疏："恺者,康乐也。""恺"有多义,《说文》取"康"义,《考正》当据正。

（2）槫、槫

《集韵·晧韵》"柅"字下注："《说文》：山槫也。"方成珪《考正》："'槫',二徐本同。"卷6P.13

按：《考正》引二徐本《说文》释义有误。大徐本《说文》"栚"字释文与此合，小徐本《说文》"栚"字下作"山樗也"。此异文可说明"樗""樿"同字异体关系。《类篇·木部》："樿，一曰恶木。或从雩。"又《正字通·木部》："樿，同樗。""樗、樿"形近相讹，《考正》当据正。

（3）升、外

《集韵·沓韵》"圛"字下注："《说文》引《尚书》：圛圛外云。"方成珪《考正》："'外'系'升'字之讹，宋本不误。二徐本及《类篇》并与此同。"卷10P.17

按：《考正》引二徐本《说文》释义有误。二徐本《说文》"圛"字下引《尚书》并作"圛圛升云"，此与宋本同。本异文能为"外""升"关系提供一种解释。如《公羊传·文公三年》："未毁庙之主皆升。"何休注："自外来曰升。"又《类篇·口部》"圛"字与孙星衍刻、陈昌治刻大徐本引同，"外"作"升"，《考正》当据此正。

3.校正错讹

（1）彍、弻

《集韵·宵韵》"烧"字下注："音尸昭切。"方成珪《考正》："《说文·弓部》：'弻，弓便利也。读若烧。'此及《广韵》烧纽失收。"卷3P.17

按：《考正》引《说文》释义有误。大、小徐本《说文·弓部》有"彍"无"弻"字。异文能帮助找出形近字间差别，以指出其中讹误。如《正字通·弓部》："彍，讹作弻，注云同弻。""弻、彍"形近相讹，《考正》当据正。

（2）壁、壐

《集韵·态韵》"堨"字下注："《说文》：一曰壁間隙。"方成珪《考正》："当从小徐《说文》作'壐間隙'。" 卷7P.38

按：《考正》引小徐本《说文》释义有误。小徐本《说文》"堨"字下作"壁閒隙"。异文能发现同字异文的区别，以辨析其不同。"壁"篆作"壐"，隶作"𡋦"，形似"壐"。又《广碑别字·十六画·壁字》引《元新建祖师行祠报恩碑记》"壁"作"壐"。"壁、壐"形近相讹，《考正》当据正。

（3）戣、戭

《集韵·质韵》"戣"字下注："《说文》：大也。"方成珪《考正》："《说文》：从大戉声。读若《诗》'戭戭大猷'。" 卷9P.25

按：《考正》引《说文》释义有误。大徐本《说文》"戣"字下作"从大戉声。读若《诗》'戭戭大猷'"，小徐本《说文》"戣"字下作"从大戜声。读若《诗》'戭戭大猷'"。异文能找出形近字间的差别，以校正其讹误。《正字通·戈部》："戜，或作戉。"又"戭"，二徐本篆作"𢧵"，楷定作"戭"。"戣、戭"形近相讹，《考正》当据正。

（4）肥、胏

《集韵·薛韵》"鴷"字下注："《说文》：脅肉也。一曰肠间脂也。"方成珪《考正》："二徐本'脂'作'肥'。" 卷9P.51

按：《考正》引二徐本《说文》释义有误。二徐本《说文》"胏"字下均作"一曰胏肠间肥也"。异文能发现形似字间的区别，以指出其

131

差异。"肥"从卪，篆作"肥"，宋本《广韵》楷定作"肥"，形似"肥"。"肥、肥"形近相讹，《考正》当据正。

（三）小结

异文研究是文献语言学研究中无法回避的问题。古籍流传中产生的异文并不是一堆杂乱无用的材料，其本身都与原本或原稿有一定的联系，能反映版本所处时代文字的使用特征。异文研究关涉文字、版本、校勘和考据等多方面，综合各学科知识比较、分析和考证典籍中的异文，是语言学、文献学和文化史研究中历久弥新的重要课题。"在文献语言考释中，无论一个异文是对是错，都能提供一些有价值的信息，在引导研究者寻求和确定正确文字方面起一定的作用。"[1]研究异文语料不仅可发掘其于汉语史之研究价值，同时也能启发研究思路、提供材料佐证，并帮助我们校正文献中错讹。

永嘉丛书本《考正》是研究方成珪考据学的重要文本。方成珪《考正》根据辨析音义的需要，引用了大量的《说文》来考释字词，保留了清中后期的用字特征，这对我们了解清代《说文》研究情况，考察其流变与特点，以及对当今《说文》整理与研究均有一定借鉴作用。这里将通行本永嘉丛书本《考正》所引《说文》与其来源作比勘发现，因古今字、通假字、正俗字、形讹字与音义近同关系等原因导致异文有 33 则，其中以正俗字产生的异文最多，其次是由通假字与形讹字产生的异文，在一定程度上反映出，即使在强调规范书写的清代著述中，也因传抄、刻印等原因存在正俗字并存的现象。

第三节　音义考

方成珪《考正》征引的 80 多种文献中，有的标明书名与出处，有的则没有标明来源。标注出处的材料中，以著者姓名作标注的材料较为引人注意，这其中又以引"曹宪"的材料居多。这里以"曹（宪）音"

---

[1] 朱承平：《文献语言材料的鉴别与应用》，江西高校出版社 1991 年版，第 32 页。

"曹宪音释""曹宪云"和"曹宪注语"等材料为研究对象，统计数量，辨析音义，并综合音韵学、训诂学和文献学等分析"曹宪"材料的性质与特点，发掘其于训诂方面的价值。

（一）曹宪及《考正》引其材料的概况

曹宪（约541—645），扬州江都人，历梁、陈、隋、唐四代，南朝末至隋唐初文字学家、《文选》学家。隋大业元年（605），被举荐任秘书学士，聚徒讲学，授业百诸生。唐贞观二年（628），扬州长史李袭荐其为弘文馆学士，因年老未至，拜朝散大夫。贞观十九年（645）卒，终年105岁。生平笃志好学，著述颇丰。据《隋书·经籍志》《旧唐书·经籍志》和《新唐书·艺文志》等载，曹宪著有《博雅音》10卷、《文字指归》4卷、《文选音义》2卷、《曹氏切韵》2卷、《古今字图杂录》1卷和文集《曹宪集》30卷，并与诸儒合编《桂苑珠丛》100卷。然其著作多散佚，现存有《博雅音》10卷行世。

据统计，《考正》中明确征引"曹宪"的材料共30条，标明为"曹（宪）音"21条、"曹宪音释"4条、"曹宪云"3条、"曹宪注语"1条、"曹宪无音"1条。其中，《考正·蒸韵》"䰙"下有"与曹宪音矜合"、《庚韵》"甏"下有"曹宪云音呼麦"、《忝韵》"䭑"下有"祈乃曹宪噷字之音"，《队韵》"愦"下有"与曹宪呼报音合"，《祸韵》"椴"下有"与曹宪都馆音合"等材料，分别与曹宪《博雅音》卷一《释诂》"龄"、卷三《释诂》"䘲"、卷五《释言》"噷"、卷六《释训》"譚"和卷七《释宫》"椴"等所载一致，故此将其作"曹（宪）音"处理。

（二）《考正》引"曹宪"材料的名实考辨

基于"曹（宪）音""曹宪音释""曹宪云""曹宪注语""曹宪无音"等涉音材料，这里从"音注"和"校勘"两个方面，以唐写本《切韵》和宋本《广韵》为参照，对方成珪《考正》征引的30条"曹宪"材料进行考辨。

1.曹宪音注

从音注角度，将《考正》所引 30 条"曹宪"材料与《博雅音》进行对照发现，有21条材料与其相合，它们主要分为如下几类：

（1）同音注音

1）《集韵·脂韵》"鮨"字下："《博雅》河鮨，鮨也。"方成珪《考正》："王本《广雅·释鱼疏证》云：曹宪鮰音河。各本夺取'鯸、鮑'下'鮰'字，音内'河'字遂误入正文，句末又夺'也'字，与下文'鮨、魷、鱛，鮨也'混为一条，当据《玉篇》订正。"今检《博雅音》卷十《释鱼》："鮰，音河。"鮰、河，《切韵》《广韵》为歌韵、胡歌切，古音属匣母歌部，双声叠韵。

2）《集韵·模韵》"骷"字下："《广雅》骷，髆䩩也。"方成珪《考正》："《释亲》作'骷髆'，曹宪音'括甫'。此'骷'作'骷'，音空胡切，岂丁氏等所见本不同耶？宋本及《类篇》膊并作髆。"今检《博雅音》卷六《释亲》："骷，音括。髆，音甫。"骷、括，《切韵》《广韵》末韵、古活切。骷、括，中古属见母末部，双声叠韵。又髆，《切韵》《集韵》铎韵、匹各切，《集韵》麌韵、匪父切；甫，《切韵》《广韵》麌韵、方矩切，《集韵》麌韵、匪父切；髆、甫，古音为帮母麌部，双声叠韵。

3）《集韵·蒸韵》"䰙"字下："《博雅》䰙衍，大也。"方成珪《考正》："《广雅·释诂一》'䰙'作'龄'，《经籍籑诂》引同，与曹宪音矜合。"今检《博雅音》卷一《释诂》："龄，音矜。"龄、矜，《切韵》《集韵》蒸韵、居陵切。《方言·一》："矜，哀也。齐鲁之间曰矜。"戴震《疏证》："矜，龄古通用。"《广雅·释诂一》："龄，大也。"王念孙《疏证》："矜、龄，古多通用。"龄、矜，古音属见母蒸部，双声叠韵。

4）《集韵·祭韵》"晢"字下："《博雅》白也。"方成珪《考正》："宋本及《类篇》作'晢'，据《说文》、唐石经《诗·鄘风》当作'晢'，王氏《广雅·释器下》已订正，谓旧本作'晢'，曹宪音制，失之。"今检《博雅音》卷八《释器》："晢，音制。"晢、制，《切韵》《广韵》祭韵；晢，《切韵》"旨热反"、《广韵》"征例切，又音折"；制，《切韵》"职例反"、《广韵》"征例切"。晢、制，古音为章母祭部，双声叠韵。

5)《集韵·侯韵》"賎"字下："《博雅》购賎，本也。"方成珪《考正》："《广雅·释诂三》作'猴'，曹宪音矦。各本讹从贝，又讹音侯，观此及《类篇》则相承久矣。姑存其说而不改，恐没其真也。"今检《博雅音》卷三《释诂》："猴，音矦。"猴、矦，《切韵》《集韵》为侯韵、胡溝切，《广韵》户钩切，古音属匣母侯部，双声叠韵。

6)《集韵·烛韵》"耨"字下："《博雅》耨䅣，耕也。"方成珪《考正》："'䅣'讹'䅣'，据《广雅·释地》正。曹宪'䅣'音漢。"今检《博雅音》卷九《释地》："䅣，音漢。"䅣、漢，《切韵》《广韵》翰韵；䅣，《广韵》"呼旰切"；漢，《切韵》《广韵》《五音集韵·翰韵》"呼旰反"。䅣、漢，古音为晓母翰部，双声叠韵。

7)《集韵·锡韵》"怊"字下："《博雅》怒也。一曰痛也。"方成珪《考正》："《广雅·释诂二》训怒者无'怊'字，后解亦见《释诂二》，曹宪音灼，又《释诂一》'怊'训惊，音同。"今检《博雅音》卷二《释诂》："怊，音灼。"怊、灼，《切韵》《广韵》药韵、之若切。又《方言·十三》："灼，惊也。"钱绎《笺疏》："怊，与灼通。"王念孙《疏证》："灼，与怊通。"怊、灼，古音属章母药部，双声叠韵。

（2）近音注音

1)《集韵·怪韵》"慸"字下："《博雅》怅也。"方成珪《考正》："《广雅·释诂三》作'悲'。曹宪音翡，又芳尾，无下介之音。"今检《博雅音》卷三《释诂》："悲，音翡，又芳尾。"悲、翡，《切韵》《广韵》为微韵；《集韵》悲"妃尾切"，《广韵》翡"扶沸切"。悲，滂母微部；翡，并母微部，古音滂并旁纽，韵部叠

135

韵，音近。

2)《集韵·忝韵》"镰"字下："《博雅》所也。"方成珪《考正》："作'所'固非，今《广雅·释言》作'祈'亦误。王氏疏证云：'镰，巎也。祈乃曹宪巎字之音。传录者夺去巎字，遂以音内祈字误入正文耳。'"今检《博雅音》卷五《释言》："巎，音祈。"巎、祈，《切韵》《广韵》微韵。巎，《切韵》《广韵》"居依切"；祈，《切韵》《广韵》"渠希切"。巎，见母微部；祈，群母微部；古音见群旁纽，韵部叠韵，音近。

（3）反切注音

1)《集韵·虞韵》"麌"字下："《博雅》麞也。"方成珪《考正》："《广雅·释兽》作'麞，麌也'。麌，曹宪音奴侯反。"今检《博雅音》卷十《释兽》："麌，音奴矣。"《玉篇·鹿部》："麌，奴乱切。鹿麞也。"《集韵·换韵》："麌，奴侯切。"《类篇·鹿部》："麌，询趋切。《博雅》：'麞也。'又汝朱切。鹿子曰麌。又奴矣切，又奴乱切。《说文》：'鹿，麞也。'"

2)《集韵·模韵》"皵"字下："《博雅》皱皲，皵也。"方成珪《考正》："《广雅·释言》皵，曹宪音错古反，'皲'作'皴'。"今检《博雅音》卷五《释言》："皵，音错古。"《广韵·模韵》："皵，仓胡切。皮皲恶也。"《集韵·模韵》："皵，聪徂切。"《类篇·皮部》："皵，侧五切。《博雅》：'皱皲，皵也。'皵，又此与切，又聪徂切。"

3)《集韵·仙韵》"挒"字下："《博雅》挂也。"方成珪《考正》："王本《广雅·释诂四》'抐、揾、撋，擩也。'擩，曹宪音'而主'。今本误夺'擩'字，并以'而主'二字误入正文，读者不得其解，遂改'而主'为'挒挂'，则歧之又歧矣。"今检《博雅音》卷四《释诂》："擩，音而主。"《玉篇·手部》："擩，而专、而谁、而主三切。"《广韵·麌韵》："擩，而主切。"清文渊阁四库全书本纪容舒《唐韵考·麌韵》："擩，而主切。"

4）《集韵·庚韵》"翃"字下："《博雅》翃瑊，飞也。"方成珪《考正》："《广雅·释诂三》误夺'瑊'字，'翃'下曹宪云音呼麦，正'瑊'字之音，《广韵》可证。翃止有呼弘、呼宏、虎横三音也。王本据此及《玉篇》补正。"今检《博雅音》卷三《释诂》："瑊，音呼麦。"《玉篇·羽部》《广韵·麦韵》："瑊，呼麦切。"《类篇·羽部》："瑊，忽麦切。翃瑊，飞也。又忽域切，又越逼切。"

5）《集韵·腫韵》"蠪蠢"字下："《广雅》蚕也，一曰蜉也。或作蠢。"方成珪《考正》："《释虫》蛭蛒、蚕蠋、地蚕皆蟓蛹别名。非谓任丝之蚕。亦无'蠪''蠢'名目，其训蜉者，字作蝰，曹音羊悸，不音拥，未知丁氏所据何本。"今检《博雅音》卷十《释虫》："蝰，音羊悸。"《玉篇·虫部》："蝰，以季切。蜉也。"《广韵·至韵》《集韵·至韵》："蝰，以醉切。"《类篇·虫部》："蝰，以醉切。虫名，蜉也。"

6）《集韵·姥韵》"鐪"字下："《博雅》铝谓之鐪。"方成珪《考正》："'铝'讹'鉬'，据《广雅·释器下》正。曹宪音力庶反。"今检《博雅音》卷八《释器》："铝，音力庶反。"《玉篇·金部》："铝，力庶切。错也。"《集韵·御韵》《类篇·金部》："铝，良据切。《说文》：'错铜铁也。'"

7）《集韵·緝韵》"鞊"字下："《广雅》鞊谓之鞊。"方成珪《考正》："今本《释器上》'鞊'作'鞊'，曹宪音子入反，王氏据此及《类篇》正，谓曹音非是。"今检《博雅音》卷七《释器》："鞊，音子入反。"《集韵·缉韵》"鞊，即入切。《博雅》：鞊谓之鞊。"明梅膺祚《字汇·革部》："鞊，赀入切。音集。"

8）《集韵·準韵》"齓"字下："《博雅》毁齿谓之齓。"方成珪《考正》："《广雅·释亲》'齓'作'齓'，曹宪音叉瑾反。"今检《博雅音》卷六《释亲》："齓，音叉瑾反。"《玉篇·齿部》："齓，叉谨、初靳二切。"《切韵·隐韵》："齓，初谨反。"《类篇·齿部》："齓，楚引切。《博雅》：'毁齿谓之齓。'又丑引切，又创允切，又初董切。《说文》：……又初觐切，又初问切，又耻问切。"明梅膺祚《字汇·齿部》："齓，初觐切。音衬。毁齿也。"

9）《集韵·祸韵》"椴"字下："《博雅》杙也。"方成珪《考正》："王本《广雅·释室》'椴'作'椴'，与曹宪都馆音合，此仍旧本之讹。"今检《博雅音》卷七《释宫》："椴，音都馆。"《玉篇·木部》："椴，大馆切。木似白杨。"《广韵·翰韵》《集韵·换韵》："椴，徒玩切。木名。"又明梅膺祚《字汇·木部》、张自烈《正字通·木部》："椴，杜玩切。音段。白椴树似白杨。"

10）《集韵·栝韵》"朕"字下："《博雅》美也。"方成珪《考正》："《广雅·释诂一》未见，《类篇》'朕'下亦无'徒念切'一音，或当作'肫'，'肫'曹宪音大念。"今检《博雅音》卷一《释诂》："肫，音大念。"《玉篇·肉部》："肫，徒兼切。大羹也。"《集韵·沾韵》《类篇·月部》："肫，徒兼切。肥也。"

11）《集韵·质韵》"袺"字下："《博雅》衸、袥、袺袺也。"方成珪《考正》："《广雅》'袺'只作'膝'，此从衣误。'袺'从束，不从束。王氏以曹宪音七益切订正。"今检《博雅音》卷七《释器》："袺，音七益。"《玉篇·衣部》："袺，且席切。袺膝，裙衸也。"《广韵·昔韵》《集韵·昔韵》《类篇·衣部》："袺，七迹切。袺膝，裙衸也。"

12）《集韵·职韵》"蠮"字下："《博雅》蠮蠮也。"方成珪《考正》："蠮，曹宪音一结，俗本《广雅·释虫》作'蠮'，非。"今检《博雅音》卷十《释虫》："蠮，音一结。"《玉篇·虫部》："蠮，于结切。蠮螉。"《集韵·屑韵》《类篇·虫部》："蠮，一结切。蠮蠮，虫名。"

2.曹宪校勘

由上，我们考察得出《考正》标明的 21 条"曹宪"材料确实源自《博雅音》注音内容，且体例亦相符。然而我们发现书中标明为"曹宪音释""曹宪云""曹宪注语"和"曹宪无音"等 9 条材料并非全为注音。其中有 4 条材料为音义兼训，3 条材料为考字，2 条材料为《集韵》误引。具体情况如下：

（1）曹宪音释

1）《集韵·唐韵》"甑"字下："黄也。"方成珪《考正》："'瓾'讹'甑'，据《广雅·释器下》曹宪音释及《类篇》正。"又《集韵·宕韵》"瓾"字下："《博雅》黄也。"方成珪《考正》："《广雅·释器下》作'瓾'，曹宪音释云：'统音。亦本有作瓾，口浪反。'"上述两条，《博雅音》卷八《释器》"瓾"字下同。南宋明州刻本、潭州刻本、金州刻本，清毛氏汲古阁影宋钞本、钱氏述古堂影宋钞本和顾广圻重修本《集韵》"甑"作"瓾"。又瓾，《玉篇·黄部》："口浪切。黄色也。"《广韵·宕韵》："苦浪切。黄色。"甑，《类篇·瓦部》《集韵·庚韵》"胡盲切。小瓦谓之甑。"甑、瓾音义均异，形似易混，方成珪所校甚是。

2）《集韵·号韵》"氁"字下："《博雅》解也。"方成珪《考正》："《广雅·释诂一》作'毻'，王本同。曹宪音释云：'门悼反，氁字也。必无膏字边从毛。'此依曹说。"《博雅音》卷一《释诂》"毻"字下同。王念孙《疏证》："此注讹脱甚多，不可校正。毻，音他卧反。曹宪以为氁字，非是。""氁"释解，音帽。《集韵·号韵》《类篇·毛部》："氁，莫报切。《博雅》解也。""毻"指鸟易毛，音唾。《方言·十三》："毻，易也。他卧反。"《玉篇·毛部》："毻，汤果切。"《广韵·泰韵》："毻，鸟易毛。又音唾。"氁、毻二字形音义均不同。曹宪音释与方成珪所校不确，当从王念孙《疏证》。

3）《集韵·屋韵》"透"字下："《博雅》惊也。戏也。"方成珪《考正》："前训见《广雅·释诂一》，后训未见。曹宪音释：'透，音叔。'世人以此为跳透字，他候反，未是。"《博雅音》卷一《释诂》"透"字下同。"透"为多音多义字。音他候切，训跳也、过也；音式竹切，训惊也、戏也。《玉篇·辵部》："透，他候切。跳

139

也。又式六切。惊皃。"《切韵·屋韵》《广韵·屋韵》："透，式竹反。惊。又他豆反。"《类篇·辵部》："透，他候切。《说文》：'跳也。过也。'又式竹切。《博雅》：'惊也。戏也。'"方成珪引曹宪音释甚确。

（2）曹宪云

1）《集韵·支韵》"识"字下："《博雅》调也。"方成珪《考正》："《广雅·释言》'调'作'谓'，曹宪云：有本作'只，词也。'此与《类篇》引同，王氏谓皆未之其审。"《博雅音》卷五《释言》"识"字下同。"识"为多音多义字，音章移切，训调；音馨奚切，训喜笑不止貌。《集韵·支韵》："识，章移切。《博雅》调也。"《类篇·言部》："识，章移切。《博雅》调也。又馨奚切。喜笑不止皃。"又"只"语已词。《说文·只部》："只，语已词也。"《广雅·释诂四》："只，词也。"《玉篇·只部》："只，之移、之尒二切。" 识、只形音近而义异，曹宪或为涉上之误，方成珪所说甚是。

2）《集韵·支韵》"䭱"字下："《广雅》热皃。"方成珪《考正》："'䭱也'讹'热皃'，据《释诂三》正。'䭱'隶作'孰'。曹宪云：'顾野王《玉篇》孰字加火，未知所出。'"《博雅音》卷三《释诂》"䭪"字下同。"䭱"隶作"孰"。《玉篇·火部》："熟（䬹），市六切。烂也。"《集韵·屋韵》："䭱，神六切。《说文》：'食饪也。'引《易》'孰饪'。隶作'孰'。'熟'古作'䭰'。""䭱"为"孰"之本字，古作"䭰"。又《说文·丮部》："䭱，食饪也。"段玉裁注："后人乃分别䬹为生䬹，孰为谁孰矣。""䬹（熟）"为后起字。"熟"又作"䭪"。明梅膺祚《字汇补·火部》："䭪，與熟同。""䭰、䬹、䭪"为"熟"之异体，"熟"为"孰"之俗体，曹宪音释与方成珪所考甚明。

3）《集韵·騐韵》"譣"字下："《博雅》证也。"方成珪《考正》："《广雅·释诂四》：'证，譣也。'曹宪云：'今人以马旁騐字为证譣，失之。'"《博雅音》卷四《释诂》"譣"字下同。"譣"

训问、辩。《玉篇·言部》："譣，虚俭、息廉二切。""驗"为马名，又引申指征询、证据。《玉篇·马部》："驗，牛定切。马名。又征也，证也。""譣"与"驗"引申义近。《说文·言部》："譣，问也。从言，僉声。《周书》曰：'勿以譣人。'"段玉裁注："譣训问，谓按问。与试驗、应驗义近。"譣、驗中古音声母晓疑旁纽，谈部叠韵，音近互通。《广雅·释诂四》："占，譣也。"王念孙《疏证》："譣，经传通作驗。""驗"通"譣"，有证譣义，为词义发展所致。

（3）曹宪注语

《集韵·咸韵》"䶪"字下："《博雅》鼠名，腰黑。"方成珪《考正》："《广雅·释兽》：'䶪䶪，鼠属。'此注云云乃丁氏等释词，非张揖原文，亦非曹宪注语，不得标《博雅》名目。"《广雅·释兽》《博雅音》卷十《释兽》："䶪，音谗。"《广雅》《博雅音》"䶪"字下均无"䶪䶪，鼠属"之语。又《玉篇·鼠部》："䶪，户吾切。䶪䶪，鼠也。黑身白腰。"又《鼠部》"䶪"字："任缄切。䶪䶪。"《切韵·衔韵》："䶪，鼠黑，白腰。"《类篇·鼠部》："䶪，锄咸切。《博雅》：'鼠名。腰黑。'又初衔切。鼠名，黑耳，白腰者。"疑《集韵》《类篇》误将《玉篇》《广韵》释语作张揖原文，方成珪所释甚确。

（4）曹宪无音

《集韵·屋韵》"拱"字下："《广雅》法也。"方成珪《考正》："'拱'，《广雅·释诂一》曹宪无音，下'捄'，巨菊反，恐以此致讹也。"《博雅音》卷一《释诂》无"拱"音，有"捄"音。"拱"有记冢切、居悚（容、用）切、古勇切、渠竹切等音。《玉篇·手部》："拱，记冢切。《书》曰：'克拱明刑。'拱，执也。"《切韵·肿韵》："拱，居悚反，手抱。"《广韵·肿韵》："拱，手抱也。又敛手也。居悚切。"《类篇·手部》："拱，居容切。大璧也。《春秋传》：'与我其拱璧。'徐邈读。又古勇切。《说文》：

'敛手也。'又居用切。又渠竹切。《广雅》：'法也。'""拱"，《博雅音》无，方成珪所说甚是。

（三）《考正》引"曹宪"材料的性质与特点

《集韵》广收先儒经师注音，故其字音系统较为庞杂。赵振铎研究认为，"前代经师作音，不仅在于注明字的音读，有的时候切语也表示不同的字，或者这个字的不同意义，或者假借，或者异文"[①]，所以"就其切语可以从它表示的音义两方面去考察，求得它的另一种解释"[②]。这里以《切韵》《广韵》为参照，在被注音字和曹宪注释字后用括号标明声韵，分析《考正》引"曹（宪）音"和"曹宪音释"所涉字的音韵性质与特点。

1.以异文为正字注音

《广雅》中收录的部分字，有些经籍传本载异文，曹宪根据这些异文对所涉字进行注音。如卷六《释亲》："毁齿谓之龀。"龀（初真），曹宪音叉瑾（初文）。"龀"又作"齓"，音初谨切。《玉篇·齿部》："龀，俗作齓。"《广韵·隐韵》："龀，毁齿。俗作齓。初谨切。"曹宪音叉瑾，相当于"初谨切"。又卷十《释兽》："麕，麇也。"麇（泥桓），曹宪音奴佚（泥侯）。查经籍传本，"麇"有异文"麌"。《广雅·释兽》："麕，麇也。"王念孙《疏证》："麌，与麇同。"《说文·鹿部》："麌，鹿麕也。"朱骏声《通训定声》："麌，字亦作麇。""麌"，《广韵》"奴乱切"。曹宪音"奴佚"相当于"奴乱切"。与此类似的情况在21条注语中占有4条，占总条数的19%。

2.依通字为本字注音

《广雅》记载的部分字是因词义引申或假借产生的新字，曹宪就以直音或反切为所涉字的本字进行注音。如卷一《释诂》："媱，婬也。"媱（以宵），曹宪音遥（以宵）。"媱、遥"声义同互通。《方

[①] 赵振铎：《集韵研究》，语文出版社2006年版，第62页。
[②] 赵振铎：《集韵研究》，语文出版社2006年版，第63页。

言·十》："遥，淫也。"钱绎《笺疏》："媱，与遥声义并同。"又《释诂·一》："媱，婬也。"王念孙《疏证》："遥，与媱通。"曹宪依本字"遥"为借字"媱"注音。又如卷二《释诂》："巙，食也。"巙（见微），曹宪音祈（群微），二字古音见群旁纽，韵部叠韵，音近相假。《说文·示部》："祈，求福也。"朱骏声《通训定声》："祈，叚借为幾，实为巙。"曹宪依借字"巙"为本字"祈"字注音。类似情况在 21 条注语中占有 3 条，占总条数的 14%。

3.取字义为释字注音

曹宪在给《广雅》所收字注音时，还结合被释字的释义进行注音，即用释义中的文字来释音。如卷六《释亲》："骷，䯊也。"骷（见末），曹宪音括（见末）。"骷"有机括义。《说文·骨部》："骷，骨耑也。"段玉裁注："骷，取机括之义。"曹宪取骷字义为其注音。又卷十《释鱼》："鯸鮧，鮰也。"王念孙《疏证》："河豚善怒，故谓之鲑，又谓之鮰。" 鮰（匣歌）训河豚，曹宪音河（匣歌）。"鮰"音"何"。辽释行均《龙龛手鉴·鱼部》、明梅膺祚《字汇·鱼部》"鮰，音何。""何、河"古音匣母歌部，双声叠韵，音同。《广雅·释水》："河，何也。"《经典释文》卷六《毛诗音义》："何，音河。"曹宪取"鮰"字义注其音。类似的情况在 21 条注语中有 2 条，占总条数的 10%。

4.据方言为异称注音

部分《广雅》的被释字有方言异称，曹宪直接以对应的方言异称为被释字注音。如卷七《释宫》："椴，杙也。"椴（定元），曹宪音都馆（端元）。"椴"，有方言异称。《方言·五》："橛，燕之东北朝鲜洌水之间谓之椴。"郭璞注："椴，楬杙也，江东呼都，音段。"类似材料在 21 条中占有 1 条，占总条数的 5%。除方成珪所引外，《博雅音》中还有一些例子。如卷十《释草》："薹，芜菁也。"薹（滂东），曹宪音丰（滂东）、嵩（心东）。"薹"方言又称"嵩"。《方言·三》："薹、蕻，芜菁也。陈楚之郊谓之薹。"郭璞注："旧音蜂，今江东音嵩，字作菘也。"此亦曹宪据江东方言异称"嵩"，为"薑"注音。

除上述几类外，方成珪《考正》所引"曹宪"材料与《切韵》相合的有 11 条，占总条数的 52%。分析 21 条"曹宪"材料的语音性质，我们认为，《考正》明确征引的这些材料中不完全是注音，还有些是用于释义，且部分是据异文、通字、释义和方言进行注音的特殊音注。由此我们也可初步得出这样的结论：《考正》所引"曹宪"材料音义兼重，反映了《博雅音》的特点，并具有一些特殊音注的现象。

（四）小结

参照唐写本《切韵》和宋本《广韵》等韵书材料，从"音注"和"校勘"两方面对《考正》中明确标注"曹宪"的 30 条材料进行一一考辨发现，方成珪所引"曹宪"材料多与《博雅音》契合，且校释非常准确，从侧面印证了孙诒让、赵振铎等对方成珪《考正》的积极评价。《考正》明确标引的"曹（宪）音""曹宪音释""曹宪云""曹宪注语"和"曹宪无音"等 30 条"曹宪"材料中，只有 21 条材料确为注音，剩下 9 条材料并非全为注音，其中有 4 条材料为音义兼训，3 条材料为考字，2 条材料为《集韵》误引。综合考察和分析，我们认为，《考正》征引的"曹宪"材料音义并重，注音方式较为灵活。除常规注音用途外，还应重视据异文、通字、释义和方言异称等注音的特殊现象，它们在文字训诂方面有一定参考价值，可帮助我们了解方成珪的考据学思想。

综括之，方成珪以小学通经，坚守乾嘉学统。在重视唐宋以前字韵书文献的同时，还注意吸收同代学者的注疏校勘成果，体例更规范，考据更细致，治经更严谨，是清中后期瑞安考据学的重要奠基人。其代表性著述中蕴含了丰富考据学思想，值得我们不断探索与思考。

下编　考校篇

　　结合相关文献版本，对读方成珪现存考据著述发现，因传抄、刊刻等诸多因素，尚存在一些可商之处。其中，《集韵考正》69 条、《韩集笺正》26 条、《字鉴校注》78 条、《唐摭言校正》234 条、《敬业堂诗校记》98 条、《干常侍易注疏证》43 条、《宝研斋吟草》44 条和《守孔约斋杂记》32 条。它们可帮助我们进一步了解方成珪的考据学成果。

《集韵考正》对读

《集韵》成书后，两宋陆续有些刻本。至康熙年间，朱彝尊从汲古阁毛扆处借得影宋钞本，交曹寅刊刻（简称"曹刊本"），广为流传。方成珪《集韵考正》（简称"考正本"）即以曹刊本为底本，参前人注疏作校勘。目前可见的《集韵》版本有：上海图书馆藏南宋明州刻本（简称"明州本"）、北京图书馆藏南宋潭州刻本（简称"潭州本"）、日本宫内省图书寮藏南宋淳熙十四年（1187）金州刻本（简称"金州本"）、清初毛氏汲古阁影宋钞本（简称"毛钞本"）、钱氏述古堂影宋钞本（简称"钱钞本"）和顾广圻重修本（简称"顾氏重修本"）等。2012年12月，上海辞书出版社出版了赵振铎的《集韵校本》（简称"赵校本"），以顾氏重修本为底本，参校众本及前人校语，对《集韵》作了全面、系统的梳理。据《集韵·韵例》，全书字头按先本字、后别体的顺序合并标出，凡字悉本《说文》，注音多从《释文》，并将同音字归并到一起。这里据现存可见《集韵》诸本和二徐本《说文》、宋本《玉篇》《广韵》、影宋本《类篇》等相关文献，对考正本原文、方校做一对读。

（一）考正本原文对读[①]

1.校脱文

（1）字头

1）《集韵·灰韵》："坏怀坯，《尔雅》：'山一成。'或作

[①] 由于这里校对的是考正本原文，虽行文中原文后有方校的内容，仅表示前文所引是方成珪考正本文字。本节引自清光绪五年《永嘉丛书》本《集韵考正》。为考证需要，原文个别字形与讹脱衍误仍其旧，部分字体保留繁体，卷次、页码附后；下又分校脱文、校衍文、校异文、校讹文等，同条文献按类分开校对，部分校对略有交叉。

'伾'、'岯'。"方成珪《考正》："坏，《尔雅·释山》作'岯'，今据正。'伾'、'岉'，正文与注异体，据《尔雅》释文、《广韵》《类篇》及宋本参校，当从注文。"（卷二 P.25）

按：曹刊本字头"岉"与释文"岯"下有"䢋"字，明州本、金州本、毛钞本、钱钞本和顾氏重修本同。《尔雅·释山》："一成，坯。"邵晋涵《尔雅正义》卷十二《释山》、郝懿行《尔雅义疏》卷中《释山》同。《尚书·禹贡》："至于大伾。"陆德明《释文》："伾，本又作岯，或作䢋。"考正本据诸本补。又赵校本卷二"坏"字下："明州本、潭州本、金州本、毛钞'坏、伾、岉'作'岯、伾、岯'。庞校、钱校同①。"参释文"或作伾、岯"，考正本"坏、伾、岉"，依诸本作"岯、伾、岯"。

2)《集韵·真韵》："民㞢，《说文》：'众萌也。'古作'㞢'。"方成珪《考正》："古文'民'，大徐本作'㞢'，小徐本作'㞢'，段校改'㞢'，无作'㞢'者。《类篇》作'㞢'，亦误。"（卷二 P.30）

按：曹刊本字头和释文"㞢"下有"㞢"字，明州本、潭州本、金州本、毛钞本和顾氏重修本同。民，甲骨文作"㞢"（《合集》20231），春秋晚期叔尸钟铭文作"㞢"，像用利器刺瞎眼睛，泛指民众。小篆作"㞢"，隶定作"民"。《说文·民部》："民，众萌也。从古文之象。㞢，古文民。"段注："古谓民曰萌。汉人所用不可枚数。古文民，盖象萌生繇庉之形。"《类篇·民部》"民"字下："民，古作'㞢'、'㞢'。"考正本字头和释文"㞢"下，依诸本补"㞢"字。

3)《集韵·桓韵》："繁絣，马髦上饰。或作'絣'。"方成珪《考正》："'絣'讹'絣'，据宋本及本文正。"（卷二 P.52）

按：曹刊本字头"絣"和释文"絣"上有"繇"字，"饰"下有

---
① 赵校本所指各本为南京图书馆藏清人王秉恩过录朱一新、黄国瑾、濮子潼、钱振常、钱恂、卫天鹏校本，另有首都图书馆藏姚观元《集韵校正会编》，陈鳣、李贻德合校本；复旦大学藏余萧客、汪道谦、韩太华、庞鸿文、庞鸿书校《集韵》、段玉裁校《集韵》和马钊《集韵校勘记》等，全文同。

"《春秋传》'繁缨以朝'"7字，潭州本、金州本、毛钞本和顾氏重修本同。《说文·糸部》："繇，马髦饰也。从系，每声。《春秋传》曰：'可以称旌繇乎？'"桂馥《说文义证·糸部》"繇"字下："繇，或作繁。成二年《左传》'请曲县、繁缨以朝'杜注：'繁缨，马饰。'"考正本据诸本补。又赵校本卷二"繁"字下："明州本、钱钞注'蠒'字作'髦'。庞校、钱校同。姚校：宋本'絣'作'絣'，是。"考正本释文"絣"，依字头和诸本作"絣"，"蠒"作"髦"。

4)《集韵·宵韵》："佋妃，《说文》：'庙佋穆。'或作'妃'。"方成珪《考正》："'穆'当作'穆'。'妃'当作'妃'。"（卷三P.17）

按：曹刊本字头和释文"妃"下有"昭"字，释文"穆"下有"父为佋，南面。子为穆，北面"10字，明州本、潭州本、金州本和顾氏重修本同。《说文·人部》："佋，庙佋穆。父为佋，南面。子为穆，北面。"朱骏声《通训定声·人部》"佋"字下："佋，晋避司马昭讳，别造此字。"《周礼·春官·小史》："辨昭穆，若有事。"陆德明《释文》："昭，或作妃。"考正本据诸本补。又赵校本卷三"佋"字下："毛钞、钱钞注'妃'字作'妃'。黄校同。"考正本"穆"，依诸本作"穆"，"妃"作"妃"，方校是。

5)《集韵·爻韵》："抛，弃也。或作'拋'。"方成珪《考正》："'抛'讹'抛'，据《类篇》及《字鉴》正。"（卷三P.21）

按：曹刊本字头和释文"拋"上有"摽"字，下有"抱"字，明州本、潭州本、金州本、毛钞本、钱钞本和顾氏重修本同。郑珍《说文新附考·手部》："抛，左氏《传》通用摽。"吴玉搢《别雅》卷二："抱之，抛之也。"考正本据诸本补。又徐铉《说文新附·手部》"抛"字下："抛，弃也。从手，从尤，从力。或从手，九声。"《类篇·手部》"抛"字下："抛，披交切。弃也。"考正本"抛"，依诸本作"抛"，方校是，赵校本卷三"抛"字下同。

6)《集韵·豪韵》："糟曹薄，籓作曹。或作'薄'。"方成珪

下编　考校篇

《考正》："'糟'、'皆'，《说文》作'糟'、'醩'。或體'藉'讹'藉'，据宋本正。"（卷三 P.25）

按：曹刊本字头和释文"藉"下有"醋"字，"籀"字上有"《说文》酒滓也"5 字，潭州本、金州本、毛钞本、钱钞本和顾氏重修本同。《说文·米部》："糟，酒滓也。醩，籀文从酉。"《玉篇·酉部》"醋"字下："醋，子刀切。籀文糟。"《仪礼·士冠礼》："乃醴宾以壹献之礼。"郑玄注："《内则》曰：'饮重醴清糟。'"陆德明《释文》："糟，刘本作藉。"考正本依诸本补。又赵校本卷三"糟"字下："明州本、毛钞、钱钞注'藉'字作'藉'。庞校同。"考正本"藉"，依诸本作"藉"，方校是。

7）《集韵·麻韵》："茦鈩鍜，《说文》：'两刃臿也。'或作'鈩'、'鍜'。"方成珪《考正》："茦，上不从艸。'鈩'当作'鈩'。'鍜'乃'鍜'字讹文，'鍜'见《吴越春秋》，《类篇》作'鍜'，亦误。'臿'当从干从臼作'臿'。"（卷三 P.38）

按：曹刊本字头和释文"鍜"下有"铧"字，释文"也"下有"从木。丫，象形。宋魏曰茦"9 字，明州本、潭州本、金州本、毛钞本、钱钞本和顾氏重修本同。《说文·木部》："茦，两刃臿也。从木。丫，象形。宋魏曰茦也。"段注："铧，即鈩字也。"刘熙《释名·释用器》："锸，或曰铧。"毕沅《疏证》："铧，《说文》作茦。"考正本据诸本补。又《广雅·释器》："铧鎌，鏨也。"王念孙《疏证》："茦、鈩、铧、鍜，并字异而义同。"考正本"茦"，依诸本作"茦"，"鈩"作"鈩"，"鍜"作"鍜"，"臿"作"臿"，方校是，赵校本卷三"茦"字下同。

8）《集韵·耕韵》："扛毃，《说文》：'橦也。'或作'毃'。"方成珪《考正》："'橦'，二徐本同。段氏校本改'撞'。重文'毃'讹从'殳'，据宋本及《类篇·支部》正。"（卷四 P.5）

按：曹刊本字头和释文"毃"上有"掯、敦、撑"3 字，潭州本、

149

金州本、毛钞本、钱钞本和顾氏重修本同。《说文·木部》："打，橦也。"段注："撞出曰打。"又《玄应音义》卷十三"相敦"注："敦，今作打，同。"《类篇·攴部》"敦"字下："敦，或作敽。"《广雅·释诂一》："揨，刺也。"王念孙《疏证》："打与揨同。"《周礼·秋官·职金》："凡国有大故而用金石。"郑玄注："用金石者，作枪雷椎揨之属。"孙诒让《周礼正义》："段玉裁校改'揨'为'揨'，云：'揨，《说文》作打，撞也。'"考正本据诸本补。又赵校本卷四"打"字下："明州本、毛钞、钱钞'毃'字作'敽'，注同。顾校、陈校、陆校、庞校、钱校同。"考正本"毃"依诸本作"敽"，"橦"作"撞"，方校是。

9)《集韵·蒸韵》："征敽，《说文》：'从微省，壬为微。行于微而闻达者，即征之。'古作'敽'。"方成珪《考正》："'从微省'上《类篇》有'召也'二字，与《说文》合。壬为微，二徐本'微'作'征'，段本作'壬微为征'。'敽'当从《说文》改'𢾾'。"（卷四 P.13）

按：曹刊本字头和释文"敽"下有"敽、壬"2 字，"之"下有"一曰成也，明也。亦姓"8 字，明州本、潭州本、金州本、毛钞本、钱钞本和顾氏重修本同。《说文·壬部》："征，召也。从微省，壬为征，行于微而文达者，即征之。𢾾，古文征。"段注："征，成也。依文各解，义则相通。"考正本依诸本补。又《玉篇·攴部》"𢾾"字下："𢾾，召也。今作征。"考正本"敽"，依诸本作"𢾾"，"壬为微"作"壬为征"，"从微省"上补"召也"2 字，方校是，赵校本卷四"征"字下同。

10)《集韵·侵韵》："崟哼，《说文》：'山之岑崟也。'亦作'哼'。"方成珪《考正》："重文当从《类篇》作'崏'。"（卷四 P.32）

按：曹刊本字头和释文"哼"上有"岑、嵒、巖"3 字，字头"崟"下有"硷"字，释文"也"下有"或从石"3 字，"哼"下有

"厃，或书作峹、岭"6字，明州本、潭州本、金州本、毛钞本、钱钞本和顾氏重修本同。《说文·山部》："崟，山之岑崟也。"王筠《说文句读·山部》"崟"字下："嶔巖、巖唫、嶔崟皆岑崟之异体。"《类篇·山部》"崟"字下："崟，或作巖、峊。"《石部》"碒"字下："碒，山之岑崟也，或从石。"《正字通·厂部》"厒"字下："厃同崟。"考正本依诸本补。又《类篇·山部》"嵅"字下："嵅，渠金切。嵅崟，险也。"考正本"哙"，依诸本作"嵅"，方校是，赵校本卷四"崟"字下同。

11）《集韵·覃韵》：" 覃覃，古作'覃覃'。"方成珪《考正》："《说文》作'覃'。'覃'下体隶变从'丁'，不从'十'。"（卷四 P.33）

按：曹刊本字头"覃"上有"覃、卥"2字，释文"古"上有"《说文》长味也。引《诗》：'实覃实吁。'或省"13字，"作"下有"卥"字，明州本、潭州本、金州本、毛钞本、钱钞本和顾氏重修本同。《说文·㫗部》："覃，长味也。从㫗，咸省声。《诗》曰：'实覃实吁。'卥，古文覃。覃，篆文覃省。"段注："《大雅》文，《传》曰：'覃，长也。吁，大也。'许作吁，疑转写误。"考正本依诸本补。又《康熙字典·西部》"覃"字下："覃，古文卥、覃、 、覃。"考正本"覃"，依诸本作"覃"，方校是，赵校本卷四" "字下同。

12）《集韵·肿韵》："毧鞾，《说文》：'毛盛也。'引《虞书》：'鸟兽毧毛。'或作'鞾'。"方成珪《考正》："《说文·革部》：'鞾，辜靵饰也。'非'毧'字或体字，宜别出。"（卷五P.3）

按：曹刊本字头和释文"鞾"上有"氄、毦"2字，下有"毦、氄"2字，明州本、潭州本、金州本、毛钞本、钱钞本和顾氏重修本同。《说文·毛部》："毧，毛盛也。从毛，隼声。《虞书》曰：'鸟兽毧毛。'"段注："今《书》'毧'作'毦'。"又《广韵·肿韵》

"氈"字下："氈，同毡。"《类篇·毛部》"毪"字下："毪，或作氊、韂、毡。"《类篇·纟部》"𦅜"字下："𦅜，乳勇切。毪，或作𦅜。"考正本字头和释文，依诸本补"氊、毡、毡、𦅜"4字。

13）《集韵·肿韵》："愯㦲，《方言》：'南楚凡已不欲喜怒而旁人说者，谓之怂愯。'或作'㦲'。"方成珪《考正》："'说'音阅。丁氏等误读为说诱之说，当删去'者'字，增'之怒之'三字。'㦲'当作'㦲'。"（卷五 P.4）

按：曹刊本字头和释文"㦲"上有"容"字，"《方言》"上有"劝也"2字，明州本、潭州本、金州本、毛钞本、钱钞本和顾氏重修本同。《方言·十》："怂愯，劝也。南楚凡己不欲喜而旁人说之，不欲怒而旁人怒之，谓之食阎，或谓之怂愯。"又《汉书·古今人表》："鬼㦲区。"颜师古注："即鬼容区也。㦲、容声相近。"《说文·申部》："㦲，束缚捽抴为㦲。"桂馥《说文义证·申部》"㦲"字下："㦲、容古通用。"考正本依诸本补，"㦲"作"㦲"，"说"下删"者"字，下增"之怒之"3字，方校是。

14）《集韵·旨韵》："死𡰮，古作'𡰮'。"方成珪《考正》："《说文》'死'作'𣦹'。古文作'𠒁'，上不从艹，下不从几。"（卷五 P.12）

按：曹刊本字头和释文"𡰮"下有"𡱂"字，"古"上有"《说文》'澌也，人所离也'"8字，明州本、潭州本、金州本、毛钞本、钱钞本和顾氏重修本同。《说文·死部》："𣦹，澌也，人所离也。从歺，从人。𠒁，古文死如此。"徐锴《说文解字系传·死部》"𣦹"字下："户，古歺字。"又《类篇·死部》"死"字下："死，古文作'𠒁'、'𡱂'。"考正本依诸本补，"死"从大徐本作"𣦹"，"𡰮"作"𠒁"，方校是，赵校本卷五"死"字下同。

15）《集韵·语韵》："籔籚，或作'籚'。"方成珪《考正》："《类篇》或体作'籚'。"（卷五 P.21）

按：曹刊本字头和释文"籚"上有"筥"字，"或"上有"饭器"2

字，潭州本、金州本、毛钞本、钱钞本和顾氏重修本同。《广雅·释器》："筥，籔也。"王念孙《疏证》："籔，即筥字也。"《类篇·竹部》"籔"字下："籔，两举切。饭器。或作'簂'。"考正本据诸本补。又赵校本卷五"籔"字下："明州本、钱钞'簂'字作'簂'。韩校、庞校、濮校、钱校同。"考正本"簂"，依诸本作"簂"。

16）《集韵·旱韵》："秆，《说文》：'禾茎也。'引《春秋传》：'或投秉秆。'或作'秆'。"方成珪《考正》："'秉'上夺'一'字，据《说文》及《左·昭廿七年传》补。又传文'投'作'取'，'秆'作'秆'。"（卷五 P.46）

按：曹刊本字头和释文"秆"下有"稈、稾"2 字，潭州本、金州本、毛钞本、钱钞本和顾氏重修本同。《说文·禾部》："秆，禾茎也。从禾，旱声。《春秋传》曰：'或投一秉秆。'"段注："昭公廿七年《左传》曰：'或取一编菅焉，或取一秉秆焉，国人投之。'此以二句合为一句耳。"《类篇·艸部》"稈"字下："稈，禾茎也。或作稾。"考正本据诸本补。又赵校本卷五"秆"字下："明州本、毛钞、钱钞'投'下正有'一'字。庞校同。"考正本"秉"上，依诸本补"一"字，方校是。

17）《集韵·缓韵》："但，《说》裼也。或作'袒'。"方成珪《考正》："'说'下夺'文'字，当补。"（卷五 P.48）

按：曹刊本字头"但"下有"袒、襢、亶"3 字，释文"袒"下有"襢，亦省。文二十三"7 字，潭州本、金州本、毛钞本、钱钞本和顾氏重修本同。《诗经·郑风·大叔于田》："襢裼暴虎。"马瑞辰《毛诗传笺通释》卷八《大叔于田》："去裼衣之袒当作但。今作襢、袒，皆假借字。"《说文·亶部》："亶，多谷也。"朱骏声《通训定声·亶部》"亶"字下："亶，段借为袒，实为但。"考正本依诸本补。又赵校本卷五"但"字下："明州本、毛钞、钱钞注'说'字下正有'文'字。余校、陈校、濮校、钱校同。"考正本"说"下，依诸本补"文"字，方校是。

18)《集韵·晧韵》:"匘刿,《说文》:'头髓也。从匕,匕,相匕著也。巛象发,囟象匘形。'或作'刿'。"方成珪《考正》:"'囟'讹'囚',据宋本及《说文》正。'刿'当从正文作'刿'。"(卷六 P.15)

按:曹刊本字头和释文"刿"上有"脑、脑"字,下有"膒"字,潭州本、金州本、毛钞本、钱钞本和顾氏重修本同。《说文·匕部》:"匘,头髓也。从匕,匕,相匕著也。巛象发,囟象匘形。"段注:"《考工记》作刿,乃讹体,俗作脑。"《周礼·考工记·弓人》:"蟄于刿,而休于气。"陆德明《释文》:"刿,本又作脑。"《广韵·晧韵》"脑"字下:"脑,或从凶。"梅膺祚《字汇·月部》"膒"字下:"膒,同脑。"考正本据诸本补。又赵校本卷六"匘"字下:"明州本、毛钞、钱钞注'囚'字作'囟',韩校、陈校、顾校、陆校、庞校、濮校、钱校同。'刿'字正作'刿'。"考正本"囚",依诸本作"囟","刿"改"刿",方校是。

19)《集韵·哿韵》:"荷,《博雅》:'儋也。'或作'何'。"方成珪《考正》:"《广雅·释诂三》作'何,擔也',与此异。"(卷六 P.15)

按:曹刊本字头"荷"下有"何、抲、抲"3字,释文"何"下有"抲,亦省。文八"5字,明州本、潭州本、金州本、毛钞本、钱钞本和顾氏重修本同。《左传·昭公七年》:"其子弗克负荷。"杜预注:"荷,擔也。"《广韵·哿韵》"何"字下:"何,同荷。"《集韵·哿韵》"抲"字下:"抲,擔也"。"荷、何、抲"义同,均训擔。又《广雅·释诂三》:"何,擔也。"王念孙《疏证》:"何与贺通,亦通作荷。"《小尔雅·广言》:"荷,擔也。"胡承珙《义证》:"抲,即何之异文。"考正本依诸本补,"儋"又作"擔",方校是。

20)《集韵·志韵》:"置罼,《说文》:'赦也。'一曰立也。古作'罼'。文六。"方成珪《考正》:"'置'从古文'直',则字

当作'罬'。《类篇》竹吏切有'䍟'字，注：'赦也。'入《廾部》。"（卷七 P.16-17）

按：曹刊本字头和释文"置"上有"䍜"字，潭州本、金州本、毛钞本、钱钞本和顾氏重修本同。《说文·网部》："置，赦也。从网、直。"段注："置，古借为植字。"《类篇·罒部》"置"字下："置，竹吏切。《说文》：'赦也。'一曰立也。古作'䍜''罬'。"《广雅·释诂四》："䍜，置也。"王念孙《疏证》引曹宪注："䍜者，即古文置。"考正本据诸本补。又赵校本卷七"置"字下："明州本'䍜'字作'䍜'，注同。毛钞作'䍜'，注同。韩校、庞校、钱氏父子校同。"考正本"䍜"，依诸本作"䍜"。

21)《集韵·御韵》："御御，古作'䬴'，文十一。"方成珪《考正》："注'御'讹'御'，据本文正。'十一'当从宋本作'十二'。"（卷七 P.20）

按：曹刊本字头"御"上有"馭、䬴"2字，"古"上有"《说文》：'使马也。'徐锴曰：'卸，解车马也。或彳或卸，皆御者之职'"22字，"作"下有"馭、䬴"2字，"御"下有"御。一曰侍也。进也。又姓"9字，明州本、潭州本、金州本、毛钞本、钱钞本和顾氏重修本同。《说文·彳部》："御，使马也。从彳，从卸。馭，古文御。"徐锴《说文解字系传·彳部》"御"字下："卸，解车马也。彳，行也。或行或卸，皆御者之职也。"《类篇·彳部》"御"字下："御，牛据切。古作'䬴'、'御'。"考正本依诸本补。又赵校本卷七"御"字下："明州本、毛钞、钱钞注'御'字作'御'。段校、韩校、庞校、钱氏父子校同。"又："明州本、金州本、钱钞注'一'字作'二'。韩校、庞校、钱氏父子校同。"考正本"御"，依诸本作"御"，"文十一"当作"文十二"，方校是。

22)《集韵·愿韵》："怨㤪，《说文》：'恚也。'古作'㤪'。"方成珪《考正》："'怨'当作'怨'。古体，《说文》作'㥃'。《类篇》上从'囗'，亦误。"（卷七 P.53）

按：曹刊本字头和释文"昂"下有"兝、愈、忙"3字，明州本、潭州本、金州本、毛钞本、钱钞本和顾氏重修本同。《说文·心部》："怨，恚也。从心，夗声。㤪，古文。"《类篇·心部》"怨"字下："怨，纡愿切。《说文》：'恚也。'古作㤪、兝、愈。"《康熙字典·心部》"忙"字下："忙，同怨。"考正本依诸本补，"怼"作"怨"，"昂"作"㤪"，方校是，赵校本卷七"怨"字下同。

23)《集韵·陞韵》："栢，《说文》：'竟也。'古作'亙'。"方成珪《考正》："'亙'从二从舟，与'亘'字不同。亙，宣、桓二音，凡书恆、絚、搄、䡚等字仿篆体稍欹，自别于从亘之宣、桓、垣、洹等字矣。"（卷八 P.28）

按：曹刊本字头"栢"下有"亙、胆"2字，释文"亙"下有"胆。文十二"4字，明州本、潭州本、金州本、毛钞本、钱钞本和顾氏重修本同。《说文·木部》："栢，竟也。从木，恒声。亙，古文栢。"《玉篇·木部》"栢"字下："栢，今作亙。"《正字通·月部》"胆"字下："胆，俗字。旧注古文亙字，误从两月，非古也。"考正本依诸本补。又赵校本卷八"栢"字下，"亙"改作"亙"。考正本"亙"，依诸本作"亙"，方校是。

24)《集韵·药韵》："篗觼，《说文》：'收丝者也。'或作'觼'。"方成珪《考正》："篗，或从角从閒作'觼'。今引《说文》而不收'觼'字，疑'觼'系传写之讹。《广韵》重文亦作'觼'，'絲'当作'絲'。"（卷九 P.2）

按：曹刊本字头和释文"觼"上有"篗、籆"2字，下有"筬。文十一"4字，明州本、潭州本、金州本和顾氏重修本同。《说文·竹部》："篗，收丝者也。从竹，蒦声。觼，篗或从角、从閒。"段注："篗，字亦作籆。"《类篇·竹部》"篗"字下："篗，或作'籆''篗''筬'。"《洪武正韵·药韵》"篗"字下："篗，本作籆，今作'籆'。"考正本依诸本补，"絲"作"絲"。又赵校本卷九"篗"字下："陈校：《广韵》作'觼'。觼，《玉篇》：'古获切，今作捆。'《说文》亦作'觕'，同'簆'。"考正本字头和释文"觕"，依诸本作"觕"，方校是。

25）《集韵·叶韵》："譶嵒，咕譶，多言。或作'嵒'。文十一。"方成珪《考正》："'嵒'讹'嵒'，据《说文》正。'咕'讹'咕'，据《广韵》正。'十一'当从宋本作'十三'。"（卷十 P.38）

按：曹刊本字头和释文"嵒"上有"嗫"字，明州本、潭州本、金州本和顾氏重修本同。《说文·品部》："嵒，多言也。"段注："嵒，多言也。此与《言部》譶音义皆同。"《玉篇·口部》"嗫"字下："嗫，嗫嚅，多言也。"考正本据诸本补。又赵校本卷十"譶"字下："明州本、潭州本、金州本、毛钞、钱钞注'咕'字作'咕'。陈校、庞校、钱校同。又明州本、毛钞、钱钞注'一'作'三'。"考正本"咕"，依诸本作"咕"，"文十一"作"文十三"，方校是。

（2）引文

1）《集韵·东韵》："錬，《方言》：'䩸、軑，赵之间曰錬鑐。'"方成珪《考正》："《方言·九》'錬'作'鍊'，郭音柬。卢绍弓学士谓当音谏。此从東，音東，与李文授本《方言》同。"（卷一 P.1）

按：曹刊本"赵"下有"魏"字，明州本、潭州本、毛钞本、钱钞本和顾氏重修本同。景宋本《方言·九》："䩸、軑，錬鑐也。关之东西曰䩸，南楚曰軑，赵魏之间曰錬鑐。"《类篇·金部》"錬"字下、戴震《方言疏证》卷九"䩸"字下、钱绎《方言笺疏》卷九"䩸"字下引同。考正本"赵"下，依诸本补"魏"字，赵校本卷一"錬"字下同。

2）《集韵·鱼韵》："䠱，《说文》：'峙䠱也。'"方成珪《考正》："大徐本作'峙䠱'，小徐本作'跱䠱'，此从山，误。今从大徐。"（卷一 P.41）

按：曹刊本"也"上有"不前"2字，"也"下有"或作䠱"3字，潭州本、毛钞本、钱钞本和顾氏重修本同。《说文·足部》：

"踌,峙踌,不前也。"段注:"峙见《止部》,云踌也。今按当云:'峙踌也。'"《类篇·足部》"踌"字下:"踌,陈如切。《说文》:'峙踌,不前也。'踌,或作踷。"考正本依诸本补。又赵校本卷一"踌"字下:"明州本、毛钞、钱钞注'峙'字正作'峙'。陆校、马校、庞校、朱校、钱校同。"考正本"峙",依诸本作"峙",方校是。

3)《集韵·谆韵》:"湣,《说文》:'真诸河之湣。'"方成珪《考正》:"'寘'讹'真',据宋本正。《说文》无诸字,当据此及《类篇》补。"(卷二 P.32)

按:曹刊本"《说文》"下有"水厓也。引《诗》",明州本、潭州本、金州本和顾氏重修本同。《诗经·魏风·伐檀》:"寘之河之湣兮。"《说文·水部》:"湣,水厓也。从水,脣声。《诗》曰:寘河之湣。"考正本据诸本补,"真"作"寘",赵校本卷二"湣"字下同。又《类篇·水部》"湣"字下:"湣,船伦切。《说文》:'水厓也。'引《诗》:'寘诸河之湣。'"许书"寘"下补"诸"字,方校是。

4)《集韵·嚘韵》:"斛,《说文》引《周礼》:'黍三斛。'或作'觓'。"方成珪《考正》:"'黍'当从《类篇》作'桼','桼三斛'见《考工记·弓人》,本或作'漆'。汲古本作'求',非是。觓,《类篇》作斜,二字均不见释文。"(卷五 P.25)

按:曹刊本"《说文》"下有"量也"2字,"觓"下有"圙"字,潭州本、金州本、毛钞本、钱钞本和顾氏重修本同。《说文·斗部》:"斛,量也。从斗,臾声。《周礼》曰:'桼三斛。'"《类篇·匸部》"圙"字下:"圙,勇主切。量也。"考正本据诸本补。又赵校本卷五"斛"字下:"明州本、钱钞'觓'字作'觓'。顾校、庞校、濮校、钱校同。"考正本"觓",依诸本作"觓",方校是。

5)《集韵·马韵》:"社,《说文》:'一曰《周礼》:二十五家为社。'古作祉。"方成珪《考正》:"《说文》无'一曰'二字。"(卷六 P.19)

按：曹刊本"《说文》"下有"地主也。引《春秋传》：'共工之子句龙为社神'"，"古"上有"各树其土所宜之木，亦姓"，"祕"上有"祉"字，明州本、潭州本、金州本和顾氏重修本同。《说文·示部》："社，地主也。从示，土。《春秋传》曰：'共工之子句龙为社神。'《周礼》：'二十五家为社，各树其土所宜之木。'"段注："从木者，各树其土所宜木也。"又《类篇·示部》"社"字下："社，古作祉、祕。"考正本"《说文》"下依诸本补，"一曰"2字据大徐本删，方校是。

6）《集韵·静韵》："丼，《说文》：'八家一井，象构韩形。丶，罋之象。'"方成珪《考正》："韩，大徐本同。当从小徐本及《类篇》作韐。'象'上小徐本无'之'字，'象'下二徐本并有'也'字。"（卷六 P.28）

按：曹刊本第二个"象"下有"古者伯益初作井。或省。文三"11字，潭州本、金州本和顾氏重修本同。《说文·井部》："丼，八家一井，象构韩形。丶，罋之象也。古者伯益初作丼。"《广韵·静韵》"丼"字下、《类篇·井部》"丼"字下同。徐锴《说文解字系传·井部》"丼"字下："丼，八家一井，象构韐形。罋象也。古者伯益初作井。"考正本"韩"，依诸本作"韐"，"象"下补"也"字，方校是。又考正本"丶"，曹刊本作"、"，明州本作"〇"。赵校本卷六"丼"字下："明州本、毛钞、钱钞注'、'作'〇'。陆校、庞校、濮校同。"

7）《集韵·祭韵》："獙，《山海经》：'姑逢山有兽，状如狐有翼，名獙獙。'"方成珪《考正》："卷四《东山经》毕氏注云：'獙即獘字异文。'"（卷七 P.34）

按：曹刊本"名"下有"曰"字，明州本、潭州本、金州本、毛钞本、钱钞本和顾氏重修本同。《山海经》卷四《东山经》："姑逢之山，无草木，多金玉。有兽焉，其状如狐而有翼，其音如鸿雁，其名曰獙獙，见则天下大旱。"吴任臣《山海经广注》卷四《东山

159

经》、郝懿行《山海经笺疏》卷四《东山经》同。考正本"名"下，据诸本补"曰"字。

8)《集韵·祃禡韵》："讶，《说文》：'相迎也。'或作'迓'。"方成珪《考正》："'迓'系新修字义，十九文之一，段本无。"（卷八 P.19）

按：曹刊本"也"下有"引《周礼》：'诸侯有卿讶发'"9 字，"迓"下有"御、䩭、讶。一曰疑也。文十五"10 字，明州本、潭州本、金州本、毛钞本、钱钞本和顾氏重修本同。《说文·言部》："讶，相迎也。从牙，言声。《周礼》曰：'诸侯有卿讶发。'迓，讶或从辵。"段注："《秋官·掌讶职》文。惟《周礼》作讶，他经皆作御……皆讶之同音假借。……此下铉增迓字。云'讶或从辵'，为十九文之一。"又《说文·车部》："䩭，车轮前横木也。"朱骏声《通训定声·车部》"䩭"字下："䩭，叚借又为讶。"考正本"也"下，依诸本补正。

9)《集韵·候韵》："𡴀奏𡴆屚，《说文》：'奏进也。从夲𠬞，从屮。屮，上进之义。'或作'𡴆''屚'。"方成珪《考正》："《说文》篆作𡴀，隶作𡴁，又变为奏，此作𡴀，《类篇》作𡴁，均非。"（卷八 P.35）

按：曹刊本"义"下有"一曰简类。《晋法》'召王公以一尺奏，王公以下用一尺版'，隶作奏"，"𡴆"下有"𣪍"字，潭州本、金州本、毛钞本、钱钞本和顾氏重修本同。《说文·夲部》："奏，奏进也。从夲，从𠬞，从屮。屮，上进之义。"段注："此复举字之未删者。"《类篇·夲部》"𡴁"字下："𡴁，则候切。奏进也。屮，上进之义。隶作'奏''𡴆''𣪍''屚'。"考正本据诸本补。又赵校本卷八"𡴀"字下："明州本、潭州本、金州本、毛钞、钱钞'𡴀'字作'𡴁'。"又按："明州本注'𡴆'字作'𣪍'。钱钞注'𠬞'字正作'从𠬞'。马校：上'屮'误'山'，下'屮'作'屮'。"考正本依诸本改，方校是。

10)《集韵·验韵》:"窆,《说文》:'葬下棺也。'或作'窬'。"方成珪《考正》:"《周礼·乡师》《遂人》注、《左·僖三十三年》《昭十二年传》传注、《礼·檀弓》注皆作堋,疑此窬字误。"(卷八 P.40)

按:曹刊本"也"下有"引《周礼》:'及窆执斧'","窬"下有"封"字,明州本、潭州本、金州本、毛钞本、钱钞本和顾氏重修本同。《说文·穴部》:"窆,葬下棺也。从穴,乏声。《周礼》曰:'及窆执斧。'"段注:"堋、窆、封三字分蒸、侵、东三韵,而一声之转。"又《左传·僖公三十二年》:"将殡于曲沃。"郑玄注:"殡,窆棺也。"孔颖达疏:"封、堋、窆声相近而字改易耳,皆谓葬时下棺之名也。"《广雅·释诂一》:"窆,下也。"王念孙《疏证》:"窆、封、堋、堋,并声近而义同。"考正本依诸本补,"窬"又作"堋"或"堋"。

11)《集韵·业韵》:"业槷牒,《说文》:'大板也。所以饰悬鍾鼓。'引《诗》:'巨业维枞。'古作槷、牒。"方成珪《考正》:"二徐本及段本'槷'作'黹',''板'作'版','悬'作'县','枞'作'樅',今并据正。鍾,大徐本作鐘,此从小徐。牒,当作牒,正文作牒,亦误。"(卷十 P.42)

按:曹刊本"鼓"下有"捷业如锯齿,以白画之,象其钮铻相承也。从丵,从巾。巾象版","枞"下有"或作牒"3字,"牒"下有"业,一曰大也。绪也。事也。始也",毛钞本、钱钞本和顾氏重修本同。《说文·丵部》:"业,大版也。所以饰县鍾鼓。捷业如锯齿,以白画之,象其钮铻相承也。从丵,从巾。巾象版。《诗》曰:'巨业维枞。'黹,古文业。"段注:"凡程功积事言业者,如版上之刻往往可计数也。"考正本据诸本补。又赵校本卷十"业"字下:"明州本、潭州本、金州本、毛钞、钱钞注'槷'作'黹'。"又:"明州本、毛钞、钱钞注'枞'作'樅'。'牒',字作'牒'。"考正本依诸本改,方校是。

（3）注释

1）《集韵·钟韵》："嚊，所■食也。"方成珪《考正》："'所'下误空，据《说文》当连书。"（卷一P.9）

按：曹刊本"所"上有"《说文》用也。从亯，从自。自知臭香"，潭州本、金州本和顾氏重修本同。《说文·亯部》："嚊，用也。从亯，从自。自知臭香所食也。"段注："自，鼻也。鼻闻所食之香而食之，是曰嚊。今俗谓吃为用是也。"又赵校本卷一"嚊"字下："明州本、钱钞注'所'下空白为'用'字，庞校、朱校、姚校同。"考正本"所"上，依诸本补正。

2）《集韵·虞韵》："斛㪕仇，《说文》：'挶也。'或作'㪕'。"方成珪《考正》："'郰'缺'阝'，'挶'字缺'邑'。据宋本及《说文》《广韵》《类篇》补。"（卷二P.3）

按：曹刊本第二个"㪕"下有"仇"字，潭州本和顾氏重修本同。《说文·斗部》："斛，挶也。"桂馥《说文义证·斗部》"斛"字下："斛，或通作仇。"考正本据诸本补。又明州本、金州本、毛钞本和钱钞本"㪕"作"郰"，"挶"作"挶"。下文有"㪕"字条，《正字通·邑部》"郰"字下："郰，旧注音训同斛。"考正本字头和释文"㪕"，依诸本作"郰"，释文"挶"作"挶"，方校是，赵校本卷二"斛"字下同。

3）《集韵·虞韵》："无，《说文》：'亡也。'奇字作'无'，'无'通于'元'者，或作'橆'。"方成珪《考正》："各本《说文》'元'讹'无'，当以此正之。"（卷二P.6）

按：曹刊本"橆"上有"亡、武"2字，"者"下有"王育说'天屈西北为无'"9字，潭州本、金州本、毛钞本、钱钞本和顾氏重修本同。《说文·亡部》："无，奇字无，通于无者，虚无道也。王育说：'天屈西北为无。'"朱骏声《通训定声·戈部》"武"字下："武，段借为无。"《尔雅·释言》："靡，无也。"郝懿行《尔雅义疏》："无，又通作'亡'，古有'无'字俱作'亡'。"考正本据诸本补。

又赵校本卷二"无"字下："明州本、钱钞'元'作'无'。庞校、钱校同。"考正本"元"，依诸本作"无"，方校是。

4）《集韵·齐韵》："蜀，或作'毐'。"方成珪《考正》："'毐'字《类篇》入《毋部》，此下从'母'，非。今曹刻亦多误，盖失于校正也。"（卷二 P.18）

按：曹刊本"毐"上有"崗"字，"或"上有"姓也。一曰蜀闯，梁四公子名"11字，明州本、潭州本、金州本、毛钞本、钱钞本和顾氏重修本同。何承天《姓苑》："蜀，蜀又作崗，形异而音同。"张澍《姓韵·八齐》"蜀"字下、《正字通·山部》"崗"字下引同。又《类篇·毋部》"毐"字下："毐，玄圭切。姓也。'蜀'或作'毐'。"考正本依诸本补，"毒"从毋作"毐"，方校是。

5）《集韵·谆韵》："逡，亦作'遁'。"方成珪《考正》："贾谊《过秦论》'遁巡而不敢进'，遁，师古音'千旬反'。"（卷二 P.33）

按：曹刊本"亦"上有"《说文》复也。《尔雅》退也。一曰逡巡，行不进"15字，"遁"下有"俊"字，明州本、潭州本、金州本、毛钞本、钱钞本和顾氏重修本同。《说文·辵部》："遁，迁也。一曰逃也。"段注："凡逡遁字如此，今之逡巡也。"又《说文·辵部》："逡，复也。"朱骏声《通训定声·辵部》"逡"字下："逡，字亦作'俊'。"考正本"遁"下，依诸本补"俊"字。

6）《集韵·魂韵》："腽，《博雅》：'腽肫，饼也。'亦作'餛'。"方成珪《考正》："《广雅·释器下》夺，王本据此及《类篇》补。《一切经音义·十五·北户录》注并作'餛饨'。"（卷二 P.43）

按：曹刊本"餛"下有"馉、糫"2字，明州本、潭州本、金州本、毛钞本、钱钞本和顾氏重修本同。《博雅·释器》："腽肫，饼也。或从米。"《类篇·食部》"馉"字下："馉，胡昆切。《博雅》：'腽肫，饼也。'腽亦作餛，馉餛。又公浑切。馉餛，饼也。"

又《广雅·释器》:"馄饨,饼也。"王念孙《疏证》:"馄饨,《集韵》《类篇》引作'䐣肫',《北户录》引作'浑屯',《字苑》作'馉饨'。"考正本"馄"下,依诸本补"馉、粯"2字。

7)《集韵·萧韵》:"䱛,《博雅》:'鳝、䱛,鲾也。'"方成珪《考正》:"《广雅·释鱼》:'鳣、䱛,鲾,鰌也。'宋本'鳣'作'鰥',亦误。"(卷三 P.14)

按:曹刊本"《博雅》"上有"鱼名"2 字,"鲾"下无"也"字,潭州本、金州本、毛钞本、钱钞本和顾氏重修本同。《广雅·释鱼》:"鳣、䱛,鲾,鰌也。"王念孙《疏证》:"各本'鰌也'二字误入曹宪音内,'鰌'字又讹'蝤'。《集韵》'鳣''䱛'二字并引《博雅》'鳝、䱛,鲾也',则所见已是误本,今订正。"考正本据诸本补正。又赵校本卷三"䱛"字下:"明州本、钱钞注'鳝'字作'鳣'。庞校、黄校、钱校同。"考正本"鳝",依诸本作"鳣","鲾"作"鰌",方校是。

8)《集韵·戈韵》:"㸦,《博雅》:'郭㸦,牛属。'或作'犐'。"方成珪《考正》:"《广雅·释兽》作'郸牪',郸与郭古今字,今本作鄩,非。牪音居尤切。此作㸦,音科,或体作'犐',并误。"(卷三 P.29)

按:曹刊本"属"下有"一曰牛无角也"6 字,"犐"上有"牠"字,明州本、潭州本、金州本、毛钞本、钱钞本和顾氏重修本同。《玉篇·角部》"觪"字下:"觪,牛無角。亦作牠。"《广韵·戈韵》"牠"字下:"牠,牛无角也。同㸦。"《类篇·牛部》"犐"字下:"犐,苦禾切。《博雅》:'郭㸦,牛属。'一曰牛无角也。亦作'牠''犐'。"考正本据诸本补。又《广雅·释兽》:"郸牪,牛屬。"王念孙《疏证》:"'郸'即'郭'字,各本'郸'讹作'鄩','牪'讹作'犐',今订正。"考正本"郭㸦",依诸本作"郸牪",方校是,赵校本卷三"㸦"字下同。

9)《集韵·唐韵》:"冈,《说文》:'山脊也。'俗作

164

'堐',非是。"方成珪《考正》:"《类篇》'脊'作'膋',为古。'堐'当从宋本作'堽'。"(卷三 P.48)

按:曹刊本"也"下有"或书作岡,通作阮"7字,"堐"上有"岗"字,潭州本、毛钞本、钱钞本和顾氏重修本同。《说文·山部》:"冈,山骨也。"段注:"冈,山脊也。《释山》曰:'山脊,冈。'《周南传》曰:'山脊曰冈。'"《玉篇·山部》"冈"字下:"冈,俗作岗。"考正本据诸本补。又韩道昭《五音集韵·唐韵》"岗"字下:"岗,又作堐,并俗。"赵校本卷三"冈"字下:"明州本、金州本、毛钞、钱钞注'堐'作'堽'。庞校同。"考正本"堐",依诸本作"堽",方校是。

10)《集韵·尤韵》:"翛,《庄子》:'翛而往。'李邈读。"方成珪《考正》:"'翛'下夺'然'字,'轨'讹'邈',据《庄子·大宗师》音义补正。"(卷四 P.18)

按:曹刊本"《庄子》"上有"疾皃"2字,明州本、潭州本、金州本、毛钞本、钱钞本和顾氏重修本同。《广韵·屋韵》"翛"字下:"翛,飞疾皃。"《类篇·羽部》"翛"字下:"翛,夷周切。疾皃。"考正本据诸本补。又《庄子·大宗师》:"翛然而往,翛然而来而已矣。"陆德明《释文》:"翛,音萧。徐(邈)音叔。李(轨)音悠。向(秀)云:翛然,自然无心而自尔之义。郭(象)、崔(撰)云:往来不难之貌。"考正本"翛"下,依诸本补"然"字,"李邈"作"李轨",方校是,赵校本卷四"翛"字下同。

11)《集韵·姥韵》:"粗,《说文》:'疏也。'或作'麤'。"方成珪《考正》:"麤,见《说文·且部》。且往也。补音昨误切。似与'粗'非一字。"(卷五 P.26)

按:曹刊本"麤"上有"麤",下有"通作觕,文九"5字,明州本、潭州本、金州本、毛钞本、钱钞本和顾氏重修本同。《说文·米部》:"粗,疏也。"段注:"'麤'即'粗',正与许书互相证。疏者,通也。引申之犹大也。故粗米曰疏。"又《集韵·模韵》"粗"字

165

下："粗，大也。疏也。物不精也。或作牺。"《古今韵会举要·虞韵》"麤"字下："麤，或作麄，亦作粗。"考正本释文，依诸本补正。

12）《集韵·遇韵》："报，《礼》报葬者赴虞。郑康成说。"方成珪《考正》："'报'读为'赴'，此讹'赴'，据《礼·丧服小记》郑注正。"（卷七 P.22）

按：曹刊本"《礼》"上有"疾也"2字，明州本、潭州本、金州本、毛钞本、钱钞本和顾氏重修本同。《类篇·幸部》"报"字下："报，芳遇切。疾也。"考正本依诸本补。又《礼记·丧服小记》："报葬者报虞，三月而后卒哭。"郑玄注："'报'读为'赴疾'之'赴'。谓不及期而葬也。"《说文·幸部》："报，当罪人也。从幸从艮。艮，服罪也。"段注："报，艮为'赴疾'之'赴'，见《少仪》《丧服小记》。今俗云急报是也。"考正本"赴"，依《礼记》改作"报"，方校是，赵校本卷七"报"字下同。

13）《集韵·霁韵》："醫，或作'醷'，非。"方成珪《考正》："宋本'醷'作'醫'。"（卷七 P.29）

按：曹刊本"或"上有"醴醯为饮也。《周礼·六饮》一曰醫。徐仙民读"，"非"下有"是"字，潭州本、金州本、毛钞本、钱钞本和顾氏重修本同。《说文·酉部》："醫，治病工也。殹，恶姿也，醫之性然。得酒而使，从酉。王育说。一曰殹，病声，酒，所以治病也。《周礼》有醫酒。古者巫彭初作醫。"段注："（酒，所以治病也）故从酉殹。前说殹酉各义，后说合酉殹一义。"考正本依诸本补。又明州本、毛钞本、钱钞本和余校、韩校、马校"醷"作"醫"，赵校本作"醷"。据字头"醫"及释文，"或作"下"醷"字，依方校、赵校本作"醷"。

14）《集韵·铎韵》："鮥，鱼名。如罨。长三尺，利齿，虎度河，击之断，卵如鸭。"方成珪《考正》："'渡'讹'度'，'断'上夺'中'字，'鸭'下夺'子'字，据左思《吴都赋》注补正。"（卷十 P.6）

按：曹刊本"长"上有"喙"字，"虎"下有"鹿"字，明州本、潭州本、金州本、毛钞本、钱钞本和顾氏重修本同。《文选·左思〈吴都赋〉》："鼋鼍鲭鳄，涵泳乎其中。"刘逵注引《异物志》："鳄，鱼。长二丈余，有四足，似鼍。喙长三尺，甚利齿。虎及大鹿渡水，鳄击之，皆中断。生子则出在沙上乳卵，卵如鸭子，亦有黄白，可食。"考正本据诸本补，"度"作"渡"，"断"上补"中"字，"鸭"下补"子"字，方校是，赵校本卷十"鮥"字下同。

2.校衍文

（1）《集韵·董韵》："骎，摇马衔走也。"方成珪《考正》："'阳越下取策，临南骎马'见《公羊·定八年传》，何休注：'捶马衔走也。'此与《类篇》并作'摇'，盖仍《广韵》之讹。"（卷五P.2）

按：曹刊本"走"下无"也"字，有"或作揪"3字。明州本、潭州本、金州本、毛钞本、钱钞本和顾氏重修本同。《公羊传·定公八年》："阳越下取策，临南骎马，而由乎孟氏。"何休注："骎，捶马衔走。"陆德明《释文》："骎，本又作揪，字书无此字，相承用之。"考正本依诸本删正。又赵校本卷五"骎"字下："卫校注'摇'作'捶'。丁校：'摇'，《公羊传》作'捶'，此仍《广韵》之误。"考正本"摇"，依诸本作"捶"，方校是。

（2）《集韵·质韵》："弼，音薄宓切。《说文》：'辅也。'徐锴曰：'丙，舌也。'古作'狄'，通作'佛'。《说文》：'右戾也。象左引之形。'"方成珪《考正》："宓，《韵会》作密，当从之。'狄'当从《类篇》作'㣙'。'佛'下引《说文》云云，字当作丿，《说文》十二篇部首篆作𠂆。"（卷九P.24）

按：曹刊本"薄"上无"音"字，"辅也"下有"重也"2字，"舌也"下有"舌柔而弼刚，以柔从刚，辅弼之意。或从二丙"17字，"狄"上有"𢖺"字，下有"𢖺。隶作弼，或作拂、邲、费、㤄"10字，毛钞本、钱钞本和顾氏重修本同。《说文·弜部》："弼，辅也。重也。从弜，丙声。𢖺，弼或如此。𢖺、𢖺，并古文弼。"徐锴《说文解字系传·弜部》"弻"字下:"叕,舌也,非声。舌柔而弜刚,以柔从刚,辅弼之意。"又《玉篇·卩部》"叩"字下:"叩,今作弼。"《类篇·弜部》"弻"字下:"弻、弼、敉、㢸、弻、弼、劳,易密切。辅也。重也。"《古今韵会举要·质韵》"弼"字下:"弼,薄密切。宫浊音。"考正本依诸本改。又赵校本卷九"弻"字下:"明州本、潭州本、金州本、毛钞、钱钞'邲'字作'叩',注同。"考正本"邲",依诸本作"叩",方校是。

3.校异文

《集韵·之韵》:"飔罳罝,《博雅》:'罘罳谓之屏。'云云。"方成珪《考正》:"宋本'飔'下有'风皃'二字,当据补。"(卷一 P.29)

按:曹刊本"罘罳"作"罦罳",潭州本、毛钞本、钱钞本和顾氏重修本同。"罘罳"指花格似网或有孔之屏风,又作"罦罳"。《汉书·文帝纪》:"未央宫东阙罘罳灾。"颜师古注:"罘罳,谓连阙曲阁也,以覆重刻垣墉之处,其形罘罳然。一曰屏也。"《广雅·释宫》:"罦罳谓之屏。"王念孙《疏证》:"罦罳,字或作罘思。"考正本据诸本改。又赵校本卷一"飔"字下:"明州本、潭州本、毛钞、钱钞'飔'下有小注'风皃'二字。"考正本"飔"下,依诸本补"风皃"2字,方校是。

4.校讹文

(1)字头

1)《集韵·虞韵》:"亏,《说文》:'气象之舒亏。从丂。一者,其气平也。'一曰往也。由也。"方成珪《考正》:"'亏'讹'亐','气'讹'氣','从丂'下夺'从一'二字,'平'下夺'之'字,据《说文》改补。"(卷二 P.1)

按:大徐本"亐"作"亏","氣象"作"象气","丂"下有"从一"2字,"其氣平也"作"其气平之也"。《说文·亏部》:"亏,于也。象气之舒亏。从丂,从一。一者,其气平之也。"又曹刊

168

本字头"亏"下有"于"字,"《说文》"下有"于也"2字,"由也"下有"亦姓,或省"4字,毛钞本、钱钞本和顾氏重修本同,考正本依诸本补正。赵校本卷二"亏"字下:"明州本、潭州本、金州本、钱钞注'由'字作'曰'。陆校、庞校、钱校同。"考正本"由",依诸本作"曰"。

2)《集韵·桓韵》:"垸,以黍和灰而鬃也。"方成珪《考正》:"'垸'讹'垸',据宋本正。"(卷二 P.50)

按:大徐本"垸"作"垸",赵校本卷二"垸"字下:"明州本、毛钞、钱钞'垸'字作'垸'。陆校、庞校、钱校同。"考正本"垸"改"垸",方校是。又曹刊本、顾氏重修本"以"上有"补也"2字,"鬃也"下有"通作丸"3字。"垸"为多义词,指用漆和灰涂抹器物或补垣,一作"丸"。《说文·土部》:"垸,以黍和灰而鬃也。从土,完声。一曰补垸。"徐锴《说文解字系传·土部》"垸"字下:"垸,一曰补垣也。"朱骏声《通训定声·土部》"垸"字下:"垸,叚借为丸。"考正本释文,依诸本补正。

(2)引文

1)《集韵·宵韵》:"褾,《博雅》:'袄褾,剑衣。'"方成珪《考正》:"'袄'讹从'失',《类篇》又讹从'夬',据宋本正。"(卷三 P.17)

按:曹刊本"剑"作"劎",毛钞本、钱钞本和顾氏重修本同。《礼记·少仪》:"劎则启椟盖袭之,加夫襓与劎焉。"郑玄注:"襓,劎衣也。"《博雅·释器》:"袄褾,劎衣也。"桂馥《札朴》卷四《觉古》"剑"字下:"剑者,所以韬椟谓之衣,衣谓之襓,又谓之袄褾。"考正本"剑",依诸本作"劎"。又赵校本卷三"褾"字下:"明州本、金州本、毛钞、钱钞注作'袄'。陆校、庞校、黄校、钱校同。"考正本"袄",依诸本作"袄",方校是。

2)《集韵·烛韵》:"烛,《说文》:'烛烛,火烛也。'"方成珪《考正》:"'庭'讹'烛',据宋本及《说文》正。'火',二

169

徐本及《类篇》同，段氏从《燕礼》《诗·小雅》《毛传》改'大'。"（卷九 P.15）

按：曹刊本"𤎬"下"烛"作"燎"，"也"下有"亦姓。文二十"5字，毛钞本、钱钞本和顾氏重修本同。《诗经·小雅·庭燎》："庭燎之光。"《毛传》："庭燎，大烛也。"《说文·火部》："烛，庭燎，火烛也。"段注："'大'各本讹作'火'，今正。"又赵校本卷九"烛"字下："明州本、潭州本、金州本、毛钞、钱钞注'𤎬'字作'庭'。"又按："明州本、潭州本、金州本、毛钞、钱钞注'十'下有'二'字。庞校、钱校同。"考正本"𤎬烛"，依诸本作"庭燎"，"火"作"大"，"十"下补"二"字。

3）《集韵·职韵》："杙，《说文》：'劉，代。'"方成珪《考正》："'劉'下夺一'劉'字，本书初亦迭出，校者误以为冗复而删之。今挖改之痕显然可见也。宋本与《类篇》并迭，可以参证。"（卷十 P.26）

按：曹刊本"劉"作"劉"，"代"作"杙"，"杙"下有"或作樴、职"4字，毛钞本、钱钞本和顾氏重修本同。《说文·木部》："杙，劉，劉杙。"段注："今人以杙为槷弋字。"又《周礼·地官·牛人》："以授职人而刍之。"郑玄注："职读为樴。职谓之杙，可以系牛。"贾公彦疏："凡官皆有职，直云职人无所指斥，但职、樴声相近，误为职，故读从樴。充人置樴入地之时，樴樴然作声，故以声名其官也。"考正本据诸本改补。又赵校本卷十"杙"字："明州本、毛钞、钱钞注'劉'字作'劉'。明州本、潭州本、金州本、毛钞、钱钞该字并见。余校、顾校、庞校、钱振常校同。"考正本"劉"，依诸本作"劉"，方校是。

4）《集韵·缉韵》："熠，《说文》：'盛光也。'引《诗》：'熠熠霄行。'"方成珪《考正》："'宵'讹'霄'，据大徐本正。小徐本无'宵行'二字。"（卷十 P.32）

按：曹刊本"熠熠"作"熠耀"，明州本、金州本、毛钞本、钱钞本和顾氏重修本同。《诗经·豳风·东山》:"町疃鹿场,熠耀宵行。"《毛传》:"熠耀,燐也。"《说文·火部》:"熠,盛光也。从火,習声。《诗》曰:'熠耀宵行。'"段注:"宋本、叶钞本作'熠熠',王伯厚《诗考》异字异义条举《说文》'熠熠宵行',而《文选·张华〈励志诗〉》'凉风振落,熠耀宵流',注引《毛传》'熠熠,粦也',疑皆'熠耀'之误,当依《诗音义》为正。"考正本据诸本改。又赵校本卷十"熠"字下:"毛钞注'霄'字正作'宵'。陆校同。段校:宋本'宵'。陈校:'霄'作'宵'。"考正本"霄",依诸本作"宵",方校是。

(3)注释

1)《集韵·鱼韵》:"楈,《说文》:'木也。'似栟榈,叶可以索。"方成珪《考正》:"此系郭璞《上林赋》注,非叔重语。此与《类篇》并讹。《说文》'楈'下云:'木也,读若芰刈之芰。'"(卷一 P.39)

按:曹刊本"叶"作"皮","索"下有"一曰犁也"4字,明州本、金州本、毛钞本、钱钞本和顾氏重修本同。《说文·木部》:"楈,木也。从木,胥声,读若芰刈之芰。"又《文选·司马相如〈上林赋〉》:"留落胥邪,仁频并闾。"郭璞注:"胥邪似并闾,皮可作索。"《文选·张衡〈南都赋〉》:"楈枒栟榈。"李善引郭璞注:"楈枒,似栟榈,皮可作索。"考正本"似栟榈,皮可以索"出自郭璞注,非许书原文,"叶"依诸本作"皮"。

2)《集韵·元韵》:"㖊,㖊㖊,兔行也。通作'爰'。"方成珪《考正》:"'兔'讹'免',据《类篇》正。《诗·王风》作'爰',陆书无异文。"(卷二 P.41)

按:曹刊本"也"作"皃",明州本、毛钞本、钱钞本和顾氏重修本同。"㖊㖊"指兔子运动的状态。《诗经·王风·兔爰》:"有兔爰爰,雉离于罗。"《毛传》:"爰爰,缓意也。"王先谦《诗三家义集疏》引韩说:"爰爰,发踪之貌也。"又《类篇·彳部》"㖊"字下:

"餯，于元切。餯，兔行皃。又户管切。徽餯，徐行。"考正本"也"改"皃"。赵校本卷二"餯"字下："潭州本、金州本、毛钞注'免'字作'兔'。段校、陆校、钱校同。姚校：宋本'免'作'兔'，是。余校同。"考正本"免"，依诸本作"兔"，方校是。

（二）考正本方校商兑

1.校讹文

（1）注释

1)《集韵·东韵》："狪，兽名。《山海经》：'泰山有兽，状如豚而有珠，其鸣自呼。'"方成珪《考正》："《山海经》同《东山经》'呼'作'训'，句上有'名曰狪狪'四字。盖兽名迭字者，与'辣辣'同也。"（卷一 P.1）

按：据考正本"《山海经·四·东山经》"、"卷四《东山经》"等通例，方校"同"改作"四"。《山海经》卷四《东山经》："有兽焉，其状如豚而有珠，名曰狪狪，其鸣自训。"吴任臣《山海经广注》："狪，亦作狪。"郝懿行《山海经笺疏》卷四《东山经》略同。又陈准《〈集韵考正〉校记》卷一"狪"字下："第一'同'字讹，当据稿本改作'四'字。"

2)《集韵·语韵》："籅籅，或作'䈞'。"方成珪《考正》："《类篇》或体作'䈞'。"（卷五 P.21）

按：宋本《类篇》"䈞"从"竹"作"籅"，方校非。《类篇·竹部》"籅"字下："籅，两举切。饭器。或作'籅'。"又赵校本卷五"籅"字下："明州本、钱钞'䈞'字作'籅'。韩校、庞校、濮校、钱校同。陈校：'䈞'，《类篇》作'籅'。"又按："《类篇》从竹，不从艸，方氏误。"

3)《集韵·曷韵》："狚，《山海经》：'北号山有兽，如狼赤首鼠目。名曰獦狚。'"方成珪《考正》："卷四《东山经》'狚'作'狙'，郭音'苴'。此与《类篇》皆仍《篇》《韵》之讹。"（卷九 P.37）

按:"獦狙",依宋本《玉篇》《广韵》和《类篇》作"獢狙",方校非。宋本《玉篇·犬部》"獢"字下:"獢,獢狙。"《广韵·旱韵》"狙"字下:"狙,獢狙兽。"又《山海经·东山经》:"有兽焉,其状如狼,赤首鼠目,其音如豚,名曰獢狙。"郝懿行《山海经笺疏》:"经文'獦狙'当为'獢狙'。……《玉篇》《广韵》并作'獢狙',云:狙,丁旦切。兽名。可证今本之讹。"赵校本卷九"狙"字下:"王念孙校同。方校非。"

（2）引文

1）《集韵·江韵》:"慃,惧也。《春秋传》:'駟氏慃。'"方成珪《考正》:"《左·昭十九年传》'慃'作'聳'。又《昭六年传》'聳之以利',《前汉·刑法志》'聳'作'慃'。是古'慃'与'聳'通用,作平声读,盖本《篇》《韵》。"(卷一 P.11)

按:方校"聳之以利"依《左传》作"聳之以行"。《左传·昭公六年》:"惧其未也,故诲之以忠,聳之以行,教之以务,使之以和,临之以敬,莅之以疆,断之以刚。"《汉书》卷二十三《刑法志三》略同,"聳"作"慃";杜预、孔颖达《春秋左传正义》卷四十三,杜预、陆德明《春秋经传集解》卷二十一《昭二》,杜预、林尧叟《左传杜林合注》卷三十六《昭公三》引同。

2）《集韵·萧韵》:"刁,古者军有刁斗。以铜作鐎,受一斗。昼炊饮食,夕击行夜。亦姓。俗作刀,非是。"方成珪《考正》:"《史记·李将军传》索隐引荀悦注,《汉书·李广传》集注引苏林、孟康注皆作'刁斗'。《庄子·齐物论》'调调刁刁',《后汉·宦者传序》'竖刁乱齐',亦皆作'刁'。《说文》补音:刁,都牢切,又丁聊切。《玉篇》:刁,又丁幺切。本一字而两音。《诗》:'维玉及瑶,琫珫容刀。'刀一音貂,说见《韵会》。"(卷三 P.12)

按:方校"琫珫容刀"依《诗经》作"鞞琫容刀"。"琫珫",不辞。"鞞琫"指刀鞘上的装饰物。《诗经·大雅·公刘》:"维玉及瑶,鞞琫容刀。"孔颖达疏:"鞞者,刀鞘之名。琫者,鞘之上饰。"

173

马瑞辰《毛诗传笺通释》卷二十五《公刘》："此诗'维玉及瑶'连下'鞞琫容刀'言之，谓以玉饰琫，以瑶饰鞞。""鞞琫"一语，文献用例如《诗经·小雅·瞻彼洛矣》："君子至止，鞞琫有珌。"徐果亭《献圣武功成诗》："靺韦珠作服，鞞琫玉为装。"

2.校脱文

（1）注释

《集韵·尤韵》："瞤，瞤眠，目动皃。"方成珪《考正》："严氏云：'本目旁皆作目。'"（卷四 P.19）

按：据考正本"宋本隶作或""宋本名作也"等通例，方校"本"上补"宋"字。孙诒让《〈集韵考正〉补注》："'本'上疑夺'宋'字。"

（2）引文

1）《集韵·萧韵》："憿，《方言》：'慧，或谓之憿。'"方成珪《考正》："《方言·三》'慧'上有'知或谓之'四字，则慧当作知。"（卷三 P.13）

按：方校"知"下依景宋本《方言》补"通语也"3字。《方言·三》："差、间、知，愈也。南楚病愈者谓之差，或谓之间，或谓之知。知，通语也。或谓之慧，或谓之憿。"戴震《方言疏证》卷三、钱绎《方言笺疏》卷三同。

2）《集韵·登韵》："䲸，鱼名。《山海经》：'来需之水多䲸鱼，其状如鳜。'或作'鰧'。"方成珪《考正》："卷五《中山经》：'半石之山，来需之水出其阳，多䱔鱼，状如鲋。合水出其阴，多䲸鱼，状如鳜。'此与《类篇》同讹。"（卷四 P.15）

按：方校"其"上依宋刻本、明成化本《山海经》补"于"字，第一个"多"上补"其中"，第一个"状"上补"其"字。《山海经》卷五《中山经》："（半石之山）来需之水出于其阳，而西流注于伊水，其中多䱔鱼，黑文，其状如鲋，食者不睡。合水出于其阴，而北流注于洛，多䲸鱼，状如鳜，居逵。"

下编 考校篇

《韩集笺正》对读

韩愈门人李汉编成《韩昌黎集》后，流传较广，相关的研究成果较为丰富。自宋以来，主要有方崧卿《韩集举正》（简称"《举正》"）、朱熹《韩文考异》（简称"《考异》"）、王伯大编《朱文公校昌黎先生集》（简称"王编《韩集》"）等校勘类韩学著作和樊汝霖《韩集谱注》（简称"《谱注》"）、韩醇《新刊诂训唐昌黎先生文集》（简称"《新刊诂训》"），文谠、王俦《新刊经进详注昌黎先生文集》（简称"《新刊经进详注》"）、祝充《音注韩文公文集》（简称"《音注》"）、魏仲举《五百家注昌黎文集》（简称"《五百家注》"）、廖莹中《世彩堂昌黎先生集注》（简称"《世彩堂集注》"）等注释类韩学研究成果。明嘉靖中，东吴徐世泰据《世彩堂集注》复刻了一本（简称"东雅堂本"），后成为通行本。方成珪《韩集笺正》（简称"笺正本"）以东雅堂本为底本，参前人注疏作对读。下面据《韩昌黎集》校勘类、注释类研究成果及相关文献，对笺正本原文、注文和方校做一对读。

（一）笺正本原文对读[①]

1.校讹文

（1）方成珪《韩集笺正》卷四《京兆韦氏夫人墓志铭》："其上七世祖父讨龙门公。"孙（汝听）注："后周骠骑将军、晋州摠管府长史韦通，封龙门县公。"（P.5）

[①] （清）方成珪：《韩集笺正》卷4，1926年瑞安陈氏湫漻斋铅印本，第5页。本节所引均来自此本。为考证需要，原文个别字形与讹脱衍文仍其旧，部分字体保留繁体，页码附后。此校对的是笺正本原文，故未附原文后方校之内容；下又分校讹文、校脱文、校衍文、校倒文等，同条文献按类分开校对，部分校对略有交叉。

按：东雅堂本"讨"作"封"，孙注"摠"作"总"，《考异》、王编《韩集》《新刊经进详注》《五百家注》和《世彩堂集注》同。《新唐书·宰相世系表四》："龙门公房：安城侯愔次子憎，憎生达，达六世孙挺杰，后周抚军将军、平州刺史。二子：遵、通。遵，骠骑大将军、晋州大总管府长史、龙门县公，因号龙门公房。"笺正本"讨"，依诸本作"封"，孙注"摠"作"总"。

（2）方成珪《韩集笺正》卷四《浙西观察使韦公墓志铭》："世为大官……。"（P.6）

按：东雅堂本"浙西"作"江西"，上有"唐故"2字，《考异》、王编《韩集》《新刊经进详注》《五百家注》和《世彩堂集注》等同，"浙西"依诸本作"江西"。据笺正本"唐故河东节度使""唐故监察御史"等通例，"江西"上补"唐故"2字。

2.校脱文

（1）方成珪《韩集笺正》卷一《答张彻》："冏冏抱瑚琏，飞飞联鹔。"（P.13）

按：东雅堂本"鹔"下有"鸘"字，《考异》、王编《韩集》《新刊经进详注》《五百家注》和《世彩堂集注》同。"鹔"字不单用，多用于联绵词"鹔鸘"中，文献用例如晋葛洪《抱朴子·守塉》："鹍鹏戾赤霄以高翔，鹔鸘傲蓬林以鼓翼。"[1]袁宏《三国名臣序赞》："岂无鹔鸘，固慎名器。"[2]宋叶适《送巩仲同》："天催鹔鸘玉楼去，漱流不并龙洲旁。"[3]笺正本"鹔"字下，依诸本补"鸘"字。

（2）方成珪《韩集笺正》卷四《殿中少监马君墓志》："以故人稚弟，拜北平王于马前。"（P.23）

按：东雅堂本、王编《韩集》"墓志"下有"或有铭字"4小字，《举正》《新刊经进详注》《世彩堂集注》和茅坤《唐宋八大家文钞》卷十五、姚鼐《古文辞类纂》卷四十一、陈鸿墀《全唐文纪事》卷三

---

[1] （晋）葛洪：《抱朴子内外篇》卷35，四部丛刊景明本，第164页。
[2] （南朝）萧统编，（唐）李善等注：《六臣注文选》卷47，四部丛刊景宋本，第1562页。
[3] （宋）叶适：《水心集》卷7，四部丛刊景明刻黑口本，第100页。

"墓志"均作"墓志铭"。据笺正本"《京兆韦氏夫人墓志铭》""《尚书左丞孔公墓志铭》"等通例,"志"下依诸本补"铭"字。

3.校倒文

方成珪《韩集笺正》卷四《河南府王屋县尉毕君墓铭志》:"历汉、魏、晋、宋、齐、梁、陈,士大夫不绝。"(P.7)

按:东雅堂本"墓铭志"作"墓志铭","河"上有"唐故"2字,《考异》、王编《韩集》《新刊经进详注》《五百家注》和《世彩堂集注》同,宋蜀本《昌黎先生文集》卷二十五"君"上有"府"字,"墓铭志"亦作"墓志铭"。结合文中诗题"唐故……墓志铭"之通例及前后文义,笺正本依诸本改补。

(二)笺正本注文对读

1.校讹文

(1)方成珪《韩集笺正》卷一《别鹄操》:"商陵穆子娶妻五年无子,父母欲其改娶。其妻闻之,中夜悲啸。穆子感之而作。"孙(汝听)注:"词曰:'将乖比翼隔天端,山川悠远路漫漫,揽衣不寐食忘飡。'后遂为夫妻。"(P.6)

按:东雅堂本孙注"揽衣"作"揽衾",《五百家注》《世彩堂集注》和陈仁子《文选补遗》卷三十六《别鹄操》、左克明《古乐府》卷九《别鹄操》、陆时雍《唐诗镜》卷三十八《别鹄操》等同。"揽衣"指披着衣服,"揽衾"指围着被子,文献多用。明刘基《雨中杂诗》:"中夜揽衾裯,凄凄阴气寒。"① 顾清《夜半灯尽作》:"严风逼两袖,揽衾更骚屑。"② 许国焕《拟古》:"揽衾坐长叹,谢君流素影。"③ 结合前后文义,笺正本"衣",依诸本作"衾"。

(2)**方成珪《韩集笺正》卷一《陆浑山火和皇甫湜用其韵》:"视桃著花可小觱,月及申酉利复怨。"韩(醇)注:"水生于申,火死于酉,故水至申而利,火至酉而怨。"(P.20)**

---

① (清)钱谦益辑:《列朝诗集》卷2,清顺治九年毛氏汲古阁刻本,第84页。
② (明)顾清:《东江家藏集》卷2,清文渊阁四库全书本,第6页。
③ (清)邓显鹤辑:《沅湘耆旧集》卷56,清道光二十三年邓氏南村草堂刻本,第711页。

按：东雅堂本韩注"于中"作"于申"，王编《韩集》《新刊诂训》和《世彩堂集注》同。《淮南子·天文》："水生于申，壮于子，死于辰，三辰皆水也。"《汉书·翼奉传》："好行贪狼，申子主之。"孟康注："北方水，生于申，盛于子。"据韩注"故水至申而利"，笺正本"中"，依诸本作"申"。

（3）方成珪《韩集笺正》卷二《斗鸡联句》："神槌困朱亥。"方（崧卿）注："谢本云：贞元本'毒手'作'尊拳'，云云。神槌、尊拳，迁皆借用字耶？"（P.14）

按：东雅堂本方注"迁"作"岂"，《举正》、王编《韩集》和《世彩堂集注》同。方注"皆借用字耶"表反问语气，据笺正本"岂今本有阙文耶？""岂传者误耶？""岂别有所据耶？"和"公岂有所避而以字行耶？"等通例，方注"迁"，依诸本作"岂"。

（4）方成珪《韩集笺正》卷二《奉和库部卢四兄曹长元日朝回》："金炉香动螭头暗，玉佩声来雉尾高。"孙（汝听）注："《唐会要》云：汉柏梁殿灾，越巫言，'海中有鱼，虬尾似鸱，激浪则降雨'，遂作像于屋，以厌火灾。亦作'螭'字。"（P.21）

按：东雅堂本孙注"云"作"曰"，《五百家注》《世彩堂集注》同。高承《事物纪原》卷八"鸱尾"："《唐会要》曰：汉柏梁殿灾，越巫言，'海中有鱼，虬尾似鸱，激浪则降雨'，遂作其像于屋，以厌火灾。"李昉、李穆等《太平御览》卷一百八十八"鸱尾"、徐文靖《管城硕记》卷十五"鸱龟"、郝懿行《证俗文》卷六"鸱吻"等引文亦作"曰"。据诸本及笺正本通例，"云"，依东雅堂本作"曰"。

（5）方成珪《韩集笺正》卷三《改葬服议》："无故，未有过时而不葬者也。过时而不葬，谓之不能葬，《春秋》讥之。"樊（汝霖）注："谓人不能葬之也。"（P.8）

按：东雅堂本樊注"谓人"作"谓之"，《五百家注》和《世彩堂集注》同。东雅堂本"《春秋》讥之"下有："《春秋》隐公三年八月癸未：'葬宋穆公。'《公羊传》曰：'过时而不日，谓之不能葬之也。'"原文"过时而不葬,谓之不能葬"和樊注均化用《公羊传》"过时而不日,谓之不能葬"。又宋蜀本韩愈《昌黎先生文集》卷十四和《考异》、王编《韩集》"葬"下无"之"字,据正文"谓之不能葬",樊注"谓人",依诸本作"谓之",第三个"之"字疑衍。

(6) 方成珪《韩集笺正》卷三《答张籍书》:"吾子又讥吾与人人为无实驳杂之说,此吾所以为戏耳,比之酒色,不有间乎?"樊(汝霖)注:"'驳杂人说',世多指《毛颖传》,云云。"(P.10)

按:东雅堂本樊注"驳杂人说"作"驳杂之说",《谱注》《五百家注》和《世彩堂集注》同。张籍《上韩昌黎书》有"比见执事多尚驳杂无实之说",据《答张籍书》正文"吾子又讥吾与人人为无实驳杂之说","人、之"形近相化,笺正本樊注"人说",依诸本作"之说"。

(7) 方成珪《韩集笺正》卷四《董府君墓志铭》:"元和六年五月十二日,死湘中。"樊(汝霖)注:"二年,粮料使有忿争相告言。"(P.14)

按:东雅堂本樊注"粮料使"作"粮料吏",王编《韩集》、《谱注》《新刊经进详注》《五百家注》《世彩堂集注》和贺复征《文章辨体汇选》卷六百九十九、茅坤《唐宋八大家文钞》卷十三、姚鼐《古文辞类纂》卷四十二,董诰、阮元等《全唐文》卷五百六十四同。据东雅堂本《董府君墓志铭》正文"粮料吏有忿争相牵告者,事及于公,因征下御史狱",樊注指粮料吏忿怒相争,相互牵连告发,注文中"使",依诸本作"吏"。

(8) 方成珪《韩集笺正》卷四《尚书左丞孔公墓志铭》:"孔子之后三十八世,有孙曰戣,字君严,事唐为尚书左丞,……公之昆弟五人,载、戡、戣、戢、戵,公于次为第二。"孙(汝听)注:"岑父之子:载、戡、戣、戢、戵。"(P.22)

按:东雅堂本孙注"岑父之子"作"岑父五子",《五百家注》《世彩堂集注》同。欧阳修《集古录》卷九《唐孔府君神道碑》:"右《孔岑父碑》,郑纲撰,柳知微书。其碑云:'有子五人,载、戣、戡、戢、戵。'"赵明诚《金石录》卷三十《唐赠司空孔岑父碑》、倪

179

涛《六艺之一录》卷七十一《赠司空孔岑父碑》和王原祁、孙岳颁等《佩文斋书画谱》卷七十五《唐柳知微孔府君神道碑》引同。又据东雅堂本正文"公之昆弟五人，载、戟、戬、戣，公于次为第二"，笺正本孙注"岑父之子"，依诸本作"岑父五子"，"戣"列"戬"之前。

（9）方成珪《韩集笺正》卷四《殿中少监马君墓志》："以故人稚弟，拜北平王于马前。"樊（汝霖）注："其年罢岳。"（P.23）

按：东雅堂本樊注"罢岳"作"罢兵"，《谱注》《五百家注》和《世彩堂集注》同。《旧唐书·德宗本纪》：贞元三年"六月丙戌，以检校司徒、侍中马燧为司徒兼侍中，以赞吐蕃之盟失策而罢兵柄也。"① 沈炳震《唐书合钞》卷十二《德宗上》、赵绍祖《新旧唐书互证》卷三《德宗本纪》、罗士琳《旧唐书校勘记》卷十三《乐曲》同。据樊注原文"贞元三年，平凉之盟，马燧预议"，此指唐与吐蕃平凉会盟失败后，德宗罢免支持会盟的马燧兵权，"岳、兵"形近相讹，笺正本"罢岳"，依诸本作"罢兵"。

2.校脱文

（1）方成珪《韩集笺正》卷一《别知赋》："山磝磝其相轧，树翳翳其相摎。"祝（充）注："《前汉》'观众木之翳荟'也。"（P.3）

按：东雅堂本祝注"也"上有"摎绞"2字，《五百家注》《世彩堂集注》同。《玉篇·手部》"摎"字下："摎，绞也。《丧服传》曰：'殇之绖不摎垂。'不绞其带之垂者。"据正文"树翳翳其相摎"，笺正本"也"上，依诸本补"摎，绞"2字。

（2）方成珪《韩集笺正》卷二《答孟郊》："题注：樊汝霖曰：'《东野》有别公诗，此篇疑公所以答也。公贞元十二年七月，佐董晋于汴州。'"（P.6）

按：东雅堂本樊注"野"下有"集"字，王编《韩集》、《五百家注》《世彩堂集注》和方世举《韩昌黎诗集编年笺注》卷一《答孟郊》

---

① （五代）刘昫：《旧唐书》卷12，清乾隆武英殿刻本，第170页。

同。又孟郊《东野集》有《汴州别韩愈诗》，笺正本"野"下，依诸本补"集"字。

（3）方成珪《韩集笺正》卷二《记梦》："壮非少者哦七言，六字常语一字难。"樊（汝霖）注："鲁直云：只前句中'哦'字，便是所难，此乃为诗之法。"（P.10）

按：东雅堂本樊注"法"下有"也"字，王编《韩集》《谱注》《新刊经进详注》《五百家注》《世彩堂集注》和王棠《燕在阁知新录》卷二十二"评韩诗"、方世举《韩昌黎诗集编年笺注》卷六《记梦》、纪昀等《唐宋诗醇》卷三十一《记梦》同。笺正本樊注"法"下，依诸本补"也"字。

（4）方成珪《韩集笺正》卷二《送诸葛觉往随州读书》："邺侯家多书，插架三万轴。"孙（汝听）注："李泌封邺侯。"（P.12）

按：东雅堂本孙注"邺"下有"县"字，《五百家注》《世彩堂集注》同。《新唐书·李泌传》："（贞元）三年，拜中书侍郎、同中书门下平章事，累封邺县侯。"①周淙《乾道临安志》卷三"李泌"下，李贤、彭时等《明一统志》卷三十三"李泌"下、何景明《雍大记》卷二十七"志献"下、廖道南《楚纪》卷五十七"李泌"下同。笺正本孙注"邺"下，依诸本补"县"字。

（5）方成珪《韩集笺正》卷三《答陈生书》："题注：韩醇曰：'陈生以书求速化之术于公，公以待己信、事亲以诚而告之。以言寡尤、行寡悔之说无异。'"（P.13）

按：东雅堂本韩注"信"上有"以"字，"而告之"下有"此与子张学《干禄》，孔子告之"11字，《新刊诂训》《五百家注》《世彩堂集注》和纪昀等《唐宋诗醇》卷四《答陈生书》同。据正文"待己以信，而事亲以诚。……所谓待己以信者，己果能之，人曰不能，勿信也"，笺正本韩注"信"上，依诸本补"以"字。

（6）方成珪《韩集笺正》卷五《潮州刺史谢上表》："题注：樊汝

---

① （宋）欧阳修等：《新唐书》卷139，清乾隆武英殿刻本，第1265页。

霖曰：'或者又罪其以封禅谀帝，非也。'"（P.6）

按：东雅堂本题注中"非也"上有"皆"字，《新刊经进详注》《五百家注》《世彩堂集注》和王霆震《古文集成前集》卷二十二《潮州谢表》引同。据樊注"欧阳文忠公云：每见前世有名人，当论事时，感激不避诛死，真若知义者。及到贬所，则戚戚怨嗟，有不堪之穷愁，形于文字，虽韩文公不免此累。""非也"指樊注所引与"或者又罪其以封禅谀帝"均误，笺正本"非也"上，依诸本补"皆"字。

3.校衍文

（1）方成珪《韩集笺正》卷一《嗟哉董生行》："题注：樊汝霖曰：'苏翰林尝作《苏州三瑞堂诗》云：君不见董召南，隐居行义孝且慈。天公亦恐无人知，故令鸡狗相哺儿，又令韩老为作诗。尔来三百年，名与东南淮水驰。'"（P.14）

按：东雅堂本"与"下无"东南"2字，王编《韩集》、《五百家注》《世彩堂集注》同。又明成化本苏轼《苏文忠公全集》东坡集卷六《苏州姚氏三瑞堂》、明王鏊《姑苏志》卷三十一《坊》和清曾国藩《十八家诗钞》卷十四《苏州姚氏三瑞堂》均引作"尔来三百年，名与淮水东南驰"。据苏诗原文，笺正本樊注诗题"苏州"下可补"姚氏"二字，"东南"移至"淮水"下。

（2）方成珪《韩集笺正》卷二《赠刘师服》："只今年才四十五，后日悬知渐莽卤。"方（崧卿）注："'卤莽'字本《庄子》'为政焉可莽卤'。"（P.3）

按：东雅堂本方注"卤莽"下无"字"字，《举正》、王编《韩集》、《五百家注》《世彩堂集注》和方世举《韩昌黎诗集编年笺注》卷八《赠刘师服》同。又《韩集笺正》卷三《石鼎联句诗序》有"注本《庄子·天地》篇"，笺正本方注"字"误衍，当依诸本删正。

（3）方成珪《韩集笺正》卷三《争臣论》："恶为人臣招其君之过，而以为名者。"方（崧卿）注："旧本……至作音者当有所据。〇今按：《吕氏春秋》：'孔子之劲，能招国门之关'云云。"（P.8）

按：东雅堂本方注"作"上无"至"字，《举正》、王编《韩集》、《世彩堂集注》和宋庠《国语补音》卷一"周语下第三"、真德秀《文章正宗》卷十二"韩愈《争臣论》"同。又方注："旧本招下注'音翘'二字。'武子好尽言以招人过'，见《国语》《汉书·五行志》。苏林读'招'为'翘'。招，举也。宋元宪曰：'考他书未获为翘之意'"，方注指"招"音"翘"当有所据。笺正本方注"作音者"上"至"字误衍，当依诸本删正。

（4）方成珪《韩集笺正》卷三《答侯继书》："行自念方当远去，潜深伏隩，与时世不相闻。"朱（熹）注："行，或作'亦'。《考异》今按：行，疑当作'复'。"（P.12）

按：东雅堂本朱注"今按"上无"《考异》"2字，王编《韩集》、《世彩堂集注》同。"行，或作'亦'"与"今按：行，疑当作'复'"本为一句，出自朱熹《韩文考异》，笺正本朱注中"《考异》"误衍，当依诸本删正。

（三）笺正本方校商兑

1.考通假

方成珪《韩集笺正》卷四《祭女挐女文》："题注：方崧卿曰：古本《祭文》与《圹铭》皆作'女挐'。董彦远曰：'挐字传写之误，盖古文如纷、挐等字，无从奴者。公最好古，名其女不应用俗字也。'"朱（熹）注："今按：'挐''拏'通。说已见第五卷《李花》诗。"方成珪《笺正》："'挐''拏'并见《说文》。'拏'字非俗，方说误。此二字亦不通用，《考异》亦非。"（P.3）

按：方成珪以为"拏"非俗字，与"挐"不通。"拏"又作"挐"，2字同属泥母鱼部，音同相通。《文选·宋玉〈九辩〉》："枝烦挐而交横。"六臣本校记："挐，五臣本作拏。"《集韵·麻韵》"拏"字下："拏，或作挐。"《广雅·释诂三》："贤，拏也。"王念孙《疏证》："拏、挐、拏并通。"朱骏声《通训定声·手部》"挐"字下："挐，叚借为拏。"

183

2.考地名

方成珪《韩集笺正》卷五《赠太传董公行状》："公不对，遂行，宿圃田。明日，食中牟，逆者至，宿八角。"方成珪《笺正》："唐《地理志》：'河南道郑州荥阳郡：中牟县，本圃田，武德元年更名。'《元和郡县志》：'圃田泽，在中牟县西北七里。'"（P.3）

按：方成珪据《唐书·地理志》《元和郡县志》以为中牟县本名圃田县，武德元年（618）更名。中牟县原本汉旧县，隋开皇十八年（598）改为圃田县，唐武德三年（620）复改为中牟县。李吉甫《元和郡县志·郑州》"中牟县"下："中牟县，本汉旧县，属河南郡。……开皇十八年改为圃田县，……武德三年，……复改为中牟。"顾祖禹《读史方舆纪要》卷四十七、田文镜等《（雍正）河南通志》卷三同，方疏"元年"改作"三年"。古圃田位于中牟县西北七里。《元和郡县志》"中牟县"下："圃田泽，一名原圃，县西北七里。"① 乐史《太平寰宇记·河南道》"开封府二"，朱睦楔、曹金《（万历）开封府志》卷四"山川"，李贤、彭时等《明一统志》卷二十六"开封府上"同。

《字鉴校注》对读

《字鉴》成书后，"其书旧无传本，康熙中朱彝尊从古林曹氏钞得，始付长洲张士俊刊行"②，是为《泽存堂五种》本（简称"泽存堂本"）。另有《字学三书》本（简称"字学本"）、《铁华馆丛书》本（简称"铁华馆本"）、《清芬堂丛书》本（简称"清芬堂

---

① （唐）李吉甫：《元和郡县志》卷9，清武英殿聚珍版丛书本，第89页。
② （清）纪昀等：《四库全书总目》卷41，清乾隆武英殿刻本，第691页。

本")、两淮马裕家藏本（简称"两淮本"）和商务印书馆据铁华馆本影印的《丛书集成初编》本等。方成珪《字鉴校注》（简称"校注本"）以泽存堂本为底本，参钱广伯校本和历代注疏作校勘。据《字鉴·自序》，全书按平上去入 206 韵之次编列诸字，每字下先出反切注音，次引《说文》释形义，再逐一辨正。这里据《字鉴》通行诸本和大徐本《说文》、宋本《玉篇》《五经文字》《九经字样》、影宋本《类篇》等相关文献，对校注本原文、方校做一对读。

（一）校注本原文对读①

1.校讹文

（1）字头

《字鉴·黠韵》："内，女滑切。《说文》：'言之讱也。从口，从内。'今作丨。凡㒼、商、裔、矞之类从丨偏旁。俗作'冈'，误。"（卷五 P.17）

按：泽存堂本字头"内"作"㐆"，字学本、铁华馆本、清芬堂本、两淮本和倪涛《六艺之一录》卷二百五十三《黠韵》"㐆"字下同。"内"训"入也"，"㐆"指语言迟钝，二字异。《说文·入部》："内，入也。从门，自外而入也。"又《说文·㐆部》："㐆，言之讱也。从口，从内。"《玉篇·㐆部》："㐆，言不出口也。"据正文"言之讱也"，校注本字头"内"，依诸本作"㐆"。

（2）注释

1）**《字鉴·脂韵》："夔，渠惟切。《说文》：'神魖也。如龙，一足，从夊；象有角、手、人面之形。''夊'音绥。俗中从'儿'，误。"（卷一 P.10）**

按：泽存堂本"儿"作"几"，铁华馆本、清芬堂本、两淮本和倪涛《六艺之一录》卷二百四十九《脂韵》"夔"字下同。夔，小篆作"𤲶"，古作"夔"。《说文·夊部》："夔，神魖也。如龙，一足，

---

① 本节引自 1932 年瑞安陈襄殷手钞精校本《字鉴校注》。为考证需要，原文个别字形与讹脱衍误仍其旧，部分字体保留繁体，卷页附后；下又分校讹文、校脱文、校衍文、校异文等，同条文献按类分开校对，部分校对略有交叉。

从夂；象有角、手、人面之形。"段注："云'如龙'，则有角可知，故𠙹象有角。"吴任臣《字汇补·艸部》："夔，古夔字。""夔""夔"中非从"几"，校注本依诸本改。

2)《字鉴·晧韵》："蚤，子晧切。《说文》：'啮人跳虫。'亦作'蝨'。上从'蚤'，古'爪'字。凡'骚''搔'之类从丨。俗作'蚤'。"（卷三 P.25）

按：铁华馆本"上从蚤"作"上从叉"，字学本、清芬堂本、两淮本和毛居正《增修互注礼部韵略》卷三《巧韵》"蚤"字下、乐韶凤《洪武正韵》卷九《巧韵》"蚤"字下、倪涛《六艺之一录》卷二百五十一《晧韵》"蚤"字下同。蚤，小篆作"𧕦"，本作"蝨"。《说文·䖵部》："蝨，啮人跳虫也。从䖵，叉声。叉，古爪字。𧕦，蝨或从虫。"段注："（叉，古爪字）按此四字妄人所沾。不言古文，而言古某字，许无此例。""蚤""蝨"上均从"叉"，校注本依诸本改。

3)《字鉴·果韵》："婐，五果切。《说文》：'娿婐也。从女，𠂹声。''𠂹'音同，木节也。从冂，从厂。厂，徐锴音'曳'。《增韵》从'厄'作'婐'，误。"（卷三 P.26）

按：泽存堂本"曳"作"曳"，字学本、铁华馆本、清芬堂本、两淮本和倪涛《六艺之一录》卷二百五十一《果韵》"婐"字下同。《说文·厂部》："厂，抴也。明也。象抴引之形。"段注："若'系'从糸，厂声，写者短之，乃与右戾之丿相溷。'曳'字从申，厂声，写者亦不察。皆当考正者也。"朱骏声《通训定声·厂部》"厂"字下："厂，与曳、抴略同。"校注本"曳"，依诸本作"曳"。

4)《字鉴·曷韵》："剌，郎葛切。《说文》：'戾也。'从约束之'束'，从刀。与'刺'字不同，'刺'音'七赐''七迹'二切，从芒束之'朿'。"（卷五 P.14）

按：泽存堂本"之剌"作"之束"，字学本、铁华馆本、清芬堂本、两淮本和倪涛《六艺之一录》卷二百五十三《曷韵》"剌"

字下同。《说文·刀部》:"刺,君杀大夫曰刺。刺,直伤也。从刀,从朿。朿亦声。"《古今韵会举要·锡韵》"刺"字下:"刺,从朿,从刀。俗作刺,误。""刺"从朿,校注本"之刺",依诸本作"之朿"。

5)《字鉴·缉韵》:"邑,一入切。《说文》:'国也。从口。从巴。'音节。偏旁于右作'阝',如郎、郡、邻、邮之类从卩。左乃自字偏旁,陆、陵等字所从,又与'卩'字异。'卩'音'节',若卬、即等字从之,俗从郎、郡等从卩,误。"(卷五 P.32)

按:泽存堂本"俗从"作"俗以",字学本、铁华馆本、清芬堂本、两淮本和倪涛《六艺之一录》卷二百五十三《缉韵》"邑"字下同。据校注本"俗以晨星为晨早字""俗以此为参商之参""俗以有钩挑者为终巳之巳"等通例,"俗从"依诸本作"俗以"。又《说文·邑部》:"邑,国也。从口。先王之制,尊卑有大小,从卩。"段注:"尊卑大小出于王命,故从卩。"校注本引文"从巴",依大徐本作"从卩"。

(3)注音

《字鉴·昔韵》:"隙,迄逆切。《说文》:'壁际空也。从阜,从𡭴。'𡭴音同。中从黑白之'白',俗作'隙'。《干禄字书》云:作'䧍'非。"(卷五 P.26)

按:泽存堂本"迄逆切"作"乞逆切","从𡭴"作"从𡭴",铁华馆本、清芬堂本和两淮本同。《说文·𨸏部》:"隙,壁际孔也。从𨸏,从𡭴,𡭴亦声。"段注:"隙,从𨸏𡭴,会意也。𡭴者,际见之白。𡭴亦声。"又《集韵·陌韵》"隙"字下:"隙,乞逆切。《说文》:'壁际孔也。'""隙"从"𡭴"得声,音"乞逆切"。校注本"迄"据诸本作"乞","空"依大徐本作"孔"。

2.校脱文

(1)注释

1)《字鉴·支韵》:"枝,章移切。《说文》:'木别生条也。

从木，支声。'俗作'枝'，古'枚'字，音梅，从击攴之'攴'。"（卷一P.5）

按：泽存堂本"俗作枝"下有"非，枝"2字，字学本、铁华馆本、清芬堂本、两淮本和倪涛《六艺之一录》卷二百四十九《支韵》"枝"字下同。《说文·木部》："枝，木别生条也。从木，支声。"段注："枝必岐出也，故古枝、岐通用。"又《仪礼·士昏礼》："主人拂几授校。"郑玄注："校，几足，古文为枝。与'枝'异，'枝'即'枚'也。""枝"又作"岐"，与"枝"异，校注本依诸本补正。

2）《字鉴·止韵》："起，墟里切。《说文》：'能立也。从走，巳声。''杞'、'芑'字同音，皆戊己之己，俱谐声也。今本《说文》从辰巳之巳，盖传写者误尔。《增韵》亦从戊己字。"（卷三P.9）

按：泽存堂本"皆"下有"从"字，铁华馆本、清芬堂本和两淮本同。张参《五经文字》卷上《走部》"起"字下："起，从辰巳之巳。"又《说文·走部》："起，能立也。从走，巳声。赶，古文起，从辵。"段注："起本发步之称，引伸之训为立，又引伸之为凡始事、凡兴作之称。从走，巳声。《五经文字》云'从辰巳之巳'，是。《字鉴》从戊己之己，非也。"据正文"《说文》从辰巳之巳""《增韵》亦从戊己字"，校注本"皆"下，依诸本补"从"字。

3）《字鉴·止韵》："喜，许里切。《说文》：'乐也。从壴，从口。''壴'音'树'。'嘉'字上从'壴'，俗作'喜'，'嘉'。"（卷三P.9）

按：泽存堂本第二个"从壴"上有"亦"字，字学本、铁华馆本、清芬堂本、两淮本和倪涛《六艺之一录》卷二百五十一《止韵》"喜"字下同。《说文·喜部》："喜，乐也。从壴，从口。凡喜之属皆从喜。"段注："壴，象陈乐立而上见。从口者，笑下曰喜也。闻乐则笑，故从壴从口。"又《说文·壴部》："嘉，美也。从壴，加声。"

段注："壴者，陈乐也，故嘉从壴。""喜、嘉"上同"从壴"，校注本"上"字下，依诸本补"亦"字。

4)《字鉴·卦韵》："賣，莫隘切。䴲物。《说文》：'从出，从買。'中从网，与讀、續等偏旁賣字不同。音育。俗中从横目作賣，误。"（卷四 P.17）

按：泽存堂本"音"上有"賣"字，字学本、铁华馆本、清芬堂本、两淮本和倪涛《六艺之一录》卷二百五十二《卦韵》"賣"字下同。《说文·出部》："賣，出物货也。从出，从買。"段注："賣，《韵会》作買声，则以形声包会意也。"又《说文·贝部》："賣，衒也。从贝，㦿声。㦿，古文睦。读若育。""賣"音"育"，与"賣"异。据正文"俗中从横目作'賣'，误"，校注本"音育"前，依诸本补"賣"字。

5)《字鉴·薛韵》："孑，吉列切。单也。《说文》：'无右臂也。从了，乚象形。'作'子'，非。'子'乃偏旁'子'字。"（卷五 P.20）

按：泽存堂本"作子"上有"俗"字，字学本、铁华馆本、清芬堂本、两淮本和倪涛《六艺之一录》卷二百五十三《薛韵》"孑"字下同。《说文·了部》："孑，无右臂也。从了，乚象形。"段注："引申之，凡特立为孑。"王筠《说文释例》卷二"孑"字下："了、孑、孓皆从子省之以见意。"又《正字通·子部》"孑"字下："孑，俗作犴。""孑"俗作"犴"，校注本"作子，非"上，依诸本补"俗"字。

6)《字鉴·缉韵》："慹，质入切。《说文》：'怖也。从心，執声。'与祭韵'慹'不同，'慹'音'势'。"（卷五 P.31）

按：泽存堂本"不"上有"字"字，字学本、铁华馆本、清芬堂本和两淮本同。《说文·心部》："慹，悑也。从心，執声。"《玉篇·心部》《广韵·缉韵》"慹"字下："慹，怖也。"校注本"怖"，依大徐本作"悑"。又《篇海类编·心部》"慹"字下：

"爇，与爇字不同。爇从執，此从埶。""爇""爇"形近异字，据正文"与胸字不同""与延字不同"等文例，校注本"不"上，依诸本补"字"字。

（2）注音

1）《字鉴·皆韵》："懷，乎乖。《说文》：'念思也。从心，褱声。''褱'音同，中从'罒'。'壞'字与此同。俗作'怀'。"（卷一 P.21）

按：泽存堂本"乖"下有"切"字，字学本、铁华馆本、清芬堂本和两淮本同。《说文·心部》："懷，念思也。从心，褱声。"段注："懷，户乖切，古音在十五部。"又《玉篇·心部》"懷"字下："懷，胡乖切。归也。思也。"《类篇·心部》"懷"字下："懷，乎乖切。《说文》：'念思也。'一曰人情也。""懷"音"乎乖切"，按校注本"质入切""吉列切"等通例，"乖"下依诸本补"切"字。

2）《字鉴·灰韵》："推，他回切。荡也。又尺隹切。从手，非从才能字。《佩觿》曰：'丨有尺隹、他回翻。'俗别为'催'，其浮伪如此。"（卷一 P.22）

按：泽存堂本《佩觿》"翻"上有"二"字，字学本、铁华馆本、清芬堂本、两淮本和倪涛《六艺之一录》卷二百四十二《佩觿》卷上"椎"字下同。《说文·手部》："推，排也。从手，隹声。"段注："推，按《广韵》又隹、汤回二音。"又《玉篇·才部》"推"字下："推，出唯、他雷二切。排也。"郭忠恕《佩觿》卷上："椎有尺隹、他回二翻，俗别为推。""推"有尺隹、他回二音，校注本"翻"上，依诸本补"二"字。

（3）引文

1）《字鉴·钟韵》："凶，许容切。《说文》：'恶，象地穿交陷其中也。'凡胸、夐之类从丨。与离字上不同。俗作凶。"（卷一 P.4）

按：泽存堂本"恶"下有"也"字，字学本、铁华馆本、清芬堂本、两淮本和倪涛《六艺之一录》卷二百四十九《钟韵》"凶"字下同。《说文·凶部》："凶，恶也。象地穿交陷其中也。"徐锴《说文解字系传·凶部》"凶"字下和《说文·凶部》"凶"字下段注同。"凶"训"恶也"，校注本"恶"下，依诸本补"也"字。

2）《字鉴·真韵》："鄰，离珍切。《说文》：'五家为鄰。从邑，㷠声。'古作'鄰'。《九经字样》云：'作■者讹。'"（卷一P.25）

按：泽存堂本"者"上有"隣"字，字学本、铁华馆本、清芬堂本、两淮本和倪涛《六艺之一录》卷二百四十九《真韵》"鄰"字下同。《说文·邑部》："鄰，五家为鄰。从邑，㷠声。"唐玄度《九经字样·阝部》"鄰"字下："鄰，五家为鄰。上《说文》，下隶省。作隣者讹。"《广韵·真韵》"鄰"字下："鄰，俗作隣。""隣"为"鄰"之俗体，校注本"者"上，依诸本补"隣"字。

3）《字鉴·屋韵》："復，房六切。《说文》：'往来也。从彳。'夏音同。隶作丨，下从夊，音'绥'，俗作'復'。"（卷五P.3）

按：泽存堂本"从彳"下有"夏声"2字，字学本、铁华馆本、清芬堂本、两淮本和倪涛《六艺之一录》卷二百五十三《屋韵》"復"字下同。《说文·彳部》："復，往来也。从彳，夏声。"朱骏声《通训定声·彳部》"復"字下："復，叚借为夏。"又《尔雅·释言》："復，返也。"郝懿行《尔雅义疏》："夏、復音义同。""復"从"夏"得声，据正文"夏音同"，校注本"从彳"下，依诸本补"夏声"2字。

（4）通例

据泽存堂本、字学本、铁华馆本、清芬堂本、两淮本等考证发现，校注本原文中注释和引文脱"丨"，即脱字与字头相同，如表4-1所示。

表 4-1　　　　　　　校注本原文脱"｜"统计

序号	校注本原文	脱"｜"
注释		
1	《字鉴·之韵》："辤，夕兹切。《说文》：'讼也。'又文也。从嚻，从辛。'嚻'音'乱'，俗作'辞'，或以为辤让字，误。"（卷一P.12）	"又文"下脱"｜"即"辤"字
2	《字鉴·鱼韵》："疋，山于切。《说文》作'𤴓'。上口不合，俗以为匹字，误。偏旁作'正'，与手足字异。凡胥、疎、楚、旋、淀、疎、疏从。"（卷一P.14）	"疏从"下脱"｜"即"疋"字
3	《字鉴·虞韵》："殳，慵朱切。击也。上从几，音同。凡役、设、殺、發、殷、聲、毅、般之类从，与'殳'字异。殳音没，唯没、殁字从殳。"（卷一P.17）	"类从"下脱"｜"即"殳"字
4	《字鉴·漾韵》："将，子亮切。｜军，师帅也。又音牆。《说文》：'帅也。从寸，牆省声。'唯锵、蹡、蒋、簯之类从，如牆、墻、檣、牆皆从｜省，非从全文。上从肉，俗从爪，作'将'，误。"（卷四P.30）	"类从"下脱"｜"即"将"字
引文		
5	《字鉴·江韵》："舡，许江切。船名，与僊韵'船'字不同。船，淳绿切。《佩觿》曰：'帆之｜为舟船，其类非有如此者。'"（卷一P.5）	《佩觿》"帆"下脱"｜"即"舡"字
6	《字鉴·支韵》："粢，民卑切。《说文》：'周行也。《诗》：入其阻。从冂，米声。'冂音纺切，或从卣，作粢，俗作'粢'、'罙'，非。"（卷一P.7）	大徐本"诗"下脱"｜"即"粢"字
7	《字鉴·之韵》："萁，渠之切。《说文》：'博。从木，其声。'俗作'碁'。"（卷一P.13）	大徐本"博"下脱"｜"即"萁"字
8	《字鉴·尤韵》："鍪，张流切。《说文》：'引击也。屋县名。从幸，从攵，从血。'幸，尼辄切。攵音扑。俗下从皿作'鍪'，皆误。"（卷二P.26）	大徐本"屋"上脱"｜"即"鍪"字

3.校衍文

（1）字头

《字鉴·萧韵》："雕彫凋，丨并丁柳切。上《说文》：'䧹也。从隹，周声。'籀作'䧹'。中《说文》：'琢文也。'《书》：'峻宇彫墙。'从彡，周声。下《说文》：'半伤也。'又凋瘁也。《论语》：'松柏后凋。'从仌，周声。三字不同。经典多以鹫雕为彫琢，以彫琢为凋瘁，盖皆传写之讹。后人因而不改，宜从本文为正。"（卷二 P.7）

按：泽存堂本"并"上无"丨"即"雕"字，"语"上无"论"字，字学本、铁华馆本、清芬堂本、两淮本和倪涛《六艺之一录》卷二百五十《萧韵》"雕彫凋"字下同。《集韵》《古今韵会举要》《洪武正韵》"雕、彫、凋"3字，并丁聊切。据校注本"并诸容切""并留切""并庚顷切"和"《语》羿荡舟""《书》峻宇彫墙"等通例，"丨""论"2字，依诸本删。

（2）注释

1）《字鉴·之韵》："絲，新兹切。《说文》：'蚕所吐也。从二糸。''糸'音'觅'，亦作'絲'，如聦、顯之类，是也。俗作'絲'。"（卷一 P.12）

按：泽存堂本"二糸"下无"糸"字，"觅"下有"偏旁"2字，字学本、铁华馆本、清芬堂本、两淮本和倪涛《六艺之一录》卷二百四十九《之韵》"絲"字下同。《说文·丝部》："絲，蚕所吐也。从二糸。"又《说文·糸部》："糸，细丝也。象束丝之形。凡糸之属皆从糸。读若覛。"《六书故·工事六》："絲非一纼之绪，故两其象以立义，其有偏旁者，则从省文，非有二字也。"校注本第二个"系"，依诸本删，"亦"上补"偏旁"2字。

2）《字鉴·虞韵》："俞，容朱切。姓也。《说文》：'从亼，从舟，从巜。''亼'音'集'。'舟'偏旁作'月'。'巜'音'浍'，隶从许本作二直画，非。从刀也，俗作俞。"（卷一 P.18）

按：泽存堂本"隶"下无"从许本"3字，字学本、铁华馆本、清芬堂本、两淮本和倪涛《六艺之一录》卷二百四十九《虞韵》"俞"字下同。《说文·舟部》:"俞,空中木为舟也。从亼,从舟,从巜。巜,水也。"又《说文·巜部》:"巜,水流浍浍也。方百里为巜,广二寻,深二仞。"段注:"巜,今《周礼》作浍。许所据作巜,后人以水名易之也。"校注本"从许本"3字,依诸本删。

3)《字鉴·真韵》:"申,升人切。辰名。《说文》作𢑚。从臼,音掬。今文作丨。凡神、坤、電、奄、曳作曳之类从丨,唯陈、臾二字从古丨字。"(卷一 P.23)

按:泽存堂本"曳"下无"作曳"2字,字学本、铁华馆本、清芬堂本、两淮本和倪涛《六艺之一录》卷二百四十九《真韵》"申"字下同。《说文·申部》:"𢑚,神也。七月阴气成,体自𢑚束。从臼,自持也。吏臣餔时听事,𢑚旦政也。凡𢑚之属皆从𢑚。"据校注本"某之类从丨"通例,"曳"下"作曳"2字,据诸本删。

4)《字鉴·文韵》:"熏,许云切。《说文》:'火烟上出也。从中,从黑。'隶作丨。俗上从轻重二字作'熏',或作'燻',皆非。"(卷一 P.26)

按:泽存堂本"轻重"下无"二"字,字学本、铁华馆本、清芬堂本、两淮本和倪涛《六艺之一录》卷二百四十九《文韵》"熏"字下同。《说文·中部》:"熏,火烟上出也。从中,从黑。中黑,熏黑也。"段注:"此恐学者不达会意,故发明之,曰中而继之以黑,此烟上出,而烟所到处成黑色之象也。"又《集韵·文韵》"熏"字下:"熏,隶作熏。俗作燻,非是。""熏"上从中,隶作"熏",校注本"轻重"下"二"字,依诸本删。

5)《字鉴·先韵》:"县,胡涓切。《说文》:'系也。从系,从県。'古尧切。音枭。枭,古尧切。音骁。与县相去远甚。徐铉田:'此本丨挂之丨,借为州县之县。俗又加心,别作悬。'"(卷二 P.2)

按:泽存堂本"音"上无"古尧切","枭"下无"枭,古尧切。音骁,与县相去远甚"12字,"田"作"曰",字学本、铁华馆本、清

194

芬堂本、两淮本和倪涛《六艺之一录》卷二百五十《先韵》"县"字下同。《说文·県部》:"县,繫也。从系,持県。"徐铉注:"此本县挂之县,借为州县之县。今俗加心,别作悬,义无所取。"又"县"古音匣母元部,"県"古音见母宵部,形音皆异,校注本依诸本删改。

6)《字鉴·僊韵》:"鸢,余专切。《说文》:'鸷鸟也。'从鸟,从屰。俗作'䳒''鸢'。《增韵》从屮,屮,许本作'艸'字,从屮,作'鸢',皆误。"(卷二 P.6)

按:泽存堂本"从屮"下无"屮,许本作艸字"6 字,字学本、铁华馆本、清芬堂本、两淮本和倪涛《六艺之一录》卷二百五十《僊韵》"鸢"字下同。《说文·鸟部》:"鸢,鸷鸟也。从鸟,屰声。"徐铉注:"屰非声。一本从屮,疑从萑省。今俗别作鸢,非是。"毛晃《增韵·僊韵》"鸢"字下:"鸢,鸷鸟。似鸱而小。从屮,从屮,从鸟。亦作'鸢''䳒'。"大徐本和《增韵》均无"屮,许本作艸字"6 字,校注本依诸本删。

7)《字鉴·尤韵》:"羞,思留切。《说文》:'进献也。从羊,从丑。'俗作'羞''羞'。"(卷二 P.26)

按:泽存堂本"羞"下无"羞"字,字学本、铁华馆本、清芬堂本、两淮本和倪涛《六艺之一录》卷二百五十《尤韵》"羞"字下同。《说文·丑部》:"羞,进献也。从羊,羊,所进也;从丑,丑亦声。"段注:"会意,不入羊部者,重丑也。从丑者,谓手持以进也。"校注本"羞",依诸本删。

8)《字鉴·旨韵》:"底,轸视切。平也。致也。《说文》:'柔石也。'底训柔石,引伸之为致也、至也、平也。底则训止,训下,音义迥别。从厂,氐声。厂音罕,与'底'字不同。'底'音'邸',下也。上从广,音俨。"(卷三 P.4)

按:泽存堂本"柔石也"下无"底训柔石,引伸之为致也、至也、平也。底则训止,训下,音义迥别"24 字,字学本、铁华馆本、清芬堂本、两淮本和倪涛《六艺之一录》卷二百五十一《旨韵》"底"字下同。《说文·厂部》:"厎,柔石也。从厂,氏声。"段注:"厎之引伸之义为致也、至也、平也。"又《说文·广部》:"底,山居也。一曰下也。从广,氐声。"段注:"按'厎'训止,与厂部'厎'训柔石,引伸之训致也,至也,迥别。"前文有"平也,致也",校注本依诸本删正。

9)《字鉴·狝韵》:"舛,尺兖切。《说文》作𦰩,'对卧也。从夂㐄相背'。凡舞、舜、雞、韋、韏之类从丨。'夂'音'绥',俗从旦夕字,作舛,桀字亦从舛在木上,误。"(卷三 P.20)

按:泽存堂本"误"字上无"桀字亦从舛在木上"8字,字学本、铁华馆本、清芬堂本、两淮本和倪涛《六艺之一录》卷二百五十一《狝韵》"舛"字下同。《说文·舛部》:"𦰩,对卧也。从夂㐄相背。凡𦰩之属皆从𦰩。踳,杨(扬)雄说:'舛从足、春。'"段注:"𦰩,谓人与人相对而休也。引伸之,足与足相抵而卧亦曰舛,其字亦作僢。"又《说文·桀部》:"桀,磔也。从舛在木上也。"段注:"《通俗文》曰:'张伸曰磔。'舛在木上,张伸之意也。"据上下语境,校注本"误"上8字,依诸本删。

10)《字鉴·果韵》:"堕,徒果切。《说文》作隓,'落也。从𨸏,多声'。丨本篆文陸敗字,音许规切。今文以'隓'代'陸',而以'丨'代'隓',本非其正,然相承已久,遽难改也。许本'隓'作'㩻'。"(卷三 P.25)

按:泽存堂本"遽难改也"下无"许本隓作㩻"5字,字学本、铁华馆本、清芬堂本、两淮本和倪涛《六艺之一录》卷二百五十一《果韵》"堕"字下同。《说文·𨸏部》:"隓,落也。从𨸏,多声。"徐铉注:"隓,今俗作堕,非是。"段注:"今字叚堕为隓,而叚隓为陊,义虽略相近,而实本不同。""堕"又作"隓","隓"又作"陊",校注本依诸本删正。

(3)引文

1)《字鉴·支韵》:"羲,虚宜切。太昊氏。《说文》:'氣■也。从兮,义声。'俗下从秀作'羲',误。"(卷一 P.8)

下编 考校篇

按：泽存堂本"氣"下不空，字学本、铁华馆本、清芬堂本、两淮本和倪涛《六艺之一录》卷二百四十九《支韵》"羲"字下同。《说文·兮部》："羲，气也。从兮，义声。"段注："羲，气也。谓气之吹嘘也。"又《说文·气部》："气，云气也。象形。"段注："气、氣，古今字。自以'氣'为云气字，乃又作'饩'为廪氣字矣。"校注本"氣"，依大徐本作"气"，二者古今字。

2）《字鉴·寒韵》："看，丘寒切。《说文》：'睎也。从手，下目。'《九经字样》云：作'晢'字作者误。"（卷一 P.30）

按：泽存堂本"晢"下无"字作"2字，字学本、铁华馆本、清芬堂本、两淮本和唐玄度《九经字样·目部》"看"字下、倪涛《六艺之一录》卷二百四十九《寒韵》"看"字下同。《说文·目部》："看，睎也。从手，下目。翰，看或从倝。"段注引徐锴："宋玉所谓'扬袂障目，而望所思'也。"校注本"晢"下"字作"依诸本删。

3）《字鉴·侵韵》："淫，夷斟切。《说文》：'侵丨随理也。从水，𡈼声。一曰久雨为淫。'𡈼音同。从爪，从壬，音珽。《五经文字》云：'作滛，讹。'俗又作淫。从壬，从人土之说例之，则作淫不俗。"（卷二 P.28）

按：泽存堂本"俗又作淫"下无"从壬，从人土之说例之，则作淫不俗"14字，字学本、铁华馆本、清芬堂本、两淮本和倪涛《六艺之一录》卷二百五十《侵韵》"淫"字下同。《说文·水部》："淫，浸淫随理也。从水，𡈼声。一曰久雨为淫。"《说文·人部》："侵，渐进也。"段注："《水部》浸淫随理也。浸淫，亦作侵淫。"又张参《五经文字》卷下《水部》"淫"字下："淫，久雨曰淫。从爪，从壬。壬音他顶反。作滛，讹。"校注本"俗又作淫"下14字，依诸本删。

4）《字鉴·感韵》："顉领，上户感切。顉领。《说文》：'面黄也。从页，含声。'下五感切。《说文》：'低头也。从页，金声。'引《春秋传·襄二十六年》：'迎于门者，领之而已。'《说文》本二字音义俱异。《增韵》上收领字，音户感、五感二切。以领为

197

俗，非也。"（卷三 P.38）

按：泽存堂本"《春秋传》"下无"襄二十六年"5 字，字学本、铁华馆本、清芬堂本、两淮本和倪涛《六艺之一录》卷二百五十一《感韵》"颔顉"字下同。《左传·襄公二十六年》："逆于门者，颔之而已。"《说文·页部》："顉，低头也。从页，金声。《春秋传》曰：'迎于门，顉之而已。'"段注："依许训，则颔、顉皆非也。"据校注本"《春秋传》"通例，"襄二十六年"依诸本删。

5）《字鉴·祭韵》："彑，居例切。《说文》：'豕之头。丨象其锐而上见也。'凡虤、彖、彔、录、剥、彙、彝之类从丨，与'彐'字不同。彐，偏旁。又字如'寻'、'帚'等字，从之偏旁，俗混作'彐'，误。"（卷四 P.14）

按：泽存堂本"象"上无"丨"即"彑"字，字学本、铁华馆本、清芬堂本、两淮本和倪涛《六艺之一录》卷二百五十二《祭韵》"彑"字下同。《说文·彑部》："彑，豕之头。象其锐而上见也。凡彑之属皆从彑。读若罽。"《广韵·祭韵》"彐"字下和《类篇·彑部》"彑"字下引同。校注本"象"上"丨"，依诸本删。

4.校异文

以泽存堂本、字学本、铁华馆本、清芬堂本、两淮本对校注本，发现校注本与诸本间存在一些异文，如表 4-2 所示。

表 4-2　校注本与诸本异文统计

序号	校注本原文	诸本异文
1	《字鉴·鍾韵》："鍾鐘，竝诸容切。上酒器。又量名。从轻重之重。下乐器也。鐘鼓也。从童仆之童。"（卷一 P.3）	校注本"竝"，泽存堂本、字学本、铁华馆本、清芬堂本和两淮本作"並"。《说文·并部》："竝，并也。从二立。"《希麟音义》卷六"竝竖"："竝，今经作並，俗字也。""竝"俗作"並"。据校注本"並丁柳切""並省"等通例，"竝"依诸本作"並"。

198

下编　考校篇

续表

序号	校注本原文	诸本异文
2	《字鉴·支韵》："岐，翘移切。山名。又岐出道。《汉·张堪传》'麦秀两岐'谓一茎两穗，如路丨之二达也。"（卷一P.8）	
3	《字鉴·鱼韵》："疋，山于切。《说文》作𤴓。上口不合，俗以为匹字，误。偏旁作正，与手足字异。"（卷一P.14）	校注本"旁"，泽存堂本、字学本、铁华馆本、清芬堂本和两淮本作"旁"。《说文·上部》："旁，溥也。从二，阙。方声。𠂇，古文旁。旁，亦古文旁。𠃬，籀文。"段注："旁读如滂，与溥双声。"《古今韵会举要·阳韵》"旁"字下："旁，隶作旁。"《康熙字典·方部》"旁"字下："旁，二即上字，《说文》在《上部》，今并入。经典相承作旁。""旁"为"旁"之异体，据校注本"辂车旁""在乃卸字左旁"等通例，"旁"依诸本作"旁"。
4	《字鉴·祭韵》："彑，居例切。《说文》：'豕之头。丨象其锐而上见也。'凡彘、彖、彔、彖、剥、彙、彝之类从丨，与彐字不同。彐，偏旁。又字如寻、帚等字，从之偏旁，俗混作'彐'，误。"（卷四P.14）	
5	《字鉴·卦韵》："賣，莫隘切。鬻物。《说文》从出，从買，中从网。与读、续等偏旁'賣'字不同，音'育'。"（卷四P.17）	
6	《字鉴·薛韵》："孑，吉列切。单也。《说文》：'无右臂也。从了，乚象形。'作'孑'，非。'孑'乃偏旁'子'字。"（卷五P.20）	
7	《字鉴·缉韵》："邑，一入切。《说文》：'国也。从囗，从巴。'音节。偏旁于右作阝，如郎、郡、邻、邮之类从丨。左乃阜字偏旁，陆、陵等字所从。"（卷五P.32）	
8	《字鉴·有韵》："秠，匹九切。黣黍。又篇夷切。《说文》：'一稃二米。从禾，丕声。'监本从'否'，误。"（卷三P.33）	校注本"黣"，泽存堂本、字学本、铁华馆本、清芬堂本和两淮本作"黑"。《说文·黑部》："黑，火所熏之色也。从炎，上出囪。囪，古窗字。"段注："此语为从炎起本。从炎，上出囪。会意。"《康熙字典·黑部》"黣"字下："黣，《说文》黑本字。从炎上出囪。""黣"为"黑"本字，据校注本"黑也""黑色"等通例，"黣"依诸本作"黑"。

199

续表

序号	校注本原文	诸本异文
9	《字鉴·齐韵》："醓，馨兮切。《说文》：'酸也。作丨目鬻目酒。从鬻、酒并省，从皿。皿，器也。'《五经文字》云：作醓者，俗。"（卷一 P.20）	校注本"目"，泽存堂本、字学本、铁华馆本、清芬堂本和两淮本作"以"。《说文·巳部》："目，用也。从反巳。贾侍中说：'巳，意巳实也。'象形。"段注："今字皆作以，由隶变加人于右也。""以"古作"目"。据校注本"以木""以为"等通例，"目"依诸本作"以"。
10	《字鉴·删韵》："關，姑还切。《说文》：'目木横持门户也。从门，䦔声。'䦔音同。下用卄，古矿字。俗作'関''関'。"（卷二 P.31）	
11	《字鉴·感韵》："顉颔，上户感切。颐颔。《说文》：'面黄也。从页，含声。'下五感切。《说文》：'低头也。从页，金声。'引《春秋传·襄二十六年》：'迎于门者，颔之而已。'《说文》本二字音义俱异。《增韵》上收顉字，音户感、五感二切。目顉为俗，非也。"（卷三 P.38）	
12	《字鉴·昔韵》："易，夷益切。《说文》：'日月为易，象阴阳也。一曰从勿。'又目鼓切。凡锡、剔、赐、鬄之类谐声者从丨，俗作易。"（卷五 P.26）	
13	《字鉴·线韵》："變，彼卷切。《说文》：'夏也。'从击夂之夂，䜌声。俗作'變'。"（卷四 P.25）	校注本"夏"，泽存堂本、字学本、铁华馆本、清芬堂本和两淮本作"更"。《说文·攴部》："變，更也。从攴，䜌声。"又《玉篇·攴部》"夏"字下："夏，今作更。""更"古作"夏"。据校注本"更生""从禾，更声"等通例，"夏"依诸本作"更"。
14	《字鉴·屋韵》："鹿，卢谷切。《说文》：'兽也。象头角四足之形。'鸟鹿足相佀，故从二匕。匕，卑履切。俗作廘。"（卷五 P.5）	校注本"佀"，泽存堂本、字学本、铁华馆本、清芬堂本和两淮本作"似"。《说文·鹿部》："鹿，兽也。象头角四足之形。鸟鹿足相似，从匕。凡鹿之属皆从鹿。"又《说文·人部》："佀，象也。从人，目声。"段注："佀，隶作似。""似"为"佀"隶变体，据校注本"似两切""似鹄"等通例，"佀"依诸本作"似"。

5.校体例

《字鉴》按"单字+释文"的方式进行编排,释文中与字头相同之字皆用"｜"表示,如"从｜""作｜""曰｜"等,校注本亦同。然以对校法、本校法考证发现,校注本原文中仍有体例不一之失,如表4-3所示。

表 4-3　校注本原文体例统计

序号	校注本原文	体例
1	《字鉴·支韵》:"氂,邻知切。十豪曰氂。《说文》:'犛牛尾也。从犛省,从毛。'上从午未之'未'。凡釐、嫠、氂等,上与此同。俗从'牛',误。"(卷一 P.7)	"曰氂"作"曰｜"
2	《字鉴·支韵》:"岐,翘移切。山名。又旁出道。《汉·张堪传》'麦秀两岐'谓一茎两穗,如路｜之二达也。左从山,俗作'歧'。"(卷一 P.8)	"两岐"作"两｜"
3	《字鉴·真韵》:"豳,卑民切。周始封国。《说文》:'美阳亭即豳也。'从山,从二豕。俗作'邠'。"(卷一 P.25)	"即豳"作"即｜"
4	《字鉴·真韵》:"鄰,离珍切。《说文》:'五家为鄰。从邑,粦声。'古作'𨛫'。《九经字样》云:'作■者讹。'"(卷一 P.25)	"为鄰"作"为｜"
5	《字鉴·萧韵》:"枭,坚尧切。《说文》:'不孝鸟也。日至,捕枭磔之。从鸟首在木上。'会意。凡嘄、獟之类从｜。俗作'梟'。"(卷二 P.8)	"捕枭"作"捕｜"
6	《字鉴·豪韵》:"豪,胡刀切。豕名。又十丝曰豪。《说文》从豕高,省声。俗作'毫'。"(卷二 P.10)	"曰豪"作"曰｜"
7	《字鉴·旨韵》:"圮,部鄙切。《说文》:'毁也。《书》:方命圮族。'从土,从戊己之'己'。与圯桥字不同。'圯'音'诒',从辰巳之'巳'。"(卷三 P.6)	"圮族"作"｜族"
8	《字鉴·果韵》:"婐,五果切。《说文》:'婐妮也。从女,厄声。''厄'音同,木节也。从卪,从厂。'厂'徐锴音'曳'。《增韵》从'厄'作'婀',误。"(卷三 P.26)	"婐妮"作"婐｜"
9	《字鉴·屋韵》:"穀,古禄切。《说文》:'百穀总名。从禾,㱿声。'俗作'穀',非。'㝅'音同。楮木,皮可为纸。下从木㱿,苦角切。"(卷五 P.2)	"百穀"作"百｜"
10	《字鉴·屋韵》:"鹿,卢谷切。《说文》:'兽也。象头角四足之形。'鸟鹿足相似,故从二匕。匕,卑履切。俗作'㢟'。"(卷五 P.5)	"鸟鹿"作"鸟｜"

201

续表

序号	校注本原文	体例
11	《字鉴·屋韵》："角，卢谷切。《集韵》兽不童也。《东方朔传》：'臣以为龙又无角，谓之为蛇又有足。'又汉四皓'丨里先生'。《佩觿集》引《辨证》曰：《资暇集》：'汉四皓，其一号丨里，丨音禄。'"（卷五 P.6）	"无角"作"无丨"
12	《字鉴·术韵》："出，尺律切。丨入也。《说文》作'屮'，'进也。象草木益滋，上丨达也。'隶作丨。《六书略》云：'华英也。华皆五出，故象五丨之形'，非从二山。"（卷五 P.10）	"五出"作"五丨"
13	《字鉴·麦韵》："麥，莫获切。《说文》：'芒穀，秋穜厚薶，故谓之麦。'从来，有穗者。从夊，音绥。俗作'麦''麦'。"（卷五 P.23）	"之麥"作"之丨"
14	《字鉴·昔韵》："易，夷益切。《说文》：'日月为易，象阴阳也。一曰从勿。'又以鼓切。凡锡、剔、赐、鬄之类谐声者从丨，俗作'易'。"（卷五 P.26）	"为易"作"为丨"

（二）校注本方校商兑

1. 校讹文

（1）注释

1）《字鉴·支韵》："袆，于宜切。美也。珍也。从示。与褘字不同。褘，后蔽膝也。从衣，音晖。"方成珪《校注》："《说文》：褘，蔽郄也。《周礼》：'王后之服褘衣。'谓画雉。许归切。若不全录其文，当云：'后服，又蔽膝也。'此疑有脱误。"（卷一 P.8）

按：方校"画雉"，大徐本作"画袍"。《说文·衣部》："褘，蔽郄也。从衣，韦声。《周礼》曰：'王后之服褘衣。'谓画袍。"段注："袍当作衣。大郑曰：'褘衣，画衣。'"徐锴《说文解字系传·衣部》"褘"字、《附释文互注礼部韵略·微韵》"褘"字和《古今韵会举要·微韵》"褘"字下引同。

2）《字鉴·咍韵》："栽，将来切。种莳。从木，从弋。弋音同。从戈才，隶作弋，与𢦒字异。𢦒音尖，𨦃字从之。凡哉、裁、载、戴、戴等字与此同。俗作'栽'。"方成珪《校注》："《说文》六篇《木部》。栽，昨代切。筑墙长板也。从木，𢦒声。又十二篇《戈部》。𢦒，祖才切。伤也。"（卷一 P.22）

按：方校"板"，大徐本作"版"。《说文·木部》："栽，筑墙长版也。从木，𢦒声。《春秋传》曰：'楚围蔡，里而栽。'"段注："古筑墙先引绳营其广轮方制之正。……许云筑墙长版为栽者，以版该桢干也。"《集韵·代韵》"栽"字、《类篇·木部》"栽"字、《古今韵会举要·代韵》"栽"字下引同。

3）《字鉴·麌韵》："甫，衣矩切。《说文》：'男子美称。从用，从父。'凡尃、傅、薄、溥、博、牖之类从丨。俗作'甫'，偏旁作'𠮷'，皆误。"方成珪《校注》："牖，七篇《片部》。穿壁以木为交窗也。从片、户、甫。谭长以为甫上日也，非户也，牖，所见日。与久切。"（卷三 P.11）

按：方校"窗"，大徐本作"牕"，"所"下有"以"字。《说文·片部》："牖，穿壁以木为交窗也。从片、户、甫。谭长以为甫上日也，非户也，牖，所以见日。"段注："'牖，所以见日'，说从日之意也。"《集韵·有韵》"牖"字下、《六书故·植物一》"牖"字下、《正字通·片部》"牖"字下引同。

（2）引文

《字鉴·箇韵》："作，子贺切。为也。造也。《增韵》引《韩愈诗》：'方桥如此丨。'又即各切。俗别为'做'，非。做，直信切。"方成珪《校注》："《后汉书·廉范传》：'廉叔度，来何暮？不禁火，民夜作。'已从子贺切，不始昌黎。"（卷四 P.28）

按：方校引文"夜"，《东观汉记》和景祐本、绍兴本、元大德本《后汉书》作"安"。《东观汉记·廉范》："民歌之曰：'廉叔度，来何暮？不禁火，民安堵。昔无襦，今五袴。'"《后汉书·廉范传》："百姓为便，乃歌之曰：'廉叔度，来何暮？不禁火，民安作。平生无襦，今五袴。'"

2.校脱文

（1）注释

1）《字鉴·箇韵》："贊，则旰切。《说文》作'𧶛'，明也。从贝，从兟。兟，音莘。隶作丨。《后汉书》作'赞'，误。凡僭、鑽、欑、酇之类从丨。"方成珪《校注》："酇，六篇《邑部》。百家为酇。聚也。作管切。又作但切。"（卷四 P.28）

按：方校"聚"上，大徐本有"酇"字。《说文·邑部》："酇，百家为酇。酇，聚也。从邑，赞声。南阳有酇县。"段注："酇，谓酇与欑、僭音义皆同。"《玉篇·邑部》"酇"字、《集韵·缓韵》"酇"字、《类篇·邑部》"酇"字、《古今韵会举要·旱韵》"酇"字下同。

2）《字鉴·质韵》："逸，戈质切。《说文》：'失也。'从辵，从兔鹿之兔。俗以解免字作'逸'，误。"方成珪《校注》："逸，十篇《兔部》云：'兔谩訑善逃也。'是说所以从兔之义。"（卷五 P.10）

按：方校"兔之义"上，段注有"辵"字。《说文·兔部》："逸，失也。从辵兔。兔谩訑善逃也。"段注："说从辵兔之意。谩、訑皆欺也，谩音蛮，訑《言部》作詑，音大和切。兔善逃，……兔善逃，故从兔辵，犹隹善飞，故夺从手持隹而失之，皆亡逸之意。"

（2）引文

《字鉴·麦韵》："革，古核切。《说文》：'兽皮治去其毛，丨更之象。'上从廿，音集，俗作䩍。"方成珪《校注》："革，三篇部首。'象'下有'古文革之形'五字。段懋堂曰：'各本文义、句读，皆不可通，今依《召南》《齐风》《大雅》《周礼》四疏订正。'"（卷五 P.24）

按：方校引文"《周礼》"下，段注有"《掌皮》"2字。《说文·革部》："革，兽皮治去其毛，革更之。象古文革之形。"段注："各本'兽皮治去其毛，革更之，象古文革之形'，文义、句读，皆不可通，今依《召南》《齐风》《大雅》《周礼·掌皮》四疏订正。"

《唐摭言校正》对读

王定保《唐摭言》成书于后梁贞明初年，全书共15卷，103篇，主要记载了唐代科举制度、文人逸事和散佚章句等内容。现行版本分钞本、刻本和节录3个系统，较通行的版本有《稗海》本、《雅雨堂丛书》本、《四库全书》本、《学津讨原》本、《啸园丛书》本和《中国文学参考资料小丛书》本等。道光十四年（1834），方成珪《唐摭言校正》据新旧《唐书》《全唐文》和《南院新书》等同代相关文献，对吴昂驹自校本进行重新校正（简称"校正本"）。是本现藏于温州市图书馆，后又由吴昂驹再次复校，并由其同乡管庭芬整理刊印，即"管庭芬抄本"，该本收藏于国家图书馆。这里据《唐摭言》通行的诸本与新旧《唐书》《全唐文》等文献，分别对校正本原文、方校做一对读。

（一）校正本原文对读[①]

1.校异文

（1）《唐摭言》卷一《统序科第》："斯吾唐贡士之始也。厥有沿革，录之如左。"（P.1）

按：《雅雨堂丛书》本、《四库全书》本、《学津讨原》本、《啸园丛书》本和管庭芬抄本等"吾"均作"我"。《说文·口部》："吾，我自称也。""吾"即"我"。又"沿"，《学津讨原》本作"沿"。《玉篇·水部》："沿，亦作沿。"校正本"吾、沿"，依诸

[①] 本节引自清道光十四年钞本《唐摭言校正》。为考证需要，原文个别字形与讹脱衍误仍其旧，部分字体保留繁体，页码附后；下又分校异文、校讹文、校脱文、校衍文、校倒文等，同条文献按类分开校对，部分校对略有交叉。

本又作"我、沿"。

（2）《唐摭言》卷一《述进士下篇》："大燕于曲江亭子谓之'曲江会'，籍而入选谓之'春关'。"（P.6）

按：《雅雨堂丛书》本、《四库全书》本、《学津讨原》本、《啸园丛书》本、管庭芬抄本和清《皇清经解续编》本《登科记考》卷二十八等"籍"均作"藉"。杜甫《同李太守登历下古城员外新亭》："迹籍台观旧。"仇兆鳌《详注》引《古今韵会举要》："古籍字与藉通。"又朱骏声《说文通训定声·竹部》："籍，叚借为藉。""籍、藉"古音同属从母铎部，音同相通，为异文关系。校正本"籍"，依诸本又作"藉"。

（3）《唐摭言》卷一《乡贡》："咸亨五年，七世伯祖鸾台凤阁龙石白水公，时任考公员外郎，下覆试十一人。"（P.12）

按：《雅雨堂丛书》本、《四库全书》本、《学津讨原》本、《啸园丛书》本、管庭芬抄本和清《皇清经解续编》本《登科记考》卷二十八等第二个"公"均作"功"。《吕氏春秋·务本》："无公故也。"毕沅《新校正》："公亦功也，古通用。""公、功"音同相通，为异文关系。又"考功"指负责官吏政绩考核之官。《汉书·谷永传》："治天下者尊贤考功则治，简贤违功则乱。"[1]唐韩愈《独孤府君墓志铭》："君以嫌自列，改尚书考功员外郎。"[2]据卷一《试杂文》"考功员外郎刘思玄"、卷三《慈恩寺题名游赏赋咏杂纪》"自左史拜考功员外"等文例，校正本"公"，依诸本作"功"。

（4）《唐摭言》卷一《乡贡》："迩来乡贡渐广，率多寄应者，故不甄别于牓中。"（P.13）

按：《雅雨堂丛书》本、《四库全书》本、《学津讨原》本、《啸园丛书》本、管庭芬抄本和民国求恕斋丛书本《通义堂文集》卷十二、清《皇清经解续编》本《登科记考》卷二十八等"迩"均作"尔"。清

---

[1] （汉）班固：《汉书》卷85，清乾隆武英殿刻本，第1265页。
[2] （唐）韩愈：《昌黎先生文集》卷29，宋蜀本，第202页。

李富孙《诗经异文释》卷二："不远伊迩。《吕览·孟春》注引作'伊尔'。"又王先谦《三家义集疏》："鲁迩作尔。""迩"又作"尔"，二者为异文关系。校正本"迩"，依诸本又作"尔"。

（5）《唐摭言》卷二《废等第》："㴱叨居畿甸，合贡英髦；非无藻鉴之心，俱有爱憎之谤。"（P.27）

按：《雅雨堂丛书》本、《四库全书》本、《学津讨原》本、《啸园丛书》本和清《皇清经解续编》本《登科记考》卷二十二等"鉴"均作"鑑"。《玉篇·金部》："鑑，同鉴。"《广韵·鑑韵》："鉴，同鑑。"《集韵·衔韵》："鑑，或书作鉴。""鑑"又作"鉴"，二者为异文关系。校正本"鉴"，依诸本又作"鑑"。

（6）《唐摭言》卷二《等第罢举》："韦璟原注：十四年 辛谅 崔慜 薛浑原注：并长庆元年 韦澌 李余原注：并二年 郭崖原注：三年 李景芳。"（P.28）

按：《雅雨堂丛书》本、《四库全书》本、《学津讨原》本、《啸园丛书》本和管庭芬抄本等"芳"均作"方"。《太玄·务》："珍洁精其芳。"司马光《集注》："王本'芳'作'方'。""芳"又作"方"，二者音同相通。又清《皇清经解续编》本《登科记考》卷二十："是年，李景方、卢镒等第罢举，见《摭言》。"故校正本"芳"，依诸本又作"方"。

（7）《唐摭言》卷二《为等第后方及第》："论曰：孟轲言，遇不遇，命也。或云：性能则命通。"（P.29）卷十三《敏捷》："或云濆救八人矣。"（P.239）

按：《雅雨堂丛书》本、《四库全书》本、《学津讨原》本、《啸园丛书》本和管庭芬抄本等"云"均作"曰"。《论语·子路》："始有，曰苟合矣。"皇侃疏："曰，犹云也。"又《礼记·坊记》："子云：君子辞贵不辞贱。"陆德明《释文》："子云，自此以下本或作'子曰'。""云"又作"曰"，二者义同相通。校正本"云"，依诸本又作"曰"。

（8）《唐摭言》卷二《争解元》："合肥李郎中群，始与杨衡、符载等，……唯合肥公年十八，……合肥神质瓌秀，主司为之动容。"（P.31）卷八《阴注阳受》："先是翱典合肥郡，有道人诣翱，自言能使鬼神。"（P.140）

按：《雅雨堂丛书》本、《四库全书》本、《学津讨原》本和《啸园丛书》本等"肥"均作"淝"。《诗经·邶风·泉水》："我思肥泉。"陆德明《释文》："肥，字或作淝。""肥、淝"音同易混，为异文关系。校正本"肥"，依诸本又作"淝"。

（9）《唐摭言》卷二《争解元》："郢援笔而成曰：'欥有飞鸟，在河之洲。一饮一啄，载沉载浮。赏心利涉之地，浴质至清之流。'"（P.32）卷三《慈恩寺题名游赏赋咏杂纪》："玉经磨琢多成器，剑拔沉埋便倚天。"（P.51）

按：《雅雨堂丛书》本、《四库全书》本、《学津讨原》本和《啸园丛书》本等"沉"均作"沈"。《文选·阮籍〈咏怀诗〉》："俯仰作浮沉。"旧校："五臣作沈。"《正字通·水部》："沉，俗沈字。""沉"又作"沈"，二者为异文关系。校正本"沉"，依诸本又作"沈"。

（10）《唐摭言》卷二《得失以道》："仲尼、孟轲，殁千余岁矣，吾不及见其人，能知其圣且贤者，以吾读其辞而得之者也。后来者不可欺，安知其读吾辞也，而不知吾心之所存乎？"（P.33-34）

按：《雅雨堂丛书》本、《四库全书》本、《学津讨原》本、《啸园丛书》本和管庭芬抄本等"殁"均作"没"，又四部丛刊景元翻宋小字本《唐文粹》卷九十、清嘉庆内府刻本《全唐文》卷六百三十六等"岁"作"年"，"欺"作"期"。《玉篇·歹部》："殁，今作没。"又《文选·任昉〈奏弹曹景宗〉》："淹移岁月。"旧校："五臣本岁作年。""欺、期"古音溪、群旁纽，之部叠韵，古音近易混。校正本"殁、岁、欺"，依诸本又作"没、年、期"。

（11）《唐摭言》卷二《恚恨》："暮曰：'某倾岁府解，蒙明公

不送，何幸今日同集于此？'回应声答曰：'经，原注：上呼如今也不送。'"（P.35）

按：《雅雨堂丛书》本、《四库全书》本、《学津讨原》本、《啸园丛书》本、管庭芬抄本和清《皇清经解续编》本《登科记考》卷二十一等"倾"均作"顷"，民国景明嘉靖谈恺刻本《太平广记》卷四百九十八、清文渊阁四库全书本《事类备要》卷二十六等"幸"作"事"。《集韵·静韵》："倾，通作顷。""倾、顷"音同相通，为异文关系。又"何幸"用反问表很幸运，"何事"指因何或什么事。结合前后文义，校正本"何幸"甚确，"倾"依诸本又作"顷"。

（12）《唐摭言》卷二《恚恨》："既而回怒一衙官，决杖勒停建州，衙官能庇徭役，求隶藉者所费不下数十万，其人切恨停废。"（P.35）

按：《雅雨堂丛书》本、《四库全书》本、《学津讨原》本、《啸园丛书》本、管庭芬抄本和清《皇清经解续编》本《登科记考》卷二十一等"藉"均作"籍"。《墨子·号令》："人举而藉之。"孙诒让《间诂》："藉，与籍通。"又朱骏声《说文通训定声·艸部》："藉，叚借又为籍。""藉、籍"音同相通，为异文关系。校正本"藉"，依诸本又作"籍"。

（13）《唐摭言》卷二《恚恨》："其人尝怀文状，即如所诲。"（P.35）卷三《慈恩寺题名游赏赋咏杂纪》："尝俯关宴，同年皆患贫，无以致之。"（P.49）

按：《雅雨堂丛书》本、《四库全书》本、《学津讨原》本、《啸园丛书》本和清《皇清经解续编》本《登科记考》卷二十一等"尝"均作"常"。《尔雅·释诂下》："尝，祭也。"陆德明《释文》："尝，字又作常。"又《战国策·东周策》："尝欲东周与楚恶。"吴师道注："尝当作常，古通。""尝、常"音同相通，为异文关系。校正本"尝"，依诸本又作"常"。

（14）《唐摭言》卷二《恚恨》："天下进士有数，自河以北，惟仆而已。"（P.37）卷三《慈恩寺题名游赏赋咏杂纪》："惟刑部杨汝士侍郎诗后成。"（P.51）又"忝受恩光同上客，惟将报德是经营。"（P.55）

按：管庭芬抄本同。《雅雨堂丛书》本、《四库全书》本、《学津讨原》本和《啸园丛书》本等"惟"均作"唯"。《楚辞·招魂》："惟魂是索些。"旧校："惟，一作唯。"又《左传·昭公元年》："无竞惟人。"洪亮吉《诂》："诸本作唯。""惟"又作"唯"，二者为异文关系。结合卷十一《怨怒》"唯仆尚存"文例，校正本"惟"，依诸本又作"唯"。

（15）《唐摭言》卷三《散序》："初则至寡，洎大中、咸通以来，人数颇众。"（P.43）卷九《四凶》："令学官讲书，宰臣以下，皆与听焉。"（P.166）

按：《雅雨堂丛书》本、《四库全书》本、《学津讨原》本、《啸园丛书》本和管庭芬抄本等"以"均作"已"。《礼记·檀弓下》："则岂不得以。"郑玄注："以，已字，以与已字本同。"又《管子·立政》："使者以发。"戴望《校正》："以、已古通。""以、已"音同相通，为异文关系。校正本"以"，依诸本又作"已"。

（16）《唐摭言》卷三《期集》："大凡勅下已前，每日期集，两度诣主司之门，然三日后，主司坚请已即止。"（P.45）

按：《学津讨原》本同。《四库全书》本、《啸园丛书》本"勅"作"勑"，《雅雨堂丛书》本、管庭芬抄本和民国景明嘉靖谈恺刻本《太平广记》卷一百七十八、清《皇清经解续编》本《登科记考》卷二十八等"勅"均作"敕"。《周易·噬嗑·象传》："先王以明罚勅法。"陆德明《释文》："勅作勑。"又《广韵·职韵》："勅同敕。""勅、勑、敕"三者为异文关系。结合卷三《谦名》"敕下宴"文例，校正本"勅"，依诸本又作"敕"。

（17）《唐摭言》卷三《过堂》："于时，主司亦名知闻三两人，会于他处。此筵罚钱不少。"（P.46）

按：管庭芬抄本同。《雅雨堂丛书》本、《四库全书》本、《学津讨原》本和《啸园丛书》本等"名"均作"召"，又民国景明嘉靖谈恺刻本《太平广记》卷一百七十八、清《皇清经解续编》本《登科记考》卷二十八等"亦"下有"命"字。"召"篆作"ˊ"，隶作"ˊ"。又《汉隶字源·笑韵·召字》引《仙人唐公房碑》作"名"。"名、召"为异文关系。结合前文后文义，疑诸本"命"字衍，校正本"名"，又作"召"。

（18）《唐摭言》卷三《过堂》："随事叙杯酒，后于堦前，铺席褥，请舍人登席。"（P.47）

按：管庭芬抄本同。《雅雨堂丛书》本、《四库全书》本、《学津讨原》本、《啸园丛书》本等"堦"均作"階"。《集韵·皆韵》："階，或从土。"又"后于"，清《皇清经解续编》本《登科记考》卷二十八作"列于"，民国景明嘉靖谈恺刻本《太平广记》卷一百七十八作"然于"。结合诸本及前后文义，校正本"堦""后于"，依诸本又作"階""列于"或"然于"。

（19）《唐摭言》卷三《慈恩寺题名游赏赋咏杂纪》："文焕忧戚日加。璨每遇之，曰：'药不瞑眩，厥疾勿瘳！'"（P.49）

按：《雅雨堂丛书》本、《四库全书》本、《学津讨原》本、《啸园丛书》本、管庭芬抄本和民国景明嘉靖谈恺刻本《太平广记》卷一百八十四、清《皇清经解续编》本《登科记考》卷二十四等"勿"均作"弗"。《尚书·酒诰》："勿辩乃司民湎于酒。"江声《音疏》："勿，犹弗也。"又《助字辨略》卷五："《周易·益卦·爻辞》：立心勿恒，凶。"刘淇按："此勿字，与弗通，不辞也。""勿"又作"弗"，二者义同相通。校正本"勿"，依诸本又作"弗"。

（20）《唐摭言》卷三《慈恩寺题名游赏赋咏杂纪》："大顺中，王焕自左史拜考功员外，同年李德隣自右史拜小戎，赵光胤自补衮拜小仪，王极自小版拜少勋。"（P.51）

按：《雅雨堂丛书》本、《四库全书》本、《学津讨原》本、《啸

园丛书》本、管庭芬抄本和明津逮秘书本《全唐诗话》卷五、清文渊阁四库全书本《说略》卷六等"隣"均作"鄰",四部丛刊景明嘉靖本《唐诗纪事》卷六十六、清光绪刻月河精舍丛钞本《唐尚书省郎官石柱题名考》卷十、清《皇清经解续编》本《登科记考》卷二十四等"胤"作"胤","极"作"拯"。《广韵·真韵》:"鄰,俗作隣。"又"胤"为避讳"胤"之缺笔,"极"为"拯"形近误混。校正本"隣、胤、极",依诸本作"鄰、胤、拯"。

（21）《唐摭言》卷三《慈恩寺题名游赏赋咏杂纪》:"应念衔恩最深者,春来为寿拜樽前。"（P.51）

按:管庭芬抄本同。《雅雨堂丛书》本、《四库全书》本、《学津讨原》本、《啸园丛书》本和清文渊阁四库全书本《全唐诗》卷六百九十、清《皇清经解续编》本《登科记考》卷二十四等"樽"均作"尊"。《慧琳音义》卷七十五"为樽"注:"正为尊,俗作撙、樽。"又《左传·昭公十五年》:"樽以鲁壶。"陆德明《释文》:"樽,本或作尊。""樽"又作"尊",二者为异文关系。校正本"樽",依诸本又作"尊"。

（22）《唐摭言》卷三《慈恩寺题名游赏赋咏杂纪》:"王起门生一榜二十二人和周墀诗:登龙旧美无斜径,折桂新荣尽直枝。莫道只陪金马贵,相期更在凤皇池。"（P.54）

按:《雅雨堂丛书》本、《四库全书》本、《学津讨原》本、《啸园丛书》本、管庭芬抄本和四部丛刊景明嘉靖本《唐诗纪事》卷五十五、清《皇清经解续编》本《登科记考》卷二十二、清文渊阁四库全书本《佩文韵府》卷六十四之二等"皇"均作"凰"。《尔雅·释鸟》:"鹍,凤。其雌皇。"陆德明《释文》:"皇,本亦作凰。"又《楚辞·离骚》:"鸾皇为余先戒兮。"朱熹《集注》:"皇,一作凰。""皇、凰"为异文关系。校正本"皇",依诸本又作"凰"。

（23）《唐摭言》卷三《慈恩寺题名游赏赋咏杂纪》:"王起门生一榜二十二人和周墀诗:多羡龙门齐变化,屡看鸡树第名流。升堂何处

最荣美？朱紫环罇几献酬。"（P.56）

按：管庭芬抄本、四部丛刊景明嘉靖本《唐诗纪事》卷五十五、清文渊阁四库全书本《全唐诗》卷五百五十二、清文渊阁四库全书本《韵府拾遗》卷二十六、清文渊阁四库全书本《（雍正）江西通志》卷一百五十九和清嘉庆九年（1804）刻本《江西诗征》卷二同。《学津讨原》本"罇"作"樽"，《雅雨堂丛书》本、《四库全书》本、《啸园丛书》本和清《皇清经解续编》本《登科记考》卷二十二"罇"均作"尊"。《广雅·释器》："山罍，罇也。"王念孙《疏证》："罇，字本作尊。"又《晏子春秋·内篇杂上》："请君之弃罇。"孙星衍《音义》："樽、罇、僔，皆尊字之俗。""罇"又作"樽、尊"，三者为异文关系。校正本"罇"，依诸本又作"尊"。

（24）《唐摭言》卷三《慈恩寺题名游赏赋咏杂纪》："裴思谦状元及第后，作红笺名纸十数，诣平康里，因宿于里中。"（P.61）

按：《学津讨原》本、清文渊阁四库全书本《古今说海》卷十五、清文渊阁四库全书本《骈字类编》卷一百八十九等同。《雅雨堂丛书》本、《四库全书》本、《啸园丛书》本、管庭芬抄本和明津逮秘书本《全唐诗话》卷四等"笺"均作"牋"，又明嘉靖二十七年（1548）崇文书堂刻本《吟窗杂录》卷四十"数"下有"语"字、清文渊阁四库全书本《全唐诗》卷八百二和清文渊阁四库全书本《全唐诗录》卷九十九"数"下有"幅"字。"笺"指纸张、信札或奏记。《玉篇·竹部》："笺，表识书也。与牋同。"又《诗经·周南·关雎》："郑氏笺。"陆德明《释文》："笺，本亦作牋，同。""笺"又作"牋"，二者为异文关系。结合前后文义，疑诸本"语"或"幅"字衍，校正本"笺"，又可作"牋"。

（25）《唐摭言》卷三《慈恩寺题名游赏赋咏杂纪》："郑合敬先辈及第后，宿平康里，诗曰：'春来无处不闲行，楚润相看别有情。'"（P.61）

按：管庭芬抄本、明万历三十年（1602）吴献台刻本《豫章诗话》

卷二、清文渊阁四库全书本《全唐诗》卷六百六十七、清《皇清经解续编》本《登科记考》卷二十三等同。《雅雨堂丛书》本、《四库全书》本、《学津讨原》本、《啸园丛书》本和四部丛刊景明嘉靖本《唐诗纪事》卷六十七、清文渊阁四库全书本《海录碎事》卷十九等"润"均作"闰"。"润、闰"古音属日母真部，音同相通。校正本"润"，依诸本又作"闰"。

（26）《唐摭言》卷三《慈恩寺题名游赏赋咏杂纪》："明年，肇状元及第而归，刺史已下接之，大惭恚。"（P.61-62）

按：《雅雨堂丛书》本、《四库全书》本、《学津讨原》本、《啸园丛书》本和管庭芬抄本等"已"均作"以"，"惭"均作"慙"。又清康熙五十年（1711）程氏七略书堂刻本《蓉槎蠡说》卷九、清文渊阁四库全书本《子史精华》卷四十六"第"下无"而"字，"已"作"以"，"惭"作"慙"；清文渊阁四库全书本《天中记》卷三十八"惭"亦作"慙"，清《皇清经解续编》本《登科记考》卷二十二"已"亦作"以"。《素问·阴阳类论》："在理已尽。"王冰注："已，以也，古同用。"又《集韵·谈韵》："慙，或书作惭。"两组均为异文关系。结合前后文义，疑校正本"而"字衍，"已、惭"，依诸本又作"以、慙"。

（27）《唐摭言》卷三《慈恩寺题名游赏赋咏杂纪》："乾宁末，驾幸三峰，太子大师卢知猷于西溪亭子赴进士关宴，因谓前达曰：'老夫似这关宴，至今相继赴三十个矣。'"（P.63）

按：《雅雨堂丛书》本、《四库全书》本、《学津讨原》本、《啸园丛书》本、管庭芬抄本和清《皇清经解续编》本《登科记考》卷二十七等"大"均作"太"。《集韵·过韵》："大，太也。"又《荀子·荣辱》："粮食大侈。"杨倞注："大，读为太。"王先谦《集解》："卢文绍曰：大，宋本作太。""大"又作"太"，二者为异文关系。据前文"天宝元年，勅以太子太师萧嵩私庙逼近曲江"，校正本"大"，依诸本又作"太"。

（28）《唐摭言》卷三《慈恩寺题名游赏赋咏杂纪》："二人尝列题于西明寺之东庑。或窃注之曰：'一双前进士，两個阿孩皃。'"（P.64）

按：《雅雨堂丛书》本、《学津讨原》本、《啸园丛书》本和民国景明嘉靖谈恺刻本《太平广记》卷一百八十二、清文渊阁四库全书本《翰苑新书集》卷六十二、清《皇清经解续编》本《登科记考》卷二十二等"個"均作"箇"、"皃"均作"兒"，四部丛刊景明嘉靖本《诗话总龟》卷三十六、清文渊阁四库全书本《天中记》卷三十九等"皃"作"儿"，管庭芬抄本"個"作"箇"、"皃"与校正本同。《方言·十二》："箇，枚也。"钱绎《笺疏》："个、個并与箇同。"又《汇音宝鉴·龟下平声》："皃，同兒。"《居下平声》："儿，同兒。""個"又作"个、箇"，"皃"又作"兒、儿"，两组均为异文关系。校正本"個""皃"，依诸本又作"箇""兒或儿"。

（29）《唐摭言》卷四《节操》："大言曰：'此必有阴德及物！此后前途万里，非某所知也。'再三诘之，度偶以此言之。相者曰：'祗此便是阴功矣，他日无相忘！勉旃，勉旃！'度果位极人臣。"（P.71）

按：《啸园丛书》本、管庭芬抄本同。清《皇清经解续编》本《登科记考》卷十二"祗"作"祇"，《雅雨堂丛书》本、《学津讨原》本和《四库全书》本等"祗"均作"秖"。《字汇·示部》："祇，与祗同。"《正字通·示部》："祗，与祇通。"又杜甫《江阁卧病走笔寄呈崔卢两侍御》："衰年病秖瘦。"仇兆鳌《详注》："秖古与祗通，但也。""祇"又作"祗"，"祗"又作"秖"，三字音近相通。校正本"祗"，依诸本又作"祇"或"秖"。

（30）《唐摭言》卷四《节操》："泰曰：'其人有废疾，非泰不可适。'众皆服泰之义。"（P.72）

按：管庭芬抄本、清《皇清经解续编》本《登科记考》卷二十七同。《雅雨堂丛书》本、《学津讨原》本、《啸园丛书》本、《四库全书》本和民国景明嘉靖谈恺刻本《太平广记》卷一百一十七、民国求恕斋丛书本《通义堂文集》卷十二等"服"均作"伏"。《文选·陆机〈吴王郎中时从梁陈作〉》:"谁谓伏事浅。"李善注:"服与伏同,古字通。"又《尚书·康诰》:"服念五六日。"孙星衍《今古文注疏》:"服同伏。""服"又作"伏",二者音同相通。校正本"服",依诸本又作"伏"。

(31)《唐摭言》卷四《师友》:"仆以礼处足下,则足下长者,仆心未忍;欲以古人处足下,则虑悠悠之人,以仆为诡。"(P.76)

按:《雅雨堂丛书》本、《四库全书》本、《学津讨原》本、《啸园丛书》本、管庭芬抄本和民国景明嘉靖谈恺刻本《太平广记》卷二百三十五、清嘉庆内府刻本《全唐文》卷四百四十三、清嘉庆刻本《续古文苑》卷八等"古"均作"故"。《集韵·莫韵》:"古,通作故。""古"又作"故",二者音义同相通。结合前文"多与故人礼绝",校正本"古",依诸本又作"故"。

(32)《唐摭言》卷四《师友》:"赖公神色自若,心行不逾;饵芝术以养闲,坐烟篁而收思。"(P.78)

按:清嘉庆内府刻本《全唐文》卷二百三十九同。《雅雨堂丛书》本、《四库全书》本、《学津讨原》本、《啸园丛书》本、管庭芬抄本和清嘉庆刻本《续古文苑》卷八等"烟"均作"煙"。《玉篇·火部》《广韵·先韵》:"烟,同煙。"又《资治通鉴·梁纪七》:"杀太守裴烟。"胡三省注:"烟,俗煙字。""烟"又作"煙",二者为异文关系。校正本"烟",依诸本又作"煙"。

(33)《唐摭言》卷四《师友》:"后愈自潮州量移宜春郡,郡人黄颇师愈为文,亦振大名。颇尝观卢肇为碑版,则唾之而去。"(P.81)

按:《雅雨堂丛书》本、《四库全书》本、《啸园丛书》本、管庭芬抄本和清同治十二年(1873)方功惠广州刻本《全唐文纪事》卷七十

五、清文渊阁四库全书本《(雍正)江西通志》卷一百五十九等"观"均作"觏",《学津讨原》本"尝"作"常"。《诗经·小雅·采绿》:"薄言观之。"陆德明《释文》:"韩诗作觏。"又《尔雅·释诂下》:"尝,祭也。"陆德明《释文》:"尝,字又作常。"两组均为异文关系。校正本"观、尝",依诸本又作"觏、常"。

(34)《唐摭言》卷四《气义》:"忽有一衰服者叩门曰:'五代未葬,各在一方。'"(P.81-82)

按:《雅雨堂丛书》本、《四库全书》本、《学津讨原》本、《啸园丛书》本和管庭芬抄本等"曰"均作"云",又民国景明嘉靖谈恺刻本《太平广记》卷一百六十六、清文渊阁四库全书本《天中记》卷二十六等"衰"作"缞","叩"作"扣"。《说文·曰部》:"曰,词也。"段玉裁注:"有是意而有是言,亦谓之曰,亦谓之云。"又《论语·子罕》:"子见齐衰者。"刘宝楠《正义》:"衰即缞省。"《广雅·释诂三》:"敂,击也。"王念孙《疏证》:"敂、叩、扣并通。""曰、云""衰、缞""叩、扣"三组均为异文关系。校正本"曰、衰、叩",依诸本又作"云、缞、扣"。

(35)《唐摭言》卷四《气义》:"一日,大会宾友,命使者以棠家书授之;棠惊愕,莫知其来。启缄,即知戴潜遣一介邮其家矣。"(P.83)

按:管庭芬抄本同。《雅雨堂丛书》本、《四库全书》本、《学津讨原》本、《啸园丛书》本和四部丛刊景明嘉靖本《唐诗纪事》卷五十四等"愕"均作"㖙"。"愕"同"㖙",指惊讶。如唐李白《壁画苍鹰赞》:"群宾失席以愕眙,未悟丹青之所为。"[①]清文渊阁四库全书本《李太白诗集注》卷二十八、清嘉庆内府刻本《全唐文》卷三百五十作"㖙眙"。又管庭芬抄本载吴昂驹校记:"愕,一本作㖙。"二者为异文关系。校正本"愕",依诸本又作"㖙"。

(36)《唐摭言》卷五《切磋》:"先王存六艺,自有常矣,有德

---

① (唐)李白:《李太白集》卷28,宋刻本,第170页。

者不为，犹以为损；况为博塞之戏，与人竞财乎！君子固不为也。"（P.89）

按：管庭芬抄本同。《雅雨堂丛书》本、《四库全书》本、《学津讨原》本、《啸园丛书》本和清同治十二年（1873）方功惠广州刻本《全唐文纪事》卷四十一等"塞"均作"簺"。《管子·四时》："禁博塞。"《集校》引孙星衍云："《事类赋注》五引作簺。"又管庭芬抄本载吴昂驹校记："刻本'塞'作'簺'，下同。""塞"又作"簺"，二者为异文关系。"簺"指格五戏。《说文·竹部》："簺，行棊相塞谓之簺。"朱骏声《通训定声·竹部》："簺，即格五之戏，后人亦谓之蹙融；投琼曰博，不投琼曰簺。"校正本"塞"，依诸本又作"簺"。

（37）《唐摭言》卷五《切磋》："与李观平生不得往来，及其死也，则见文，尝欢使李观若永年，则不远于杨子云矣！书已之文次，忽然若观之文，亦见于君也；故书《苦雨赋》缀于前。"（P.91）

按：《雅雨堂丛书》本、《四库全书》本、《学津讨原》本、《啸园丛书》本、管庭芬抄本和清同治十二年（1873）方功惠广州刻本《全唐文纪事》卷五十二、清嘉庆内府刻本《全唐文》卷六百三十五等"杨子云"均作"扬子雲"。《广雅·释言》："杨，扬也。"冯登府《疏证》卷二："古杨、扬通。""杨"通作"扬"。又《文选·曹植〈朔风诗〉》："止素雪云。"旧校："善本作雲。""云"又作"雲"。"杨、扬"与"云、雲"音同相通。据此及后文"亦不甚远于杨子雲矣"，校正本"杨子云"，依诸本又作"扬子雲"。

（38）《唐摭言》卷五《切磋》："其辞乃能如此，尝书一章曰《获麟词》。"（P.91）卷七《升沈后进》："卷首有《说乐》一章，未阅其辞。"（P.120）

按：《雅雨堂丛书》本、《四库全书》本、《学津讨原》本、《啸园丛书》本和清同治十二年（1873）方功惠广州刻本《全唐文纪事》卷五十二、卷五十九等"辞"均作"词"。《周礼·秋官·大行人》：

"协辞命。"郑玄注:"辞作词。"又《尚书·洛诰》:"汝永有辞。"孙星衍《今古文注疏》:"辞与词通。""辞"又作"词",二者音同相通。校正本"辞",依诸本又作"词"。

(39)《唐摭言》卷五《切磋》:"浞白:生之书辞甚多,志气甚横流,论说文章,不可谓无意。若仆愚且困,乃生词竞于此,固非宜。"(P.94)

按:管庭芬抄本同。《雅雨堂丛书》本、《四库全书》本、《学津讨原》本、《啸园丛书》本和四部丛刊景元翻宋小字本《唐文粹》卷八十五、清文渊阁四库全书补配清文津阁四库全书本《文章辨体汇选》卷二百二十、清嘉庆内府刻本《全唐文》卷六百八十五等"乃"均作"迺"。《韩非子·内储说上》:"乃为坛场大水之上。"王先慎《集解》:"乃,与迺同。"又《助字辨略》卷三:"乃,古作迺。""乃"又作"迺",二者为异文关系。校正本"乃",依诸本又作"迺"。

(40)《唐摭言》卷五《切磋》:"生自视何如哉?《书》之文,不奇;《易》之文,可谓奇矣。岂碍理伤圣乎?"(P.95)

按:《雅雨堂丛书》本、《四库全书》本、《学津讨原》本、《啸园丛书》本、管庭芬抄本和清文渊阁四库全书本《五百家注昌黎文集》卷四、四部丛刊景宋本《皇甫持正集》卷四、四部丛刊景元翻宋小字本《唐文粹》卷八十五等"谓"均作"为"。《韩非子·解老》:"多费之谓侈。"王先慎《集解》:"为、谓古通。"又《淮南子·人间训》:"何谓贵智?"王念孙《读书杂志》:"谓,与为同。""谓、为"匣母双声,韵部物歌旁对转,音近相通。校正本"谓",依诸本又作"为"。

(41)《唐摭言》卷五《切磋》:"按司马迁传屈原曰:'虽与日月争光,可矣。'生当见之乎!若相如之徒,即祖习不暇者也。"(P.96)

按:管庭芬抄本同。《雅雨堂丛书》本、《四库全书》本、《学津讨原》本和《啸园丛书》本等"按"均作"案"。《潜夫论·赞学》："按经而行。"汪继培《笺》："按与案通，依也。"桂馥《说文义证·手部》："按，通作案。""按"又作"案"，二者音同相通。结合卷三《散序》"案李肇舍人《国史补》云"和卷四《师友》"案实录：愈与人交"等文例，校正本"按"，依诸本又作"案"。

（42）《唐摭言》卷五《切磋》："近风教偷薄，进士尤甚，乃至有一谦三十年之说，争与虚张以相高自慢。"（P.97）

按：《雅雨堂丛书》本、《四库全书》本、《学津讨原》本、《啸园丛书》本、管庭芬抄本和四部丛刊景宋本《皇甫持正集》卷四、四部丛刊景元翻宋小字本《唐文粹》卷八十五、清文渊阁四库全书补配清文津阁四库全书本《文章辨体汇选》卷二百二十、清同治十二年（1873）方功惠广州刻本《全唐文纪事》卷一百十九、清嘉庆内府刻本《全唐文》卷六百八十五、清《皇清经解续编》本《登科记考》卷二十九等"慢"均作"谩"。《方言·十》："期谩之语也。"钱绎《笺疏》："慢，与谩同。"又《楚辞·离骚》："椒专佞以慢慆兮。"旧校："慢，一作谩。""慢"又作"谩"，二者为异文关系。校正本"慢"，依诸本又作"谩"。

（43）《唐摭言》卷五《以其人不称才试而后惊》："有若考核词艺之臧否，振举后生之行藏，非惟立贤，所谓报国。噫！今之论者，信侥幸之贼与！"（P.102）

按：《雅雨堂丛书》本、《四库全书》本、《学津讨原》本、《啸园丛书》本和管庭芬抄本等"与"均作"欤"。《汉书·文帝纪》："行有过与。"颜师古注："与，读曰欤。"又《广韵·鱼韵》："与与欤同。"《集韵·鱼韵》："与，通作'欤'。""与"又作"欤"，二者音义同相通。校正本"与"，依诸本又作"欤"。

（44）《唐摭言》卷六《公荐》："由是大获举粮，延让深所感激，然犹因循，竟未相面。后值融赴急征入内廷，孜孜于公卿间称举不已。"（P.104）

按：《雅雨堂丛书》本、《四库全书》本、《学津讨原》本、《啸园丛书》本和管庭芬抄本等"廷"均作"庭"，民国景明嘉靖谈恺刻本《太平广记》卷一百八十四、清函海本《全五代诗》卷四十、清粤雅堂丛书本《五代诗话》卷四等第二个"举"均作"誉"。《诗经·闵予小子》："陟降廷止。"冯登府《疏证》："庭、廷亦通。"又《管子·立政九败解》："人君唯毋听请谒任誉。"戴望《校正》："朱本誉作举。""廷、庭"与"举、誉"，两组均为形音近相通。校正本"廷""举"，依诸本又作"庭""誉"。

（45）《唐摭言》卷六《公荐》："当此之时，亦宜应天之休，报主之宀，弥缝其缺，匡救其灾。"（P.105-106）

按：《雅雨堂丛书》本、《四库全书》本、《学津讨原》本、《啸园丛书》本、管庭芬抄本和清嘉庆内府刻本《全唐文》卷二百九十四等"缺"均作"阙"。《汉书·司马相如传下》："缺王道之仪。"颜师古注引应劭曰："缺，阙也。"又《楚辞·远游》："上至列缺兮。"朱熹集注："缺，一作阙。""缺"又作"阙"，二者为异文关系。校正本"缺"，依诸本又作"阙"。

（46）《唐摭言》卷六《公荐》："今人'室如悬磬，野无青草，何恃而不恐'！天则不雨，公将若之何？"（P.107）

按：管庭芬抄本、清嘉庆内府刻本《全唐文》卷二百九十四同。《雅雨堂丛书》本、《四库全书》本、《学津讨原》本和《啸园丛书》本等"磬"均作"罄"。《释名·释乐器》："磬，罄也。"又《说文·人部》："倪，谕也。"段玉裁注："磬、罄古通用。"朱骏声《通训定声·石部》："磬，假借为罄。""磬"又作"罄"，二者音义同相通。校正本"磬"，依诸本又作"罄"。

（47）《唐摭言》卷六《公荐》："则所谓'欲得不用'，'徒张此意'，事与京房《易传》同。"（P.109）

按：管庭芬抄本同。《雅雨堂丛书》本、《四库全书》本、《学津讨原》本、《啸园丛书》本和清嘉庆内府刻本《全唐文》卷二百九十四等"得"均作"德"。《说文·彳部》:"得,行有所得也。"段玉裁注:"唐人诗:千水千山得得来。得即德也。"又《孟子·告子上》:"所识穷乏者得我与。"焦循《正义》:"得与德通。""得、德"端母双声,职部叠韵,二者音义同相通。校正本"得",依诸本又作"德"。

(48)《唐摭言》卷七《升沈后进》:"奇章公始举进士,置琴书于灞浐间,先以所业谒韩文公、皇甫员外。"(P.120)

按:管庭芬抄本同。《雅雨堂丛书》本、《四库全书》本、《学津讨原》本、《啸园丛书》本和民国景明嘉靖谈恺刻本《太平广记》卷一百八十等"置"均作"致"。《蛾术编·说字五》:"致与置通。"又《汉书·刘长传》:"朕不忍置法于王。"王先谦《补注》:"《史记》'置'作'致'。""置、致"端母双声,韵部职、质旁转,二者音近相通。校正本"置",依诸本又作"致"。

(49)《唐摭言》卷七《升沈后进》:"二贤见刺,欣然同契,延接询及所止。对曰:'某方以薄伎卜妍丑于宗匠,进退惟命。'"(P.120)

按:管庭芬抄本、民国景明嘉靖谈恺刻本《太平广记》卷一百八十同。《雅雨堂丛书》本、《四库全书》本、《学津讨原》本和《啸园丛书》本等"伎"均作"技"。《史记·孟尝君列传》:"无他伎能。"裴骃《集解》:"伎,亦作技。"又《说文·人部》:"伎,与也。"段玉裁注:"伎,俗用为技巧之技。""伎"又作"技",二者为异文关系。校正本"伎",依诸本又作"技"。

(50)《唐摭言》卷七《知己》:"论曰:夫求知者,非言不通;既通者,非节不合。得之于内,失之于外,万万不能移也。"(P.132)

按:《雅雨堂丛书》本、《四库全书》本、《学津讨原》本、《啸园丛书》本和管庭芬抄本等"非"均作"匪"。《周易·屯卦》:"匪寇婚媾。"李鼎祚《集解》引虞翻曰:"匪,非也。"惠栋《述》:

"匪与非古今字。"又《潜夫论·述赦》:"《尚书·康诰》曰:乃有大罪匪终。"汪继培《笺》:"今作非。""非"又作"匪",二者为异文关系。校正本"非",依诸本又作"匪"。

(51)《唐摭言》卷九《好及第恶登科》:"媿彼为裘之义,觍乎析薪之喻,方之汤、火、深、薄,空拳、冒刃,危在彼矣。"(P.159)

按:《雅雨堂丛书》本、《四库全书》本、《学津讨原》本、《啸园丛书》本和管庭芬抄本等"媿"均作"愧"字。《玉篇·女部》:"媿,亦作愧。""媿"为"愧"之古字。《汉书·文帝纪》:"朕甚自媿。"颜师古注:"媿,古愧字。"又《诗经·小雅·何人斯》:"不愧于人。"陆德明《释文》:"媿,或作愧。""媿、愧"为异文关系。校正本"媿",依诸本又作"愧"。

(52)《唐摭言》卷九《表荐及第》:"时主文予夺未分,又会相庭有所阻,原注:时崔相公彻恃权,即永乐犹子也。因之败于垂成。"(P.162)

按:《雅雨堂丛书》本、《四库全书》本、《学津讨原》本、《啸园丛书》本、管庭芬抄本和四部丛刊景明嘉靖本《唐诗纪事》卷六十六、清乾隆三十六年(1771)刻本《(乾隆)历城县志》卷四十九等"予"均作"与"字。《方言·二》:"予,雠也。"戴震《疏证》:"予、与亦声义通。"又《管子·幼官》:"审取予以总之。"戴望《校正》:"宋本'予'作'与'。""予、与"余母双声,鱼部叠韵,音同相通。校正本"予",依诸本又作"与"。

(53)《唐摭言》卷十《海叙不遇》:"常赋一绝,颇为前达所推,曰:'惆怅兴亡系绮罗,世人犹自选青蛾。'"(P.171)

按:《雅雨堂丛书》本、《四库全书》本、《学津讨原》本、《啸园丛书》本、管庭芬抄本和明嘉靖刻本《万首唐人绝句诗》卷五十二、四部丛刊景明嘉靖本《唐诗纪事》卷六十六、四部丛刊景明嘉靖本《诗话总龟》卷一、清文渊阁四库全书本《全唐诗》卷七百六十八等"蛾"均作"娥"。《诗经·卫风·硕人》:"螓首蛾眉。"王先谦《三家义集疏》："三家'蛾'作'娥'。""蛾、娥"疑母双声，歌部叠韵，音同相通。校正本"蛾"，依诸本又作"娥"。

（54）《唐摭言》卷十《海叙不遇》："胡兒类人，亦有意趣，然而倾倒不定，缓急由人，不在酒胡也。"（P.171）

按：《雅雨堂丛书》本、《四库全书》本、《啸园丛书》本、管庭芬抄本和清函海本《全五代诗》卷八十八等"兒"均作"貌"。《汉书·王莽传下》："兒侲自臧。"颜师古注："兒，古貌字也。"《集韵·效韵》："兒，籀作貌。"又《觉韵》："兒，或作貌。""兒"又作"貌"，二者为异文关系。校正本"兒"，依诸本又作"貌"。

（55）《唐摭言》卷十《海叙不遇》："洞为终南山诗二十韵，句有：'残阳高照燭，败叶远浮泾。'"（P.174）

按：《雅雨堂丛书》本、《四库全书》本、《学津讨原》本、《啸园丛书》本、管庭芬抄本和四部丛刊景明嘉靖本《唐诗纪事》卷五十八、四部丛刊景明嘉靖本《诗话总龟》卷十、明津逮秘书本《全唐诗话》卷四、清文渊阁四库全书本《全唐诗》卷七百二十二等"燭"均作"蜀"。又《文选·张协〈七命〉》："形震薛燭。"旧校："燭，五臣作蜀。""燭、蜀"章禅旁纽，屋部叠韵，音近相通。据此及前文"尝游两川"，校正本"燭"，依诸本又作"蜀"。

（56）《唐摭言》卷十《海叙不遇》："又曰：'卷箔青谿月，敲松紫阁书。'又送僧云：'越讲迎骑象，蕃斋忏射鵰。'"（P.174）

按：《雅雨堂丛书》本、《四库全书》本、《学津讨原》本、《啸园丛书》本、管庭芬抄本和明津逮秘书本《全唐诗话》卷四、清佚存丛书本《唐才子传》卷九等"青谿"均作"清溪"，四部丛刊景明嘉靖本《唐诗纪事》卷五十八、清文渊阁四库全书本《全唐诗录》卷九十五作"清谿"。《老子·二十八章》："为天下谿。"陆德明《释文》："谿，或作溪。"又《经籍籑诂·青韵》："《吕览·序意》'青幵子'，《水经注·六》作'清汧'。""青、清"与"谿、溪"，两两为异文关系。校正本"青谿"，依诸本又作"清溪"。

（57）《唐摭言》卷十《海叙不遇》："岩杰纪其事，文成，燦然千余言；标欲刊去一两字，岩杰大怒。"（P.177）

按：《雅雨堂丛书》本、《四库全书》本、《学津讨原》本、《啸园丛书》本和管庭芬抄本等"燦"均作"粲"，民国景明嘉靖谈恺刻本《太平广记》卷二百六十六、明刻本《古今谭概》卷十六、明刻本《尧山堂外纪》卷三十六等"标"均作"摽"。《集韵·换韵》："燦，通作粲。"又《经籍籑诂补遗·篠韵》："《诗·摽有梅》'摽有梅'，《白帖·九十九》作'标有梅'。""燦、粲""标、摽"为形音近相通。校正本"燦、标"，依诸本又作"粲、摽"。

（58）《唐摭言》卷十《韦庄奏请追赠不及第人近代者》："因襄阳大水，遂为《大水变》，极言诽谤。有'夜入珍珠室，朝游瑇瑁宫'之句。"（P.185）

按：《雅雨堂丛书》本、《学津讨原》本、《啸园丛书》本等"变"均作"辨"，《雅雨堂丛书》本、《啸园丛书》本、管庭芬抄本和四部丛刊景明嘉靖本《唐诗纪事》卷五十二、四部丛刊景明嘉靖本《诗话总龟》卷三十七等"珍"均作"真"，清文渊阁四库全书本《全唐诗》卷三百六十九、清嘉庆元年（1796）怡云阁刻本《全浙诗话》卷四"珍"又作"眞"。"变、辨"帮并旁纽，元部叠韵；"珍、真或眞"端章准双声，文真旁转，两两均属音近相通。据此及前文"极言诽谤"与后文"公有爱姬名真珠"，校正本"变、珍"，依诸本又作"辨、真或眞"。

（59）《唐摭言》卷十《韦庄奏请追赠不及第人近代者》："余力深究内典，由是屡为浮图碑，仿欧阳率更笔法，酷似前人。"（P.187）

按：管庭芬抄本同。《雅雨堂丛书》本、《四库全书》本、《学津讨原》本和《啸园丛书》本等"由"均作"繇"。《诗经·大雅·抑》："无易由言。"郑玄笺："由，于也。"孔颖达疏："由，与繇音义同。"马瑞辰《传笺通释》："繇、由古通用。""由、繇"

225

余母双声,幽宵旁转,音近相通。据此及卷一《统序科第》"䌷是天下上计集于大司徒府"、《述进士上篇》"䌷是赵儋等尝删去俊、秀"和《两监》"䌷是贞元十年已来"等文例,校正本"由",依诸本又作"䌷"。

(60)《唐摭言》卷十一《无官受黜》:"浩然奉诏,拜舞念诗曰:'北阙休上书,南山归卧庐;不才明主弃,多病故人疏。'上闻之怃然曰:'朕未尝弃人,自是卿不求进,奈何反有此作!'"(P.193)

按:《雅雨堂丛书》本、《四库全书》本、《学津讨原》本、《啸园丛书》本、管庭芬抄本和四部丛刊景明嘉靖本《诗话总龟》卷二十九、四部丛刊景宋本《东坡诗集注》卷十五等"尝"均作"曾"。《广韵·阳韵》:"尝,曾也。"又《韩非子·难三》:"皆君之所未尝闻。"王先慎《集解》:"《论衡》尝作曾。""尝"又作"曾",二者为异文关系。校正本"尝",依诸本又作"曾"。

(61)《唐摭言》卷十一《荐举不捷》:"时忽风雨暴至,数幅为回飚所捲,泥滓沾渍,不胜舒卷。"(P.196)

按:《雅雨堂丛书》本、《四库全书》本、《学津讨原》本、《啸园丛书》本、管庭芬抄本和四部丛刊景明嘉靖本《唐诗纪事》卷六十六、民国景明嘉靖谈恺刻本《太平广记》卷一百八十三、清同治十二年(1873)方功惠广州刻本《全唐文纪事》卷五十六、清函海本《赋话》卷九、旧钞本《诸史异汇》卷八等"捲"均作"卷"。《集韵·狝韵》:"捲,通作卷。"又《说文·手部》:"捲,收也。"段玉裁注:"捲,即今人所用舒卷字也。""捲、卷"见母双声,元部叠韵,音同相通。据此及后文"不胜舒卷",校正本"捲",依诸本又作"卷"。

(62)《唐摭言》卷十一《怨怒》:"比先支离,更加枯槁;尽作斑髯,难为壮心;常情尚有咨嗟,故旧能无叹息。"(P.203)

按:斑髯,《雅雨堂丛书》本作"颁鬓",《四库全书》本、《学津讨原》本、《啸园丛书》本作"班鬓",管庭芬抄本作"斑鬓",清嘉庆内府刻本《全唐文》卷三百六作"斑鬓"。"斑"又作"颁"或"班"。《礼记·檀弓下》:"不获二毛。"郑玄注:"二毛,鬓发斑白。"陆德明《释文》:"斑,本又作颁。"《楚辞·离骚》:"斑陆离其上下。"旧校:"斑,一作班。""髩"又作"鬓"或"鬂"。《中华大字典·髟部》:"髩、鬂,鬓俗字。""斑、颁、班"与"髩、鬓、鬂",两组均为异文关系。校正本"斑髩",依诸本又作"斑鬓、斑鬓"。

(63)《唐摭言》卷十一《怨怒》:"夫璖玉为器者,尚掩微瑕;揉木为轮者,犹藏小节;仆有短,身还有长。"(P.204)

按:《雅雨堂丛书》本、《四库全书》本、《学津讨原》本、《啸园丛书》本、管庭芬抄本和清嘉庆内府刻本《全唐文》卷三百六等"璖"均作"琢"。《列子·黄帝》:"雕璖复朴。"殷敬顺《释文》:"璖,本作琢。""璖"又作"琢",二者为异文关系。据此及后文"玉为器者,尚掩微瑕",校正本"璖",依诸本又作"琢"。

(64)《唐摭言》卷十一《怨怒》:"仆隐居岩壑,积有岁年,销宦情于浮云,掷世事于流水。今者辍渔钓,诣旌麾,非求荣,非求利。"(P.206)

按:《雅雨堂丛书》本、《四库全书》本、《学津讨原》本、《啸园丛书》本、管庭芬抄本和清嘉庆内府刻本《全唐文》卷三百七十六等"渔"均作"鱼"。《周易·系辞下》:"以田以渔。"陆德明《释文》:"渔,本亦作鱼。""渔、鱼"疑母双声,鱼部叠韵,音同相通。"渔钓"与"鱼钓"均可指钓鱼。据此及后文"尝思鱼钓",校正本"渔",依诸本又作"鱼"。

(65)《唐摭言》卷十一《怨怒》:"故教训正俗,非礼不备;君臣上下,非礼勿定;宦学仕师,非礼勿亲。"(P.211)

按:《雅雨堂丛书》本、《四库全书》本、《学津讨原》本、《啸园丛书》本、管庭芬抄本和清嘉庆内府刻本《全唐文》卷四百二等

"仕"均作"事"。《荀子·大略》："移而从所仕。"杨倞注："仕，与事同。"又《管子·四称》："君知则仕。"戴望《校正》："《册府元龟》'仕'作'事'。""仕、事"崇母双声，之部叠韵，音同相通。校正本"仕"，依诸本又作"事"。

（66）《唐摭言》卷十二《轻佻》："昆季或从容用资谐戏，即命二仆舁'苦海'于前，人阅一编，靡不极欢而罢。"（P.224-225）

按：《学津讨原》本、管庭芬抄本、民国景明嘉靖谈恺刻本《太平广记》卷二百五十二同。《雅雨堂丛书》本、《四库全书》本、《啸园丛书》本和清同治十二年（1873）方功惠广州刻本《全唐文纪事》卷一百二等"资"均作"咨"。《礼记·缁衣》："资冬祁寒。"陆德明《释文》："资，《尚书》作咨。"又《尚书·伊训》："诞资有牧方明。"孙星衍《今古文注疏》："资为咨假借字。""资、咨"精母双声，脂部叠韵，音同相通。校正本"资"，依诸本又作"咨"。

（67）《唐摭言》卷十三《敏捷》："百寮在列，方知阙礼。勮召小吏五人，各执笔，口授分写，一时俱毕。"（P.238）

按：《雅雨堂丛书》本、《四库全书》本、《学津讨原》本、《啸园丛书》本、管庭芬抄本和清文渊阁四库全书本《大唐新语》卷八、《四部丛刊》三编景宋本《太平御览》卷六百、明刻初印本《册府元龟》卷五百五十一等"勮"均作"勴"。《方言·十二》："佥，勮也。"钱绎《笺疏》："勴、勮古今字。"又《太玄·玄图》："倨勴莫困乎九。"司马光《集注》："勴作勮。""勮"又作"勴"，二者为异文关系。据此及前文"王勴，绛州人"，校正本"勮"，依诸本又作"勴"。

（68）《唐摭言》卷十三《矛楯》："沈亚之尝客游，为少辈所试曰：'某改令书俗各两句：伐木丁丁，鸟鸣嘤嘤。东行西行，遇饭遇羹。'亚之答曰：'如切如磋，如琢如磨。欺客打妇，不当喽啰。'"（P.240-241）

按：《雅雨堂丛书》本、《四库全书》本、《学津讨原》本、《啸

园丛书》本、管庭芬抄本和民国景明嘉靖谈恺刻本《太平广记》卷二百五十一、清文渊阁四库全书本《（崇祯）吴兴备志》卷二十七、明刻本《尧山堂外纪》卷三十、清文渊阁四库全书本《全唐诗》卷八百七十九等"少"均作"小"。《楚辞·九章·抽思》："少歌曰。"旧校："少，一作小。"又《群经平议·春秋左传三》："敝邑之少卿也。"俞樾按："古字少与小通。""少、小"书心准双声，宵部叠韵，音同相通。校正本"少"，依诸本又作"小"。

（69）《唐摭言》卷十三《惜名》："矛楯相攻，其揆一也。惜名掩善，仁者所忌，尧舜其尤病诸！"（P.244）

按：《雅雨堂丛书》本、《四库全书》本、《学津讨原》本、《啸园丛书》本和管庭芬抄本等"尤"均作"犹"。"尧舜其犹病诸"出自《论语·雍也》，四部丛刊景通津草堂本《论衡》卷十九、四部丛刊景日本正平本《论语》卷三、清知不足斋丛书本《论语义疏》卷三等引同。《史通·论赞》："持论尤宜阔略。"浦起龙《通释》："尤，当从犹义。"又《诗经·小雅·斯干》："无相犹矣。"朱熹《集传》："犹，当作尤。""尤"又作"犹"，二者为异文关系。校正本"尤"，依诸本又作"犹"。

（70）《唐摭言》卷十四《主司失意》："咸通四年，萧倣杂文牓中，数人有故，放牓后发觉，责授蕲州刺史。"（P.248）

按：管庭芬抄本同。《雅雨堂丛书》本、《四库全书》本、《学津讨原》本和《啸园丛书》本等"授"均作"受"。《论语·乡党》："上如揖。"何晏《集解》："郑曰：'上如揖，授玉宜敬。'"陆德明《释文》："授玉，一本作受玉。"又《说文·手部》："授，予也。"朱骏声《通训定声·手部》："授，叚借为受。""授、受"禅母双声，幽部叠韵，音同相通。校正本"授"，依诸本又作"受"。

（71）《唐摭言》卷十四《主司失意》："中散大夫、守左散骑常侍、权知礼部贡举，上柱国、赐紫金鱼袋萧倣，早以艺文，浐升华显，清贞不磷，介洁无徒，居多正直之容，动有休嘉之称。"（P.248）

按：管庭芬抄本同。《雅雨堂丛书》本、《四库全书》本、《学津讨原》本、《啸园丛书》本和清嘉庆内府刻本《全唐文》卷八百二、清《皇清经解续编》本《登科记考》卷二十三等"洊"均作"荐"。《周易·坎卦·象传》："水洊至。"陆德明《释文》："京作臻，干作荐。"李富孙《异文释》："释言郭注引作荐。""洊"又作"荐"，二者为异文关系。校正本"洊"，依诸本又作"荐"。

（72）《唐摭言》卷十五《杂记》："别筑起一堵，高丈余，外有壖垣。未辨色，即自北院将榜就南院张挂之。"（P.255）

按：《雅雨堂丛书》本、《四库全书》本、《学津讨原》本、《啸园丛书》本、管庭芬抄本和清连筠簃丛书本《唐两京城坊考》卷一、清《皇清经解续编》本《登科记考》卷二十八等"挂"均作"掛"。《集韵·卦韵》："挂，同作掛。"又《说文·手部》："挂，画也。"朱骏声《通训定声·手部》："挂，字亦作掛。""挂、掛"见母双声，支部叠韵，音同相通。校正本"挂"，依诸本又作"掛"。

（73）《唐摭言》卷十五《没用处》："奈何近世簿徒，自为岸谷，以含毫舐墨为末事，以察言守分为名流。"（P.267）

按：《雅雨堂丛书》本、《四库全书》本、《学津讨原》本、《啸园丛书》本、管庭芬抄本和民国求恕斋丛书本《通义堂文集》卷十二等"簿"均作"薄"。《释名·释书契》："笏，或曰簿。"毕沅《疏证》："簿，俗字也。簿与薄相通。"又《读书杂志·汉书第十三·翟方进传》："官簿皆在方进之右。宋祁曰：簿，一作薄。"王念孙案："《说文》无簿字，则一本是也。""簿、薄"并母双声，铎部叠韵，音同相通。校正本"簿"，依诸本又作"薄"。

（74）《唐摭言》卷十五《没用处》："其有迹处皁隶，而行同君子者，苟遗而不书，则取舍以道，贱贤而贵愚；忠孝之本，先华而后实，七十子之徒，其臣于季孟者，亦其类而已。"（P.268）

按：《雅雨堂丛书》本、《四库全书》本、《学津讨原》本、《啸园丛书》本、管庭芬抄本和民国求恕斋丛书本《通义堂文集》卷十二等

"以"均作"之"。《楚辞·离骚》:"谣诼谓余以善淫。"旧校:"以,一作之。"又《楚辞·离骚》:"依前圣以节中兮。"朱熹《集注》:"以,一作之。""以"又作"之",二者为异文关系。据此及后文"忠孝之本,先华而后实"之结构,校正本"以",依诸本又作"之"。

2.校讹文

(1)《唐摭言》卷一《散序进士》:"故有诗云:'太宗皇帝真长算,赚得英雄尽白头!'"(P.7)

按:民国景明嘉靖谈恺刻本《太平广记》卷一百七十八、清嘉庆元年(1796)刻本《草堂外集》卷八同。《雅雨堂丛书》本、《四库全书》本、《学津讨原》本、《啸园丛书》本和四部丛刊景明嘉靖本《诗话总龟》卷二十七、清文渊阁四库全书本《事文类聚》卷二十七、清《皇清经解续编》本《登科记考》卷二十八等"算"均作"策"。又《说文·竹部》:"策,马箠也。"段注:"策犹筹,筹犹筭。筭所以计历数,谋而得之,犹用筭而得之也。故曰筭、曰筹、曰策,一也。""策、算"形义近误混。结合诸本及前后文义,校正本或当据正。

(2)《唐摭言》卷一《两监》:"得八已上为上,得六已上为中,得五已下为下。类三下及,在学九年。"(P.9)

按:《啸园丛书》本同。《雅雨堂丛书》本、《四库全书》本、《学津讨原》本和管庭芬抄本等"下及"均作"不及"。根据前文"得八已上为上,得六已上为中,得五已下为下","类三不及"指未达到三类标准。"下、不"形近误混。结合诸本及前后文义,校正本或当据正。

(3)《唐摭言》卷一《乡贡》:"咸亨五年,七世伯祖鸾台凤阁龙石白水公,时任考功员外郎,下覆试十一人,内张守直一人乡贡。"(P.12)

按:管庭芬抄本同。《雅雨堂丛书》本、《四库全书》本、《学津讨原》本等"张守直"作"张守真",《啸园丛书》本、清光绪刻月河精舍丛钞本《唐尚书省郎官石柱题名考》卷十、清《皇清经解续编》本

《登科记考》卷二、卷二十八等作"张守贞"。"张守贞"唐史有载，张守真、张守直分别为宋、元时代人。结合诸本及相关史料，校正本或当据正。

（4）《唐摭言》卷一《试杂文》："寻以则天革命，事循因循。至神龙元年方行三场试，故常列诗赋题目于牓中矣。"（P.15）

按：《雅雨堂丛书》本、《四库全书》本、《学津讨原》本、《啸园丛书》本、管庭芬抄本和民国景明嘉靖谈恺刻本《太平广记》卷一百七十八、清《皇清经解续编》本《登科记考》卷二十八等"事循"均作"事復"，"循、復"形近误混。结合诸本及前后文义，校正本或当据正。

（5）《唐摭言》卷一《谒先师》："不示褒崇，就云奖劝。"（P.16）卷十三《无名子谤议》："四海之内，就肯甘心！"（P.245）

按：《雅雨堂丛书》本、《四库全书》本、《学津讨原》本、《啸园丛书》本、管庭芬抄本和清嘉庆内府刻本《全唐文》卷二十七、卷九百八十六等两处"就"均作"孰"。"就、孰"形近误混。结合诸本及前后文义，校正本或当据正。

（6）《唐摭言》卷一《进士归礼部》："永徽之后，以文字亨达，不由两监者希矣。"（P.19）

按：《雅雨堂丛书》本、《四库全书》本、《学津讨原》本、《啸园丛书》本和管庭芬抄本等"字"均作"儒"，"希"作"稀"。又马端临《文献通考·举士》："永徽之后，以文儒亨达，鲜不由两监者。"[①]据此及诸本，校正本或当据正。

（7）《唐摭言》卷一《进士归礼部》："洎乎近代，厥道寝微；微玉石不分，薰莸错杂。"（P.19）

按：《雅雨堂丛书》本、《四库全书》本、《学津讨原》本和《啸园丛书》本等"寝"均作"寖"。又明殷奎《咸阳侯氏谱图序》："洎乎近代，斯道寖微。"[②]"寝、寖"均可指睡眠，两者义同形近误混，

---

① （元）马端临：《文献通考》卷29，清浙江书局本，第495页。
② （明）殷奎：《强斋集》卷1，清文渊阁四库全书本，第8页。

校正本或当据正。

（8）《唐摭言》卷二《元和元年登科记京兆等第牓叙》："大历、建中之年，得之者搏擢云衢，阶梯兰省，即六月冲霄之渐也。"（P.25）

按：《雅雨堂丛书》本、《四库全书》本、《学津讨原》本、《啸园丛书》本、管庭芬抄本和清光绪刻本《唐文拾遗》卷六十一等"擢"均作"躍"。"擢"指提拔，"躍"训跳跃；两者形近误混，校正本或当据正。

（9）《唐摭言》卷二《争解元》："行乡饮之礼，常率宾佐临事，拳拳然有喜色。"（P.31）

按：《雅雨堂丛书》本、《四库全书》本、《学津讨原》本、《啸园丛书》本、管庭芬抄本和民国求恕斋丛书本《通义堂文集》卷十二、清文渊阁四库全书本《（雍正）江西通志》卷一百五十九、清《皇清经解续编》本《登科记考》卷二十三等"事"均作"视"。"事、视"音同误混，校正本或当据正。

（10）《唐摭言》卷二《争解元》："复大会以饯之，筐筐之外，率皆资以桂玉。"（P.31）

按：《雅雨堂丛书》本、《四库全书》本、《学津讨原》本、《啸园丛书》本、管庭芬抄本和民国求恕斋丛书本《通义堂文集》卷十二、清文渊阁四库全书本《（雍正）江西通志》卷一百五十九、清《皇清经解续编》本《登科记考》卷二十三等第二个"筐"均作"篚"。"筐、篚"均指古代盛物之竹器，两者义同形近误混。结合诸本及前后文义，校正本或当据正。

（11）《唐摭言》卷二《得失以道》："李翱与从弟正辞书，原注：贞元末，正辞取京兆解，蒙不送，翱故以书勉之。其书曰：'知汝京兆府取解，不得如其所怀，念勿在意。'"（P.32）

按：《雅雨堂丛书》本、《四库全书》本、《学津讨原》本、《啸园丛书》本和管庭芬抄本等"蒙"均作"㩒"。又管庭芬抄本载吴昂驹校记:"一本'解掾'作'解蒙'。"结合诸本及前后文义,校正本或当据正。

(12)《唐摭言》卷二《恚恨》:"太和中,李相回任京兆府参军,主试,不送魏相暮,深衔之。"(P.34)

按:《雅雨堂丛书》本、《四库全书》本、《学津讨原》本、《啸园丛书》本、管庭芬抄本和清《皇清经解续编》本《登科记考》卷二十一等"中"均作"初"。结合诸本及前后文义,校正本或当据正。

(13)《唐摭言》卷二《恚恨》:"复闻升进不出台阁,当为风波可望,故旧不遗。"(P.36)

按:《雅雨堂丛书》本、《四库全书》本、《学津讨原》本、《啸园丛书》本、管庭芬抄本和清嘉庆内府刻本《全唐文》卷二百九十四、清光绪六年(1880)丁氏刻月河精舍丛钞本《唐御史台精舍题名考》卷二等"阁"均作"省"。结合卷四《师友》"诸公衮衮登台省"及前后文义,校正本或当据正。

(14)《唐摭言》卷三《散序》:"案李肇舍人《国史补》云:曲江大会此为下第举人,其筵席间率,器具皆隔山抛之,属比之席地幕天,殆不相远。"(P.42)

按:《雅雨堂丛书》本、《四库全书》本、《学津讨原》本、《啸园丛书》本、管庭芬抄本和清《皇清经解续编》本《登科记考》卷二十八等"间""具"均作"简""皿"。结合诸本及前后文义,校正本或当据正。

(15)《唐摭言》卷三《散序》:"大几谢恩后便往期集院,原注:团司先于主司宅侧税一大第,与新人期集。院内供帐宴馔。"(P.43)

按:《雅雨堂丛书》本、《四库全书》本、《啸园丛书》本和管庭芬抄本等"几"均作"凡",《学津讨原》本、清《皇清经解续编》本《登科记考》卷二十八等"谢"下无"恩"字。结合卷二《恚恨》"大凡顽石处士"、卷三《期集》"大凡勒下已前"等文例及后篇《谢恩》,《学津讨原》本、校正本或当据正。

（16）《唐摭言》卷三《散序》："勅下后，人置被袋，例以图障、酒器、钱绢集其中，逢花即饮。"（P.44）

按：《雅雨堂丛书》本、《四库全书》本、《学津讨原》本、《啸园丛书》本、管庭芬抄本和明嘉靖二十七年（1548）崇文书堂刻本《吟窗杂录》卷四十五、四部丛刊景明嘉靖本《诗话总龟》卷二十八、明津逮秘书本《全唐诗话》卷五、清《皇清经解续编》本《登科记考》卷二十八、清文渊阁四库全书本《佩文韵府》卷七十之四等"集"均作"实"。结合诸本及前后文义，校正本或当据正。

（17）《唐摭言》卷三《期集》："又出抽名纸钱，每人十千文。其欻名纸，见状元。"（P.45）

按：管庭芬抄本同。《雅雨堂丛书》本、《四库全书》本、《学津讨原》本、《啸园丛书》本和清文渊阁四库全书本《子史精华》卷四十六等"欻"均作"敛"，民国景明嘉靖谈恺刻本《太平广记》卷一百七十八、清《皇清经解续编》本《登科记考》卷二十八等"千"作"贯"。《字汇·欠部》："欻，俗误为聚敛字。聚敛从攴，转作攵。""欻"非"敛"之俗体。结合诸本及后文"一自状元已下，每人三十千文"，校正本"千"无误，"欻"当依诸本正。

（18）《唐摭言》卷三《今年及第明年登科》："何扶，太和九年及第；明年，捷三第，因以一绝寄旧同年曰：金榜题名墨尚新，今年依旧去年春。"（P.48）

按：清文渊阁四库全书本《全唐诗录》卷四十五同。《雅雨堂丛书》本、《四库全书》本、《学津讨原》本、《啸园丛书》本、管庭芬抄本和清乾隆五十八年（1793）宋思仁刻本《才调集补注》卷三、四部丛刊景明嘉靖本《唐诗纪事》卷四十九、清《皇清经解续编》本《登科记考》卷二十一等第二个"第"均作"篇"。结合诸本及前后文义，校正本或当据正。

（19）《唐摭言》卷三《慈恩寺题名游赏赋咏杂纪》："宴前数日，行市骈阗于江头。其日，公卿家倾城纵观于此，有若中东榻之选

者，十八九钿车珠鞍，栉比而至。"（P.50）

按：管庭芬抄本、清《皇清经解续编》本《登科记考》卷二十八同。《雅雨堂丛书》本、《四库全书》本和《学津讨原》本"栉"均作"床"，《啸园丛书》本"栉"作"牀"。"栉、牀"义同，均指坐物。《学林》卷四："古人称牀、榻，非特卧具也，多是坐物。"又《说文新附·木部》："榻，牀也。""牀"又作"床"。《慧琳音义》卷四"牀榻"注："牀，有作床，俗字也。"《集韵·阳韵》："牀，或作床。"结合卷三《散序》"公卿家率以其日拣选东牀"，校正本"栉"，或当依《啸园丛书》本作"牀"。

（20）《唐摭言》卷三《慈恩寺题名游赏赋咏杂纪》："王起门生一榜二十二人和周墀诗：嵩高降德为时生，洪笔三题造化名。风诏伫归专壮极，骊珠搜得尽东瀛。"（P.53）

按：《雅雨堂丛书》本、《四库全书》本、《学津讨原》本、《啸园丛书》本、管庭芬抄本和民国豫章丛书本《文标集》卷下、四部丛刊景明嘉靖本《唐诗纪事》卷五十五、清文渊阁四库全书本《全唐诗》卷五百五十一、文渊阁四库全书本《（雍正）江西通志》卷一百五十九、清《皇清经解续编》本《登科记考》卷二十二等"风""壮"均作"凤""北"。结合前后文义，校正本或当据正。

（21）《唐摭言》卷三《慈恩寺题名游赏赋咏杂纪》："时公以故相镇淮南，勒邸吏日以银一锭资覃醵罚，而覃所费往往数倍。"（P.59）

按：《雅雨堂丛书》本、《四库全书》本、《学津讨原》本、《啸园丛书》本、管庭芬抄本和清道光二年（1822）南浔瑞松堂蒋氏刻本《元遗山诗集笺注》卷六、清文渊阁四库全书本《子史精华》卷四十六等"锭"均作"铤"。古称金银为铤，后用锭。"锭、铤"义近易混。结合诸本及文义，校正本或当据正。

（22）《唐摭言》卷三《慈恩寺题名游赏赋咏杂纪》："当此之时，紫云楼门轧开，有紫衣从人数辈驰告曰：'莫打！莫打！'传呼之

声相续。又一中贵,驱殿甚盛,驰马来救。"(P.60)

按:《雅雨堂丛书》本、《四库全书》本、《学津讨原》本、《啸园丛书》本、管庭芬抄本和民国景明嘉靖谈恺刻本《太平广记》卷一百九十六、清连筠簃丛书本《唐两京城防考》卷三、清文渊阁四库全书本《佩文韵府》卷六十六之十一、清《皇清经解续编》本《登科记考》卷二十三等"时"均作"际","时、际"义近易混。结合前后文义,校正本或当据正。

(23)《唐摭言》卷三《慈恩寺题名游赏赋咏杂纪》:"李峤及第,在偏侍下,俯逼起居宴,霖雨不止,遣赁油幕以张去之。"(P.63)

按:管庭芬抄本同。《雅雨堂丛书》本、《四库全书》本、《学津讨原》本、《啸园丛书》本和清连筠簃丛书本《唐两京城防考》卷三、清《皇清经解续编》本《登科记考》卷二十七等"峤"均作"峣",民国景明嘉靖谈恺刻本《太平广记》卷一百八十三作"尧"。《广雅·释言》:"尧,峣也。"又《广雅·释训》:"峣峣,危也。"王念孙《疏证》:"尧与峣通。""峤、峣"形近易混。结合诸本及前后文义,校正本或当据正。

(24)《唐摭言》卷四《节操》:"泰抚然久之,因绐曰:'吾适得京书,已别除官,固不可驻此也,所居且命尔子掌之。'"(P.73)

按:《雅雨堂丛书》本、《四库全书》本、《学津讨原》本、《啸园丛书》本、管庭芬抄本和民国景明嘉靖谈恺刻本《太平广记》卷一百一十七、清同治十年(1871)活字本《钱神志》卷六、清《皇清经解续编》本《登科记考》卷二十七等"抚"均作"怃","抚、怃"形近易混。结合卷十《海叙不遇》"公览之怃然"和卷十一《无官受黜》"上闻之怃然曰"等文例,校正本或当据正。

(25)《唐摭言》卷四《与恩地旧交》:"簾间献一绝句曰:'二十年前此夜中,一般灯烛一般风。不知岁月能多少,犹著麻衣待至公!'"(P.73)

按：《雅雨堂丛书》本、《四库全书》本、《学津讨原》本、《啸园丛书》本、管庭芬抄本和民国景明嘉靖谈恺刻本《太平广记》卷一百八十二、四部丛刊景明嘉靖本《诗话总龟》卷二十五、清文渊阁四库全书本《事类备要》卷三十八、清《皇清经解续编》本《登科记考》卷二十二等"间"均作"前"，"间、前"音近易混。结合卷五《以其人不称才试而后惊》"便于簾前设席"和卷九《四凶》"簾前赐紫衣一袭"等文例，校正本或当据正。

（26）《唐摭言》卷四《师友》："李华祭萧颖士文：'维乾元二年二月十日，孤子赵郡李华以清酌之奠，致祭于亡友故杨府功曹兰陵萧公之灵：呜呼茂挺！平生相知，情体如一；岁月之别，俄成古今。'"（P.76）

按：《雅雨堂丛书》本、《四库全书》本、《学津讨原》本、《啸园丛书》本、管庭芬抄本和清嘉庆内府刻本《全唐文》卷三百二十一等"致"均作"敬"。"致祭""敬祭"均有前往祭祀之义，二者形义近易混。结合诸本及前后文义，校正本或当据正。

（27）《唐摭言》卷四《师友》："杰时在草莽，运厄穷愁；思折俎而无因，嗟扫门而不逮。岂知群邪搆逆，联声嗷嗷；紫夺我朱，远诣恶土。"（P.78）

按：《雅雨堂丛书》本、《四库全书》本、《学津讨原》本、《啸园丛书》本、管庭芬抄本和清嘉庆内府刻本《全唐文》卷二百三十九等"搆"均作"遘"。"搆逆、遘逆"均有发动叛乱义。《周书·齐炀王宪传》："卫王搆逆，汝知之乎？"[1]汉史岑《出师颂》："西零不顺，东夷遘逆。"[2]"搆、遘"形义近易混。结合诸本及前后文义，校正本或当据正。

（28）《唐摭言》卷四《师友》："一昨不遗，猥受书札，期我返意，询予道真，使人惭愧也。"（P.79）

---

[1] （唐）令狐德棻：《周书》卷12，清乾隆武英殿刻本，第72页。
[2] （南北朝）萧统编，（唐）李善注：《文选》卷47，胡刻本，第1062页。

按：《雅雨堂丛书》本、《四库全书》本、《学津讨原》本、《啸园丛书》本、管庭芬抄本和清嘉庆内府刻本《全唐文》卷二百三十八、清嘉庆刻本《续古文苑》卷八等"受"均作"辱"。"猥受"，不辞。"猥辱"为谦辞，犹言承蒙。如晋陆机《谢平原内史表》："猥辱大命，显授符虎。"[1]又唐韩愈《答魏博田仆射书》："猥辱荐闻，待之上介。"[2]结合诸本及文义，校正本或当据正。

（29）《唐摭言》卷四《师友》："义感当途，说动人主；怀全德以自达，裂山河以取贵，又其次也。"（P.79）

按：《雅雨堂丛书》本、《四库全书》本、《学津讨原》本、《啸园丛书》本、管庭芬抄本和清嘉庆内府刻本《全唐文》卷二百三十八、清嘉庆刻本《续古文苑》卷八等"人"均作"时"。结合诸本及前后文义，校正本或当据正。

（30）《唐摭言》卷四《师友》："卢答毛书：'毛子足下勤身访道，不毒氛瘴，裛粮鬼门，放荡云海，有足多矣。'"（P.79）

按：《四库全书》本同。《雅雨堂丛书》本、《学津讨原》本、《啸园丛书》本、管庭芬抄本和清嘉庆内府刻本《全唐文》卷二百三十八、清嘉庆刻本《续古文苑》卷八等"裛"均作"裹"。又《康熙字典·衣部》："裛，与裹字音义别。""裛"非"裹"之异体。结合诸本及前后文义，校正本或当据正。

（31）《唐摭言》卷四《气义》："杨虞卿及第后，举三第，为校书郎。来淮南就李鄘亲情，遇前进士陈商，启护穷窘，公未相识，问之，倒囊以济。"（P.82-83）

按：《雅雨堂丛书》本、《四库全书》本、《学津讨原》本、《啸园丛书》本和管庭芬抄本等"举三第"均作"举三篇"。"举三第"，不辞。"举三篇"指宏词科的诗、赋、策（或论）三门考试内容。如唐杜佑《通典·选举》："选人有格限未至，而能试文三篇，谓之'宏

---

[1] （晋）陆机：《陆士衡文集》卷9，清嘉庆宛委别藏本，第32页。
[2] （唐）韩愈：《昌黎先生文集》卷19，宋蜀本，第142页。

词'；试判三条，谓之'拔萃'，亦曰'超绝'。"[1]结合诸本及前文"及第后"，疑"举三第"涉上致误，校正本或当据正。

（32）《唐摭言》卷五《切磋》："今吾子始学未仕，而急其事，亦太早计矣。凡来书所谓数者，似言之未称，思之或过；其余则皆善矣。既自嘉惠，敢自固昧！"（P.94）

按：《雅雨堂丛书》本、《四库全书》本、《学津讨原》本、《啸园丛书》本、管庭芬抄本和四部丛刊景宋本《皇甫持正集》卷四、四部丛刊景元翻宋小字本《唐文粹》卷八十五、明天顺刻本《文章辨体》卷二十六、清嘉庆内府刻本《全唐文》卷六百八十五等"既自"均作"既承"。结合诸本及后文"敢自固昧"，疑"既自"之"自"为涉下致误，校正本或当据正。

（33）《唐摭言》卷五《切磋》："近风教偷薄，进士尤甚，乃至有一谦三十年之说，争与虚张以相高自慢。"（P.97）

按：《雅雨堂丛书》本、《四库全书》本、《学津讨原》本、《啸园丛书》本、管庭芬抄本和四部丛刊景宋本《皇甫持正集》卷四、四部丛刊景元翻宋小字本《唐文粹》卷八十五、清文渊阁四库全书本《事文类聚》卷五、文渊阁四库全书补配清文津阁四库全书本《文章辨体汇选》卷二百二十、清同治十二年（1873）方功惠广州刻本《全唐文纪事》卷一百十九、清嘉庆内府刻本《全唐文》卷六百八十五、清《皇清经解续编》本《登科记考》卷二十九等"与"均作"为"。结合诸本及前后文义，校正本或当据正。

（34）《唐摭言》卷六《公荐》原注：门人荐座主师友相荐附："崔郾侍郎既拜命，于东都试举人，三署公卿皆祖于长乐传舍，冠盖之盛，罕有加也。"（P.98）

按：《雅雨堂丛书》本、《四库全书》本、《学津讨原》本、《啸园丛书》本和管庭芬抄本等"门人"均作"门生"。结合卷三《关试》"吏部员外，其日于南省试判两节，诸生谢恩。其日称门生，谓之'一

---

[1] （唐）杜佑：《通典》卷15，清武英殿刻本，第145页。

日门生'"和《公荐》篇首"崔郾侍郎既拜命,于东都试举人"等文义,校正本或当据正。

（35）《唐摭言》卷五《以其人不称才试而后惊》:"公矍然而起曰:'此真天才,当垂不朽矣!'遂亟诣宴所,极欢而罢。"（P.101-102）

按:管庭芬抄本同。《雅雨堂丛书》本、《四库全书》本、《学津讨原》本、《啸园丛书》本和清同治十二年（1873）方功惠广州刻本《全唐文纪事》卷五十九等"诣"均作"请"。"诣、请"均有谒见义。《文选·江淹〈诣建平王上书〉》:"诣建平王上书。"吕向注:"诣,谒也。"又《广韵·静韵》:"请,谒也。"二者义同形近易混。结合诸本及前后文义,校正本或当据正。

（36）《唐摭言》卷六《公荐》:"今尚书右丞王某于开元九年掌天下选,授仆清资,以智见许。然二君者,若无明鉴,宁处要津?"（P.105）

按:管庭芬抄本同。《雅雨堂丛书》本、《四库全书》本和《学津讨原》本等"某"均作"丘",《啸园丛书》本、清嘉庆内府刻本《全唐文》卷二百九十四、清《皇清经解续编》本《登科记考》卷七、管庭芬抄本载吴昂驹校记等"某"均作"邱"。又清乾隆武英殿刻本《旧唐书》卷一百、《新唐书》卷一百二十九均有《王丘传》。《风俗通·声音》:"丘仲之所作也。"校注:"《通典·乐典四》引丘作邱。""丘"又作"邱",二者音同易混。结合诸本及前后文义,校正本或当依《雅雨堂丛书》本、《四库全书》本和《学津讨原》本正。

（37）《唐摭言》卷六《公荐》:"当此之时,亦宜应天之休,报主之宂,弥缝其缺,匡救其灾;若尸禄备员,则焉用彼相矣!"（P.105-106）

按:《雅雨堂丛书》本、《四库全书》本、《学津讨原》本、《啸园丛书》本、管庭芬抄本和清嘉庆内府刻本《全唐文》卷二百九十四等"宂"均作"宠"。结合诸本及后文"若尸禄备员,则焉用彼相矣",

校正本或当据正。

（38）《唐摭言》卷六《公荐》："昌黎韩愈得古人之遗风，明于理乱根本之所由，伏闻阁下复知其贤，将用之未及，而愈为宣武军节度使之所留。"（P.116）

按：管庭芬抄本同。《雅雨堂丛书》本、《四库全书》本、《学津讨原》本、《啸园丛书》本和四部丛刊景明成化本《李文公集》卷八、明崇祯六年（1633）刻本《吴兴艺文补》卷十、清嘉庆内府刻本《全唐文》卷六百三十五、清文渊阁四库全书本《唐宋文醇》卷二十等"留"均作"用"。结合诸本及前文"将用之未及"与后文"皆不得而用之"，校正本或当据正。

（39）《唐摭言》卷七《起自寒苦》："李绛，赵郡赞皇人。曾祖宗简；祖冈，官终襄帅。"（P.117）

按：《雅雨堂丛书》本、《四库全书》本、《学津讨原》本、《啸园丛书》本、管庭芬抄本和清乾隆武英殿刻本《旧唐书》卷一百六十四、清康熙刻本《弘简录》卷二十一、清光绪六年（1880）丁氏刻月河精舍丛钞本《唐御史台精舍题名考》卷三、清嘉庆十八年（1813）海宁查世倓刻本《唐书合钞》卷二百十五等"宗"均作"贞"。结合诸本及前后文义，校正本或当据正。

（40）《唐摭言》卷七《升沈后进》："时首造退之，退之他适，留卷而已。无何，退之访湜，适奇章亦及门。"（P.120）

按：《雅雨堂丛书》本、《四库全书》本、《学津讨原》本、《啸园丛书》本和管庭芬抄本等第二个"适"均作"遇"。《文选·曹丕〈杂诗〉》："适与飘风会。"李善注："适，遇也。"又《班彪〈王命论〉》："以为适遭暴乱。"李善注："适，犹遇也。""适、遇"义同形近易混。结合前文"退之他适"与后文"二贤见刺，欣然同契"，疑"适"为涉上致误，校正本或当据正。

（41）《唐摭言》卷七《知己》："将正其失，自《春秋》三家之后，非训齐生人不录，次序缵修，以迄于今，志不就而殁，推是而论，

则见萧之志矣。"（P.126）

按：《四库全书》本、《学津讨原》本、管庭芬抄本和清文渊阁四库全书本《李遐叔文集》卷二、明刻本《文苑英华》卷七百四十四、清嘉庆内府刻本《全唐文》卷三百十七等"不就"均作"未就"。《玉篇·未部》："未，犹不也。"又《仪礼·大射》："若命曰复射，则不献庶子。"胡培翚《正义》引敖氏曰："不，犹未也。""不、未"二字义通相混。结合诸本及前后文义，校正本或当据正。

（42）《唐摭言》卷七《知己》："会稽孔至惟微，述而好古；河南陆据德传，恢恢善于事理；河东柳芳仲敷，该练故事。"（P.129）

按：《雅雨堂丛书》本、《四库全书》本、《学津讨原》本、《啸园丛书》本、管庭芬抄本和清文渊阁四库全书本《李遐叔文集》卷二、明刻本《文苑英华》卷七百四十四、四部丛刊景元翻宋小字本《唐文粹》卷三十八、清嘉庆内府刻本《全唐文》卷三百十七等"传"均作"邻"。结合诸本及陆据字号，校正本或当据正。

（43）《唐摭言》卷八《阴注阳受》："后俅子携，郑亚子畋，杜审权子让能，为将相。"（P.141）

按：《雅雨堂丛书》本、《四库全书》本、《学津讨原》本、《啸园丛书》本、管庭芬抄本和四部丛刊景明嘉靖本《唐诗纪事》卷五十三、民国景明嘉靖谈恺刻本《太平广记》卷一百八十一、清《皇清经解续编》本《登科记考》卷二十等"俅"均作"求"。结合诸本及前文"卢求者李翱之壻""由是颇以求为慊""次则卢求耳"等，校正本或当据正。

（44）《唐摭言》卷八《别头及第》："别头及第，始于上元二年钱令绪、郑人政、王愷、崔志恂等四人，亦谓之承优及第。"（P.148）

按：清《皇清经解续编》本《登科记考》卷二同。《雅雨堂丛书》本、《四库全书》本、《学津讨原》本、《啸园丛书》本、管庭芬抄本和清文渊阁四库全书本《子史精华》卷四十六等"愷"均作"悌"。又

《唐故遂州长史王公墓志铭》（大历十一年二月十五日）："唐故遂州长史王公名钧，太原祁人也。……父悌，司门郎中，齐航二州刺史。"①结合诸本及文义，校正本或当据正。

（45）《唐摭言》卷八《及第后隐居》："宜承高奖，以儆薄夫。擢参近侍之荣，载佇移君之效，可右拾遗。"（P.149）

按：《雅雨堂丛书》本、《四库全书》本、《学津讨原》本、《啸园丛书》本、管庭芬抄本和四部丛刊景明嘉靖本《唐诗纪事》卷六十、明津逮秘书本《全唐诗话》卷五、清同治十二年（1873）方功惠广州刻本《全唐文纪事》卷三十二、清嘉庆内府刻本《全唐文》卷六十四、清《皇清经解续编》本《登科记考》卷十七等"君"均作"忠"。结合诸本及前文"擢参近侍之荣"，校正本或当据正。

（46）《唐摭言》卷九《防慎不至》："岘欣然以十余轴授之，皆要切卷子，延引逼试，每轴头为扎三四纸而授之，岘郁悒而已。"（P.154）

按：《雅雨堂丛书》本、《四库全书》本、《学津讨原》本、《啸园丛书》本和管庭芬抄本等"四"均作"两"。宋慈《洗冤录·三检覆总说下》："不可凭一二人口说，便以为信，及备三两纸供状，谓可塞责。"②又戴复古《都中书怀》："乡书三两纸，一读一咨嗟。"③结合诸本及前后文义，校正本或当据正。

（47）《唐摭言》卷九《四凶》："磻叟应声叱之曰：'皇帝山呼大庆，何师口称献寿，而经引涅槃，犯大不敬！'"（P.164）

按：《雅雨堂丛书》本、《四库全书》本、《学津讨原》本、《啸园丛书》本、管庭芬抄本和民国景明嘉靖谈恺刻本《太平广记》卷二百六十五、清同治十二年（1873）方功惠广州刻本《全唐文纪事》卷六十四等"何"均作"阿"。《古文苑·扬雄〈蜀都赋〉》："旁支何

---

① 周绍良，赵超主编：《唐代墓志汇编续集》，上海古籍出版社2001年版，第710页。
② （宋）宋慈：《洗冤录》卷1，清嘉庆十七年宋元检验三录本，第5页。
③ （明）曹学佺：《石仓历代诗选》卷205，清文渊阁四库全书补配清文津阁四库全书本，第2058页。

若。"章樵注："何，读作阿。""何、阿"匣、影邻纽，歌部叠韵，形音相近误混。结合诸本及卷五《切磋》"这阿师更不要见"与后文"初其僧谓磻叟不通佛书"，校正本或当据正。

（48）《唐摭言》卷九《四凶》："磻叟莅事未终考秩，抛官诣阙上封事，通义刘公弘为羽翼，非时召对，数刻磻叟所陈，凡数十节，备究时病。"（P.165）

按：《雅雨堂丛书》本、《四库全书》本、《学津讨原》本、《啸园丛书》本、管庭芬抄本和民国景明嘉靖谈恺刻本《太平广记》卷二百六十五、清同治十二年（1873）方功惠广州刻本《全唐文纪事》卷六十四等"弘"均作"引"。结合诸本及后文"非时召对"，校正本或当据正。

（49）《唐摭言》卷十《海叙不遇》："胡兒类人，亦有意趣，然而倾倒不定，缓急由人，不在酒胡也。"（P.171）

按：《雅雨堂丛书》本、《四库全书》本、《学津讨原》本、《啸园丛书》本、管庭芬抄本和清文渊阁四库全书本《类说》卷三十四、清函海本《全五代诗》卷八十八等"倒"均作"侧"。结合诸本及后文"盘中鯸鮧不自定"，"倒、侧"形近误混，校正本或当据正。

（50）《唐摭言》卷十《海叙不遇》："敢恨守株曾失意，始知缘木更难求。鸰原漫欲均余力，鹤发难堪问旧游！"（P.172）

按：《雅雨堂丛书》本、《四库全书》本、《学津讨原》本、《啸园丛书》本、管庭芬抄本和明嘉靖二十七年（1549）崇文书堂刻本《吟窗杂录》卷二十八、四部丛刊景明嘉靖本《唐诗纪事》卷六十八、清文渊阁四库全书本《全唐诗》卷六百六十五、清函海本《全五代诗》卷六十九、清奥雅堂丛书本《五代诗话》卷五等第二个"难"均作"那"。结合诸本及前后文义，校正本或当据正。

（51）《唐摭言》卷十《海叙不遇》："乾符中，颜标典鄱阳，鞠场亭子初构，岩杰纪其事，文成，燦然千余言。"（P.177）

按：《雅雨堂丛书》本、《四库全书》本、《学津讨原》本、《啸

园丛书》本、管庭芬抄本和民国景明嘉靖谈恺刻本《太平广记》卷二百、明刻本《古今谭概》卷十六、明刻本《尧山堂外纪》卷三十六等"子"均作"宇"。又管庭芬抄本载吴昂驹校记："《统籤》作'亭宇初创'。此本'宇'上当脱'亭'字。"结合诸本及前后文义，校正本或当据正。

（52）《唐摭言》卷十《韦庄奏请追赠不及第人近代者》："陆龟蒙，字鲁望，三吴人也，幼而聪悟，文学之外，尤善谈笑，常体江、鲍赋事，名振江左。"（P.185）

按：《雅雨堂丛书》本、《四库全书》本、《学津讨原》本、《啸园丛书》本、管庭芬抄本和清雍正九年（1731）刻本《笠泽丛书》卷甲、四部丛刊景黄丕烈校明钞本《甫里集》卷二十、四部丛刊景明嘉靖本《唐诗纪事》卷六十四、清同治十二年（1873）方功惠广州刻本《全唐文纪事》卷七十六等"鲍"均作"谢"。谢朓、鲍照同代易混。结合诸本及前后文义，校正本或当据正。

（53）《唐摭言》卷十一《怨怒》："历司马长史，再佐任治中；万里山川，七周星岁；从闽边越，染瘴缠疴。"（P.203）

按：《雅雨堂丛书》本、《四库全书》本、《学津讨原》本、《啸园丛书》本、管庭芬抄本和清嘉庆内府刻本《全唐文》卷三百六等"边"均作"适"。"适"有往、向义。《玉篇·辵部》："适，往也。"又《文选·范晔〈后汉书·逸民传论〉》："适使矫易去就。"张铣注："适，向也。"结合诸本及前后文义，"边、适"形近误混，校正本或当据正。

（54）《唐摭言》卷十一《怨怒》："夫璿玉为器者，尚掩微瑕；揉木为轮者，犹藏小节。"（P.204）

按：管庭芬抄本同。《雅雨堂丛书》本、《四库全书》本、《学津讨原》本、《啸园丛书》本和清嘉庆内府刻本《全唐文》卷三百七等"揉"均作"𢇍"。"揉"指用火烧木使之弯曲。《周礼·考工记·辀人》："凡揉辀。"贾公彦疏："言揉者，以火揉使曲也。""𢇍"为理木之器。《文选·左思〈魏都赋〉》："俊拱木于林衡。"吕向注："俊，理木之器。"结合诸本及后文"木为轮者，犹藏小节"，校正本或当据正。

（55）《唐摭言》卷十一《怨怒》："当今天下，有讥谏之士，咸皆不减于先侍郎矣。然失在于倨，阙在于恕，且《易》曰：'谦谦君子，卑以自牧。'"（P.206-207）

按：《雅雨堂丛书》本、《四库全书》本、《学津讨原》本、《啸园丛书》本、管庭芬抄本和清嘉庆内府刻本《全唐文》卷三百七十六等"恕"均作"怒"。"恕、怒"形近易混。结合诸本及后文"非惟恐乖于君子，亦应招怒于时人"，疑"恕"因后文"忠恕而已矣"而误，校正本或当据正。

（56）《唐摭言》卷十一《怨怒》："今人无礼，多涉于佞媚，不全于仁义；故以难近而易退，孜孜善行者为失礼，悲夫！"（P.212）

按：《雅雨堂丛书》本、《四库全书》本、《学津讨原》本、《啸园丛书》本、管庭芬抄本和清嘉庆内府刻本《全唐文》卷四百二等"近"均作"进"。"难近易退"，不辞。"难进易退"指不热衷仕进，却常思引退。如《孔子家语·儒行解》："难进而易退，粥粥若无能也。"[①]唐薛登《请选举择贤才疏》："希仕者必修贞确不拔之操，行难进易退之规，众议以定其高下。"[②]结合诸本及后文"而易退"之结构，疑"近、进"音同误混，校正本或当据正。

（57）《唐摭言》卷十一《怨怒》："诗云：'风雨虽晦，鸡鸣不已。'言善人不拘俗也。"（P.212）

按：《雅雨堂丛书》本、《四库全书》本、《学津讨原》本、《啸园丛书》本、管庭芬抄本和清嘉庆内府刻本《全唐文》卷四百三等"虽"均作"如"字。该句出自《诗经·郑风·风雨》，四部丛刊景宋本《毛诗》卷四、宋刻本《诗说》卷三等同作"风雨如晦"。该词后固

[①] （三国）王肃注：《孔子家语》卷1，四部丛刊景明翻宋本，第7页。
[②] （五代）刘昫：《旧唐书》卷101，清乾隆武英殿刻本，第1561—1562页。

化为成语，指政治黑暗，社会动荡。结合诸本及前卷末句"诗曰：'风雨如晦，鸡鸣不已'"，校正本或当据正。

（58）《唐摭言》卷十二《轻佻》："光业欣然与之烹煎。居一日，光业状元及第，其人首贡一启，颇叙一宵之素。"（P.225）

按：《雅雨堂丛书》本、《四库全书》本、《学津讨原》本、《啸园丛书》本、管庭芬抄本和民国景明嘉靖谈恺刻本《太平广记》卷二百五十二、清同治十二年（1873）方功惠广州刻本《全唐文纪事》卷一百二、清《皇清经解续编》本《登科记考》卷二十三等第一个"一"均作"二"。结合诸本及后文"首贡一启""颇叙一宵"，疑"一"为涉下致误，校正本或当据正。

（59）《唐摭言》卷十二《轻佻》："薛保逊，大顺中尤肆轻佻，因之侵侮诸叔，故自起居舍人贬洗马而卒。"（P.225）

按：《雅雨堂丛书》本、《四库全书》本、《学津讨原》本、《啸园丛书》本、管庭芬抄本和四部丛刊景明嘉靖本《唐诗纪事》卷六十七、民国景明嘉靖谈恺刻本《太平广记》卷二百五十六、清同治十二年（1873）方功惠广州刻本《全唐文纪事》卷六十四、清函海本《全五代诗》卷六、清嘉庆三年（1798）吴兴旧言堂刻本《四六丛话》卷二十八、清《皇清经解续编》本《登科记考》卷二十四等"大顺中"均作"大中朝"。结合诸本及薛保逊生卒，校正本或当据正。

（60）《唐摭言》卷十三《敏捷》："山北沈侍郎主文年，特召温飞卿于簾字试之，为飞卿爱救人故也。"（P.239）

按：《雅雨堂丛书》本、《四库全书》本、《学津讨原》本、《啸园丛书》本、管庭芬抄本和清文渊阁四库全书本《类说》卷三十四、清文渊阁四库全书本《骈字类编》卷一百二、清文渊阁四库全书本《子史精华》卷四十六等"字"均作"前"。结合诸本及卷五《以其人不称才试而后惊》"便于簾前设席"和卷九《四凶》"簾前赐紫衣一袭"等文例，校正本或当据正。

（61）《唐摭言》卷十三《敏捷》："索笔纪之曰：'渭水秦山豁

眼明，希仁何事寡诗情？祇因学得虞姬婿，书字才能记书名。'"（P.239）

按：《雅雨堂丛书》本、《四库全书》本、《学津讨原》本、《啸园丛书》本、管庭芬抄本和明嘉靖刻本《万首唐人绝句诗》卷六十四、四部丛刊景明嘉靖本《唐诗纪事》卷五十八、民国景明嘉靖谈恺刻本《太平广记》卷二百五十六、清文渊阁四库全书本《类说》卷三十四、清文渊阁四库全书本《全唐诗》卷五百六十六等第二个"书"均作"姓"。结合诸本及卷三《慈恩寺题名游赏赋咏杂纪》"只应学得虞姬婿，书字才能记姓名"，校正本或当据正。

（62）《唐摭言》卷十三《惜名》："后薛能佐李福于蜀，道过此，题云：'贾㟧曾空去，题诗岂易哉！'悉打去此板，唯留李端《巫山高》一篇而已。"（P.243）

按：《雅雨堂丛书》本、《四库全书》本、《学津讨原》本、《啸园丛书》本、管庭芬抄本和四部丛刊景明嘉靖本《唐诗纪事》卷三十、明津逮秘书本《全唐诗话》卷二、明刻本《尧山堂外纪》卷三十二、清文渊阁四库全书本《全唐诗录》卷四十二、清文渊阁四库全书本《佩文韵府》卷二十四之三等第二个"此"均作"诸"。结合诸本及前文"亭中诗板百余，然非作者所为"与后文"唯留李端《巫山高》一篇而已"，校正本或当据正。

（63）《唐摭言》卷十三《惜名》："湖南日试万言王璘，与李群玉校书相遇于岳麓寺。群玉揖之曰：'公何许人？'璘曰：'日试万言玉璘。'群玉待之甚浅，曰：'请与公联句可否？'璘曰：'唯子之命。'"（P.244）

按：《雅雨堂丛书》本、《四库全书》本、《学津讨原》本、《啸园丛书》本、管庭芬抄本和四部丛刊景明嘉靖本《唐诗纪事》卷六十六、明崇祯十四年（1641）刻本《楚宝》卷十七、清函海本《赋话》卷九、清光绪十一年（1885）刻本《（光绪）湖南通志》卷一百六十一等第三个"玉"均作"王"。结合诸本及前文"湖南日试万言王璘"，

"玉、王"形近误混，校正本或当据正。

（64）《唐摭言》卷十三《无名子谤议》："王中则童子何知？裴通以因人见录！苟容私谒，岂谓公平？"（P.245）

按：《雅雨堂丛书》本、《四库全书》本、《学津讨原》本、《啸园丛书》本、管庭芬抄本和清同治十二年（1873）方功惠广州刻本《全唐文纪事》卷五十四、清嘉庆内府刻本《全唐文》卷九百八十六、清《皇清经解续编》本《登科记考》卷十一等"中"均作"申"。结合诸本及后文"弄权虞侯为王申"，"中、申"形近误混，校正本或当据正。

（65）《唐摭言》卷十四《主司失意》："臣远从海峤，首还阙廷，方拜丹墀，俄捧紫诏，任抡材于九品，位超过于六曹；家与国而同归，官与职而俱盛。"（P.249-250）

按：《雅雨堂丛书》本、《四库全书》本、《学津讨原》本、《啸园丛书》本、管庭芬抄本和清嘉庆内府刻本《全唐文》卷七百四十七、清《皇清经解续编》本《登科记考》卷二十三等"过"均作"冠"。结合诸本及前文"任抡材于九品"与后文"家与国而同归，官与职而俱盛"，校正本或当据正。

（66）《唐摭言》卷十五《杂记》："三年复以前诗题为赋题，《太学石经》诗并辞，入贡院日面赐。"（P.255）

按：《学津讨原》本、管庭芬抄本同。《雅雨堂丛书》本、《四库全书》本、《啸园丛书》本和清同治十二年（1873）方功惠广州刻本《全唐文纪事》卷十五、清《皇清经解续编》本《登科记考》卷二十一等"赐"均作"试"。结合诸本及卷五《以其人不称才试而后惊》"因面试《高轩过》一篇"、卷十《韦庄奏请追赠不及第人近代者》"因面试一篇"等文例，校正本或当据正。

（67）《唐摭言》卷十五《杂记》："浮云不系名居易，造化无为字乐天。童子解吟《长恨》曲，胡儿能曲《琵琶》篇。"（P.256）

按：《雅雨堂丛书》本、《四库全书》本、《学津讨原》本、《啸

园丛书》本、管庭芬抄本和四部丛刊景明嘉靖本《唐诗纪事》卷二、四部丛刊景明嘉靖本《诗话总龟》卷四十三、明津逮秘书本《全唐诗话》卷一、清文渊阁四库全书本《全唐诗》卷四、清文渊阁四库全书本《全唐诗录》卷一等第二个"曲"均作"唱"。结合诸本及前文"童子解吟《长恨》曲"，校正本或当据正。

（68）《唐摭言》卷十五《杂记》："李石相公镇荆，崔魏公在宾席；未几公擢拜翰林，明年登相位，时石犹在镇。故贺书曰：'宾筵初起，曾陪罇酒之欢；将幕未移，已在陶钧之下。'"（P.259）

按：《雅雨堂丛书》本、《四库全书》本、《啸园丛书》本、管庭芬抄本和四部丛刊景明嘉靖本《唐诗纪事》卷五十一、民国景明嘉靖谈恺刻本《太平广记》卷一百七十五、清惜阴轩丛书本《唐语林》卷四、明津逮秘书本《全唐诗话》卷四、清文渊阁四库全书本《子史精华》卷四十一等"酒"均作"俎"，《学津讨原》本"书"作"诗"，结合诸本及卷末"折冲罇俎者皆列于门目"等文义，校正本或当据正，《学津讨原》本"诗"当作"书"。

（69）《唐摭言》卷十五《杂记》："公然之。既去，僧曰：'今日看更亲切，并恐是扬州。'公于是稍接之矣。"（P.260）

按：《雅雨堂丛书》本、《四库全书》本、《学津讨原》本、《啸园丛书》本、管庭芬抄本和民国景明嘉靖谈恺刻本《太平广记》卷二百二十四、民国钞本《历代不知姓名录》卷八等"州"均作"汴"。结合诸本及后文"先是上面许成功与卿扬州"，疑"州"为涉下致误，校正本或当据正。

（70）《唐摭言》卷十五《贤仆夫》："萧颖士性异常严酷，有一仆事之十余载，颖士每以棰楚百余，不堪甚苦。人或激之择木。"（P.264）

按：《雅雨堂丛书》本、《四库全书》本、《学津讨原》本、《啸园丛书》本、管庭芬抄本和民国景明嘉靖谈恺刻本《太平广记》卷二百六十九、清文渊阁四库全书本《语林》卷二十四、明刻本《尧山堂外纪》卷二十五、明万历十五年（1587）王元贞刻本《焦氏类林》卷五、明万历刻本《初潭集》卷十三等"甚"均作"其"。结合诸本及文义，疑"甚"为涉上致误，校正本或当据正。

（71）《唐摭言》卷十五《贤仆夫》："李元宾与弟书云，赖一仆佣赁，以资日给。其文颇勤勤叙之，而不记姓名。"（P.264）

按：《四库全书》本、《学津讨原》本"佣"下无"赁"字。《雅雨堂丛书》本、《啸园丛书》本、管庭芬抄本和清同治十二年（1873）方功惠广州刻本《全唐文纪事》卷一百三等"赁"均作"债"。"佣赁"指受雇用为人做工。《太平御览·时序部》："臣为人佣赁。"①"佣债"指受人雇用以取得报酬。晋陶渊明《庶人孝传赞》："竭力佣债，以致甘暖。"②结合诸本及后文"以资日给"，校正本或当据正。

3.校脱文

（1）《唐摭言》卷二《为等第后方及第》："韦力仁 赵蕃 黄颇 刘纂。"（P.29）

按：《雅雨堂丛书》本、《四库全书》本、《学津讨原》本、《啸园丛书》本、管庭芬抄本和清光绪六年（1880）丁氏刻月河精舍丛钞本《唐御史台精舍题名考》卷三等卷题"后"下均有"久"字。结合诸本及全篇文义，校正本或当补正。

（2）《唐摭言》卷二《争解元》："公曰：'诚如所言，庐山处士四人，傥能计偕，当以到京先后为齿。'。"（P.31）

按：《学津讨原》本、管庭芬抄本和清《皇清经解续编》本《登科记考》卷十九同。《雅雨堂丛书》本、《四库全书》本和《啸园丛书》本"京"下均有"兆"字。据卷题《争解元》下"与京兆无异""京兆解头"等文例及前后文义，疑"兆"字误脱，校正本或当补正。

（3）《唐摭言》卷二《得失以道》："汝虽性过人，然而未能浩浩于其心，吾故书其所怀以张汝，且以乐言吾道云尔。"（P.34）

---

① （宋）李昉：《太平御览》卷34，四部丛刊三编景宋本，第225页。
② （晋）陶潜撰，（宋）李公焕笺：《笺注陶渊明集》卷7，四部丛刊景宋巾箱本，第45页。

按：《雅雨堂丛书》本、《四库全书》本、《学津讨原》本、《啸园丛书》本、管庭芬抄本和清嘉庆内府刻本《全唐文》卷六百三十六等"过"下均有"于"字。结合诸本及前后文义，校正本或当补正。

（4）《唐摭言》卷三《散序》："时蒙言及京华故事，靡不录之于心，退则编之于简。"（P.42）

按：《雅雨堂丛书》本、《四库全书》本、《学津讨原》本、《啸园丛书》本、管庭芬抄本和民国求恕斋丛书本《通义堂文集》卷十二、民国吴兴丛书本《郑堂读书记》卷六十三等"简"下均有"策"字。结合前后文义，校正本或当补正。

（5）《唐摭言》卷三《慈恩寺题名游赏赋咏杂纪》："鸿以锥刀，暇日反资于肃，此外未尝以所须为意。"（P.58）

按：《雅雨堂丛书》本、《四库全书》本、《学津讨原》本、《啸园丛书》本和清《皇清经解续编》本《登科记考》卷二十四等"暇日"下均有"往往"二字，管庭芬抄本、清文渊阁四库全书本《天中记》卷十九"暇日"下则作"徃徃"。《正字通·彳部》："往，俗作徃。"《字汇补·彳部》："徃与往同。""徃徃"为"往往"异体。结合诸本及前后文义，校正本或当补正。

（6）《唐摭言》卷四《师友》："乔潭，天宝十三年及第，任陆浑尉。元鲁山客死是邑，潭减俸礼葬之，复邮其孤。"（P.75）

按：《雅雨堂丛书》本、《四库全书》本、《学津讨原》本、《啸园丛书》本、管庭芬抄本和清同治十二年（1873）方功惠广州刻本《全唐文纪事》卷三十九、清《皇清经解续编》本《登科记考》卷九等"尉"下均有"时"字。结合本句前文"天宝十三年及第"和后文"元鲁山客死是邑"等文义，校正本或当补正。

（7）《唐摭言》卷五《切磋》："近风教偷薄，进士尤甚，乃至有一谦三十年之说，争与虚张以相高自慢。"（P.97）

按：《雅雨堂丛书》本、《四库全书》本、《啸园丛书》本、管庭芬抄本同。《学津讨原》本、明天启刻本《靳史》卷十二、清文渊阁四

253

库全书本《类说》卷三十四、清文渊阁四库全书本《绀珠集》卷四、清文渊阁四库全书本《佩文韵府》卷六十三之七等"风"下均无"教"字。"近风偷薄"，不辞。"风教"指风俗教化。结合后文"偷薄"与"乃至有一谦三十年之说，争为虚张以相高自谩"，疑《学津讨原》本及诸本误脱，或当据此补正。

（8）《唐摭言》卷六《公荐》："既即席，白诸公曰：'适吴太学以第五人见惠。'或曰：'谁？'曰：'杜牧。'众中有以牧不拘细行间之者。"（P.98）

按：《雅雨堂丛书》本、《四库全书》本、《学津讨原》本、《啸园丛书》本、管庭芬抄本和民国景明嘉靖谈恺刻本《太平广记》卷一百八十一、清光绪李文田家钞本《暇老斋杂记》卷六、清乾隆五十三年（1788）刻本《历代赋话》卷六、清《皇清经解续编》本《登科记考》卷二十、清光绪十四年（1888）袁镇嵩刻本《邃怀堂全集》卷十三等"谁"上均有"为"字。结合诸本及前后文义，校正本或当补正。

（9）《唐摭言》卷六《公荐》："不知庙堂肉食者何以谋之？相公十余年，而复相国，险阻艰难，备尝之矣；民之情伪，尽知之矣。"（P.107）

按：《雅雨堂丛书》本、《四库全书》本、《学津讨原》本、《啸园丛书》本、管庭芬抄本和清嘉庆内府刻本《全唐文》卷二百九十四等"相公"下不空，均有"在外"二字。结合诸本及前后文义，校正本或当补正。

（10）《唐摭言》卷六《公荐》："百姓饿欲死，公何不举贤自代，让位请？公三为相而天下之人皆以公为亢极矣。"（P.107）

按：《雅雨堂丛书》本、《四库全书》本、《学津讨原》本、《啸园丛书》本、管庭芬抄本和清嘉庆内府刻本《全唐文》卷二百九十四等"请"下不空，均有"归"字。结合诸本及后文"老归田里，脱身瘴疠"，校正本或当补正。

（11）《唐摭言》卷六《公荐》："君侯复躬自执玉，陪銮日观此

下编 考校篇

州名藩，必有所举。当举者，非衡而谁？伏愿不弃贤才，赐以甄奖。"（P.112）

按：《雅雨堂丛书》本、《四库全书》本、《学津讨原》本、《啸园丛书》本、管庭芬抄本和四部丛刊景元翻宋小字本《唐文粹》卷八十六、明末刻本《古今振雅云笺》卷二、清嘉庆内府刻本《全唐文》卷三百三十等"当"下均有"是"字。结合诸本及前后文义，校正本或当补正。

（12）《唐摭言》卷六《公荐》："竖刁、易牙信而齐乱，身死不及葬，五公子争立，兄弟相反者数世。桓公之信于其臣，一道也。"（P.113-114）

按：《雅雨堂丛书》本、《啸园丛书》本、四部丛刊景明成化本《李文公集》卷八、清嘉庆内府刻本《全唐文》卷六百三十五、清文渊阁四库全书本《唐宋文醇》卷二十"而齐乱"作"而国乱"，《四库全书》本、《学津讨原》本、管庭芬抄本和明崇祯六年（1633）刻本《吴兴艺文补》卷十等作"而齐国乱"。诸本"乱"上均有"国"字。结合诸本及后文"争权不葬，而乱齐国"，校正本或当补正。

（13）《唐摭言》卷七《好放孤寒》："孤寒中惟程晏、黄滔擅场之外，其余 程试考之，滥得亦不少矣。"（P.119）

按：《雅雨堂丛书》本、《四库全书》本、《学津讨原》本、《啸园丛书》本、管庭芬抄本和民国景明嘉靖谈恺刻本《太平广记》卷一百八十四、明弘治刻本《（弘治）八闽通志》卷八十六、清《皇清经解续编》本《登科记考》卷二十四、清粤雅堂丛书本《五代诗话》卷四等"余"下不空，均有"以"字。结合诸本及前后文义，校正本或当补正。

（14）《唐摭言》卷七《升沈后进》："时首造退之，退之他适，留卷而已。无何，退之访浞，适奇章亦及门。"（P.120）

按：管庭芬抄本同。《雅雨堂丛书》本、《四库全书》本、《学津讨原》本和《啸园丛书》本第一个"适"下均有"第"字。《汉书·郦

255

食其传》："第言之。"颜师古注："第,但也。"结合诸本及前文"时首造退之,退之他适"与后文"留卷而已",校正本或当补正。

（15）《唐摭言》卷七《知己》："刘名儒、史官之家,兄弟以学著称,乃述《诗》《书》《礼》《春秋》,为古五说,条贯源流,备古今之变。"（P.125—126）

按：《雅雨堂丛书》本、《四库全书》本、《学津讨原》本、《啸园丛书》本、管庭芬抄本和清文渊阁四库全书本《语林》卷十七等"《礼》"下均有"《易》"字。结合诸本及后文"为古五说",校正本或当补正。

（16）《唐摭言》卷七《知己》："凝于客次成,尤得意。时温飞卿居幕下,大加称誉。"（P.132）

按：《雅雨堂丛书》本、《四库全书》本、《学津讨原》本、《啸园丛书》本、管庭芬抄本和清文渊阁四库全书本《语林》卷十八等"成"上均有"赋"字。结合诸本及卷五《以其人不称才试而后惊》"凝于客位赋成,公大奇之"与前文"因试《岘山怀古》一篇",校正本或当补正。

（17）《唐摭言》卷八《阴注阳受》："杨嗣复第二榜,卢求者李翱之婿。先是翱典合肥郡,有道人诣翱,自言能使鬼神。"（P.140）

按：《雅雨堂丛书》本、《四库全书》本、《学津讨原》本、《啸园丛书》本、管庭芬抄本和民国景明嘉靖谈恺刻本《太平广记》卷一百八十一、清文渊阁四库全书本《全唐诗》卷八百七十五、清嘉庆元年（1796）刻本《草堂外集》卷八等"道"上均有"一"字。结合诸本及前后文义,校正本或当补正。

（18）《唐摭言》卷十《载应不捷声价益振》："试《汉高祖斩白蛇赋》,考落。盖赋有'知我者谓我斩白帝,不知者谓我斩白蛇'也。"（P.169）

按：《雅雨堂丛书》本、《四库全书》本、《学津讨原》本、《啸园丛书》本、管庭芬抄本和清同治十二年（1873）方功惠广州刻本《全唐文纪事》卷五十三、清乾隆五十三年（1788）刻本《历代赋话》卷六等第二个"者"上均有"我"字。结合诸本及前文"知我者谓我斩白帝"之结构，校正本或当补正。

（19）《唐摭言》卷十《海叙不遇》："肇不得已，辍所乘马，迎至郡斋，馆穀如公卿。既而日肆傲睨，轻视子发，子发尝以篇咏诡于岩杰曰：'明月照巴山。'"（P.178）

按：《雅雨堂丛书》本、《四库全书》本、《学津讨原》本、《啸园丛书》本、管庭芬抄本和四部丛刊景明嘉靖本《唐诗纪事》卷六十六、民国景明嘉靖谈恺刻本《太平广记》卷二百、清嘉庆十七年（1812）刻本《（淳熙）新安志》卷十、明刻本《尧山堂外纪》卷三十六、明弘治刻本《（弘治）徽州府志》卷十二等"既"上均有"礼"字。结合诸本及前文"辍所乘马，迎至郡斋"，校正本或当补正。

（20）《唐摭言》卷十《韦庄奏请追赠不及第人近代者》："塚近登山道，诗随过海船。故人相弔处，斜日下寒天。"_{原注：庄云不及第，误。}（P.183）

按：《雅雨堂丛书》本、《四库全书》本、《学津讨原》本、《啸园丛书》本和管庭芬抄本等"误"下均有"也"字。结合诸本及后文"庄云不及第，误矣"，校正本或当补正。

（21）《唐摭言》卷十一《怨怒》："仆有短，身还有长。至如高班要津，听望已久；小郡偏州，常才为之。"（P.204）

按：《雅雨堂丛书》本、《四库全书》本、《学津讨原》本、《啸园丛书》本、管庭芬抄本和清嘉庆内府刻本《全唐文》卷三百六等"仆"下均有"纵"字。结合诸本及卷十二《自负》"纵有缑山也无益"、卷十五《杂记》"纵有军功"等文例，校正本或当补正。

（22）《唐摭言》卷十一《怨怒》："君何见之晚耶？又闻昔有躄者，耻为平原君家美人所笑，乃诣平原君，请笑者头，平原君虽许之，终所不忍。"（P.211）

按：《雅雨堂丛书》本、《四库全书》本、《学津讨原》本、《啸

园丛书》本、管庭芬抄本和清嘉庆内府刻本《全唐文》卷三百七十六等"又"上均有"抑"字。结合诸本及卷六《公荐》"抑又闻'屋漏在上，知之在下'""抑又闻之"等文例，校正本或当补正。

（23）《唐摭言》卷十一《怨怒》："古之有礼者则贵，今之有礼者则贱；虽然，君子终不弃礼为苟容。"（P.212）

按：《雅雨堂丛书》本、《四库全书》本、《学津讨原》本、《啸园丛书》本和管庭芬抄本等"终"下均有"身"字。结合诸本及卷一《述进士下篇》"终身为文人"、卷十一《无官受黜》"终身不仕"和卷十二《自负》"终身奉之"等文例，校正本或当补正。

（24）《唐摭言》卷十一《怨怒》："君公闻叔向乎？张良乎？夫叔向者不能言，退然不胜衣，为晋国之望；张良妇人也，而嬬次之华，宜君公不礼。"（P.212）

按：《雅雨堂丛书》本、《四库全书》本、《学津讨原》本、《啸园丛书》本、管庭芬抄本和清嘉庆内府刻本《全唐文》卷四百三等第一个"张"上均有"闻"字。结合诸本及前文"闻叔向乎"与后文"张良妇人也，而嬬次之华，宜君公不礼"，校正本或当补正。

（25）《唐摭言》卷十一《怨怒》："儒有用言干进，几乎！若乃交道匪终，得言之者，时则有其人矣。"（P.213）

按：《雅雨堂丛书》本、《四库全书》本、《学津讨原》本、《啸园丛书》本和管庭芬抄本等"之"上均有"纪"字。结合诸本及卷一《述进士下篇》"仪以一篇纪之曰"、卷三《慈恩寺题名游赏赋咏杂纪》"以一绝纪之曰"、卷十《海叙不遇》"以一篇纪之曰"等文例，校正本或当补正。

（26）《唐摭言》卷十二《自负》："且君以伟才，四入为相，艰难情伪，君尽知之；至于进人亦多矣，然亦有以参之五利而许君乎？"（P.222）

按：《雅雨堂丛书》本、《四库全书》本、《学津讨原》本、《啸园丛书》本、管庭芬抄本和清嘉庆内府刻本《全唐文》卷三百九十六等

"有"上均有"能"字。结合诸本及前文"至于进人亦多矣,然亦"之语气,校正本或当补正。

（27）《唐摭言》卷十二《设奇沽誉》："会夜饮更衣,宾从间窃谓公曰:'此应是,惭不称耳!'既而复易红锦,尤加焕丽,众莫测矣。"（P.227）

按:《雅雨堂丛书》本、《四库全书》本、《学津讨原》本、《啸园丛书》本和管庭芬抄本等"是"下均有"有"字,四部丛刊景明嘉靖本《唐诗纪事》卷六十六、清同治十二年（1873）方功惠广州刻本《全唐文纪事》卷五十九"惭"下有"其"字,结合诸本及前后文义,校正本或当补"有"字。

（28）《唐摭言》卷十三《矛楯》："方干姿态山野,且更兔缺,然性凌侮人。"（P.242）

按:《雅雨堂丛书》本、《四库全书》本、《学津讨原》本、《啸园丛书》本、管庭芬抄本和民国景明嘉靖谈恺刻本《太平广记》卷二百五十七、清文渊阁四库全书本《类说》卷三十四、清文渊阁四库全书本《事文类聚》卷二十、清嘉庆宛委别藏本《群书通要》卷八、清文渊阁四库全书本《语林》卷二十七、清文渊阁四库全书本《全唐诗》卷八百七十九等"性"下均有"好"字。结合诸本及前后文义,校正本或当补正。

（29）《唐摭言》卷十四《主司失意》："俾分郡牧,用示朝章。勿谓 恩,深宜自励!可守蕲州刺史,散官勋赐如故。"（P.249）

按:《雅雨堂丛书》本、《四库全书》本、《学津讨原》本、《啸园丛书》本、管庭芬抄本和清嘉庆内府刻本《全唐文》卷八百二、清《皇清经解续编》本《登科记考》卷二十三等"谓"下不空,均有"非"字。结合诸本及后文"可守蕲州刺史,散官勋赐如故",校正本或当补正。

（30）《唐摭言》卷十五《贤仆夫》："公既嘉其忠孝,以诗送之,略曰:'山险不曾离马后,酒酉长见在牀前。'"（P.264）

按：《雅雨堂丛书》本、《四库全书》本、《学津讨原》本、《啸园丛书》本、管庭芬抄本和明嘉靖二十七年（1548）崇文书堂刻本《吟窗杂录》卷四十五、四部丛刊景明嘉靖本《唐诗纪事》卷五十五、民国景明嘉靖谈恺刻本《太平广记》卷二百七十五、四部丛刊景明嘉靖本《诗话总龟》卷四十一、清文渊阁四库全书本《天中记》卷十九、清文渊阁四库全书本《全唐诗》卷五百五十二等"酉"字右边不缺，均有"星"作"醒"。结合诸本及前后文义，校正本或当据此补正。

（31）《唐摭言》卷十五《旧话》："三曰上等举人，应同人举；原注：推公共也。**中等举人，应丞郎举**；原注：计通塞也。**下等举人，宰相举**。"（P.266）

按：《雅雨堂丛书》本、《四库全书》本、《学津讨原》本、《啸园丛书》本和管庭芬抄本等"宰"上均有"应"字。结合诸本及前文"应同人举"与"应丞郎举"等文例，校正本或当补正。

4.校衍文

（1）《唐摭言》卷一《进士归礼部》："洎乎近代，厥道寖微；微玉石不分，薰莸错杂。"（P.19）

按：《雅雨堂丛书》本、《四库全书》本、《学津讨原》本、《啸园丛书》本和管庭芬抄本等第一个"微"下均无"微"字。又明吕坤《去伪斋文集·说天》："君子小人祸则同祸，福则同福，玉石不分，薰莸杂处。"①结合诸本及前后文义，疑校正本误衍，当据此删正。

（2）《唐摭言》卷二《得失以道》："夫所谓一艺者，乃时俗所好之文，或有盛名于近代者是也；其能到古人者，则仁义之辞也，恶得以一艺而名之哉！"（P.33）

按：管庭芬抄本、四部丛刊景明成华本《李文公集》卷八和四部丛刊景元翻宋小字本《唐文粹》卷九十等"得"下有"以"字，《雅雨堂丛书》本、《四库全书》本、《学津讨原》本和《啸园丛书》本等均无"以"字。结合前后文义，疑校正本非衍，诸本误脱"以"字。

---

① （明）吕坤：《去伪斋文集》卷6，清康熙三十三年吕慎多刻本，第149页。

（3）《唐摭言》卷三《散序》："如丞相吴郡陆公扆，翰林侍郎濮阳公融，恩门右省李常侍渥，颜夕拜荛，从翁丞相溥，从叔南海记室涣，其次同年卢十三延让、杨五十一赞图，崔二十七籍若等十许人。"（P.42）

按：管庭芬抄本同。《雅雨堂丛书》本、《四库全书》本、《学津讨原》本、《啸园丛书》本和民国吴兴丛书本《郑堂读书记》卷六十三等"郡"下均无"陆"字。结合文后"濮阳公融"文例，校正本或当据此删正。

（4）《唐摭言》卷三《谢恩》："于时，公卿来看，皆南方行叙坐；饮酒数巡，便起赴期集院。原注：或云：此礼亦不常。即有，于都省致谢。公卿来看，或不坐而去。"（P.44-45）

按：《雅雨堂丛书》本、《四库全书》本、《学津讨原》本、《啸园丛书》本、管庭芬抄本和民国景明嘉靖谈恺刻本《太平广记》卷一百七十八、清《皇清经解续编》本《登科记考》卷二十八等"南"下均无"方"字，疑"方"字误衍，校正本或当据此删正。

（5）《唐摭言》卷四《师友》："贞元十二年，李挚以大宏词振名，与李行敏同姓，同年登第，又同甲子。又同门。"（P.75）

按：管庭芬抄本、四部丛刊景明嘉靖本《唐诗纪事》卷五十和清《皇清经解续编》本《登科记考》卷十四等第二个"李"下有"行"字，《雅雨堂丛书》本、《四库全书》本、《学津讨原》本、《啸园丛书》本和清文渊阁四库全书本《事类备要》卷四十、文渊阁四库全书本《海录碎事》卷八等均无"行"字。结合文后"挚尝答行敏诗曰"，疑校正本非衍，诸本误脱"行"字。

（6）《唐摭言》卷六《公荐》："今国家封山勒崇，希代罕遇；含育之类，莫不踊跃。况诏征隐逸，州贡茂异，衡之际会，千际载一时。"（P.112）

按：《雅雨堂丛书》本、《四库全书》本、《学津讨原》本、《啸园丛书》本、管庭芬抄本和四部丛刊景元翻宋小字本《唐文粹》卷八十

261

六、清嘉庆内府刻本《全唐文》卷三百三十等"千"下均无"际"字。结合诸本及前文"州贡茂异，衡之际会"内容与结构，疑"际"字涉上误衍，校正本或当据此删正。

（7）《唐摭言》卷七《知己》："梁君殁，于兹五年，翱学圣人经籍教训文句之旨为文，将数万言，愈昔年见梁君之文，弗啻数倍，虽亦不敢同德于古人，然亦幸无怍于中心。"（P.123）

按：《雅雨堂丛书》本、《四库全书》本、《学津讨原》本、《啸园丛书》本、管庭芬抄本和四部丛刊景明成华本《李文公集》卷一、清文渊阁四库全书本《历代赋汇》卷三、清嘉庆内府刻本《全唐文》卷六百三十四、清康熙间刻本《历朝赋格》卷四等"虽"下均无"亦"字。结合诸本及后文"然亦幸无怍于中心"，疑"亦"为涉下误衍，校正本或当据此删正。

（8）《唐摭言》卷七《知己》："随计途次襄阳，谒徐相公商公，疑其假手，因试《岘山怀古》一篇。"（P.132）

按：《雅雨堂丛书》本、《四库全书》本、《学津讨原》本、《啸园丛书》本和管庭芬抄本等"相"下均无"公"字。又明稗海本《北梦琐言》卷三："徐相商致书规之，邹平曰：人生几何，要酬平生不足也。"①结合诸本、史实与文义，疑第一个"公"为涉下误衍，校正本或当据此删正。

（9）《唐摭言》卷九《好及第恶登科》："名既靡扬，得之不求。崔公胁制，仁者所不为者也。许、蔡二公所取者，道也；非为名也。"（P.159）

按：《雅雨堂丛书》本、《四库全书》本、《学津讨原》本、《啸园丛书》本、管庭芬抄本和民国求恕斋丛书本《通义堂文集》卷十二等第一个"为"下均无"者"字。结合诸本及前后文义，校正本或当据此删正。

（10）《唐摭言》卷十《海叙不遇》："储颇衔之。后储贵达，未

---

① （五代）孙光宪：《北梦琐言》卷3，明稗海本，第2页。

尝言定之长短。晚上丧志,放意杯酒。"(P.173)

按:《雅雨堂丛书》本、《四库全书》本、《学津讨原》本、《啸园丛书》本、管庭芬抄本和四部丛刊景明嘉靖本《唐诗纪事》卷六十六等"长"下均无"短"字。结合诸本及前后文义,"短"或因接"长"而误衍,校正本或当据此删正。

(11)《唐摭言》卷十一《怨怒》:"公之顷者,似不务此道,非惟恐乖于君子,亦应招怒于时人。"(P.207)

按:管庭芬抄本同。《雅雨堂丛书》本、《四库全书》本、《学津讨原》本、《啸园丛书》本和清嘉庆内府刻本《全唐文》卷三百七十六等"非"下均无"惟"字。又管庭芬抄本载吴昂驹校记:"'惟'字刻本无。"结合诸本及前后文义,校正本或当据此删正。

(12)《唐摭言》卷十一《怨怒》:"宜其允迪忠告,惠然来思,而乃踌躇数日不我顾,意者,耻欲从卖醪博徒者游乎?"(P.210-211)

按:《雅雨堂丛书》本、《四库全书》本、《学津讨原》本、《啸园丛书》本、管庭芬抄本和清嘉庆内府刻本《全唐文》卷三百七十六等"耻"下均无"欲"字。结合诸本及后文"观君似欲以富贵骄仆,乃不知仆欲以贫贱骄君",疑校正本涉下误衍,或当据此删正。

(13)《唐摭言》卷十一《怨怒》:"论曰:'夫子口无择言,身无择行。故言之逊,人不以为诌;言之危,人不以为讦。'"(P.213)

按:《雅雨堂丛书》本、《四库全书》本、《学津讨原》本、《啸园丛书》本和管庭芬抄本等"行"下均无"故"字。结合诸本及后文"言之危,人不以为讦"之结构,校正本或当据此删正。

(14)《唐摭言》卷十三《无名子谤议》:"况公为主司,自合参议,信衮等升降由己,取舍在心,使士君子含冤不得申,结舌不得语,罔上若是,欺下如斯。"(P.246)

按:《雅雨堂丛书》本、《四库全书》本、《学津讨原》本、《啸园丛书》本、管庭芬抄本和清嘉庆内府刻本《全唐文》卷九百八十六等"士"下均无"君"字。结合诸本及前后文义,校正本或当据此删正。

（15）《唐摭言》卷十五《杂记》："三年复以前诗题为赋题，《太学石经》诗并辞，入贡院日面赐。"（P.255）

按：《雅雨堂丛书》本、《四库全书》本、《学津讨原》本、《啸园丛书》本、管庭芬抄本和清乾隆德聚堂刻本《玉溪生诗详注》卷二、清文渊阁四库全书本《天中记》卷三十八、清同治十二年（1873）方功惠广州刻本《全唐文纪事》卷十五、清《皇清经解续编》本《登科记考》卷二十一等"复"下均无"以"字。结合诸本及前后文义，校正本或当据此删正。

（16）《唐摭言》卷十五《没用处》："薛昭俭，昭纬之兄也，咸通末数举不及第，先达每接之，即问曰，贤弟早晚应举？昭俭知难而退。"（P.267）

按：《雅雨堂丛书》本、《四库全书》本、《学津讨原》本、《啸园丛书》本和管庭芬抄本等"不"下均无"及"字。结合诸本及前文"高涣者，锴之子也，久举不第"，校正本或当据此删正。

5.校倒文

（1）《唐摭言》卷一《述进士下篇》："虽然，贤者得其大者，故位极人臣，常有十二三；登显列，十有六七。"（P.6）

按：《雅雨堂丛书》本、《四库全书》本、《啸园丛书》本和管庭芬抄本同。《学津讨原》本、明津逮秘书本《唐国史补》卷下、《四部丛刊》三编景宋本《太平御览》卷六百二十九、民国景明嘉靖谈恺刻本《太平广记》卷一百七十八、清惜阴轩丛书本《唐语林》卷二、清文渊阁四库全书本《天中记》卷三十八、清《皇清经解续编》本《登科记考》卷二十八"有十"均作"十有"。结合后文"十有六七"及诸本，校正本误倒，当据诸本乙正。

（2）《唐摭言》卷三《过堂》："状元出行致词云：'今月日，礼部放榜，某等幸忝成名，获在相公陶铸之下，不任感惧。'原注：在左右下，即庆惧云。"（P.46）

按：《雅雨堂丛书》本、《四库全书》本、《学津讨原》本、《啸

园丛书》本、管庭芬抄本和清《皇清经解续编》本《登科记考》卷二十八等"庆惧云"均作"云庆惧"。结合前后文义及诸本，校正本误倒，当据此乙正。

（3）《唐摭言》卷三《慈恩寺题名游赏赋咏杂纪》："王起门生一榜二十二人和周墀诗：盛选栋梁称昔日，平均雨露及时明。"（P.54）

按：《雅雨堂丛书》本、《四库全书》本、《学津讨原》本、《啸园丛书》本、管庭芬抄本和四部丛刊景明嘉靖本《唐诗纪事》卷五十五、清文渊阁四库全书本《全唐诗》卷五百五十三、清文渊阁四库全书本《骈字类编》卷二百二十六、清《皇清经解续编》本《登科记考》卷二十二、清文渊阁四库全书本《佩文韵府》卷四十六之二等"时明"均作"明时"。结合诸本及前文"盛选栋梁称昔日"中"昔日"，校正本误倒，当据此乙正。

（4）《唐摭言》卷三《慈恩寺题名游赏赋咏杂纪》："王起门生一榜二十二人和周墀诗：伫为霖雨曾相贺，半在霄云觉更荣。"（P.56）

按：《雅雨堂丛书》本、《四库全书》本、《学津讨原》本、《啸园丛书》本、管庭芬抄本和四部丛刊景明嘉靖本《唐诗纪事》卷五十五、清文渊阁四库全书本《全唐诗》卷五百五十二等"霄云"均作"云霄"。结合本篇前文"云霄幸接鸳鸯盛"和后文"暗指云霄接去程"等文例及诸本，校正本误倒，或当据此乙正。

（5）《唐摭言》卷三《慈恩寺题名游赏赋咏杂纪》："大顺中，户部侍郎司空图一以绝纪之曰：'岳前大队赴淮西，从此中原息战鞞。'"（P.64）

按：《雅雨堂丛书》本、《四库全书》本、《学津讨原》本、《啸园丛书》本、管庭芬抄本和四部丛刊景明嘉靖本《唐诗纪事》卷三十四、清文渊阁四库全书本《王荆公诗注》卷九、明津逮秘书本《全唐诗话》卷二、清文渊阁四库全书本《佩文韵府》卷十六之一等"一以"均作"以一"。结合卷一"仪以一篇纪之曰"和卷三"因以一绝寄旧同年曰"等文例，校正本误倒，当据此乙正。

265

（6）《唐摭言》卷五《切磋》："虽然，恶言无从，不可不卒，勿怪。夫谓之奇，则非正矣，然无亦伤于正也。谓之奇，即非常矣。"（P.94）

按：《雅雨堂丛书》本、《四库全书》本、《学津讨原》本、《啸园丛书》本、管庭芬抄本和四部丛刊景宋本《皇甫持正集》卷四、四部丛刊景元翻宋小字本《唐文粹》卷八十五、清文渊阁四库全书补配清文津阁四库全书本《文章辨体汇选》卷二百二十、清嘉庆内府刻本《全唐文》卷六百八十五等"然无亦伤"均作"然亦无伤"。结合本篇后文"无伤于正而出于常"和"固不务奇，然亦无伤于奇也"等文例及诸本，校正本误倒，当据此乙正。

（7）《唐摭言》卷五《切磋》："岂谓三四怒而喜四三，识出之白，而怪入之黑乎？生云：'虎豹之文非奇。'"（P.96）

按：《雅雨堂丛书》本、《四库全书》本、《学津讨原》本、《啸园丛书》本、管庭芬抄本和四部丛刊景宋本《皇甫持正集》卷四、四部丛刊景元翻宋小字本《唐文粹》卷八十五、清文渊阁四库全书补配清文津阁四库全书本《文章辨体汇选》卷二百二十、清嘉庆内府刻本《全唐文》卷六百八十五等"三四怒"均作"怒三四"。结合后文"喜四三"及诸本，校正本误倒，当据此乙正。

（8）《唐摭言》卷五《以其人不称才试而后惊》："公见其人幺麽，不信其才有，因试《岘山怀古》一篇。凝于客位赋成，公大奇之。"（P.100）

按：《雅雨堂丛书》本、《四库全书》本、《学津讨原》本、《啸园丛书》本和管庭芬抄本等"其才有"均作"有其才"。结合卷三"有其才者，靡捐于瓮牖绳枢；无其才者，讵系于王孙公子"及诸本，校正本误倒，当据此乙正。

（9）《唐摭言》卷五《以其人不称才试而后惊》："王勃著《滕王阁序》，时年十四，都督阎公之不信。"（P.101）

按：《雅雨堂丛书》本、《四库全书》本、《学津讨原》本、《啸

园丛书》本、管庭芬抄本和清文渊阁四库全书本《类说》卷三十四、清同治十二年（1873）方功惠广州刻本《全唐文纪事》卷五十九、清文渊阁四库全书本《（雍正）江西通志》卷一百五十九等"之不信"均作"不之信"。结合本篇篇首"二公不之信，因面试《高轩过》一篇"和卷十"二公不之信，因面试一篇"等文例及诸本，校正本误倒，当据此乙正。

（10）《唐摭言》卷七《升沈后进》："太平王崇、窦贤二家，率以科目为资，足以升沈后进，故科目举人相谓曰：'王窦未见，徒劳漫走。'"（P.120）

按：《雅雨堂丛书》本、《四库全书》本、《学津讨原》本、《啸园丛书》本、管庭芬抄本和民国景明嘉靖谈恺刻本《太平广记》卷一百八十一、清文渊阁四库全书本《全唐诗》卷八百七十六、清咸丰刻本《古谣谚》卷五十八、清文渊阁四库全书本《子史精华》卷四十六、清《皇清经解续编》本《登科记考》卷二十八等"王窦未见"均作"未见王窦"。结合诸本及后文"徒劳漫走"，校正本误倒，当据此乙正。

（11）《唐摭言》卷八《自放状头》："每札一人，则抗声斥其名姓，自始至末，列庭闻之，咨嗟叹其公道者一口。"（P.143—144）

按：《雅雨堂丛书》本、《四库全书》本、《学津讨原》本、《啸园丛书》本、管庭芬抄本和清文渊阁四库全书本《香祖笔记》卷三、清《皇清经解续编》本《登科记考》卷十二、清嘉庆十三年（1808）刻本《随园随笔》卷十等"名姓"均作"姓名"。结合诸本及卷三《过堂》"乃自状元已下一一自称姓名"、《慈恩寺题名游赏赋咏杂纪》"金榜前头忝姓名"等文例，校正本误倒，当据此乙正。

（12）《唐摭言》卷八《忧中有喜》："始，夫妻阔别积十余岁，亿时在马上见一人妇，粗缞跨驴，依稀与妻类，因睨之不已，妻亦如是。"（P.145）

按：《雅雨堂丛书》本、《四库全书》本、《学津讨原》本、《啸园丛书》本、管庭芬抄本和清《皇清经解续编》本《登科记考》卷二十三等"人妇"均作"妇人"。结合诸本及卷四《节操》"忽有一素衣妇人""妇人竟不至""妇人拜泣"等文例，校正本误倒，当据此乙正。

（13）《唐摭言》卷九《好知己恶及第》："行江次陵，隐狎游多不馆宿，左右争告沆，沆召隐徵辩，隐以实对，沆又资以财帛，左右尤不测也。"（P.157）

按：《雅雨堂丛书》本、《四库全书》本、《学津讨原》本、《啸园丛书》本、管庭芬抄本和清道光二年（1822）刻本《（道光）广东通志》卷二百九十、清《皇清经解续编》本《登科记考》卷二十三等"行江次陵"均作"行次江陵"。结合诸本及卷二《恚恨》"行次九江"、卷四《气义》"行次潼关"、卷十一《恶分疏》"行次江西"等文例，校正本误倒，当据此乙正。

（14）《唐摭言》卷九《四凶》："磻叟形质短小，长喙疎齿，尤富文学，自负王佐之才，大言聘辩，虽接对公相，旁若无人。"（P.164）

按：《雅雨堂丛书》本、《四库全书》本、《学津讨原》本、《啸园丛书》本、管庭芬抄本和民国景明嘉靖谈恺刻本《太平广记》卷二百六十五、清同治十二年（1873）方功惠广州刻本《全唐文纪事》卷六十四等"公相"均作"相公"。结合诸本及卷三《过堂》"领新及第进士见相公"、卷六《公荐》"仆见相公事方急"等文例，校正本误倒，当据此乙正。

（15）《唐摭言》卷十《海叙不遇》："李常侍隲廉察江西，特与放乡里之役，盲俗互有论列。隲判曰：'西江境内，凡为诗得及涛，即与放色役，不止一任涛耳。'"（P.179）

按：《四库全书》本、《学津讨原》本同。《雅雨堂丛书》本、《啸园丛书》本、管庭芬抄本和四部丛刊景明嘉靖本《唐诗纪事》卷七十、清影宋钞本《舆地纪胜》卷二十七、清文渊阁四库全书本《类说》卷三十四、清文渊阁四库全书本《（雍正）江西通志》卷一百五十九等"西江"均作"江西"。结合诸本及前文"隲廉问江西""李常侍隲廉察江西"，校正本当据此乙正。

下编 考校篇

（16）《唐摭言》卷十一《反初不第》："策后为梁太祖从事。天祐中，在翰林，太祖颇倚之，为谋府。策极力媒蘖，崇竟罹酷冤。"（P.192）

按：《雅雨堂丛书》本、《四库全书》本、《学津讨原》本、《啸园丛书》本、管庭芬抄本和清道光八年（1828）刻本《五代史记注》卷三十五、清《皇清经解续编》本《登科记考》卷二十四等"酷冤"均作"冤酷"。"酷冤"，不辞。"冤酷"指无罪而强加的残酷刑戮。如《韩诗外传》卷五："纣之为主，劳民力，冤酷之令，加于百姓。"① 《三国志·魏志·邓艾传》："昔秦民怜白起之无罪，吴人伤子胥之冤酷，皆为立祠。"② 据此及诸本，校正本误倒，当据此乙正。

（二）校正本方校商兑

1.校异文

（1）《唐摭言》卷一《进士归礼部》："鄙文不臧，既得而闻矣。"方成珪《校正》："'而闻'《纪事》作'闻命'。"（P.18）

按：四部丛刊景明嘉靖本《唐诗纪事》卷十七："鄙文不臧，既得而闻矣。"《雅雨堂丛书》本、《四库全书》本、《学津讨原》本、《啸园丛书》本、管庭芬抄本和清同治十二年（1873）方功惠广州刻本《全唐文纪事》卷十四、清嘉庆元年（1796）刻本《草堂外集》卷四、清《皇清经解续编》本《登科记考》卷八同作"而闻"。又清文渊阁四库全书本《绀珠集》卷四："鄙文不臧，既得闻命矣。"疑方校将宋朱胜非《绀珠集》与计有功《唐诗纪事》误混。

（2）《唐摭言》卷三《慈恩寺题名游赏赋咏杂纪》："仙籍共知推丽藻，禁垣同得荐嘉名。"方成珪《校正》："'藻'旧作'则'，今从《纪事》。"（P.54）

按：四部丛刊景明嘉靖本《唐诗纪事》卷五十五："仙籍共知推丽则，禁垣同得荐嘉名。"《雅雨堂丛书》本、《四库全书》本、《学津

---

① （汉）韩婴：《韩诗外传》卷5，四部丛刊景明沈氏野竹斋本，第32页。
② （晋）陈寿：《三国志》卷28，百衲本景宋绍熙刊本，第496页。

讨原》本、《啸园丛书》本、管庭芬抄本和清《皇清经解续编》本《登科记考》卷二十二同作"则"。又清文渊阁四库全书本《全唐诗》卷五百五十二："仙籍共知推丽藻，禁垣同得荐嘉名。"疑方校将清曹寅编《全唐诗》与宋计有功《唐诗纪事》误混。

（3）《唐摭言》卷三《慈恩寺题名游赏赋咏杂纪》："王起门生一榜二十二人和周墀诗：恩感风雷皆变化，诗裁锦绣借光辉。"方成珪《校正》："《纪事》'皆'作'宜'，'借'作'惜'。"（P.55）

按：四部丛刊景明嘉靖本《唐诗纪事》卷五十五："恩感风雷皆变化，诗裁锦绣借光辉。"《雅雨堂丛书》本、《四库全书》本、《学津讨原》本、《啸园丛书》本、管庭芬抄本和清《皇清经解续编》本《登科记考》卷二十二同作"皆""借"。又清文渊阁四库全书本《全唐诗》卷五百五十二："恩感风雷宜变化一作皆，诗裁锦绣借一作惜光辉。"疑方校将清曹寅编《全唐诗》与宋计有功《唐诗纪事》误混。

（4）《唐摭言》卷三《慈恩寺题名游赏赋咏杂纪》："诘朝，其仆请假，给还诸色假借什物，因之一去不还。"方成珪《校正》："一本'还'作'返'。《广记》同。"（P.58）

按：民国景明嘉靖谈恺刻本《太平广记》卷八十五："给还诸色假借什物，因之一去不反。"又《雅雨堂丛书》本、《四库全书》本、《学津讨原》本、《啸园丛书》本和清《皇清经解续编》本《登科记考》卷十七等均作"返"。"反"训"还"，一作"返"。《左传·襄公二十八年》："反其邑焉。"杜预注："反，还也。"又《楚辞·远游》："神儵忽而不反兮。"旧校："反，一作返。""反"为"返"之异体。方校所引或不确，当依《广记》原文正。

（5）《唐摭言》卷三《慈恩寺题名游赏赋咏杂纪》："李汤题名于昭应县楼，韦蟾睹之，走笔留谑曰：'渭水秦川拂眼明，希仁何事寡诗情？'"方成珪《校正》："《纪事》'希仁'作'笑人'。"（P.64）

按：四部丛刊景明嘉靖本《唐诗纪事》卷五十八："渭水春山照眼明，希仁何事寡诗情？"《雅雨堂丛书》本、《四库全书》本、《学津讨原》本、《啸园丛书》本和民国景明嘉靖谈恺刻本《太平广记》卷二百五十六、四部丛刊景明嘉靖本《诗话总龟》卷三十六、清文渊阁四库全书本《全唐诗》卷五百六十六等同作"希仁",管庭芬抄本作"希人"。又清文渊阁四库全书本《佩文韵府》卷四之五:"渭水春山照眼明,笑人何事寡诗情?"疑方校将清张玉书《佩文韵府》与宋计有功《唐诗纪事》误混。

(6)《唐摭言》卷三《慈恩寺题名游赏赋咏杂纪》:"大顺中,户部侍郎司空图一以绝纪之曰:'岳前大队赴淮西,从此中原息战鞞。'"方成珪《校正》:"'战'集作'鼓'。"(P.64)

按:四部丛刊景唐音统籤本《司空表圣诗集》卷四:"岳前大队赴淮西,从此中原息皷鞞。"明嘉靖刻本《万首唐人绝句诗》卷五十七、清文渊阁四库全书本《(雍正)陕西通志》卷九十八同作"皷鞞"。《慧琳音义》卷十二"鼓"注:"或从皮作皷,俗字也。"《广韵·姥韵》:"皷,亦作鼓。"《正字通·皮部》:"皷,俗鼓字。""鼓"又作"皷",二者为异文关系。方校所引或不确,当依《诗集》原文正。

(7)《唐摭言》卷十《海叙不遇》:"常赋一绝,颇为前达所推,曰:'惆怅兴亡系绮罗,世人犹自选青蛾。'"方成珪《校正》:"《纪事》'系'作'係'。"(P.171)

按:四部丛刊景明嘉靖本《唐诗纪事》卷六十六:"惆怅兴亡系绮罗,世人犹自选青娥。"《雅雨堂丛书》本、《四库全书》本、《学津讨原》本、《啸园丛书》本、管庭芬抄本和明嘉靖刻本《万首唐人绝句诗》卷五十五、清影宋钞本《舆地纪胜》卷五、清文渊阁四库全书本《全唐诗》卷七百六十八、清函海本《全五代诗》卷八十八同作"系绮罗"。又《周易·同人》:"同人于门。"王弼注:"心无係吝。"陆德明《释文》:"系,或作係。""系"又作"係",二者为异文关系。方校所引或不确,当依《纪事》原文正。

(8)《唐摭言》卷十三《惜名》:"裴令公居守东洛,夜宴半酣,

公索联句,元、白有得色。"方成珪《校正》:"《全唐诗话》'得'作'德'。"(P.243)

按:明津逮秘书本《全唐诗话》卷三:"裴令公居守东洛,夜宴半酣,公索句,元、白有得色。"《雅雨堂丛书》本、《四库全书》本、《学津讨原》本、《啸园丛书》本、管庭芬抄本和清乾隆刻本《苕溪渔隐丛话前后集》卷十七、清文渊阁四库全书本《山谷内集诗注》卷上、四部丛刊景明嘉靖本《唐诗纪事》卷四十六、四部丛刊景明嘉靖本《诗话总龟》卷二十二、清文渊阁四库全书本《全唐诗》卷四百八十四等同作"有得色"。又《论语·季氏》:"戒之在得。"陆德明《释文》:"得,或作德。""得"又作"德",二者音同相通。方校所引或不确,当依《诗话》原文正。

2.校讹文

(1)《唐摭言》卷一《述进士下篇》:"不捷而醉饱谓之'打眊矂',匿名造谤谓之'无名子'。"方成珪《校正》:"《御览》'矂'作'毱'。"(P.6)

按:四部丛刊三编景宋本《太平御览》卷六百二十九:"不捷而醉饱谓之'打眊燥'。"《御览》"矂"作"燥"。清文渊阁四库全书本《事类备要》卷三十七、文渊阁四库全书本《翰苑新书集》卷六十三、文渊阁四库全书本《事文类聚》卷二十七和文渊阁四库全书本《山堂肆考》卷八十四等引同。"毱、燥"形近易混,方校所释不确,当依《御览》原文改。

(2)《唐摭言》卷三《慈恩寺题名游赏赋咏杂纪》:"王起门生一牓二十二人和周墀诗:孔门频建铸颜功,紫绶青衿感激同。一篑勤劳成太华,三年恩德重维嵩。"方成珪《校正》:"《纪事》'重'作'仰'。"(P.54-55)

按:四部丛刊景明嘉靖本《唐诗纪事》卷五十五:"一篑勤劳成太华,三年恩德华维嵩。"《纪事》"重"作"华"。又清文渊阁四库全书本《全唐诗》卷五百五十二:"一篑勤劳成太华,三年恩德仰维嵩。"文渊阁四库全书本《骈字类编》卷八十一、文渊阁四库全书本《佩文韵府》卷一之二等引同。疑方校将《全唐诗》《骈字类编》《佩文韵府》等与《唐诗纪事》误混。

（3）《唐摭言》卷三《慈恩寺题名游赏赋咏杂纪》："华州牓，薛侍郎寄诸门生诗曰：'时君过听委平衡，粉署华灯到晓明。'"方成珪《校正》："《纪事》'晓'作'晚'。"（P.57）

按：四部丛刊景明嘉靖本《唐诗纪事》卷六十七："时君过听委平衡，粉署华灯到晓明。"《雅雨堂丛书》本、《四库全书》本、《学津讨原》本、《啸园丛书》本、管庭芬抄本和清文渊阁四库全书本《全唐诗》卷六百八十八、清《皇清经解续编》本《登科记考》卷二十四同作"晓"。"晓、晚"形近易混，方校所释不确，当依《纪事》原文改。

（4）《唐摭言》卷三《慈恩寺题名游赏赋咏杂纪》："华州牓，薛侍郎寄诸门生诗曰：'时君过听委平衡，粉署华灯到晓明。开卷固难窥浩汗，埶心空欲慕公平。'"方成珪《校正》："《纪事》'埶'作'熱'。"（P.57）

按：四部丛刊景明嘉靖本《唐诗纪事》卷六十七："开卷固难窥浩汗，埶公空欲慕公平。"《雅雨堂丛书》本、《四库全书》本、《学津讨原》本、《啸园丛书》本、管庭芬抄本和清文渊阁四库全书本《全唐诗》卷六百八十八等同作"埶"。《庄子·人间世》："吾食也埶粗而不臧。"陆德明《释文》："埶，简文作熱。"又《直音篇·火部》："熱，讹作'**熱**'。""埶"又作"熱"，讹作"**熱**"。方校所释不确，当依《纪事》原文改。

（5）《唐摭言》卷四《师友》："我欲修书，逡巡至今，忽承足下出守蘷国，于苍生之望，则为不幸。"方成珪《校正》："'则'字，《广记》作'不'。"（P.76）

按：民国景明嘉靖谈恺刻本《太平广记》卷二百三十五："忽承足下出守蘷国，为苍生之望，则为不幸。"《雅雨堂丛书》本、《四库全书》本、《学津讨原》本、《啸园丛书》本、管庭芬抄本和清嘉庆内府刻本《全唐文》卷四百四十三、清嘉庆刻本《续古文苑》卷八等同作"则为不幸"。结合后文"为足下谋之，则名遂身退"，方校所释不确，当依《广记》原文改。

（6）《唐摭言》卷五《以其人不称才试而后惊》："初闻云：'何人徘徊？'曰：'亦是常言。'"方成珪《校正》："《纪事》'闻'作'问'，'曰'作'日'。"（P.101）

按：四部丛刊景明嘉靖本《唐诗纪事》卷三十六："初问云：'何人徘徊？'曰：'亦是常言。'"《雅雨堂丛书》本、《四库全书》本、《学津讨原》本、《啸园丛书》本、管庭芬抄本和清《皇清经解续编》本《登科记考》卷十一等同作"曰"。"曰、日"形近易混，方校所释不确，当依《纪事》原文改。

（7）《唐摭言》卷六《公荐》："《吕氏春秋》云：'尝一脔之肉，知一鼎之味。'请公且看此十字，则知仆曾吟五言，仆亦更有旧文，愿呈作者。"方成珪《校正》："《纪事》'曾'作'赠'。"（P.110）

按：四部丛刊景明嘉靖本《唐诗纪事》卷二十："请公看此十字，则知仆曾吟五言。"《雅雨堂丛书》本、《四库全书》本、《学津讨原》本、《啸园丛书》本、管庭芬抄本和清嘉庆内府刻本《全唐文》卷二百九十四等同作"曾"。结合后文"仆之思用，其来久矣"，方校所释不确，当依《纪事》原文改。

（8）《唐摭言》卷六《公荐》："岂惟霸者为然，虽圣人亦不能免焉！"方成珪《校正》："《文粹》'能'作'得'。"（P.114）

按：四部丛刊景元翻宋小字本《唐文粹》卷八十六："岂惟霸者为然，虽圣人亦不能免焉！"《四库全书》本、管庭芬抄本和四部丛刊景明成化本《李文公集》卷八、明刻本《文苑英华》卷六百八十九、清文渊阁四库全书补配清文津阁四库全书本《文章辨体汇选》卷二百十九、清嘉庆内府刻本《全唐文》卷六百三十五、清文渊阁四库全书本《唐宋文醇》卷二十等同作"能"。结合前文"不得其人，则不得其死"，疑方校此为涉上致误,当依《文粹》原文改。

（9）《唐摭言》卷七《起自寒苦》:"上堂已了各西东,惭愧阇黎饭后钟。"方成珪《校正》:"'已'字,《广记》作'未'字。"（P.117）

按:民国景明嘉靖谈恺刻本《太平广记》卷一百九十九:"上堂已了各西东,惭愧阇黎饭后钟。"《雅雨堂丛书》本、《四库全书》本、《学津讨原》本、《啸园丛书》本、管庭芬抄本和清文渊阁四库全书本《诗林广记》卷十、四部丛刊景明嘉靖本《唐诗纪事》卷四十五、明津逮秘书本《全唐诗话》卷三、清文渊阁四库全书本《全唐诗》卷四百六十六等同作"已"。结合前文"播至,已饭矣"和"题已皆碧纱幕其上",方校所释不确,当依《广记》原文改。

（10）《唐摭言》卷十《海叙不遇》:"涛与卫丹、张郃等诗赋,皆牓于都堂。"方成珪《校正》:"《全唐诗话》'郃'作'郄'。"（P.179）

按:明津逮秘书本《全唐诗话》卷五:"温飞卿任太学博士,主秋试,涛与卫丹、张郄等诗赋,皆榜于都堂。"《雅雨堂丛书》本、《四库全书》本、《学津讨原》本、《啸园丛书》本、管庭芬抄本和四部丛刊景明嘉靖本《唐诗纪事》卷六十七、清文渊阁四库全书本《全唐诗》卷七百九十五、清道光二十四年（1844）邓氏小九华山楼刻本《沅湘耆旧集前编》卷二、清乾隆五十三年（1788）刻本《历代赋话》卷六、清光绪十一年（1885）刻本《（光绪）湖南通志》卷一百六十一等同作"郄"。"郃、郄"形近易混。结合诸本及前后文义,方校所释不确,当依《诗话》原文改。

（11）《唐摭言》卷十《韦庄奏请追赠不及第人近代者》:"仍目曰《高轩过》,曰:'华裾织翠青如葱,金镮压辔摇冬珑。'"方成珪《校正》:"《丛话》'冬'作'令'。"（P.184）

按:清乾隆刻本《苕溪渔隐丛话前后集》卷二十:"仍名曰《高轩过》,云:'华裾织翠青如葱,金環压辔摇玲珑。'"《四库全书》

本、民国景明嘉靖谈恺刻本《太平广记》卷二百二、四部丛刊景明嘉靖本《诗话总龟》卷二、清文渊阁四库全书本《诗人玉屑》卷十五、明刻本《尧山堂外纪》卷三十一、清文渊阁四库全书本《渊鉴类函》卷三百十等引同。"令、玲"来母双声，耕部叠韵，音同易混。结合诸本及前后文义，方校所释不确，当依《丛话》原文改"鐶"又作"環"。

3.校脱文

（1）《唐摭言》卷一《述进士下篇》："故位极人臣，常有十二三。"方成珪《校正》："《御览》此句无'十'字。"（P.6）

按：《四部丛刊》三编景宋本《太平御览》卷六百二十九："故位极人臣，常十有二三；登显列，十有六七。"清浙江书局本《文献通考》卷二十九《选举考二》同。《太平御览》"常"字下有"十"字，结合后文"十有六七"文例，方校误脱，当据《御览》原本补正。

（2）《唐摭言》卷六《公荐》："'尝一脔之肉，知一鼎之味。'请公且看此十字，则知仆曾吟五言，仆亦更有旧文，愿呈作者。"方成珪《校正》："《纪事》无'且'字。'仆'上（下）旧衍口字，今从《纪事》删去。"（P.110）

按：四部丛刊景明嘉靖本《唐诗纪事》卷二十："请公看此十字，则知仆曾吟五言，亦更有旧文，愿呈作者。"《纪事》"亦"上无"则"字。《雅雨堂丛书》本、《四库全书》本、《学津讨原》本、《啸园丛书》本、管庭芬抄本和清嘉庆内府刻本《全唐文》卷二百九十四等"亦"上均有"则"字。又管庭芬抄本载方成珪校记："《纪事》无'则'字。"疑方校误空，当据此补正。

（3）《唐摭言》卷九《误掇恶名》："裴筠婚萧楚公女，言定未几，便擢进士。罗隐以一绝刺之，略曰：'细看月轮还有意，信知青桂近嫦娥。'"方成珪《校正》："嫦，《记》作'姮'。言定，《广记》作'问名'。"（P.155—156）

按：民国景明嘉靖谈恺刻本《太平广记》卷二百五十七："唐裴筠婚萧遘女，问名未几，便擢进士第。罗隐以一绝刺之，略曰：'细看月轮还有意，信知青桂近姮娥。'"又管庭芬抄本载吴昂驹校记："'嫦娥'，《广记》作'姮娥'。"结合后文"《广记》作'问名'"及全书通例，方校第一个"记"上脱"广"字，当据此补正。

4.校衍文

（1）《唐摭言》卷一《进士归礼部》："是时国家宁谧，百寮畏法令，兢兢然莫敢蹉跌。"方成珪《校正》："'蹉'字旧脱，今从《纪事》补入。一本有'蹉'字。"（P.18）

按：四部丛刊景明嘉靖本《唐诗纪事》卷十七："是时国家宁谧，百寮畏法令，兢然莫敢跌。"《纪事》"跌"上无"蹉"字。《雅雨堂丛书》本、《四库全书》本、《学津讨原》本、《啸园丛书》本和管庭芬抄本同。方校误衍，当据《纪事》原本删正。又清《皇清经解续编》本《登科记考》卷八作"兢兢然莫敢蹉跌"，疑方校误将二者误混。

（2）《唐摭言》卷六《公荐》："所信者得其人，则格于天地，功及后世；不得其人，则不得其死，其知人不易也。"方成珪《校正》："《文粹》'格'上有'德'字，'及'字下有'于'字。"（P.114）

按：四部丛刊景元翻宋小字本《唐文粹》卷八十六："所信者贤，则格于天地，功及后世；不得其人，则不得其死，其知人不易也。"《文粹》"格"上无"德"字、"及"下无"于"字。《雅雨堂丛书》本、《四库全书》本、《学津讨原》本、《啸园丛书》本、管庭芬抄本和清文渊阁四库全书本《历代名贤确论》卷十八、明崇祯六年（1633）刻本《吴兴艺文补》卷十等同。方校误衍，当据《文粹》原本删正。又四部丛刊景明成化本《李文公集》卷八作"则德格于天地，功及于后代"，疑方校误将二者误混。

5.校倒文

（1）《唐摭言》卷二《为等第后方及第》："由斯言之，可谓命通性能，岂曰性能命通者欤！"方成珪《校正》："《唐诗纪事》作'可谓命能通性，岂曰性能通命者欤'！"（P.29）

按：四部丛刊景明嘉靖本《唐诗纪事》卷五十五："由斯言之，可谓命通性能,岂曰性能命通者欤!"《雅雨堂丛书》本、《四库全书》本、《学津讨原》本、《啸园丛书》本和管庭芬抄本同。方校误倒,当据此乙正。又清同治十二年(1873)方功惠广州刻本《全唐文纪事》卷四十一:"可谓命能通性,岂曰性能通命者。"疑方校将清陈鸿墀《全唐文纪事》与宋计有功《唐诗纪事》误混致倒。

(2)《唐摭言》卷九《四凶》:"巨容得之大怒,遣步健十余辈,移牒潭鄂,追捕磻叟。"方成珪《校正》:"'步健',《广记》作'健步'。"(P.165)

按:民国景明嘉靖谈恺刻本《太平广记》卷二百六十六:"巨容得之大怒,遣步健十余辈,移牒潭鄂,追捕磻叟。"《雅雨堂丛书》本、《四库全书》本、《学津讨原》本、《啸园丛书》本、管庭芬抄本和清同治十二年(1873)方功惠广州刻本《全唐文纪事》卷六十四同。结合"遣"字词性和用法,此当用步卒义名词"步健",而非指步行快而有力的"健步"。方校误倒,当据此乙正。

《敬业堂诗校记》对读

查慎行《敬业堂诗集》首刻于康熙五十八年(1719),全集共 56 卷,收诗 5300 余首,主要记载了查慎行生平所见社会生活、山川形胜、人文风俗等内容。现行主要版本有康熙精刻本、四部备要本、四部丛刊本、上古标点本等。道光十八年(1838),方成珪综合各类典籍,旁征博引,对《敬业堂诗集》中 48 卷《正集》进行了校正,成《敬业堂诗校记》(简称"校记本")1 卷。现存版本有温州市图书馆藏《惜砚楼丛刊》本和《瓯风杂志》汇刊本。这里据《敬业堂诗集》通行诸本及相关的文献,分别对校记本原文、方校做一对读。

下编　考校篇

（一）校记本原文对读①

1.校异文

（1）《敬业堂诗集》卷一《登金陵报安寺塔二十四韵》："朝家同再造，国事异中兴。"（P.2）

按：四部备要本、上古标点本、《瓯风杂志》汇刊本同，康熙精刻本、四部丛刊本"塔"均作"墖"。《字汇补·土部》："墖，《帝京景物略》：与塔同。"又《增广字学举隅·正讹》："墖，同塔字。""塔、墖"透母双声，缉部叠韵，音同相通。校记本"塔"，依诸本又作"墖"。

（2）《敬业堂诗集》卷四《哭王右朝四首》："怔得吴江催㗇梦，唤迴孤帐雨飘丝。"（P.6）

按：康熙精刻本、四部丛刊本、《瓯风杂志》汇刊本同，四部备要本、上古标点本"怔"均作"怪"。《楚辞·远游》："忽神奔而鬼怪。"旧校："怪，一作怔。"又《集韵·怪韵》："怪，亦书作怔。""怔"又作"怪"，二者为异文关系。校记本"怔"，依诸本又作"怪"。

（3）《敬业堂诗集》卷四《游休甯城南落石台》："离奇存石性，刻画憎人功。原注：岩间刻石多俚鄙语。"（P.7）

按：《瓯风杂志》汇刊本同。康熙精刻本、四部备要本、四部丛刊本、上古标点本等"甯"均作"寧"。《学林·十》："古人寧、甯二字通用。"又《说文·用部》："甯，所愿也。"段玉裁注："此与《丂部》寧音义皆同。""甯"又作"寧"，二者为异文关系。校记本"甯"，依诸本又作"寧"。

（4）《敬业堂诗集》卷四《同声山侄过罗饭牛礼洲草堂，别后赋寄，用昌黎寄卢同韵》："朝朝江口望归帆，百日奚僮蟹生趾。"（P.7-8）

---

① 本节引自 1934 年《惜砚楼丛刊》本《敬业堂诗校记》。为考证需要，原文个别字形与讹脱衍误仍其旧，部分字体保留繁体，页码附后；下又分校异文、校讹文、校脱文、校倒文、校错简等，同条文献按类分校，部分校对略有交叉。

279

按：四部备要本、《瓯风杂志》汇刊本同，康熙精刻本、四部丛刊本、上古标点本等"侄"作"姪"，第二个"同"作"仝"，"僮"作"童"。《字诂·侄》："姪者，乃兄女之名耳，近人又书作侄字。"《正字通·人部》："仝，古文同。"又《玉篇·人部》："僮，今为童。""侄、姪""同、仝"与"僮、童"均为异文关系。校记本"侄、同、僮"，依诸本又作"姪、仝、童"。

（5）《敬业堂诗集》卷五《冬日张园雅集，同姜西溟、彭椒岳、顾九恒、惠研溪、钱玉友、魏禹平、蒋聿修、王孟谷、张汉瞻、汪寓昭、陈叔毅、汤西厓、冯文子、谈震方、家荆山、声山限均》："翻身勇决作归计，又被饥饿驱游褱。"（P.8）

按：《瓯风杂志》汇刊本同。康熙精刻本、四部备要本、四部丛刊本、上古标点本等"溪、均"均作"谿、韵"。《左传·文公十六年》："子越目石溪。"陆德明《释文》："溪，本又作谿。"又《文选·成公绥〈啸赋〉》："音均不恒。"李善注："均，古韵字也。""溪、谿"与"均、韵"，两两均为异文关系。校记本"溪、均"，依诸本又作"谿、韵"。

（6）《敬业堂诗集》卷六《送徐毅庵归梅里》："云开马首重经岳，原注：毅庵归途将登泰山。絮暖口紫恰度淮。"（P.8）

按：《瓯风杂志》汇刊本同。康熙精刻本、四部备要本、四部丛刊本、上古标点本等"度"均作"渡"。《尚书·盘庚上》："齐乃位，度乃口。"陆德明《释文》："度，字亦作渡。"又《广雅·释诂二》："渡，去也。"王念孙《疏证》："度与渡通。""度、渡"定母双声，铎部叠韵，音同相通。校记本"度"，依诸本又作"渡"。

（7）《敬业堂诗集》卷六《喜外甥陆射山先生至都，六月望后为先生初度，同学数子置酒容园为寿，敬赋长律四首以侑觞》："过从最忆须云阁，老树浓阴庇乱蝉。"（P.9）

按：《瓯风杂志》汇刊本同。康熙精刻本、四部备要本、四部丛刊本、上古标点本等"甥"均作"舅"。《玉篇·男部》："甥，作舅

280

下编　考校篇

同。"又《集韵·有韵》："朗，或书作舅。""朗"又作"舅"，二者为异文关系。校记本"朗"，依诸本又作"舅"。

（8）《敬业堂诗集》卷十二《姜西溟继赴北闱今仍下第作诗招之》："沙路离离雅接咙，霜天矫矫雁开翎。"（P.15）

按：《瓯风杂志》汇刊本同。康熙精刻本、四部备要本、四部丛刊本、上古标点本等"雅"均作"鸦"。《集韵·麻韵》："雅，或作鸦、鵶。"又《尔雅·释鸟》："鸒斯，鹎鶋。"郭璞注："鸦乌也。"邵晋涵《正义》："鸦，当作雅。""雅"又作"鸦"，二者为异文关系。校记本"雅"，依诸本又作"鸦"。

（9）《敬业堂诗集》卷十五《青莲谷青莲寺》："古仙不作谁正之，怅望秋云久延伫。"（P.19）

按：康熙精刻本、《瓯风杂志》汇刊本同。四部备要本、四部丛刊本、上古标点本等"伫"均作"竚"。《集韵·语韵》："伫，或作竚。"又《尔雅·释诂下》："伫，久也。"郝懿行《义疏》："伫，又通作竚。""伫、竚"定母双声，鱼部叠韵，音同相通。校记本"伫"，依诸本又作"竚"。

（10）《敬业堂诗集》卷十五《归宗寺次颖滨先生韵》："鹅池细合帘泉派，鸾水凉分茗椀供。"（P.20）

按：《瓯风杂志》汇刊本同。康熙精刻本、四部备要本、四部丛刊本、上古标点本等"椀"均作"盌"。《方言·五》："盂，宋楚魏之间或谓之盌。"戴震《疏证》："椀即盌。"又《希麟音义》卷五"坏椀"注："椀，古文作盌字同。""椀、盌"影母双声，元部叠韵。二者声义并同，为异文关系。校记本"椀"，依诸本又作"盌"。

（11）《敬业堂诗集》卷十七《废功德寺》："驻驆亭边牛呴草，原注：明宣宗西郊省敛，驻驆寺中。钓鱼台畔鼠攀藤。"（P.23）

按：《瓯风杂志》汇刊本同。康熙精刻本、四部备要本、四部丛刊本、上古标点本等"驆"作"跸"。又"敛"，四部丛刊本、上古标点本作"歛"。清罗士琳《旧唐书校勘记》"驻驆"注："梁汉沈本驆作蹕。"①章钰《胡刻通鉴正文校宋记》"驻驊山"注："十二行本驊作蹕，乙十一行本同。"②又《字汇·欠部》："敓，俗误为聚敛字。聚敛从攴，转作攵。""驊、蹕"与"敓、敛"，均为异文关系。校记本"驊、敓"，依诸本又作"蹕、敛"。

（12）《敬业堂诗集》卷十九《野气诗》："若者为清气，视明耺亦聪。"（P.24）

按：《瓯风杂志》汇刊本同。康熙精刻本、四部备要本、四部丛刊本"耺"作"聽"，上古标点本作"旺"。《正字通·耳部》："耺，同聽省。《正讹》以耺代聽字，《六书本义》聽作耺。""耺"一作"聽"，二者为异文关系。又字书无"旺"字，疑为"耺"之形讹。校记本"耺"，依诸本又作"聽"。

（13）《敬业堂诗集》卷二十《宋门别陈叔毅二首》："贮愁听旧事，挈涕洒神州。原注：令伯元倩先生崇祯末为开封司理。"（P.25）

按：四部备要本、四部丛刊本、《瓯风杂志》汇刊本同。康熙精刻本、上古标点本等"洒"均作"灑"。《论语·子张》："洒扫应对。"陆德明《释文》："洒，正作灑。"又《后汉书·赵孝传》："扫洒待之。"李贤注："洒与灑通。""洒、灑"山母双声，脂、之旁转，音近相通。校记本"洒"，依诸本又作"灑"。

（14）《敬业堂诗集》卷二十二《发浔阳酬恒斋赠别二首》："攀辕截镫去何之，廉吏谁云不可为。"（P.27）

按：上古标点本、《瓯风杂志》汇刊本同。康熙精刻本、四部备要本、四部丛刊本等"酬"均作"詶"。《元包经传·少阴》："诰之詶。"李江注："詶，与酬同。"又《尔雅·释诂下》："酬，报也。"郝懿行《义疏》："酬，又通作詶。""酬、詶"禅母双声，幽部叠韵，音同相通。校记本"酬"，依诸本又作"詶"。

（15）《敬业堂诗集》卷二十五《六月初六日同竹垞青壇过长庆寺

---

① （清）罗士琳：《旧唐书校勘记》卷53，清道光惧盈斋刻本，第1261页。
② 章钰：《胡刻通鉴正文校宋记》卷20，1931年长洲章氏刻本，第255页。

啖荔枝二首》:"甘露充香饭,清泉注瓦盆。"(P.29-30)

按:《瓯风杂志》汇刊本同。康熙精刻本、四部备要本、四部丛刊本、上古标点本和四部丛刊景清康熙刻本《曝书亭集》卷十八等"枝"均作"支"。《左传·桓公五年》:"蔡卫不枝。"洪亮吉《诂》:"支、枝字同。"又《孟子·梁惠王上》:"为长者折枝。"宋翔凤《赵注补正》:"枝、支字通用。""枝、支"章母双声,支部叠韵,音同相通。校记本"枝",依诸本又作"支"。

(16)《敬业堂诗集》卷二十六《连雨不止独居小楼和陶杂诗十一首但僭其韵不拟其体也》:"薰然一醉富,未觉真乡窄。"(P.30)

按:《瓯风杂志》汇刊本同。康熙精刻本、四部备要本、四部丛刊本、上古标点本等第二个"一"均作"壹"。《玉篇·一部》:"一,或作壹。"又《仪礼·士冠礼》:"壹揖,壹让。"郑玄注:"古文壹皆作一。"贾公彦疏:"一、壹得通用。""一、壹"影母双声,质部叠韵,音同相通。校记本第二个"一",依诸本又作"壹"。

(17)《敬业堂诗集》卷二十七《上已后五日再过同园看花赋赠胡翔庵四首》:"山桃含笑海棠妍,素奈清香亦可怜。"(P.31)

按:四部丛刊本、《瓯风杂志》汇刊本同。康熙精刻本、四部备要本、上古标点本等"已"均作"巳"。《日知录·巳》引吴才老《韵补》:"古巳午之巳,亦谓如已矣之已。"又《说文·巳部》:"巳,巳也,四月阳气巳出,阴气巳藏,万物见,成文章,故巳为蛇,象形。"桂馥《义证》:"辰巳之巳,借为已止之已。""巳、已"邪余邻纽,之部叠韵,音近相借。校记本"已",依诸本又作"巳"。

(18)《敬业堂诗集》卷三十一《太宗伯长洲韩公挽词四首》:"制艺东朝读,原注:皇太子手选先生制艺文一册,曾出示慎等。才名四裔知。"(P.34)

按:《瓯风杂志》汇刊本同。康熙精刻本、四部备要本、四部丛刊本、上古标点本等第一个"太"均作"大"。《广韵·泰韵》:"太,经典本作大。"又"挽",康熙精刻本、四部备要本、四部丛刊本同,上古标点本作"輓"。《广韵·愿韵》："輓,輓车也,亦作挽。""太、大"与"挽、輓",两两均为异文关系。校记本"太、挽",依诸本又作"大、輓"。

(19)《敬业堂诗集》卷三十四《长至日山左道中即目书怀二十四韵》："重餙邮亭丽,修治原注：平声。道路平。"（P.34）

按：四部丛刊本、《瓯风杂志》汇刊本同。康熙精刻本、四部备要本、上古标点本等"餙"均作"飾"。《字鉴·职韵》："飾,俗作餙。"又宋岳珂《金佗稡编·乞解枢柄第三劄子》："察其诚心,实非矫餙。"①清查继佐《罪惟录·严嵩籍没案》："金镶首餙,寔金六千五百两零。"②"餙"为"飾"之异体。校记本"餙",依诸本又作"飾"。

(20)《敬业堂诗集》卷三十五《闰三月二十一日蒙恩召入渊鉴斋,乘舟至瑞景轩,蕊珠院露华楼,徧观各种牡丹恭纪四首》："盘盂向背开琼扇,璎珞高低现宝鬘。"（P.36）

按：康熙精刻本、四部丛刊本、《瓯风杂志》汇刊本同。四部备要本、上古标点本和清文渊阁四库全书本《词林典故》卷四等"蕊"均作"蕊"。《字汇·艸部》："蕊,同蕊,俗字。"又《正字通·艸部》："蕊,俗蕊字。""蕊"又作"蕊",二者为异文关系。校记本"蕊",依诸本又作"蕊"。

(21)《敬业堂诗集》卷三十六《天门席上分赋宣窑盘中果物余得文官果限官字》："直同芦笋淡,不比柘浆寒。"（P.37）

按：康熙精刻本、四部丛刊本、《瓯风杂志》汇刊本同。四部备要本、上古标点本等"窑"均作"窨"。《重订直音篇·穴部》："窨、窑,同窯。"又《增广字学举隅·正讹》："窨,窑俗。与窯同。""窑"又作"窨",二者为异文关系。校记本"窑",依诸本又作"窨"。

---

① （宋）岳珂：《金佗稡编》卷15,明嘉靖刻本,第102页。
② （清）查继佐：《罪惟录》卷32,四部丛刊三编景手稿本,第748页。

（22）《敬业堂诗集》卷三十七《去年过塔湾，湘雨禅师出所纂金刚经，顺意见示，携之行笈，欲为刊刻流传，有志而未逮。近以呈院长，蒙迭笔字韵诗，盛相称诩，辄次韵奉酬，敢请院长为功德主，此编聊当募缘偈一首也。呵呵》："深沈百尺低，垂绠汲使出。"（P.38）

按：《瓯风杂志》汇刊本同。四部丛刊本"迭"作"叠"，康熙精刻本、四部备要本、上古标点本等"编"作"篇"。《古本西厢记·折桂令》："'打迭'或作'打叠'。"①又《楚辞·九怀序》："遂列于篇。"旧校："篇，一作编。""迭、叠"与"编、篇"均为异文关系。校记本"迭、编"，依诸本又作"叠、篇"。

（23）《敬业堂诗集》卷三十七《鹊雏为邻貓所攫》："汝腹纵暂满，汝肠义当剠。"（P.38-39）

按：《瓯风杂志》汇刊本同。康熙精刻本、四部备要本、四部丛刊本、上古标点本等"貓"均作"猫"。《玉篇·豸部》："貓，俗作猫。"又"剠"，四部丛刊本同，康熙精刻本、四部备要本、上古标点本均作"剠"。《重订直音篇·刀部》："剠，同剠。""貓、猫"与"剠、剠"，两两均为异文关系。校记本"貓、剠"，依诸本又作"猫、剠"。

（24）《敬业堂诗集》卷四十《晓起闻莺声次院长原韵》："斗酒双甘真不厌，为渠晨坐到斜曛。"（P.40）

按：四部丛刊本、《瓯风杂志》汇刊本同。康熙精刻本、四部备要本、上古标点本等"甘"均作"柑"。《资治通鉴·宋纪七》："魏主得黄甘。"胡三省注："甘，即今之柑。"又杜甫《甘园》："千甘二顷园"。仇兆鳌《详注》："甘，古通作柑。""甘、柑"见母双声，谈部叠韵，音同相通。校记本"甘"，依诸本又作"柑"。

（25）《敬业堂诗集》卷四十一《立秋前一夕匠门席上作》："齿序慭余居客右，诗成君肯让谁先？"（P.41）

---

① （明）王骥德：《古本西厢记》卷3，明万历四十一年香雪居刻本，第69页。

按：康熙精刻本、《瓯风杂志》汇刊本同。四部备要本、上古标点本"憼"作"惭"，四部丛刊本"肯"作"宵"。《玉篇·心部》《篇海类编·心部》："惭，同憼。"《类篇·心部》："憼，或书作惭。"又《中华字海·宀部》："宵，同肯。""憼、惭"与"肯、宵"均为异文关系。校记本"憼、肯"，依诸本又作"惭、宵"。

（26）《敬业堂诗集》卷四十五《畲施自勗》："好传横浦集，彦质有云仍。原注：宋施德操，字彦执，吾邑人也，与张子韶友善。《横浦集》中，与彦执尺牍及唱酬诗甚多，自勗岂其苗裔乎？"（P.43）

按：康熙精刻本、四部丛刊本、《瓯风杂志》汇刊本同。四部备要本"畲"作"苔"，上古标点本作"答"。《玉篇·人部》："畲，今作苔。"《正字通·田部》："畲，古文答。"又"勗"，康熙精刻本、四部丛刊本、上古标点本同，四部备要本作"勖"。《龙龛手鉴·力部》："勖，正作勗。""畲、苔、答"与"勗、勖"，两组均为异文关系。校记本"畲""勗"，依诸本又作"苔、答""勖"。

2.校讹文

（1）《敬业堂诗集》卷一《登金陵报安寺塔二十四韵》："朝家同再造，国事异中兴。"（P.2）

按：《瓯风杂志》汇刊本同。康熙精刻本、四部备要本、四部丛刊本、上古标点本等"安"均作"恩"。又清康熙绿荫堂刻本《百名家词钞》"竹西词"、清嘉庆刻增修本《赏雨茅屋诗集》卷二、民国退耕堂刻本《晚晴簃诗汇》卷一百九十三等分别收录了《登金陵报恩寺塔》《金陵报恩寺塔院作》《登金陵报恩塔》等类题诗作。结合诸本与诗文，校记本或当据正。

（2）《敬业堂诗集》卷一《晓发荻港》："般师喜出险，拍手笑相贺。"（P.2）

按：《瓯风杂志》汇刊本同。康熙精刻本、四部备要本、四部丛刊本、上古标点本等"发"均作"出"。《礼记·月令》："雷乃发声。"郑玄注："发，犹出也。"又《素问·气交变大论》："其变振发。"王冰注:"发,出也。""发、出"义通易混。结合诸本与诗文"舟杭令人惰"及"船师喜出险",校记本或当据正。

(3)《敬业堂诗集》卷一《白杨提晚泊》:"初来尚易支,斗米换佰钱。"(P.3)

按:《瓯风杂志》汇刊本同。康熙精刻本、四部备要本、四部丛刊本、上古标点本等"提"均作"堤"。《说文·手部》:"提,挈也。"朱骏声《通训定声·手部》:"提,叚借又为堤。""提、堤"定端旁纽,支部叠韵,音近易混。结合诸本与诗题"晚泊"及后文"但闻水中兔,拍拍绕我船",校记本或当据正。

(4)《敬业堂诗集》卷四《西园书屋,顺治丙戌毁于火,瓦砾之场,长养茨棘,垂四十年。比方有事于垦辟,既惜地力,且以习童仆之勤焉。用东坡七首韵,与润木同作》:"中更四十载,未经芟刺劳。"(P.6)

按:《瓯风杂志》汇刊本同。康熙精刻本、四部备要本、四部丛刊本、上古标点本等"经"均作"尽"。"经"多指通过、禁受,"尽"指完毕、全部。结合前文"中更四十载","未经"或当作"未尽"。又"刺",康熙精刻本同,四部备要本、四部丛刊本、上古标点本作"剌"。"芟刺",不辞。"芟剌"指披荆斩棘。《新唐书·陆龟蒙传》:"身畚锸,芟剌无休时。"①明高启《咏隐逸·陆龟蒙》:"芟剌不告劳,常师禹胼胝。"②结合诸本与诗题,校记本或当据正。

(5)《敬业堂诗集》卷四《青溪口号八道》:"对面不闻声,长滩响千里。原注:十里长滩,在界口司上。"(P.7)

按:《瓯风杂志》汇刊本同。康熙精刻本、四部备要本、四部丛刊本、上古标点本等"道"均作"首","千"均作"十"。结合诸本与《青溪口号》八首诗前后内容及原注"十里长滩,在界口司上","道、首"与"千、十",为形近误混,校记本或当据正。

---

① (宋)欧阳修等:《新唐书》卷196,清乾隆武英殿刻本,第1752页。
② (明)高启:《高太史大全集》卷3,四部丛刊景明景泰刊本,第28页。

（6）《敬业堂诗集》卷四《同声山侄过罗饭牛礼洲草堂，别后赋寄，用昌黎寄卢同韵》："朝朝江口望归帆，百日奚僮蠒生趾。"（P.7-8）

按：《瓯风杂志》汇刊本同。康熙精刻本、四部备要本、上古标点本等"蠒"作"蹇"，四部丛刊本作"蹒"。"蠒"为"繭"之俗字，指昆虫幼虫成蛹前吐丝结的壳。《正字通·虫部》："蠒，俗繭字。"字书无"蹇"，有"蹒"字，训止或蹈。《龙龛手鉴·足部》："蹒，止也。"《篇海类编·足部》："蹒，蹈也。"疑"蠒、蹇"为"蹒"之形讹。结合诸本与诗文，校记本或当据正。

（7）《敬业堂诗集》卷六《毕铁岚佥事将督学贵州，枉问黔州风土，短章奉答，兼以送行》："但从记忆得大凡，一一舟车往堪证。"（P.9）

按：《瓯风杂志》汇刊本同。康熙精刻本、四部备要本、四部丛刊本、上古标点本等第二个"州"均作"中"。古黔州所指地有二，即北周置重庆市彭水县与辽朝置辽宁省北票市，均未涵括清贵州所辖府、州、厅、县。结合诸本与诗题及诗文"浪游我昨趋黔境"，疑第二个"州"为涉上致误，校记本或当据正。

（8）《敬业堂诗集》卷七《三月三日朱大同空招集南庄限三字》："放钟撇卯等兒戏，岁月过隟真奚堪。"（P.10）

按：《瓯风杂志》汇刊本同。康熙精刻本、四部备要本、四部丛刊本、上古标点本等"同"均作"司"，"卯"均作"卯"，"兒"均作"兒"。结合诸本与诗文"司空园亭傍水际"及"岁月过隟真奚堪"，"同、司""卯、卯"与"兒、兒"均为形近误混，校记本或当据正。

（9）《敬业堂诗集》卷八《王甥汉皋南归诗以示别二首》："家教分诸弟，身谋累所亲。"（P.10）

按：《瓯风杂志》汇刊本同。康熙精刻本、四部备要本、四部丛刊本、上古标点本等"皋"均作"皋"。字书均无"皋"，疑为"皋"字之误。"皋"又作"皐"。《玉篇·夲部》："皐，同皋。"《广韵·豪韵》："皋，同皐。""皋、皐"为异文关系。结合诸本与诗文，校记本或当据正。

（10）《敬业堂诗集》卷九《打鱼庄遇西塞翁归舟述旧有作》："烟火一帆春去国，关河双鬓雪添痕。"（P.11—12）

按：《瓯风杂志》汇刊本同。康熙精刻本、四部备要本、四部丛刊本、上古标点本等"翁"均作"公"。《方言·六》："周、晋、秦、陇（凡尊老）谓之公，或谓之翁。"又《说文·羽部》："翁，颈毛也。"段玉裁注："俗言老翁者，假翁为公也。""翁、公"义通易混。结合诸本与诗文"记取故人垂老别，病归犹感向时恩"，校记本或当据正。

（11）《敬业堂诗集》卷十一《齐门外泊》："扁舟荡样具区东，使尽西南一日风。"（P.14）

按：《瓯风杂志》汇刊本同。康熙精刻本、四部备要本、四部丛刊本、上古标点本等"外"均作"夜"。据此及诗文"忽来人语蛙声外，乱飐灯光水气中"，校记本"外"，或当依诸本作"夜"。又"样"，四部丛刊本、上古标点本同，康熙精刻本、四部备要本均作"漾"。"样、漾"余母双声，阳部叠韵，音同形近易混。结合诸本与诗文"到岸帆樯烟冪冪"，校记本或当据正。

（12）《敬业堂诗集》卷十一《苦雨联句》："衣缨黕黴醭，原注：图河。扉屦溅泥污。"（P.14—15）

按：《瓯风杂志》汇刊本同。康熙精刻本、四部备要本、四部丛刊本、上古标点本等"醭"均作"醭"。字书无"醭"，有"醭"字，指酒、醋或酱等因败坏而长出的霉。据此及"衣缨黕黴"，校记本"醭"，或当依诸本作"醭"。又"黕"，康熙精刻本、四部备要本、四部丛刊本作"黕"，上古标点本作"黝"。"黕、黕"为"黝"之形讹。结合诗题与前后诗文，校记本或当依上古标点本正。

（13）《敬业堂诗集》卷十二《自题放鸭图小影》："浅水芦根喳喋闻，背逢淞尾雪纷纷。"（P.15）

按：《瓯风杂志》汇刊本同。康熙精刻本、四部备要本、上古标点本等"逢"均作"篷"，四部丛刊本作"逢"。"逢"指遇到、迎合，"篷"指遮蔽风雨或阳光的设备。"逢、篷"并母双声，东部叠韵，音同形近易混。"逢"为"篷"之异体，"背篷"指捕鱼人遮雨之斗篷。结合诸本与诗文"浞尾雪纷纷"，校记本"逢"，或当依康熙精刻本、四部备要本、上古标点本作"篷"。

（14）《敬业堂诗集》卷十三《落叶诗五首和赵渔玉范用宾》："严霜挟时令，顦顇非一族。"（P.16-17）

按：《瓯风杂志》汇刊本同。康熙精刻本、四部备要本、上古标点本等"顇"均作"顇"，四部丛刊本作"顇"。字书无"顇、顇"，疑为"顇"之形讹。《玉篇·页部》："顇，疾醉切。顦顇。亦作悴。"又《集韵·术韵》："顇，关中谓癯弱为顦顇。""顦顇"指枯槁瘦弱。结合句前"严霜挟时令"，校记本"顇"，或当依康熙精刻本、四部备要本、上古标点本作"顇"。

（15）《敬业堂诗集》卷十四《桐城谒左忠毅公词》："历历三朝事，他时髪指冠。"（P.17）

按：《瓯风杂志》汇刊本同。康熙精刻本、四部备要本、四部丛刊本、上古标点本等"词"均作"祠"。"祠"指祭祀之所。《慧琳音义》卷二十五"入天祠"注："祠，祭祀之所也。"又"髪"，四部丛刊本作"髮"。《金石文字辨异·入声·月韵》引《魏钟繇力命表》："髪，作髮。""髮"为"髪"之异体。结合诸本与诗题原注"祠在县治东数十步"及前后文义，校记本或当据正。

（16）《敬业堂诗集》卷十五《次韵答白鹿洞生周宸臣，并简学博周子充、副讲徐履青》："登堂挟浮气，静者恐见猜。"（P.20）

按：《瓯风杂志》汇刊本同。康熙精刻本、四部备要本、四部丛刊本、上古标点本和清康熙周光兰补修本《白鹿书院志》卷十六等第二个"周"均作"郑"。结合诸本与诗题"次韵答白鹿洞生周宸臣并简学博"及前后文义，疑第二个"周"为涉上致误，校记本或当据正。

（17）《敬业堂诗集》卷十五《王文成纪功碑》："后来轻薄好诋毁，撼树不过期愚民。"（P.20）

按：《瓯风杂志》汇刊本同。康熙精刻本、四部备要本、四部丛刊本、上古标点本和清乾隆二十五年（1760）教忠堂刻本《清诗别裁集》卷二十、清文渊阁四库全书本《（雍正）江西通志》卷一百五十一、民国退耕堂刻本《晚晴簃诗汇》卷五十六等"期"均作"欺"。结合诸本与前后诗文，"期、欺"形音近而致误，校记本或当据正。

（18）《敬业堂诗集》卷十五《从栗里渡柴桑桥至鹿子坂碎观靖节祠》："先生在当日，逃禄如脱屣。"（P.21）

按：《瓯风杂志》汇刊本同。康熙精刻本、四部备要本、四部丛刊本、上古标点本等"碎"均作"醉"。清毛德琦《庐山志·清风岭陶靖节墓靖节书院》："鹿子坂即古柴桑地，见李空同《游记》。《桑纪》未详。柴桑、栗里、醉石地相连，俱在隘口一路，《桑纪》分为二，今仍之。"①又"碎、醉"心精旁纽，物部叠韵，形音近易混。结合诸本与诗文，校记本或当据正。

（19）《敬业堂诗集》卷十五《渡石涧桥欲游石门精舍不果》："或云林黯黯，或云石骔骔。"（P.21）

按：《瓯风杂志》汇刊本同。康熙精刻本、四部备要本、上古标点本等第二个"黯"均作"黮"，四部丛刊本"骔"作"桀"。"黯黯"指光线暗，"黮黮"指昏暗不明。如魏陈琳《游览·其一》："萧萧山谷风，黯黯天路阴。"②《楚辞·九辩》："彼日月之照明兮，尚黮黮而有瑕。"③又《中华字海·马部》："骔，同桀。""桀"为"骔"之异体。结合诸本与前后文义，校记本或当据正。

（20）《敬业堂诗集》卷十九《送劳书声通政养亲归里》："白云去国情相似，黄发误亲古亦稀。"（P.24）

按：《瓯风杂志》汇刊本同。康熙精刻本、四部备要本、四部丛刊

---

① （清）毛德琦：《庐山志》卷13，清康熙五十九年顺德堂刻本，第349页。
② （唐）欧阳询：《艺文类聚》卷28，清文渊阁四库全书本，第383页。
③ （汉）王逸章句，（宋）洪兴祖补注：《楚辞》卷8，四部丛刊景明翻宋本，第147页。

本、上古标点本等"声"均作"升","误"均作"娱"。徐世昌《晚晴簃诗汇·劳之辨》:"字书升,号介严,浙江石门人。……查初白有送其养亲归里诗云……白云去国情相似,黄发娱亲古亦稀。……盖犹在介严官通政时也。"①又"声、升"书母双声,耕、蒸旁转,音近易混;"误、娱"疑母双声,鱼部叠韵,音同形近相混。结合诸本与诗文,校记本或当据正。

(21)《敬业堂诗集》卷二十一《碎石岭祠》:"黄泥冈头白日黑,竹鸡一声石尽扐。"(P.26)

按:《瓯风杂志》汇刊本同。康熙精刻本、四部备要本、四部丛刊本、上古标点本等"祠"均作"词"。"祠"一般指供奉鬼神、先祖之舍。《汉书·陈胜传》:"又间令广之次所旁丛祠中。"颜师古注:"祠,神祠也。""词"则指言辞、话语。《广韵·之韵》:"词,说也。""祠、词"其义迥殊,音同形近易混。结合诸本与前后诗文,校记本或当据正。

(22)《敬业堂诗集》卷二十四《天游观万峰亭》:"山灵秘莫宣,自古闲窔宊。"(P.29)

按:《瓯风杂志》汇刊本同。康熙精刻本、四部备要本、上古标点本等"闲"均作"闭","宊"均作"窔",四部丛刊本"窔"作"奥"。《太玄·闲》:"闲其藏。"范望注:"闲,闭也。"字书无"宊",有"窔"字,指室中东南角,"窔窔"泛指堂室之内。《荀子·非十二子》:"奥窔之间,簟席之上,敛然圣王之文章具焉。"②又《中华字海·穴部》:"窔,同奥。"结合诸本与诗文,校记本或当据正。

(23)《敬业堂诗集》卷二十六《连雨不止独居小楼和陶杂诗十一首但僭其韵不拟其体也》:"媚人以华色,花亦难自保。"(P.30)

按:《瓯风杂志》汇刊本同。康熙精刻本、四部备要本、四部丛刊

---

① 徐世昌辑:《晚晴簃诗汇》卷35,民国退耕堂刻本,第657—658页。
② (战国)荀况著,(唐)杨倞注:《荀子》卷3,清抱经堂丛书本,第32页。

本、上古标点本等"僭"均作"借"。"僭"指超越本分。《集韵·侵韵》："僭，侵越也。""借"则指暂时使用别人的财物。《集韵·昔韵》："借，假取。""僭、借"形近易混。结合诸本与诗文"不拟其体也"，校记本或当据正。

（24）《敬业堂诗集》卷二十八《德尹久留杭州有卜居西溪之意归来以诗索和次韵二首》："待得手栽黎枣熟，他时相对且忘忧。"（P.32）

按：四部丛刊本、《瓯风杂志》汇刊本同。康熙精刻本、四部备要本"黎"作"棃"、上古标点本作"梨"。"黎"通作"棃、梨"。《广雅·释诂一》："黎，老也。"王念孙《疏证》："黎与棃通。"《方言·一》："梨，老也。"戴震《疏证》："梨，亦通用黎。""黎"又讹作"棃、藜"。《增广字学举隅·正讹》："棃，藜棃均非。""黎"指众多或黑色，"梨、棃"为灌木之果。结合诸本与诗文"待得手栽"及"枣熟"，校记本或当据正。

（25）《敬业堂诗集》卷三十四《长至日山左道中即目书怀二十四韵》："垔餹邮亭丽，修治原注：平声。道路平。"（P.34）

按：四部备要本、四部丛刊本、上古标点本、《瓯风杂志》汇刊本同。康熙精刻本"垔"作"垩"。"垔"训堵塞。《说文·土部》："垔，塞也。""垩"指白土或用白土涂饰。《释名·释宫室》："垩，亚也，次也。先泥之，次以白灰饰之也。"又《集韵·莫韵》："垩，白饰也。"结合诸本与诗文"餹邮亭丽"及"修治道路平"，疑"垔"为"垩"之形讹，校记本或当据正。

（26）《敬业堂诗集》卷三十五《雨后发丰乐镇渡漳河》："滏阳北望三十里，旧事过眼从谁论。"（P.36）

按：《瓯风杂志》汇刊本同。康熙精刻本"滏"作"滏"，四部备要本、四部丛刊本、上古标点本作"滏"。《山海经·北山经》："滏水出焉。"郭璞注："滏水，今出临水县西釜口山，经鄴西北至列人县，入于漳，其水热。"又字书无"滏"或"滏"，疑为"滏"之形讹。结合诸本与诗题"雨后发丰乐镇渡漳河"及后文《酾渠诗》"酾滏

293

阳河为渠"，校记本或当据正。

（27）《敬业堂诗集》卷三十六《秀野草堂图歌次顾十一侠君原韵原注：王麓台仿董文敏卢鸿草堂笔意，朱竹垞有记》："宴衎之乐非丝竹，水色烟光八窗绿。"（P.37）

按：四部丛刊本、民国退耕堂刻本《晚晴簃诗汇》卷五十六、《瓯风杂志》汇刊本同。康熙精刻本、四部备要本、上古标点本等"八"均作"入"。结合诸本与卷十九《白沟旅宿感旧》"今宵新月入窗早"、卷二十八《上元夜白沟旅店遇王文子编修》"今宵明月入窗早"、卷二十九《南书房敬观宸翰恭纪》"觚棱日射入窗明"等文例，疑"八、入"形近误混，校记本或当据正。

（28）《敬业堂诗集》卷三十九《题蒋树存绣谷图为王右谷所画》："奉常笔法付宫端，分派同时一尝熟。"（P.39）

按：康熙精刻本、四部备要本、四部丛刊本、《瓯风杂志》汇刊本同。上古标点本"尝"作"常"。句中涉及清初"四王"画派中的三位画家。其中，"奉常"指王时敏（《王奉常书画题跋》），"宫端"指王原祁（自称"笔端有金刚杵"[①]），"尝熟"则指出生于江苏常熟的王翚。据此及诗文，疑"尝、常"音同形近相混，校记本或当据正。

（29）《敬业堂诗集》卷四十三《十二月十六日赴青芝山会座主尚书徐公葬感赋二首》："梦莫噆何及，归休悔稍迟。"（P.43）

按：《瓯风杂志》汇刊本同。康熙精刻本、四部丛刊本"噆"作"嗟"，四部备要本、上古标点本作"嗟"。字书无"噆"，疑"噆"为"嗟"之形混。"嗟"字多见汉碑，如《费凤别碑》，《隶辨·麻韵》引《繁阳令杨君碑》又作"嗟"[②]，《郑固碑》与《玉篇》《广韵》《类篇》等多作"嗟"。"嗟、嗟、嗟"为异文关系。据此及诗文，校记本或当据正。

（30）《敬业堂诗集》卷四十五《畲施自勖》："好传横浦集，彦

[①]（清）方薰：《山静居画论》卷下，清知不足斋丛书本，第18页。
[②]（清）顾蔼吉：《隶辨》卷2，渔古山房藏板，第23页。

质有云仍。原注：宋施德操，字彦执，吾邑人也，与张子韶友善。《横浦集》中，与彦执尺牍及唱酬诗甚多，自晶岂其苗裔乎？"（P.43）

按：康熙精刻本、四部丛刊本、上古标点本、《瓯风杂志》汇刊本同。四部备要本"质"作"执"。《说文·贝部》："质，以物相赘。"朱骏声《通训定声·贝部》："质，叚借又为执。""质、执"端章准旁纽，质缉旁转，音近易混。结合诗文原注"宋施德操，字彦执"与"与彦执尺牍及唱酬诗甚多"，校记本或当据正。

（31）《敬业堂诗集》卷四十八《平蛮歌为灵川令楼敬思作》："过侯治下暂弭楫，为我扫榻开长櫩。"（P.45）

按：《瓯风杂志》汇刊本同。康熙精刻本、四部备要本、上古标点本和民国退耕堂刻本《晚晴簃诗汇》卷五十六等"长"均作"门"，四部丛刊本"楫"作"檝"。"櫩"为栓门户的横木。《广韵·删韵》："櫩，关门机，出《通俗文》。"《集韵·删韵》："櫩，闭门机也。"又《干禄字书·入声》："檝楫，上通下正。""楫"为"檝"之正体。结合诸本及前后文义，校记本或当据正。

3.校脱文

（1）《敬业堂诗集》卷一《渡洞庭四十韵》："回车辞崦嵫，仗剑倚崆峒。"（P.3）

按：《瓯风杂志》汇刊本同。康熙精刻本、四部备要本、四部丛刊本、上古标点本等"庭"下均有"湖"字。结合诸本与卷四《同人中秋集陈寄斋宅》"去年对酒洞庭湖，万顷平波铺练雪"及诗文"一气吞全楚，孤舟望不穷"等前后文义，校记本或当补正。

（2）《敬业堂诗集》卷四《将有南昌之行》："男儿夸富有，岂在堆仓庾。"（P.7）

按：《瓯风杂志》汇刊本同。康熙精刻本、四部备要本、四部丛刊本、上古标点本等"行"下均有"示儿建"三字。结合诸本与卷二十八《八月十五日，鹿城对月，偶阅〈栾城集〉，有中秋次韵子瞻夜字韵二诗，即次其韵，一示儿建，一寄德尹、润木、信庵诸弟》及前后文义，校记本或当补正。

（3）《敬业堂诗集》卷六《送徐毅庵归梅里》："云开马首重经岳，原注：毅庵归途将登泰山。絮暖□鮆恰度淮。"（P.8）

按：《瓯风杂志》汇刊本同。康熙精刻本、四部备要本、四部丛刊本、上古标点本等"□鮆"均作"鮆鱼"。鮆鱼，头长而狭薄，腹背似刀刃，生活于近海。《山海经·南山经》："苕水出于其阴，北流注于具区，其中多鮆鱼。"郭璞注："鮆鱼，狭薄而长头，大者尺余，太湖中今饶之。一名刀鱼。"结合诸本与诗文"想到溪南好风日"，校记本误脱倒，当据此补乙。

（4）《敬业堂诗集》卷八《九日同荆州兄游赵恒给谏寄》："熟游不受园丁拒，放眼从惊客路长。"（P.11）

按：《瓯风杂志》汇刊本同。康熙精刻本、四部备要本、四部丛刊本、上古标点本等"恒"下均有"夫"字，"寄"下均有"园"字。结合诸本与卷五《与研溪别后叠前韵寄之》诗注"余识研溪于赵恒夫农部席上"及诗文"熟游不受园丁拒"，校记本或当补正。

（5）《敬业堂诗集》卷九《晓晴即目》："水润沙田鏞棱犁，毵毵两岸麦头齐。"（P.12）

按：《瓯风杂志》汇刊本同。康熙精刻本、四部备要本、四部丛刊本、上古标点本等"目"下均有"二首"两字。结合诸本与诗文及卷一《留别仲弟德尹二首》、卷二《喜季叔自荆州至二首》、卷三《即事二首》和卷四《除夕与润木分韵二首》等文例，校记本或当补正。

（6）《敬业堂诗集》卷十《喜雨对榻有怀西厓联句十六韵》："扠馋鱼登桥，户小杯举觝。"（P.12-13）

按：《瓯风杂志》汇刊本同。康熙精刻本、四部备要本、四部丛刊本、上古标点本等"句"下均有"二"字。结合诸本与诗文奇数句下十三个"禹平"注、偶数句下十三个"夏重"注，校记本或当补正。

（7）《敬业堂诗集》卷十二《自题放鸭图小影》："浅水芦根咬唼闻，背逢㲹尾雪纷纷。"（P.15）

下编 考校篇

按：《瓯风杂志》汇刊本同。康熙精刻本、四部备要本、四部丛刊本、上古标点本等"影"下有"后四首"三字。结合诸本与卷三十一《题陈允升塞外牧羊图后四首》、卷四十六《题毘陵徐思肖诗卷后四首》等文例，校记本或当补正。

（8）《敬业堂诗集》卷十三《初夏园居十二绝》："栫棘补篱成片段，丁香香过木香香。"（P.16）

按：《瓯风杂志》汇刊本同。康熙精刻本、四部备要本、上古标点本等"绝"下均有"句"字，四部丛刊本"段"作"叚"。"片叚"，不辞。"片段"指整体中的一部分。结合诸本与卷四《齐云山六绝句》、卷十四《玩索余赋之戏成二绝句》、卷二十五《严陵二绝句》和卷四十三《种芭蕉二绝句》等文例及前后文义，疑"叚"为"段"之形讹，校记本或当补正。

（9）《敬业堂诗集》卷十五《五老峰观海歌》："初看白缕生栖贤，树杪薄霄兜罗绵。"（P.18）

按：《瓯风杂志》汇刊本同。康熙精刻本、四部备要本、四部丛刊本、上古标点本和清文渊阁四库全书本《（雍正）江西通志》卷一百五十一等"海"下均有"绵"字。结合诸本与卷三十六《题恬庵上人匡庐访道图二首》诗末注"壬申秋，余游庐山，曾上五老峰观海绵"，校记本或当补正。

（10）《敬业堂诗集》卷十五《归宗寺次颍滨先生韵》："鹅池细合帘泉派，鸾水凉分茗椀供。"（P.20）

按：《瓯风杂志》汇刊本同。康熙精刻本、四部备要本、上古标点本等"生"下均有"旧"字，四部丛刊本"派"作"泒"。《干禄字书·去声》："泒派，上俗下正。""泒"为"派"之俗体。结合诸本与卷一《过鄱阳湖口望大孤山次黄伐檀旧韵》、卷十四《琵琶亭次宋郭明复旧韵》等文例，校记本或当补正。

（11）《敬业堂诗集》卷十五《从栗里渡柴桑桥至鹿子坂碎观靖节祠》："先生在当日，逃禄如脱屣。"（P.21）

按：《瓯风杂志》汇刊本同。康熙精刻本、四部备要本、四部丛刊本、上古标点本等"坂"下有"访"字，"观"上有"石"字。宋陈舜俞《庐山记·叙山南篇第三》："又三里过栗里源，有陶令醉石。陶令名潜，……所居栗里，两山间有大石，仰视悬瀑，平广可坐十余人。元亮自放以酒，故名醉石。"[①]结合诸本与诗文"徘徊山东南，何处访故阯"，校记本或当补正。

（12）《敬业堂诗集》卷二十四《坐竹箄入九曲联句》："其中瑰木类积稭，原注：悔。**类羽镞抽犇駃。**原注：竹。**"（P.29）**

按：《瓯风杂志》汇刊本同。康熙精刻本、四部备要本、四部丛刊本、上古标点本和清乾隆三十二年（1767）寸碧山堂刻本《梅会诗选》卷七、四部丛刊景清康熙本《曝书亭集》卷十八等"稭"下均有"又"字。结合诸本与全诗七言句式，校记本或当补正。

（13）《敬业堂诗集》卷三十七《齿痛用昌黎韵》："旁观不知难，相劝进匕匙。"（P.39）

按：《瓯风杂志》汇刊本同。康熙精刻本、四部备要本、四部丛刊本、上古标点本等"痛"下均有"借"字。韩愈有《落齿》诗，此诗借用了韩诗中的"齿、已、止、水、矣、纪、指、尔、喜、美"等韵脚字。结合诸本与全诗用韵规律，校记本或当补正。

（14）《敬业堂诗集》卷四十《桐乡友人至，传长孙兴祖举子，及接家信，乃生女也，口占解嘲》："谁把维虺比梦熊，传讹几与弄麐同。"（P.41）

按：《瓯风杂志》汇刊本同。康熙精刻本、四部备要本、四部丛刊本、上古标点本等"嘲"下均有"二首"两字。结合诸本与诗文及卷五《京师中元词二首》、卷六《送声山侄之湖口二首》、卷七《呈少宰董默庵先生二首》、卷十二《食橘二首》等文例，校记本或当补正。

4.校倒文

（1）《敬业堂诗集》卷一《荆州杂诗六首》："山中存后槀，失路

---

① （宋）陈舜俞：《庐山记》卷2，民国殷礼在斯堂丛书影元禄本，第14页。

下编　考校篇

亦依刘。"（P.3）

按：《瓯风杂志》汇刊本同。康熙精刻本、四部备要本、四部丛刊本、上古标点本等"山中"均作"中山"。结合诗句后文"失路亦依刘"与"深心借一州"，此句指蜀汉开国者刘备为西汉中山靖王刘胜之后裔。如《三国志·先主传》："先主姓刘，讳备，字玄德，涿郡涿县人，汉景帝子中山靖王胜之后也。"[1]结合诸本与诗文，校记本误倒，或当据此乙正。

（2）《敬业堂诗集》卷八《晓出西华门逢吴一震》："一冬风力今朝横，吹折街南卖酒旗。"（P.11）

按：《瓯风杂志》汇刊本同。康熙精刻本、四部备要本、上古标点本等"吴一震"均作"吴震一"，四部丛刊本"逢"作"逄"。《干禄字书·平声》："逄逢，上俗下正。""逄"为"逢"之俗体。结合诸本与卷四《西水燕集留别姚梦虹宋受谷张王士张介山邵翼云金子由吴震一卓次厚九如》、卷八《春夜同外舅陆先生陈夔献吕彤文许时庵朱悔人魏禹平王令贻王赤抒吴震一张损持家荆州兄集朱大司空斋分韵二首》及卷十一《竹垞招游白云观同钱鸥舫王令贻魏水村严宝仍吴震一分韵二首》等诗题，校记本误倒，或当据此乙正。

（3）《敬业堂诗集》十五卷《天池寺》："残僧四五人，被衲懒结带。"（P.18）

按：《瓯风杂志》汇刊本同。康熙精刻本、四部备要本、四部丛刊本、上古标点本等"十五卷"均作"卷十五"。结合诸本与"卷十三""卷十四"及"卷十六"等通例，校记本误倒，或当据此乙正。

（4）《敬业堂诗集》卷二十七《上已后五日再过同园看花赋赠胡翔菴四首》："山桃含笑海棠妍，素柰清香亦可怜。"（P.31）

按：《瓯风杂志》汇刊本同。康熙精刻本、四部备要本、四部丛刊本、上古标点本和清乾隆池北草堂刻本《宸垣识略》卷十等"清香"均作"香清"。结合卷一《安国寺东荷池上》"荷叶香清似胜花"、卷四《题

---

[1]（晋）陈寿：《三国志》卷32，百衲本景宋绍熙刊本，第553页。

声山侄仗剑拥书图》"木榻香清梦调瑟"、卷四十《同年盛东田饷青笋径茶赋谢》"绿片香清欲泛瓯"等文例，校记本误倒，或当据此乙正。

（5）《敬业堂诗集》卷三十七《齿痛用昌黎韵》："旁观不知难，相劝进七匙。"（P.39）

按：四部备要本、四部丛刊本、上古标点本、《瓯风杂志》汇刊本同。康熙精刻本"七匙"作"匙七"。又句前韵脚"齿、水、纪、起、耳、已、齘、硊、抵、指、美"和句后韵脚"骊、止、喜、矣、尔、毁、委、理"均为上声，"七"为上声，"匙"为平声，"七匙"与韵不协，疑校记本误倒，或当据康熙精刻本乙正。

5.校错简

（1）《敬业堂诗集》卷四《金章宗手植松在寿安山西岭上》："须臾夕阳转西麓，脇下夒夒生微风。"（P.8）

按：《瓯风杂志》汇刊本同。康熙精刻本、四部备要本、四部丛刊本、上古标点本等"《金章宗手植松在寿安山西岭上》"均为卷五《踰淮集》第十九首。校记本"卷五"下未录诗，后紧接"卷六"诗文，疑校记本误将"卷五"卷名错置于"卷六"前，或当依诸本移正。

（2）《敬业堂诗集》卷二十三《又联句一首》："湾澴忽转赤亭岸，原注：竹。俄顷不见南高峰。原注：梅。"（P.28）

按：《瓯风杂志》汇刊本同。康熙精刻本、四部备要本、四部丛刊本、上古标点本等"《又联句一首》"均为卷二十四《宾云集》第三首，疑校记本误将卷二十四诗作错置于卷二十三末，或当依诸本移正。

（二）校记本方校商兑

1.校异文

（1）《敬业堂诗集》卷三《杨大中丞寿燕诗八十韵》："朱芾加元老，黄金赐内帑。"方成珪《校记》："《汉书·匈奴传》'虚费府帑'，师古云：'帑，他莽反。又音奴。'此公所本也。"（P.5）

按：《瓯风杂志》汇刊本同。清乾隆武英殿刻本《汉书·匈奴传》："'虚费府帑'，师古曰：'帑，藏金帛之所也。音它莽反。又

300

音奴。'"①四部丛刊三编景汲古阁景宋钞本《班马字类》卷三、清光绪刻本《汉书补注》卷九十四等"他莽反"均作"它莽反"。又《尚书·秦誓》:"无他伎。"陆德明《释文》:"他,本亦作它。"阮元《校勘记》:"它、他,古今字。""他"本作"它",二者为异文关系。方校引文"他",依诸本又作"它"。

(2)《敬业堂诗集》卷六《喜外珊陆射山先生至都,六月望后为先生初度,同学数子置酒容园为寿,敬赋长律四首以侑觞》:"过从最忆须云阁,老树浓阴庇乱蝉。"方成珪《校记》:"查丙塘云:'须云阁为射山先生臧书之所。'"(P.9)

按:《瓯风杂志》汇刊本同。清嘉庆八年(1803)刻增修本《拜经楼诗集·蠡堂杂咏》:"陆辛斋先生家洛塘有蜜香楼、须云阁分藏书画,顺治乙未冬并毁于火。"②又《楚辞·天问》:"曜灵安臧。"朱熹《集注》:"臧,与藏同。"《资治通鉴·汉纪十六》:"吸新吐故以练臧。"胡三省注:"臧,古藏字通。""臧、藏"精从旁纽,阳部叠韵,音近相通。方校引文"臧",依诸本又作"藏"。

(3)《敬业堂诗集》卷七《上大司成翁铁庵先生》:"倾傃方自兹,惟公鉴葵藿。"方成珪《校记》:"傃,向也。萧子云《岁莫直庐赋》:'曷中臬而南傃。'"(P.10)

按:《瓯风杂志》汇刊本同。清乾隆三十九年(1774)刻本《玉台新咏笺注》卷九、清文渊阁四库全书本《艺文类聚》卷三、清光绪孔氏三十三万卷堂本《初学记》卷三、清文渊阁四库全书本《历代赋汇》卷十三等"《岁莫直庐赋》"均作"《岁暮直庐赋》"。又《周礼·天官·宫正》:"夕击柝而比之。"郑玄注:"夕,莫也。"孙诒让《正义》:"莫、暮古今字。""莫"又作"暮",二者为异文关系。方校引文"莫",依诸本又作"暮"。

(4)《敬业堂诗集》卷十《喜雨对榻有怀西厓联句十六韵》:"扠

---

① (汉)班固:《汉书》卷94,清乾隆武英殿刻本,第1438—1439页。
② (清)吴骞:《拜经楼诗集》卷3,清嘉庆八年刻增修本,第22页。

馋鱼登柈，户小杯举舡。”方成珪《校记》：“《说文》：‘舡，小觯也。’《广韵》：‘得案切。亶去声。’”（P.12–13）

按：《瓯风杂志》汇刊本同。四部丛刊景宋本《广韵·翰韵》卷四、清文渊阁四库全书本《五音集韵》卷十一、清雍正遂初堂刻本《类音》卷七等“得案切”均作“得按切”。《战国策·赵策一》：“案府库。”鲍彪注：“案、按同。”又《广雅·释诂三》：“据，按也。”王念孙《疏证》：“案与按通。”“案、按”影母双声，元部叠韵，音同相通。方校引文“案”，依诸本又作“按”。

（5）《敬业堂诗集》卷二十四《天游观万峰亭》：“幸赖此孤亭，于焉踞𡗝𡗞。”方成珪《校记》：“《玉篇》：‘𡗝，邱召切。𡗞，牛召切。𡗝𡗞，不安也。’”（P.29）

按：《瓯风杂志》汇刊本同。清文渊阁四库全书本《玉篇·亢部》：“𡗝，丘召切。𡗝𡗞，不安也。𡗞，牛召切。”[①]四部丛刊景宋本《广韵》卷四、清文渊阁四库全书本《集韵》卷八、清文渊阁四库全书本《类篇》卷二十九、清雍正遂初堂刻本《类音》卷七等“邱召切”均作“丘召切”。又《风俗通·声音》：“丘仲之所作也。”校注：“《通典·乐典四》引丘作邱。”“邱”又“丘”，二者为异文关系。方校引文“邱”，依诸本又作“丘”。

（6）《敬业堂诗集》卷四十《长律一章寄祝座主清溪徐公九十寿》：“白雪调孤卑郢曲，朱丝弦直叶厢桐。”方成珪《校记》：“当作‘湘桐’。周权诗：‘三嘆如此湘桐何。’”（P.40）

按：《瓯风杂志》汇刊本同。清文渊阁四库全书本《此山诗集·古琴漆有蛇蚹纹者，材之良也。道友攜一琴甚古，谓是零陵湘石枯桐斲成，索价三百缗，无偿之者，戏作湘桐吟》：“三歎如此湘桐何。”[②]清文渊阁四库全书本《元诗选》卷四十五、清文渊阁四库全书本《佩文斋咏物诗选》卷一百九十三、清文渊阁四库全书本《四朝诗》卷七等

① （宋）陈彭年等：《重修玉篇》卷4，清文渊阁四库全书本，第42页。

② （元）周权：《此山诗集》卷5，清文渊阁四库全书本，第18页。

"嘆"均作"歎"。《玉篇·口部》："嘆，与歎同。"又朱骏声《说文通训定声·口部》："嘆，叚借为歎。""嘆、歎"透母双声，元部叠韵，音同相通。方校引文"嘆"，依诸本又作"歎"。

（7）《敬业堂诗集》卷四十六《偕季方东亭德尹曾三诸兄弟过东林庵》："攩扫庭常洁，笺题壁尚留。"方成珪《校记》："《玉篇》：'攩，芳问切。与抍同。'"（P.44）

按：《瓯风杂志》汇刊本同。清文渊阁四库全书本《玉篇·手部》："攩，方问切。埽除也。亦作抍。"①清文渊阁四库全书本《类篇》卷三十九、清文渊阁四库全书本《六书故》卷二十九等"芳问切"均作"方问切"。又《太玄·务》："珍洁精其芳。"司马光《集注》："王本芳作方。""芳"又"方"，二者为异文关系。方校引文"芳"，依诸本又作"方"。

2.校讹文

（1）《敬业堂诗集》卷一《小孤山》："两崖忽中分，老牛角纱昔。"方成珪《校记》："《冬官考工记·弓人》'老牛之角纱者昔'注：'昔读为交错之错，谓牛角觕理错也。'"（P.2-3）

按：《瓯风杂志》汇刊本同。清湖海楼丛书本《周礼郑注·叙录》："'老牛之角纱而昔'注：'郑司农云：昔读为交错之错，谓牛角觕理错也。'"②四部丛刊明翻宋岳氏本《周礼》卷十二、清文渊阁四库全书本《周礼注疏删翼》卷三十、清六艺堂诗礼七编本《周礼释注》卷二、清嘉庆刻本《周礼汉读考》卷六、清文渊阁四库全书本《礼书纲目》卷四十九、清文渊阁四库全书本《周礼述注》卷二十四、清文渊阁四库全书本《五礼通考》卷一百六十四等引同。结合《周礼》原文前句"稚牛之角直而泽"，方校引文"者"，依诸本作"而"。

（2）《敬业堂诗集》卷一《白杨提晚泊》："初来尚易支，斝米换佰钱。"方成珪《校记》："'佰'当作'伯'。《前汉志》上'有仟

---

① （宋）陈彭年等：《重修玉篇》卷6，清文渊阁四库全书本，第62页。
② （汉）郑玄著，（宋）王应麟辑：《周易郑注》"叙录"，清湖海楼丛书本，第63页。

伯之得'，师古注：'仟谓千钱也，伯谓百钱也。伯音莫句反。今俗谓百钱为一伯。'"（P.3）

按：《瓯风杂志》汇刊本同。清乾隆武英殿刻本《汉书·食货志第四》："'有仟伯之得'，师古曰：'仟谓千钱也，伯谓百钱也。伯音莫白反。今俗犹谓百钱为一伯。'"[1]明万历文林绮绣本《两汉隽言》卷六、清文渊阁四库全书本《文章正宗》卷九、清光绪东路厅署刻本《证俗文》卷六、清光绪刻本《汉书补注》卷二十四、清文渊阁四库全书本《别雅》卷五等引同。"伯"古音帮母铎部，"白"古音并母铎部，二者为帮并旁纽叠韵，音近相通。《廿二史考异·诸葛亮传》："几败伯山。"钱大昕按："古书伯与白通。"又"句"古音为见母侯部，与"伯"声韵皆不同。方校引文"句"，依诸本作"白"。

（3）《敬业堂诗集》卷四《同声山侄过罗饭牛礼洲草堂，别后赋寄，用昌黎寄卢同韵》："朝朝江口望归帆，百日奚僮蹕生趾。"方成珪《校记》："《篇海》：'蹕，奴曲切，音展。踏也。'无蹕字。"（P.7-8）

按：《瓯风杂志》汇刊本同。明成化三年（1467）至七年（1471）明释文儒募刻本《篇海类编·足部》："蹕，奴典切，音碾。蹈也。"[2]《康熙字典·足部》"蹕"字下引同。"曲"古音溪母屋部，"典"古音端母文部，二者声韵皆不谐，形近误混；"展、碾"端泥旁纽，元部叠韵，形音近易混。又"踏"训以足蹈。《希麟音义》卷六"脚踏"注引《考声》："踏，以足蹈也。""踏、蹈"形义近易混。方校引文"曲、展、踏"，依诸本作"典、碾、蹈"。

（4）《敬业堂诗集》卷四《金章宗手植松在寿安山西岭上》："须臾夕阳转西麓，胁下翣翣生微风。"方成珪《校记》："翣当作謖。《诗·周颂》'翣翣良耜'释文：察色切，音测。严利也。謖謖，'李元礼謖謖如动松下风'，见《世说新语·赏誉上》。所六切，音缩。峻

---

[1] （汉）班固：《汉书》卷24，清乾隆武英殿刻本，第260页。
[2] （明）宋濂：《篇海类编》卷8，明成化三年至七年明释文儒募刻本，第37页。

挺貌。音义各殊，不宜牵混。"（P.8）

按：《瓯风杂志》汇刊本同。四部丛刊景宋本《毛诗·周颂·闵予小子之什》："畟畟，楚侧反，犹测测也。《尔雅》云：'畟畟，耜也。'郭云：'言严利也。'"[1]清抱经堂丛书本《经典释文》卷七"畟畟"下引同。《集韵·职韵》《古今韵会举要·职韵》"畟"字下："察色切，音测。"方校所引"察色切，音测"非《诗经》释文，而为《集韵》与《古今韵会举要》内容。又四部丛刊景明袁氏嘉趣堂本《世说新语·赏誉第八上》："世目李元礼谡谡如劲松下风。"民国景明嘉靖谈恺刻本《太平广记》卷一百六十四、清文渊阁四库全书本《子史精华》卷一百二十八、清文渊阁四库全书本《佩文韵府》卷二十之六等引同。方校引文"动"，依诸本作"劲"。

（5）《敬业堂诗集》卷七《上大司成翁铁庵先生》："倾儴方自兹，惟公鉴葵藿。"方成珪《校记》："儴，向也。萧子云《岁莫直庐赋》：'晷中杙而南儴。'"（P.10）

按：《瓯风杂志》汇刊本同。清文渊阁四库全书本《艺文类聚·岁时部上》："梁萧子云《岁暮直庐赋》曰：日临圭而易落，晷中杙而南儴。"[2]清光绪孔氏三十三万卷堂本《初学记》卷三、清文渊阁四库全书本《历代赋汇》卷十三、1930年景清光绪二十年（1894）黄冈王氏刻本《全上古三代秦汉三国六朝文》卷二十三、清文渊阁四库全书本《渊鉴类函》卷十六等引同。又《尔雅·释宫》："槷谓之杙，在墙者谓之楎，在地者谓之臬。"邢昺疏："置杙在墙者名楎，在地及门中者名臬。""臬"为直立平地或门中的测日影标杆，"杙"指小木桩、尖锐的木棍。据此及诗文，方校引文"臬"，依诸本作"杙"。

（6）《敬业堂诗集》卷十八《明日再饮春荐宅座有濮姬吴人也姿性明惠临别口占四首》："富春江外无潮信，鸦舅霜红在晚秋。原注：时余将往金华。"方成珪《校记》："乌臼，一名鵶舅。陆鲁望《偶掇野蔬寄袭

---

[1] （汉）毛亨著，（汉）郑玄笺，（唐）陆德明音义：《毛诗》卷19，四部丛刊景宋本，第252页。
[2] （唐）欧阳询：《艺文类聚》卷3，清文渊阁四库全书本，第48页。

美有作》诗云：'竹歇每依鸔舅影，挑频时见鼠姑心。'鸦与鸔同。"
（P.24）

按：《瓯风杂志》汇刊本同。四部丛刊景黄丕烈校明钞本《甫里集·偶掇野蔬寄袭美》："行歇每依鸔舅影，挑频时见鼠姑心。"①清文渊阁四库全书本《松陵集》卷六、清文渊阁四库全书本《绀珠集》卷十三、清文渊阁四库全书本《唐诗镜》卷五十二、清文渊阁四库全书本《全唐诗》卷六百二十四、清嘉庆元年（1796）怡云阁刻本《全浙诗话》卷十五等引同。"竹、行"形近相混，方校引文"竹"，依诸本作"行"。

（7）《敬业堂诗集》卷十九《野气诗》："若者为清气，视明眒亦聪。"方成珪《校记》："《亢仓子》'耳眎目眒'注：'眒，古聽字。'"（P.24）

按：《瓯风杂志》汇刊本同。明子汇本《亢仓子·全道篇第一》："有亢仓子者，偏得老聃之道，其能用耳视目聽。"②清文渊阁四库全书本《骈字类编》卷二百三十六、清文渊阁四库全书本《渊鉴类函》卷二百六十八等引同，四部丛刊三编景宋刻本《洞灵真经》卷一等"视"作"眎"。"眎"训明也。《龙龛手鉴·目部》："眎，之忍切。明也。""视"古作"眎"。《玄应音义》卷二"等视"注引《字诂》："视，古文眎、眂二形，今作视，同。""眎、眒"形近相混。又《正字通·耳部》："眒，同聽。"方校引文"眎、眒"，依诸本作"眎、聽"。

（8）《敬业堂诗集》卷四十八《平蛮歌为灵川令楼敬思作》："过侯治下暂弭楫，为我扫榻开长欈。"方成珪《校记》："当作欈。《广韵》：'所还切。'"（P.45）

按：《瓯风杂志》汇刊本同。四部丛刊景宋本《广韵·删韵》："欈，关门机，出《通俗文》。数还切。"③清文渊阁四库全书本《五音集韵》卷四、清文渊阁四库全书本《洪武正韵》卷三、清雍正遂初堂刻

---

① （唐）陆龟蒙：《甫里集》卷8，四部丛刊景黄丕烈校明钞本，第39—40页。
② （周）庚桑楚：《亢仓子》"全道篇第一"，明子汇本，第2页。
③ （宋）陈彭年等：《重修广韵》卷1，四部丛刊景宋本，第59页。

本《类音》卷五、清嘉庆阮氏琅嬛仙馆刻本《经籍籑诂》卷十五、清乾隆十六年（1751）翟氏无不宜斋刻本《通俗编》卷三十六等引同。又清文渊阁四库全书本《玉篇·木部》："㮣，所还切。木㮣。"疑方校将《玉篇》与《广韵》相混，引文"所"，依诸本作"数"。

3.校脱文

（1）《敬业堂诗集》卷二十六《梅雨初晴》："晒书亭前日淡淡，打麦场上风飉飉。"方成珪《校记》："《广均（韵）》：'飉，人垂切。风缓皃。'《字汇补》同飉。"（P.30）

按：《瓯风杂志》汇刊本同。四部丛刊景宋本《广韵·支韵》："飉，人垂切。风缓之貌。"[①]清文渊阁四库全书本《五音集韵》卷一、清雍正遂初堂刻本《类音》卷四等引作"风缓之皃"，"缓"下均有"之"字。据此及诸本，方校引文或当补正。

（2）《敬业堂诗集》卷二十六《晓过南湖》："卧看西南落月圆，起来晴色满湖烟。"方成珪《校记》："起来蒙笼。"（P.30）

按：《瓯风杂志》汇刊本同。"起来蒙笼"不通，疑句中有脱误。结合卷十五《登右军阁》"湾澴一作几转"、《自题庐山纪游集后》"半月一作十日"、卷二十六《连雨不止独居小楼和陶杂诗十一首但僭其韵不拟其体也》"浑浑原作混混"和卷二十八《德尹久留杭州有卜居西溪之意归来以诗索和次韵二首》"且忘忧原作百无忧"等方校文例，"起来"下或当补"一作"或"原作"两字。

4.校衍文

（1）《敬业堂诗集》卷四《西园书屋，顺治丙戌毁于火，瓦砾之场，长养茨棘，垂四十年。比方有事于垦辟，既惜地力，且以习童仆之勤焉。用东坡七首韵，与润木同作》："中更四十载，未经茠刺劳。"方成珪《校记》："《唐书·陆龟传》：'身操畚锸，茠刺无休时。'"（P.6）

按：《瓯风杂志》汇刊本同。清乾隆武英殿刻本《新唐书》卷一百

[①] （宋）陈彭年等：《重修广韵》卷1，四部丛刊景宋本，第16页。

九十六《陆龟蒙传》、清雍正九年（1731）刻本《笠泽丛书》"补遗诗"、四部丛刊景黄丕烈校明钞本《甫里集》卷二十、清文渊阁四库全书本《续通志》卷五百六十八、清嘉庆十八年（1813）海宁查世倓刻本《唐书合钞》卷二百五十三、清文渊阁四库全书本《佩文韵府》卷一百之十二等引同，"身"下无"操"字。《广韵·洽韵》："锸，同臿。""畚锸"为挖运泥土之具。唐房玄龄《晋书·石季龙载记》："畚锸相寻，干戈不息。"①段成式《酉阳杂俎续集·支诺皋下》："哲意家人惰于畚锸。"②"身畚锸"指陆龟蒙躬耕田亩。据此及诸本，方校引文或当删正。

（2）《敬业堂诗集》卷七《上大司成翁铁庵先生》："偏偏按点黵，星陨不可攫。"方成珪《校记》："《集韵》：'黵，乃玷切。点黵草书势也。'"（P.10）

按：《瓯风杂志》汇刊本同。清文渊阁四库全书本《集韵·忝韵》："黵，乃玷切。点黵艸书势。"③《类篇·艸部》："艸，或作草。"又清文渊阁四库全书本《类篇》卷二十九、清文渊阁四库全书本《五音集韵》卷九等引同，"势"下均无"也"字。据此及诸本，方校引文或当删正。

（3）《敬业堂诗集》卷四十《安溪相国见示纪家难述旧德诗敬题长律五十二韵》："挺险猿狖捷，潜踪蜂趸悬。"方成珪《校记》："当作'趸'。趸字惟见《字汇补》，云：'东本切，敦上声。俗字，零趸也。'"（P.40）

按：《瓯风杂志》汇刊本同。清康熙五年（1666）汇贤斋刻本《字汇补·足部》："趸，东本切，敦上声。俗字，零趸。"④又《康熙字典·足部》"趸"字下引《字汇补》："趸，东本切，敦上声。俗字，零趸也。"疑方校将《康熙字典》所引与《字汇补》原本相混，"趸"

---

① （唐）房玄龄：《晋书》卷170，清乾隆武英殿刻本，第1348页。
② （唐）段成式：《酉阳杂俎》卷3，四部丛刊景明本，第125页。
③ （宋）丁度：《集韵》卷6，清文渊阁四库全书本，第274页。
④ （清）吴任臣：《字汇补》，清康熙五年汇贤斋刻本，第26页。

下编 考校篇

下"也"字或当据原本删正。

《干常侍易注疏证》对读

干宝《周易注》惜已早亡,仅能从辑本中窥其貌。现行主要的辑本有志林本、黄奭辑本、张惠言辑本、汪氏辑本和马国翰辑本。道光十七年(1837),方成珪参孙星衍刻本、卢见曾刻本、张惠言辑本和志林本等文献,对马国翰辑本进行了补充与完善,成《干常侍易注疏证》2卷(简称"疏证本")。后因疏于保存,脱烂不易读,孙诒让对其作了重新校正,即"玉海楼钞本"。是本后由黄群独资校印(又称"永嘉黄氏校印本"或"《敬乡楼丛书》本"),使疏证本得以流行开来。这里据干宝《周易注》诸辑本与相关文献,分别对疏证本原文、方校做一对读。

(一)疏证本原文对读[①]

1.校异文

(1)《周易·乾卦》:"《象》曰:天行健,君子以自强不息。"《干常侍易注》:"自此以下,莫敢淫心舍力。故曰'自强不息'矣。"(P.6)

按:清光绪三十二年(1906)刻湘绮楼全书本《周易说》卷一、《敬乡楼丛书》本、《溯初汇书》本同,志林本、黄奭辑本、张惠言辑本、马国翰辑本和清道光刻本《周易集解纂疏》卷一、清光绪十二年(1886)日本刻本《周易旧注》卷一等"舍"均作"捨"。《荀子·劝学》:"锲而不舍。"杨倞注:"舍,与捨同。"又《尔

[①] 本节引自清光绪七年孙诒让补校本《干常侍易注疏证》。为考证需要,原文个别字形与讹脱衍误仍其旧,部分字体保留繁体,页码附后;下又分校异文、校讹文、校脱文、校衍文、校倒文等,同条文献按类分校,部分校对略有交叉。

309

雅·释诂下》："废，舍也。"郝懿行《义疏》："舍即捨之叚借。""舍、捨"书母双声，鱼部叠韵，音同相通。疏证本"舍"，依诸本又作"捨"。

（2）《周易·坤卦》："六三：含章可贞，或从王事，无成有终。"《干常侍易注》："惟文德之臣，然后可以遭之运，而不失其柔顺之正。坤为文，坤象既成，故曰'含章可贞'。"（P.11）

按：清光绪船山书院刻本《周易补注》卷一、《敬乡楼丛书》本、《溯初汇书》本同，志林本、黄奭辑本、张惠言辑本、马国翰辑本和清文渊阁四库全书本《周易集解》卷二、清道光刻本《周易集解纂疏》卷二、清光绪三十二年（1906）刻湘绮楼全书本《周易说》卷一、清光绪十二年（1886）日本刻本《周易旧注》卷一等"惟"均作"唯"。《方言·一》："惟，思也。"钱绎《笺疏》："惟、维、唯三字并同。"又《管子·牧民》："惟有道者。"戴望《校正》："宋本惟作唯。""惟"又作"唯"，二者为异文关系。疏证本"惟"，依诸本又作"唯"。

（3）《周易·蒙卦》："蒙亨，以亨行时中也。"《干常侍易注》："蒙于世为八月，于消息为正月卦也。正月之时，阳气上达，故屯为物之始生，蒙为物之穉也。"（P.18）

按：清光绪船山书院刻本《周易补注》卷二、清文渊阁四库全书本《易汉学》卷二、黄奭辑本、马国翰辑本、《敬乡楼丛书》本、《溯初汇书》本等同，志林本、张惠言辑本"穉"作"稚"。《诗经·鄘风·载驰》："众穉且狂。"陆德明《释文》："穉，本又作稚。"又《列子·天瑞》："纯雄其名穉蜂。"殷敬顺《释文》："穉，古稚字。""穉"又作"稚"，二者为异文关系。疏证本"穉"，依诸本又作"稚"。

（4）《周易·师卦》："行险而顺，以此毒天下，而民从之。"《干常侍易注》："毒，荼，苦也。五刑之用，斩刺肌体，六军之锋，残破城邑，皆所以荼毒姦兇之人，使服王法者也。故曰'以此毒天下，

而民从之'。"（P.23）

按：《敬乡楼丛书》本、《溯初汇书》本同，志林本、黄奭辑本、张惠言辑本和清文渊阁四库全书本《周易孔义集说》卷二等"姦"均作"奸"，马国翰辑本作"姧"。《逸周书·文政》："思信丑奸。"朱右曾《集训校释》："奸、姦同。"又《集韵·删韵》："姦，或作姧。""兇"字，志林本同，黄奭辑本、张惠言辑本、马国翰辑本和清光绪三十二年（1906）刻湘绮楼全书本《周易说》卷一、清道光活字印《一经庐丛书》本《周易姚氏学》卷五等均作"凶"。《玄应音义》卷二十四"凶教"注："凶，又作兇。""姦、姧、奸"与"兇、凶"，两组均为异文关系。疏证本"姦""兇"，依诸本又作"姧、奸""凶"。

（5）《周易·噬嗑卦》："初九：屦校灭趾，无咎。"《干常侍易注》："行侵陵之罪，以陷'屦校'之刑，故曰'屦校灭趾'。得位于初，顾震知惧，'小惩大戒'，以免刑戮，故曰'无咎'矣。"（P.31）

按：黄奭辑本、马国翰辑本、《敬乡楼丛书》本、《溯初汇书》本同，志林本、张惠言辑本"陵"均作"凌"。《管子·治国》："危乡轻家则敢陵上犯禁。"戴望《校正》："《治要》引陵作凌。"又"惩"，志林本、马国翰辑本和清文渊阁四库全书本《周易集解》卷五、清光绪船山书院刻本《周易补注》卷四、清道光刻本《周易集解纂疏》卷四等同，黄奭辑本、张惠言辑本作"徵"。《集韵·蒸韵》："懲，通作徵。""陵、凌"与"懲、徵"，两两均为异文关系。疏证本"陵、懲"，依诸本又作"凌、徵"。

（6）《周易·井卦》："改邑不改井，无丧无得，往来井井；汔至亦未繘井，羸其瓶，凶。"《干常侍易注》："自震化行，至于五世，改殷纣比屋之乱俗，而不易成汤昭格之法度也。故曰'改邑不改井'。"（P.43）

按：《敬乡楼丛书》本、《溯初汇书》本同，志林本、黄奭辑本、张惠言辑本、马国翰辑本和清文渊阁四库全书本《周易集解》卷十、清光绪船山书院刻本《周易补注》卷八、清《皇清经解续编》本《易例》卷一、清道光刻本《周易集解纂疏》卷六、清光绪十二年（1886）日本刻本《周易旧注》卷七、清道光活字印《一经庐丛书》本《周易姚氏学》卷十一等"格"均作"假"。《尔雅·释言》："格，来也。"郝懿行《义疏》："格者，当作假。"又《方言·一》："假，至也。"戴震《疏证》："假、格，古亦通。""格、假"见母双声，铎鱼对转，音近相通。疏证本"格"，依诸本又作"假"。

（7）《周易·未济卦》："濡其尾，无攸利，不续终也。"《干常侍易注》："言禄父不能敬奉天命，以续既终之祀，谓叛而被诛也。"（P.65）

按：《敬乡楼丛书》本、《溯初汇书》本同，志林本、黄奭辑本、张惠言辑本、马国翰辑本和清文渊阁四库全书本《周易集解》卷十二、清光绪船山书院刻本《周易补注》卷二十、清道光刻本《周易集解纂疏》卷七、1931刻本《周易易解》卷七、清光绪三十二年（1906）刻湘绮楼全书本《周易说》卷六、清光绪十二年（1886）日本刻本《周易旧注》卷八等"祀"均作"礼"。又《诗经·小雅·楚茨》："礼仪既备。"郑玄笺："以祭礼毕。"陆德明《释文》："礼，或作祀。""祀"又作"礼"，二者为异文关系。疏证本"祀"，依诸本又作"礼"。

（8）《周易·系辞下》："重门击柝，以待暴客。"《干常侍易注》："卒虣之客，为奸宼也。"（P.69）

按：黄奭辑本、马国翰辑本、《敬乡楼丛书》本、《溯初汇书》本和清《皇清经解续编》本《易例》卷二、清道光刻本《周易集解纂疏》卷九等同，志林本"柝"作"析"、"虣"作"暴"，张惠言辑本"虣"作"暴"。《说文·木部》："柝，夜行所击者。"朱骏声《通训定声·木部》："柝，经传亦以析为之。"又《玉篇·虍部》："虣，今作暴。"《正字通·虍部》："虣，俗作暴。"《重订直音篇·日部》："暴，同曓。""槷、柝"与"虩、曓、暴"，两组均为异文关系。疏证本"槷""虩"，依诸本又作"柝""曓、暴"。

（9）《周易·杂卦》："夬，决也，刚决柔也，君子道长，小人道消也。"《干常侍易注》："明道，非常道事，非常事也，化而裁之，存乎变，是以终之以夬，言能决断其中，唯阳德之主也。故曰《易》穷则变，通则久。"（P.82-83）

按：志林本同，黄奭辑本、张惠言辑本、马国翰辑本、《敬乡楼丛书》本、《溯初汇书》本和清文渊阁四库全书本《周易集解》卷十七等"决"均作"决"。《广韵·屑韵》："决，俗作决。"又第二个"夬"，《敬乡楼丛书》本、《溯初汇书》本同，志林本作"决"，黄奭辑本、张惠言辑本、马国翰辑本和清文渊阁四库全书本《古周易订诂》卷十六等亦作"决"。《说文·水部》："决，行流也。"朱骏声《通训定声·水部》："决，叚借为夬。""决"又作"决"或"夬"，三者为异文关系。疏证本"决、夬"，依诸本又作"决"。

2.校讹文

（1）《周易·坤卦》："六二：直方大，不习无不利。"《干常侍易注》："阴出地上，佐阳成物，臣道也，妻道也。臣之事君，妻之事夫，义成者也。臣贵其直，妻贵其方，地体其大，故曰'直方大'。"（P.10）

按：清光绪船山书院刻本《周易补注》卷一、《敬乡楼丛书》本、《溯初汇书》本同，志林本"妻贵"作"妻尚"，黄奭辑本、张惠言辑本、马国翰辑本和清文渊阁四库全书本《周易集解》卷二、清道光刻本《周易集解纂疏》卷二、清光绪三十二年（1906）刻湘绮楼全书本《周易说》卷一、清光绪十二年（1886）日本刻本《周易旧注》卷一等均作"义尚"。结合诸本与干宝注前文"臣之事君，妻之事夫，义成者也"，疏证本或当据正。

（2）《周易·贲卦》："观乎天文以察时变，观乎人文以化成天下。"《干常侍易注》："四时之变悬乎日月，圣人之化成乎文章。观

日月而要其会通，观人文而化成天下。"（P.32）

按：《敬乡楼丛书》本、《溯初汇书》本同，志林本、黄奭辑本、张惠言辑本、马国翰辑本和清光绪三十二年（1906）刻湘绮楼全书本《周易说》卷三、《敬乡楼丛书》本、《溯初汇书》本同，清文渊阁四库全书本《周易集解》卷五、清文渊阁四库全书本《大易择言》卷十二、清光绪船山书院刻本《周易补注》卷十四、清道光刻本《周易集解纂疏》卷四、清光绪十二年（1886）日本刻本《周易旧注》卷四等第二个"人文"均作"文明"。结合诸本与贲卦象辞"观乎人文以化成天下"，疏证本或当据正。

（3）《周易·坎卦》："初六：习坎，入于坎窞也。"《干常侍易注》："窞，坎之深者也。江河淮济，百川之流行于坎中，水之正也。及其为灾，则泛溢平地，而入于坎窞，是水失其道也。"（P.34）

按：《敬乡楼丛书》本、《溯初汇书》本第一个"也"均作"凶"，第二个"于"均作"乎"，志林本、黄奭辑本、张惠言辑本、马国翰辑本和清文渊阁四库全书本《周易集解》卷六、清文渊阁四库全书本《周易窥余》卷七、清道光刻本《周易集解纂疏》卷四、清光绪三十二年（1906）刻湘绮楼全书本《周易说》卷三等同，且"于坎中"均作"乎地中"。结合诸本与干宝注后文"及其为灾，则泛溢平地，而入于坎窞"，疏证本或当据正。

（4）《周易·坎卦》："六三：来之坎坎，险且枕，入于坎窞，勿用。《象》曰：来之坎坎，终无功也。"《干常侍易注》："坎，十一月卦也。爻失其位，喻殷之执法者，失中之象也。"（P.35）

按：《敬乡楼丛书》本、《溯初汇书》本同，志林本、黄奭辑本、张惠言辑本、马国翰辑本和清文渊阁四库全书本《周易集解》卷六、清光绪船山书院刻本《周易补注》卷二十五、清道光刻本《周易集解纂疏》卷四、清光绪三十二年（1906）刻湘绮楼全书本《周易说》卷三、清光绪十二年（1886）日本刻本《周易旧注》卷四等"爻"均作"又"。又干宝此注释《象》辞而非爻辞，且注中皆无"爻"。结合诸本与上下文义，疑"爻、又"形近相混，疏证本或当据正。

（5）《周易·蹇卦》："九五：大蹇朋来。《象》曰：大蹇朋来，以中节也。"《干常侍易注》："在险之中而当上位，故曰'大蹇'。此盖以托文王为纣所囚也。"（P.37）

按：志林本、《敬乡楼丛书》本、《溯初汇书》本同，黄奭辑本、张惠言辑本、马国翰辑本和清文渊阁四库全书本《周易集解》卷八、清光绪船山书院刻本《周易补注》卷二十七、清道光刻本《周易集解纂疏》卷五、清光绪三十二年（1906）刻湘绮楼全书本《周易说》卷四、清咸丰四年（1854）刻本《通介堂经说》卷五、清光绪十二年（1886）日本刻本《周易旧注》卷五等"上"均作"王"。结合诸本与干宝注上下文义，疑"上、王"形近相混，疏证本或当据正。

（6）《周易·井卦》："《象》曰：元吉在天，大成也。"《干常侍易注》："幕，覆也。井以养生，政以养德，无覆水泉而不惠民，无蕴典礼而不兴教，故曰'井收网幕'。网幕而教信于民，民服教则大化成也。"（P.46）

按：《敬乡楼丛书》本、《溯初汇书》本"天"均作"上"，志林本、黄奭辑本、张惠言辑本、马国翰辑本和清文渊阁四库全书本《周易集解》卷十、清光绪船山书院刻本《周易补注》卷二十八、清道光刻本《周易集解纂疏》卷六、清光绪十二年（1886）日本刻本《周易旧注》卷七等同，且第三个"而"均作"则"。结合诸本与干宝注后文"民服教则大化成也"，疏证本或当据正。

（7）《周易·归妹卦》："《象》曰：泽上有雷，归妹；君子以永终知敝。"《干常侍易注》："雷薄于泽，八月九月归藏之时也。君子象之，故不敢恃当今之虞，而虞将来之祸也。"（P.56）

按：《敬乡楼丛书》本、《溯初汇书》本"虞"均作"虑"，志林本、黄奭辑本、张惠言辑本、马国翰辑本和清文渊阁四库全书本《周易集解》卷十一、清文渊阁四库全书本《周易窥馀》卷十三、清光绪船山书院刻本《周易补注》卷二十九、清《皇清经解续编》本《周易述补》

315

卷一、清道光刻本《周易集解纂疏》卷六、清光绪三十二年（1906）刻湘绮楼全书本《周易说》卷五、清光绪十二年（1886）日本刻本《周易旧注》卷七等同，且"归藏"均作"将藏"。结合诸本与干宝注上下文义，疏证本或当据正。

（8）《周易·丰卦》："上六：丰其屋，蔀其家，窥其户，阒其无人，三岁不觌，凶。"《干常侍易注》："此盖托纣之侈，造璿宫玉台也。蔀其家者，以托纣多倾宫之女也。社稷既亡，宫室虚旷，故曰'窥其户，阒其无人'。"（P.58）

按：《敬乡楼丛书》本、《溯初汇书》本同，志林本两个"托"均作"记"，黄奭辑本、张惠言辑本、马国翰辑本和清文渊阁四库全书本《周易集解》卷十一、清光绪船山书院刻本《周易补注》卷九、清光绪三十二年（1906）刻湘绮楼全书本《周易说》卷六、清光绪十二年（1886）日本刻本《周易旧注》卷八等同，且第一个"宫"均作"室"，第二个"宫"均作"国"。结合诸本与干宝注后文"然则璿室之成，三年而后亡国矣"，疏证本或当据正。

（9）《周易·既济卦》："九三：高宗伐鬼方，二年克之，小人勿用。"《干常侍易注》："高宗，殷中兴之君；鬼，北方国也。高宗尝伐鬼方三年而后克之。离为戈兵故称伐，坎当北方故称鬼。"（P.63）

按：志林本、黄奭辑本、张惠言辑本、马国翰辑本、《敬乡楼丛书》本、《溯初汇书》本和清通志堂经解本《子夏易传》卷六、清武英殿聚珍版丛书本《易纬乾凿度》卷上、四部丛刊景宋本《周易》卷六、清文渊阁四库全书本《周易集解》卷十二、清武英殿聚珍版丛书本《周易口诀义》卷六、清文渊阁四库全书本《周易象义》卷八等"二"均作"三"。结合诸本与干宝注"高宗尝伐鬼方三年而后克之"，疑"二、三"形近相混，疏证本或当据正。

（10）《周易·系辞上》："故坤无方而易无体。"《干常侍易注》："否泰盈虚者，神也。变而周流者，易也。言神之鼓万物无常方，易之应变化无定体也。"（P.68）

按：《敬乡楼丛书》本、《溯初汇书》本同，志林本、黄奭辑本、张惠言辑本、马国翰辑本和清文渊阁四库全书本《周易集解》卷十三、清光绪船山书院刻本《周易补注》卷三十一、清道光刻本《周易集解纂疏》卷八、清光绪三十二年（1906）刻湘绮楼全书本《周易说》卷七、清光绪十二年（1886）日本刻本《周易旧注》卷九、清道光活字印《一经庐丛书》本《周易姚氏学》卷十四等"坤"均作"神"。结合诸本与干宝注"言神之鼓万物无常方"，疑"坤、神"形近相混，疏证本或当据正。

（11）《周易·序卦》："有天地，然后万物生焉。"《干常侍易注》："物有先天地而生者矣。今正取始于天地，天地之先，圣人弗之论也。故其所发象，必自天地而还。"（P.78）

按：志林本、黄奭辑本、张惠言辑本、马国翰辑本、《敬乡楼丛书》本、《溯初汇书》本和清文渊阁四库全书本《周易集解》卷十七、清文渊阁四库全书本《古周易订诂》卷十五、清光绪船山书院刻本《周易补注》卷三十九、清《皇清经解续编》本《易例》卷一、清道光刻本《周易集解纂疏》卷十、清嘉庆刻本《周易通义》卷二十等"发"均作"法"。结合诸本与干宝注后文"法象莫大乎天地"，疑"发、法"音近相混，疏证本或当据正。

3.校脱文

（1）《周易·坤卦》："元亨，利牝马之贞。"《干常侍易注》："行天者莫若龙，行地者莫若马，故乾以龙繇，坤以马象。坤，阴类，故称'利牝马之贞'矣。"（P.8）

按：《敬乡楼丛书》本、《溯初汇书》本同，志林本、黄奭辑本、张惠言辑本、马国翰辑本和清文渊阁四库全书本《周易集解》卷二、清光绪船山书院刻本《周易补注》卷一、清道光刻本《周易集解纂疏》卷二、清光绪三十二年（1906）刻湘绮楼全书本《周易说》卷一、清光绪十二年（1886）日本刻本《周易旧注》卷一等"象"下均有"也"字。结合诸本与干宝注上下文义，疑疏证本误脱，或当据此补正。

317

（2）《周易·鼎卦》："六五：鼎黄耳金铉，利贞。"《干常侍易注》："凡举鼎者铉也，尚三公者王也，金喻可贵中之美也，故曰'金铉'。铉鼎得其物，施令得其道，故曰'利贞'。"（P.50）

按：《敬乡楼丛书》本、《溯初汇书》本同，志林本、黄奭辑本、张惠言辑本、马国翰辑本和清文渊阁四库全书本《周易集解》卷十、清光绪船山书院刻本《周易补注》卷八、清道光刻本《周易集解纂疏》卷六、清文渊阁四库全书本《周易图书质疑》卷十一等第二个"贞"下均有"也"字。结合诸本与干宝注上下文义，疑疏证本误脱，或当据此补正。

4.校衍文

《周易·革卦》："初九：巩用黄牛之革。"《干常侍易注》："在革之初而无应据，未可以动，故曰'巩用黄牛之革'。此喻文王虽有圣德，天下归周，三分有二而服事殷，是其义也。"（P.47）

按：黄奭辑本、《敬乡楼丛书》本、《溯初汇书》本同，志林本、张惠言辑本、马国翰辑本和清文渊阁四库全书本《周易集解》卷十、清光绪船山书院刻本《周易补注》卷八、清道光刻本《周易集解纂疏》卷六、清光绪三十二年（1906）刻湘绮楼全书本《周易说》卷五等"殷"下均无"是"字。结合诸本与干宝注上下文义，疑疏证本误衍，或当据此删正。

5.校倒文

《周易·夬卦》："告自邑。"《干常侍易注》："殷民告周，以纣无道。"又《夬卦》："孚号有厉，其危乃光也。"《干常侍易注》："夬九五则'飞龙在天'之爻也。应天顺民，以发号令，故曰'孚号'。以刚决柔，以臣伐君，君子危之，故曰'有厉'。德大而心小，功高而意下，故曰'其危乃光也'。"（P.40-41）

按：《敬乡楼丛书》本、《溯初汇书》本同，志林本、黄奭辑本、张惠言辑本、马国翰辑本和清文渊阁四库全书本《周易集解》卷九、清道光刻本《周易集解纂疏》卷六、清光绪三十二年（1906）刻湘绮楼全

下编 考校篇

书本《周易说》卷五、清光绪十二年（1886）日本刻本《周易旧注》卷六等"孚号有厉，其危乃光也"经注均在"告自邑"经注前。结合诸本及文义，疑疏证本误倒，或当据此乙正。

（二）疏证本方校商补

1.校异文

（1）《周易·乾卦》："《象》曰：天行健，君子以自强不息。"《干常侍易注》："凡勉强以德者，不必须在位也。故尧舜一日万机，文王日昃不暇食，仲尼终夜不寝，颜子欲罢不能。"方成珪《疏证》："今《书·皋陶谟》作'一日二日万几'，前后《汉书》皆作'万机'。"（P.6）

按：四部丛刊景宋本《尚书·虞书·皋陶谟》："无教逸欲有邦，兢兢业业，一日二日万几。"①"万几"指帝王处理的政务。"几"一作"机"。《玉篇·几部》："几，亦作机。"《广韵·旨韵》："几，或作机。"两汉、魏晋南北朝"万几"又作"万机"。清乾隆武英殿刻本《汉书·王嘉传》："臣闻咎繇戒帝舜曰：'亡敖佚欲有国，兢兢业业，一日二日万机。'"②至唐，又用"万几"。孙诒让《周礼注疏》卷三十一"太仆"："《尚书》本作万机。汪云：汉时本或有作万机者，唐时则绝无矣，故李济翁《资暇录》收汉王嘉封事别用万机为误。"③"万几、万机"后泛指几微之事。杭世骏《道古堂全集》卷二《经进讲义》："《易》云：几者动之微。……后世言治者昧于其几，而第言有万，则万几二字，宜若为有天下者之恒言；而不知人君于此，不可不明察其微，而慎持其隙也。盖几有万，则其彰显者不止于万可知矣。"④"万几、万机"古混用，其义由执政者处理的各种政务，逐渐泛化为几微之事。此可补方校所未及。

（2）《周易·讼卦》："有孚窒。"《干常侍易注》："讼，离之

---

① （汉）孔安国著，（唐）陆德明音义：《尚书》卷2，四部丛刊景宋本，第18页。
② （汉）班固：《汉书》卷86，清乾隆武英殿刻本，第1285—1286页。
③ （清）孙诒让著，雪克辑点：《十三经注疏校记》，齐鲁书社1983年版，第256页。
④ （清）杭世骏：《道古堂文集》，《中华文汇清文汇》，集成图书公司1960年版，第929页。

游魂也。离为戈兵，此天气将刑杀，圣人将用师之卦也。讼，不亲也。兆民未识天命不同之意。"方成珪《疏证》："虞翻曰：'乾为金，离火断乾，燥而煉之，故为戈兵也。'。"（P.22）

按：清嘉庆八年（1803）阮氏琅嬛仙馆刻本《周易虞氏义·为戈兵》："乾为金，离火断乾，燥而鍊之，故为戈兵也。"[1]清文渊阁四库全书本《周易集解》卷十七、清光绪船山书院刻本《周易补注》卷三十八、清文渊阁四库全书本《周易述》卷十九、清道光刻本《周易集解纂疏》卷十、清光绪十二年（1886）日本刻本《周易旧注》卷十一等引同，"煉"均作"鍊"。又《玉篇·火部》："煉，亦作鍊。""煉"又作"鍊"，二者为异文关系。方校引文"煉"，依诸本又作"鍊"。

2.校讹文

（1）《周易·坤卦》："六三：含章可贞，或从王事，无成有终。"《干常侍易注》："坤体既具，阴党成群。君弱臣强，戒在二国。惟文德之臣，然后可以遭之运，而不失其柔顺之正。"方成珪《疏证》："'遭之运'三字疑有误，或'之'作'兹'，无本可校，不敢臆改也。"（P.11）

按：清文渊阁四库全书本《周易集解·杂卦》"君子道长，小人道忧也"引干宝注："然则文王、周公所遭遇之运，武王、成王所先后之政，苍精受命，短长之期，备于此矣。"[2]志林本、黄奭辑本、马国翰辑本和清文渊阁四库全书本《古周易订诂》卷十六、清光绪船山书院刻本《周易补注》卷四十一、清道光刻本《周易集解纂疏》卷十、清光绪三十二年（1906）刻湘绮楼全书本《周易说》卷十一、清光绪十二年（1886）日本刻本《周易旧注》卷十二等均引作"所遭遇之运"。结合诸本与干宝注，疑"遭之运"或作"遭遇之运"。

（2）《周易·坤卦》："上六：龙战于野，其血元黄。"《干常侍易注》："戌亥，乾之都也，故称'龙'焉。阴德过度，以逼乾战。郭

---

[1] （清）张惠言：《周易虞氏义》卷9，清嘉庆八年阮氏琅嬛仙馆刻本，第165—166页。
[2] （唐）李鼎祚：《周易集解》卷17，清文渊阁四库全书本，第244页。

外曰郊，郊外曰野。"方成珪《疏证》："谓'戌亥，乾之都'者，《汉书·郎𫖮传》引《诗·氾历枢》曰：卯酉为革政，午亥为革命，神在天门，出入听候。"（P.14-15）

按：百衲本景宋绍熙刻本《后汉书·郎𫖮传》引《诗·氾历枢》曰："卯酉为革政，午亥为革命，神在天门，出入候听。"[①]清乾隆武英殿刻本《史记》卷二十七、四部丛刊景宋本《六臣注文选》卷五十六、四部丛刊三编景宋本《太平御览》卷五百三十四等引同，"《氾历枢》"均作"《氾历枢》"。字书无"氾"，疑为"氾"之形误。《说文·水部》："氾，滥也。"又王应麟《诗考·齐诗》引《氾历枢》："《大明》在亥，水始也。"[②]结合诸本与上下文义，方校引文或当据正。

（3）《周易·噬嗑卦》："初九：屦校灭趾，无咎。"《干常侍易注》："趾，足也。屦校，贯械也。初居刚躁之家，体贪狼之性，以震掩巽，强暴之男也。"方成珪《疏证》："《前汉书·翼奉传》：'好行贪狼，申子居之。'震初九庚子，故曰'体贪狼之性'。"（P.31-32）

按：清乾隆武英殿刻本《汉书·翼奉传》："北方之情，好也；好行贪狼，申子主之。"[③]清武英殿刻本《通典》卷一百、清景钞元至正三年（1343）余氏勤有堂刻本《汉书考正》、清文渊阁四库全书本《通志》卷一百一、清文渊阁四库全书本《易汉学》卷五、清文渊阁四库全书本《周易述》卷二十一、清光绪刻本《汉书补注》卷七十五、清钞本《汉书疏证》卷二十一等引同，"申子居之"均作"申子主之"。结合诸本与上下文义，方校引文或当据正。

（4）《周易·噬嗑卦》："初九：屦校灭趾，无咎。"《干常侍易注》："趾，足也。屦校，贯械也。初居刚躁之家，体贪狼之性，以震掩巽，强暴之男也。"方成珪《疏证》："《前汉书·翼奉传》……又《董仲舒传》：'秦以贪狼成俗。'颜师古注：'狼性皆贪，故谓贪为贪狼也。'"（P.31-32）

---

① （南朝）范晔：《后汉书》卷30，百衲本景宋绍熙刻本，第411页。
② （宋）王应麟：《诗考》"齐诗"，明津逮秘书本，第15页。
③ （汉）班固：《汉书》卷75，清乾隆武英殿刻本，第1138页。

按：清乾隆武英殿刻本《汉书·董仲舒传》："'至秦则不然，师申商之法，行韩非之说，憎帝王之道，以贪狼为俗，非有文德以教训于天下也。'师古曰：狼性皆贪，故谓贪为贪狼也。"[1]明万历文林绮绣本《两汉隽言》卷十、清文渊阁四库全书本《通志》卷九十八、清光绪二年（1876）盛氏思补楼活字印本《资治通鉴补》卷十七、清光绪刻本《汉书补注》卷五十六等引同，"以贪狼成俗"均作"以贪狼为俗"。结合诸本与上下文义，方校引文或当据正。

（5）《周易·蹇卦》："九五：大蹇朋来。《象》曰：大蹇朋来，以中节也。"《干常侍易注》："在险之中而当上位，故曰'大蹇'。此盖以托文王为纣所囚也。承上据四应二，众阴并至。此盖以托四臣能以权智相救也，故曰'以中节也'。"方成珪《疏证》："坎为险。上位，志林本作'五位'。"（P.37）

按：景明刻本《盐邑志林·干常侍易解》："在险之中而当上位，故曰'大蹇'。"[2]黄奭辑本、张惠言辑本、马国翰辑本"上位"均作"王位"。又清乾隆刻本《陆堂易学》卷三、1918年抱润轩刻本《周易费氏学》卷四等引干宝注"上位"均作"五位"。疑方校误将上述二本与志林本混淆，此或当据正。

（6）《周易·革卦》："初九：巩用黄牛之革。"《干常侍易注》："在革之初而无应据，未可以动，故曰'巩用黄牛之革'。此喻文王虽有圣德，天下归周，三分有二而服事殷，是其义也。"方成珪《疏证》："注末诸本无'是'字，今从志林本补。"（P.47—48）

按：景明刻本《盐邑志林·干常侍易解》："此喻文王虽有圣德，天下归周，三分有二而服事殷，其义也。"[3]张惠言辑本、马国翰辑本亦同。又黄奭辑本引干宝注："此喻文王虽有圣德，天下归周，三分有二而服事殷，是其义也。"[4]疑方校误将黄奭辑本与志林本混淆，此或

---

[1] （汉）班固：《汉书》卷56，清乾隆武英殿刻本，第852页。
[2] （明）樊维城：《盐邑志林》第又六帙，景明刻本，第100页。
[3] （明）樊维城：《盐邑志林》第又六帙，景明刻本，第108页。
[4] （清）黄奭：《黄氏逸书考》，江都朱氏补刊本，第60—61页。

下编 考校篇

当据正。

（7）《周易·鼎卦》："上九：鼎玉铉，大吉，无不利。"《干常侍易注》："玉又贵于金者，凡烹饪之事，自镬升于鼎，载于俎，自俎入于口，馨香上达，动而弥贵。"方成珪《疏证》："《白虎通·文质篇》引《礼记·王度》曰：'玉者，象君子之德，燥不轻，湿不重，是以人君宝之。'《五音集韵》：'烈火不能烧者，真玉也。'"（P.50-51）

按：清文渊阁四库全书本《五音集韵·烛韵》"玉"字下："《白虎通》曰：'玉者，象君子之德，燥不轻，湿不重，是以君子宝之。'《礼记》曰：'执玉不趋。'又'烈火烧之不热者，真玉也。'"①四部丛刊景宋本《广韵·烛韵》"玉"字下均同，"人君"作"君子"；清嘉庆三年（1798）刻本《四书经注集证》卷五"美玉"下引《五音集韵》同，"烈火不能烧者"作"烈火烧之不热者"。结合诸本与上下文义，方校引文或当据正。

（8）《周易·丰卦》："上六：丰其屋，蔀其家，窥其户，阒其无人，三岁不觌，凶。"《干常侍易注》："此盖托纣之侈，造璿宫玉台也。蔀其家者，以托纣多倾宫之女也。社稷既亡，宫室虚旷，故曰'窥其户，阒其无人'。"方成珪《疏证》："'璿宫'上，志林本有'为'字，'玉台'下无'也'字。"（P.58-59）

按：景明刻本《盐邑志林·干常侍易解》："此盖记纣之侈，造璿宫玉台也。"②黄奭辑本、张惠言辑本、马国翰辑本"璿"上均有"为"字，"台"下与志林本同，均有"也"字。又清嘉庆刻本《周易述补》卷十四、清道光刻本《周易集解纂疏》卷七、清光绪三十二年（1906）刻湘绮楼全书本《周易说》卷六等作"为璿室玉台也"。疑方校误将其与志林本混淆，此或当据正。

（9）《周易·既济卦》："九三：高宗伐鬼方，二年克之，小人勿

---

① （金）韩道昭：《五音集韵》卷13，清文渊阁四库全书本，第394页。
② （明）樊维城：《盐邑志林》第又六帙，景明刻本，第115页。

323

用。"《干常侍易注》:"高宗,殷中兴之君;鬼,北方国也。高宗尝伐鬼方三年而后克之。离为戈兵故称伐,坎当北方故称鬼。"方成珪《疏证》:"注'鬼,北方国也',志林本'鬼'下有'方'字。"(P.63)

按:景明刻本《盐邑志林·干常侍易解》:"高宗,殷中兴之君;鬼,北方国也。"①张惠言辑本、马国翰辑本和清文渊阁四库全书本《周易集解》卷十二、清文渊阁四库全书本《厄林》卷八等引同。又黄奭辑本引干宝注:"高宗,殷中兴之君;鬼方,北方国也。"②疑方校误将其与志林本混淆,此或当据正。

(10)《周易·系辞下》:"辩物正言,断辞则备矣。"《干常侍易注》:"辩物,辩物类也。正言,言正义也。断辞,断吉凶也。如此,则备于经矣。"方成珪《疏证》:"'辩物'二字,旧不叠,今从志林本。易有四象,所以示也。系辞焉,所以告也。定之以吉凶,所以断也。"(P.71)

按:景明刻本《盐邑志林·干常侍易解》:"辨物,备物类也。正言,言正义也。断辞,断吉凶也。如此,则备于经矣。"③黄奭辑本、张惠言辑本、马国翰辑本和清道光刻本《周易集解纂疏》卷九、清光绪十二年(1886)日本刻本《周易旧注》卷十等与疏证本同,均作"辩物,辩物类也"。疑方校误将黄奭辑本、张惠言辑本、马国翰辑本等与志林本混淆,此或当据正,"辩"又作"辨"。

(11)《周易·序卦》:"有天地,然后万物生焉。"《干常侍易注》:"物有先天地而生者矣。今正取始于天地,天地之先,圣人弗之论也。故其所发象,必自天地而还。"方成珪《疏证》:"注次句'正'当作'止',无本可校,姑仍之矣。"(P.78-79)

按:元刻本《伊川易传·比传》:"止取其不用命者,不出而反入

---

① (明)樊维城:《盐邑志林》第又六帙,景明刻本,第118—119页。
② (清)黄奭:《黄氏逸书考》,江都朱氏补刊本,第72—73页。
③ (明)樊维城:《盐邑志林》第又六帙,景明刻本,第126页。

者也。"①清文渊阁四库全书本《周易象义·上经》："止取其用命者，不问其去者。"②二书均作"止取"。又清道光刻本《周易集解纂疏·序卦》："物有先天地而生者，道是也。正，当作止。今《易》首乾坤，止取始于天地者，以天地之先，圣人弗论，惧其沦于玄虚也。"③结合前文"物有先天地而生者矣"，疑"正、止"形近相混，干宝注"正取"或作"止取"。此可补方校所未及。

3.校脱文

（1）《周易·乾卦》："初九：潜龙勿用。"《干常侍易注》："此文王在羑里之爻也，虽有圣明之德，未被时用，故曰勿用矣。"方成珪《疏证》："'文王在羑里'者，《史记·殷本纪》：'西伯昌、九侯、鄂侯为三公。九侯有好女，入之纣。九侯女不喜淫，纣怒，杀之，而醢九侯。鄂侯争之强，辨之疾，并脯鄂侯。西伯昌闻之，窃叹。崇侯虎以告纣，纣囚西伯羑里。'"（P.2）

按：清乾隆武英殿刻本《史记·殷本纪》："西伯昌闻之，窃叹。崇侯虎知之，以告纣，纣囚西伯羑里。"④清文渊阁四库全书本《通鉴前编》卷五、四部丛刊三编景宋本《太平御览》卷八十三、明刻初印本《册府元龟》卷一百八十、清嘉庆褱露轩刻本《竹书纪年集证》卷二十一、清文渊阁四库全书本《尚史》卷四、清广雅书局丛书本《史记志疑》卷二等引同，"虎"下有"知之"二字。结合诸本与上下文义，疑方校引文误脱，或当据原本补正。

（2）《周易·坤卦》："六五：黄裳元吉。"《干常侍易注》："阴气在五，九月之时，自剥来也。剥者，反常道也。黄，中之色。裳，下之饰。元，善之长也。中美能黄，上美为元，下美则裳。阴登于五，柔居尊位，若成昭之主，周霍之臣。"方成珪《疏证》："张曰：'亦反常也。'"（P.13）

---

① （宋）程颐：《伊川易传》卷1，元刻本，第23页。
② （宋）丁易东：《周易象义》卷2，清文渊阁四库全书本，第22页。
③ （清）李道平：《周易集解纂疏》卷10，清道光刻本，第519页。
④ （汉）司马迁：《史记》卷3，清乾隆武英殿刻本，第59页。

按：清《皇清经解》本《易义别录》卷七"阴登于五，柔居尊位"注："亦反常道也。"①又清道光刻本《周易集解纂疏》卷二"阴登于五，柔居尊位"疏："阴消至五，为九月剥，故知坤五自剥来也。以六阴居九五之位，故云'剥者，反常道也'。"②据此及干宝注前文"剥者，反常道也"，疑方校引文"常"下误脱"道"字，或当据原本补正。

（3）《周易·比卦》："六二：比之自内，贞吉。"《干常侍易注》："二在坤中，坤，国之象也。得位应五，而体宽大，君乐民人自得之象也，故曰'比之自内，贞吉'矣。"方成珪《疏证》："张曰：'六二乙巳，主西方之情，喜行宽大。'"（P.27）

按：清《皇清经解》本《易义别录》卷七"得位应五，而体宽大"注："六二乙巳，巳主西方之情，喜行宽大。"③又清道光刻本《周易集解纂疏》卷二"得位应五，而体宽大"疏："坤二纳乙巳，巳主西方，《翼奉传》曰'西方之情喜也，喜行宽大'，故云'而体宽大'。"④据此及上下文义，疑方校引文涉上致误，"巳"下误脱"巳"字，或当据原本补正。

4.校衍文

《周易·需卦》："初九：需于郊，利用恒，无咎。"《干常侍易注》："郊，乾坎之际也。既已受命，进道北郊，未可以进，故曰'需于郊'。"方成珪《疏证》："张曰：'谓臣受君命而出，则未知其谓何使也。'"（P.21）

按：清《皇清经解》本《易义别录》卷七"故曰需于郊"注："谓臣君命而出，则未知其谓何使也。"⑤结合干宝注"既已受命，进道北郊"与上下文义，疑方校引文"臣"下误衍"受"字，或当据原本删正。

---

① （清）张惠言：《易义别录》卷7，清《皇清经解》本，第7页。
② （清）李道平：《周易集解纂疏》卷2，清道光刻本，第44页。
③ （清）张惠言：《易义别录》卷7，清《皇清经解》本，第13页。
④ （清）李道平：《周易集解纂疏》卷2，清道光刻本，第91页。
⑤ （清）张惠言：《易义别录》卷7，清《皇清经解》本，第11页。

下编 考校篇

5.校倒文

（1）《周易·坤卦》："上六：龙战于野，其血元黄。"《干常侍易注》："乾体纯刚，不堪阴盛，故曰'龙战'。戌亥，乾之都也，故称'龙'焉。"方成珪《疏证》："谓'戌亥，乾之都'者，《汉书·郎顗传》引《诗·汜历枢》曰：卯酉为革政，午亥为革命，神在天门，出入听候。"（P.14—15）

按：百衲本景宋绍熙刻本《后汉书·郎顗传》引《诗·汜历枢》曰："卯酉为革政，午亥为革命，神在天门，出入候听。"①明刻初印本《册府元龟》卷五百三十七、清文渊阁四库全书本《通志》卷一百七、清文渊阁四库全书本《周易述》卷二十一、民国王氏虚受堂刻本《后汉书集解》卷三十、清光绪八年（1882）周氏思益堂刻本《后汉书补正》卷三等"听候"均作"候听"。"听候"指等候，"候听"指伺察监听。结合方校后文"言神在戌亥，司候帝王兴衰得失"，疑引文误倒，当或据诸本乙正。

（2）《周易·蒙卦》："《象》曰：利用刑人，以正法也。"《干常侍易注》："初六戊寅，平明之时，天光始照，故曰'发蒙'。此成王始觉周公至诚之象也。坎为法律，寅为贞廉，以贞用刑，故'利用刑人'矣。"方成珪《疏证》："'贞廉'当作'廉贞'。《前汉书·翼奉传》：'恶行廉贞，寅午主之。'惠定宇曰：'廉贞，火也。'"（P.19—20）

按：四部丛刊景清景宋钞校本《韩非子·五蠹》："今兄弟被侵，必攻者，廉也；知友被辱，随仇者，贞也。廉贞之行成，而君上之法犯矣。"②"廉贞"主刑法，与"贞廉"文异而义同，古多互用。《汉书·翼奉传》："南方之情恶也，恶行廉贞，寅午主之。"孟康注："火性炎猛无所容受，故为廉贞。"张宴注："戌为公正，寅午为贞廉。"术家多作"廉贞"。清道光刻本《周易集解纂疏·坤传》：

---

① （南朝）范晔：《后汉书》卷30，百衲本景宋绍熙刻本，第411页。
② （战国）韩非：《韩非子》卷19，四部丛刊景清景宋钞校本，第150页。

"《传》与注并前作'廉贞',后作'贞廉'。今术家作'廉贞',此注作'贞廉',文异义同也。"①据此及经义,干宝注或当乙正。此可补方校所未及。

《宝研斋吟草》对读

《宝研斋吟草》首刊于道光二十六年(1846)。现存主要版本有国家图书馆藏聚珍版和温州市图书馆藏《敬乡楼丛书》本、民国溯初钞本等三种。这里结合诸本与相关文献,分别对初刊的聚珍版正文、注文做一对读。

(一)聚珍版正文对读[②]

1.校异文

(1)《春日偕洪贯之守─鲍璞堂作瑞登龙山浮图》:"绝顶一层须更上,回头二客不能从。红尘隔断凡心净,便欲凭高唤赤松。"(P.1)

按:民国溯初钞本同,《敬乡楼丛书》本"回"作"囘"。《字汇·口部》:"囘,回本字。"《正字通·口部》:"囘,同回。""回"又作"囘",二者为异文关系。聚珍版"回",据此又作"囘"。

(2)《重谒史忠正公墓》:"梅老贞心在,松高直榦罶。我来重展拜,残照满林楸。"(P.2)

按:民国溯初钞本同,《敬乡楼丛书》本"榦"作"幹","罶"作"留"。《集韵·翰韵》:"榦,或作幹。"又《字鉴·尤韵》:

---

① (清)李道平:《周易集解纂疏》卷2,清道光刻本,第64页。
② 本节引自清道光二十六年聚珍版《宝研斋吟草》。为考证需要,原文个别字形与讹脱衍误仍其旧,部分字体保留繁体,页码附后;下又分校异文、校讹文、校脱文、校衍文、校倒文等,同条文献按类分开校对,部分校对略有交叉。

328

"畱，俗作留。""榦、幹"与"畱、留"，两两均为异文关系。聚珍版"榦、畱"，据此又作"幹、留"。

（3）《读明史吾浙三异人传各赋七律一章》："恩饵虎貙齐下泪，计笼狐鼠不生災。神通岂许凡流识，撼树蚍蜉亦可哀。"（P.3）

按：民国溯初钞本同，《敬乡楼丛书》本"泪"作"淚"，"災"作"灾"。《字汇·水部》："泪，与淚同。"又《重订直音篇·火部》："災，同灾。""泪、淚"与"災、灾"，两两均为异文关系。聚珍版"泪、災"，据此又作"淚、灾"。

（4）《和潘仲方嵤镜秋柳四首用渔洋山人韵》："中散归来清兴减，将军老去故人稀。金城瘦马当风系，板渚寒鸦带雨飞。"（P.4）

按：民国溯初钞本同，《敬乡楼丛书》本"栁"作"柳"，"散"作"散"，"瘦"作"瘦"。《玉篇·木部》："栁，《说文》柳字。"《正字通·攴部》："散，隶用散。"又《广韵·宥韵》："瘦，同瘦。""栁、柳"、"散、散"与"瘦、瘦"，三组均为异文关系。聚珍版"栁、散、瘦"，据此又作"柳、散、瘦"。

（5）《题谢文节公遗像》："毳幕寒滼问赵孤，西山薇蕨已全枯。千秋尚有传神笔，惨澹容颜入画图。"（P.5）

按：民国溯初钞本同，《敬乡楼丛书》本"滼"作"深"。《字鉴·侵韵》："深，《说文》作滼。"又《正字通·水部》："深，同滼。""滼"又作"深"，二者为异文关系。聚珍版"滼"，据此又作"深"。

（6）《送高衡坔少尹銓赴天津林敏坔太守幕》："津门有树好栖鸾，恨不随君振羽翰。为报黄堂贤太守，青氊不改旧时寒。"（P.5）

按：民国溯初钞本同，《敬乡楼丛书》本"坔"作"斋"，"氊"作"氈"。《六书故·天文下》："斋，古单作坔。"又《重订直音篇·毛部》："氊，同氈。""坔、斋"与"氊、氈"，两两均为异文关系。聚珍版"坔、氊"，据此又作"斋、氈"。

（7）《读三李二杜诗各题一绝》："绝世风情杜牧之，鬻花不负少

年时。老来一觉扬州梦,禅榻茶烟鬓有丝。"(P.10-11)

按:民国溯初钞本同,《敬乡楼丛书》本"鸒"作"鹭"。《集韵·耕耘》:"鹭,或作鸒。"《字汇·鸟部》:"鸒,俗鹭字。""鸒"又作"鹭",二者为异文关系。聚珍版"鸒",据此又作"鹭"。

(8)《静坐》:"隐囊纱帽棊初罢,竹几蕉团梦亦删。犹忆韦公诗境澹,焚香煮茗堁苔斑。"(P.19)

按:民国溯初钞本同,《敬乡楼丛书》本"棊"作"棋","煮"作"煑"。《集韵·之韵》:"棊,通作棋。"又《重订直音篇·火部》:"煮,同煑。""棊、棋"与"煮、煑",两两均为异文关系。聚珍版"棊、煮",据此又作"棋、煑"。

(9)《宋胡忠简公遗像砚歌》:"题记:此砚系二十八年戊寅马和之为写像,明成化间储瓘得之,盛以匣而镌题其上焉。今归吕幼心司马。"(P.31)

按:清光绪刻本《两浙輶轩续录》卷二十五、民国溯初钞本同,《敬乡楼丛书》本"瓘"作"巏"。储瓘为明成化二十年(1484)进士,官至南京吏部侍郎。明焦竑《皇明人物要考》:"储瓘,字静夫,泰州人。"①又明崇祯刻本《皇明史窃》卷六十三、清顺治九年(1652)毛氏汲古阁刻本《列朝诗集》卷六、清康熙刻本《明名臣言行录》卷三十五、清钞本《明史》卷二百八十六等均作"储巏,字静夫,泰州人"。聚珍版"储瓘",据此又作"储巏"。

(10)《寄怀诸知己十二韵》:"裴回冀丹客,慷慨借元鹤。飘然乘飞羽,藉以快游脚。朝娭武昌城,夕憩毘陵郭。"(P.39)

按:民国溯初钞本同,《敬乡楼丛书》本"元"作"玄","毘"作"毗"。清代避康熙(玄烨)名讳,均以"元"代"玄"。又《正字通·比部》:"毘,同毗。毘陵今常州府。""元、玄"与"毘、毗",两两均为异文关系。聚珍版"元、毘",据此又作"玄、毗"。

(11)《临邛令王吉贺司马长卿得文君》:"一曲相闻能领畧,千

---

① (明)焦竑:《皇明人物要考》卷4,明万历三衢舒承溪刻本,第84页。

秋无对此遭逢。都亭梦螺征奇兆，邸舍求凰慰病惊。"（P.43）

按：民国溯初钞本同，《敬乡楼丛书》本"畧"作"略"，"螺"作"蟹"。《重订直音篇·田部》："畧，同略。"又《字汇补·虫部》："螺，《说文》蟹本字。""畧、略"与"螺、蟹"，两两均为异文关系。聚珍版"畧、螺"，据此又作"略、蟹"。

（12）《题陈菉卿〈一瓶书屋吟艸〉》："歌禽声中鸣铁檻，颍川诗人来敂关。春风飘然入帘幙，投示两册皆瑶环。"（P.64）

按：民国溯初钞本同，《敬乡楼丛书》本"艸"作"草"，"敂"作"叩"。《集韵·晧韵》："艸，或作草。"《字汇·攴部》："敂，与叩同。"又"册"，《敬乡楼丛书》本、民国溯初钞本均作"册"。《类篇·册部》："册，或作册。""艸、草""敂、叩"与"册、册"，三组均为异文关系。聚珍版"艸、敂、册"，据此又作"草、叩、册"。

（13）《偕查芸阁同年世瑛汎舟西湖，用昌黎山石诗韵》："却羡僧居占名胜，淡妆浓抹常欵扉。……何时此愿得共愵，野性无柰尘俗靰。"（P.69-70）

按：民国溯初钞本同，《敬乡楼丛书》本"欵"作"款"，"愵"作"慰"。《字汇·欠部》："欵，俗款字。"又《正字通·心部》："慰，一作愵。""欵、款"与"愵、慰"，两两均为异文关系。聚珍版"欵、愵"，据此又作"款、慰"。

（14）《题蒋生沐茂才光煦母马太安人〈篝镫教读图〉》："窈窕文囱，慈竹覆之。当下学后，正上镫时。一镫如豆，照影凄其。上惟老母，下惟孤儿。"（P.70）

按：民国溯初钞本同，《敬乡楼丛书》本"囱"作"牕"。《集韵·东韵》："囱，或作牕。"又《字鉴·江韵》："窗，古作囱。俗作窓、牕。""囱"又作"牕"，二者为异文关系。聚珍版"囱"，据此又作"牕"。

（15）《题钱警石广文泰吉放蝶诗》："官闲无一事，上阶见辄喜。

大都爱轻盈，总未脱绮靡。……䡯述索偶来，意若共生歾。"（P.71）

按：《敬乡楼丛书》本同，民国溯初钞本"䡯"作"輙"。《字汇·车部》："輙，俗䡯字。"又"䡯""歾"，民国溯初钞本同，《敬乡楼丛书》本作"搜""死"。《集韵·尤韵》："䡯，或作搜。"《重订直音篇·歹部》："歾，同死。""䡯、輙""䡯、搜""歾、死"，三组均为异文关系。聚珍版"䡯、䡯、歾"，据此又作"輙、搜、死"。

（16）《雏凤行赠俞少轩孝廉承德》："明月伴仙史，箫声将下楼。彩鸾梦忽断，孤鹤踪难雷。无聊返故里，屧齿时见投。雄文互研讨，疑义相校雠。"（P.72）

按：《敬乡楼丛书》本同，民国溯初钞本"箫"作"萧"。《楚辞·九歌·东君》："箫锺兮瑶簴。"旧校："箫，一作萧。"又"屧""雠"，民国溯初钞本同，《敬乡楼丛书》本作"屧""雔"。《重订直音篇·履部》："屧，同屧。"《字汇补·言部》："雠，与雔同。""箫、萧""屧、屧""雠、雔"，三组均为异文关系。聚珍版"箫、屧、雠"，据此又作"萧、屧、雔"。

（17）《题孙宾花元培〈语溪录别图〉》："忆共联兰誩，秋砧三度闻。偶然吟局合，依旧酒场分。"（P.74）

按：《敬乡楼丛书》本同，民国溯初钞本"誩"作"譜"。《龙龛手鉴·言部》："誩，或作譜。"又《字汇·言部》："誩，同譜。""誩"又作"譜"，二者为异文关系。聚珍版"誩"，据此又作"譜"。

（18）《题徐韵生孝廉维城〈西湖放歌图〉》："有时酣歌媚姓景，放怀一笑知兴浓。有时悲歌吊遗迹，放声一哭非途窮。"（P.76-77）

按：民国溯初钞本同，《敬乡楼丛书》本"姓"作"晴"。《字汇》《正字通》首卷"古今通用"："姓：古；晴：今。"又"窮"，民国溯初钞本、《敬乡楼丛书》本均作"穷"。《玉篇·穴部》："窮，同穷。"《集韵·东韵》："穷，或作窮。""姓、晴"与"窮、穷"，两两均为异文关系。聚珍版"姓、窮"，据此又作"晴、穷"。

2.校讹文

（1）《除夕舟中作》："爆竹声中夜泊舟，天涯迢递此句留。闲情不共残年尽，一露看山到婺州。"（P.2）

按：《敬乡楼丛书》本同，民国溯初钞本"州"作"舟"。"婺舟"不辞。"婺州"为浙江金华古称。又"州、舟"章母双声，幽部叠韵，音同易混。结合诗文"爆竹声中夜泊舟"，民国溯初钞本或当据正。

（2）《王容生刺史寿榕失怙诗以慰之》："去秋饯君行，轩轩若霞举。今春复戾止，颜色忽惨沮。长吟蓼仪章，兴言叹何怙。"（P.13）

按：民国溯初钞本同，《敬乡楼丛书》本"仪"作"莪"。"仪、莪"疑母双声，歌部叠韵，古音同易混。又清仇兆鳌《杜诗详注·月》"姮娥"注："周礼注：仪、娥二字古皆音俄。……汉碑'蓼莪'皆作'蓼仪'。"①据此及诗文，《敬乡楼丛书》本或当据正。

（3）《家兄不见将三载矣，忽于武林把晤雷十日，又别去，临歧握手，情见乎词》："朋侪异族且相契，骨月同袍能几人。"（P.22-23）

按：民国溯初钞本同，《敬乡楼丛书》本"月"作"肉"。《正字通·肉部》："月，肉字偏旁之文。本作肉，石经改作月，中二画连左右，与日月之月异。今俗作⺝以别之。"又《康熙字典·辨似》："⺝，日月之月，内画缺右。月，此肉字旁，内画连。"据此及诗文，疑"⺝、月"形近相混，《敬乡楼丛书》本或当据正。

（4）《岁暮杂遣四首》："朱门室潆邃，醉馀汗如澡。独怜僵卧人，空恨岁华老。"（P.23）

按：《敬乡楼丛书》本同，民国溯初钞本"恨"作"限"。"空限"不辞。"空恨"古诗文常见。如宋柳永《夜半乐》："惨离怀，空恨岁晚归期阻。"②朱熹《倒水坑作》："即此竟无得，空恨岁时

---

① （唐）杜甫著，（清）仇兆鳌注：《杜诗详注》卷17，清文渊阁四库全书本，第821页。
② （宋）柳永：《乐章集》卷下，清劳权钞本，第20页。

333

迁。"①结合诗文"独怜僵卧人"与"岁华老",疑"恨、限"形近相混,民国溯初钞本或当据正。

(5)《岁暮杂遣四首》:"吹雨作冷雪,慰此田间思。叟言大解事,窃惭所见私。"(P.23-24)

按:《敬乡楼丛书》本同,民国溯初钞本"私"作"思"。"私、思"心母双声,脂、之旁转,音近易混。结合诗文"慰此田间思",疑民国溯初钞本涉上致误,或当据正。

(6)《拟古三首》:"日月如犇驹,养生若不蚤。超然方寸地,乐意自浩浩。"(P.26)

按:民国溯初钞本同,《敬乡楼丛书》本"若"作"苦"。"不蚤"指时间已晚。结合诗文"日月如犇驹"与"乐意自浩浩",疑"若、苦"形近相混,《敬乡楼丛书》本或当据正。

(7)《是夜梦观绉云石,遇查伊璜先生酳饮,醒而有作,仍用前韵》:"今春止酒醉特少,不怕人推玉山倒。有时欲浇块垒胸,一杯两杯殊艸艸。昨宵饮罢检新作,正似披沙罕见宝。"(P.28)

按:《敬乡楼丛书》本同,民国溯初钞本第二个"饮"作"欲"。结合诗题"是夜梦观绉云石遇查伊璜先生酳饮"与诗文"今春止酒醉特少",疑"饮、欲"形近相混,民国溯初钞本或当据正。

(8)《前诗意有未尽,再成四律》:"搴帷到处闾阎乐,解组归来姓字香。想见酒酣挥尘候,白头潇洒胜诸郎。"(P.55-56)

按:《敬乡楼丛书》本同,民国溯初钞本"字"作"氏"。"姓字香""姓氏香",古诗文常见。如宋曹彦约《送湖口尉王德高解印东归》:"平生璧水功名志,壮岁钟山姓字香。"②叶茵《严子陵祠》:"留题多是功名士,也为留题姓字香。"③又宋赵公豫《彭祖井》:"茫茫海甸几沧桑,井泽犹余姓氏香。"④元黄庚《送人归洛》:"白眉公子

---

① (宋)朱熹:《晦庵集》卷1,四部丛刊景明嘉靖本,第8页。
② (宋)曹彦约:《昌谷集》卷2,清文渊阁四库全书本,第17页。
③ (宋)陈起编:《江湖小集》卷39,清文渊阁四库全书补配清文津阁四库全书本,第281页。
④ (宋)赵公豫:《燕堂诗稿》,清文渊阁四库全书本,第6页。

气昂昂，年少多才姓氏香。"①据此及诗文，民国溯初钞本或当据正。

（9）《弔五人墓》："市井英雄生乱世，登临风物感萧辰。山塘菊紫黄丹地，绘出淋漓颈血新。原注：墓在山塘花肆中。"（P.57）

按：《敬乡楼丛书》本同，民国溯初钞本第一个"塘"作"壙"。"五人墓"位于苏州虎丘山前山塘河大堤。清赵宏恩《（乾隆）江南通志·舆地志·坛庙》："五人墓在虎丘山塘。"②又冯桂芬《（同治）苏州府志·冢墓》："五人之墓在虎邱山塘。"③结合诗文原注"墓在山塘花肆中"，疑"塘、壙"形近相混，民国溯初钞本或当据正。

（10）《题陈隶卿〈一瓶书屋吟艸〉》："如何白须毵颊胲，寒氊一席仍投闲。由来遇合不可必，惟有箸述詒人寰。"（P.64）

按：《敬乡楼丛书》本同，民国溯初钞本"颊"作"烦"。"烦胲"，不辞。"颊胲"指面颊。《汉书·东方朔传》："臣观其舌齿牙，树颊胲，吐唇吻，擢项颐，结股脚，连脽尻……。"颜师古注："颊肉曰胲。"④结合诗文"如何白须毵"，疑"颊、烦"形近相混，民国溯初钞本或当据正。

（11）《题蔡砚香遯斋图十六韵》："图开列岇崥，清境落君手。竹篱茅舍间，环以桃竹柳。"（P.64—65）

按：《敬乡楼丛书》本同，民国溯初钞本"境"作"镜"。"清镜"指明镜或清澈的湖水。如唐杜甫《苏大侍御访江浦，赋八韵记异》："今晨清镜中，白间生黑丝。"⑤宋曾巩《西湖一月二十日》："漾舟明湖上，清镜照衰颜。"⑥"清境"泛指仙境。如清智遴《春暮忆金庭山西坞旧居》："浮踪忽溯西，清境落天壤。"⑦结合诗文"图开列岇崥"，疑"境、镜"音同形近相混，民国溯初钞本或当据正。

---

① （元）黄庚：《月屋漫稿》，清文渊阁四库全书本，第26页。
② （清）赵宏恩：《（乾隆）江南通志》卷38，清文渊阁四库全书本，第667页。
③ （清）冯桂芬：《（同治）苏州府志》卷49，清光绪九年刊本，第1913页。
④ （汉）班固：《汉书》卷65，清乾隆武英殿刻本，第1006页。
⑤ （唐）杜甫：《杜工部集》卷8，续古逸丛书景宋本配毛氏汲古阁本，第78页。
⑥ （宋）曾巩：《元丰类稿》卷5，四部丛刊景元本，第32页。
⑦ （清）阮元辑：《两浙輶轩录》卷39，清嘉庆刻本，第1602页。

（12）《题蔡少峯花港观鱼图》："昨宵秋雨长秋波，来往游鳞织锦梭。日莫诗成临水立，水光荡漾似东坡。"（P.67）

按：《敬乡楼丛书》本同，民国溯初钞本"梭"作"校"。"锦校"，不辞。"锦梭"为织布往返牵引横线之工具，常喻指事物不断地来往穿梭。如宋范成大《五杂俎》："五杂俎，回文机。往复来，锦梭飞。"①又吴文英《瑞龙吟·德清清明竞渡》："遥望绣羽冲烟，锦梭飞练。"②结合诗文"来往游鳞"，此指来往之游鱼。疑"梭、校"形近相混，民国溯初钞本或当据正。

（13）《题蔡砚香戴笠图》："村庄地僻恣闲游，黄叶飞飞乱打头。岂独编蒲夸野制，还思种菜续风流。况是先朝盛箸述，汉卿道学殳山笔。"（P.67-68）

按：《敬乡楼丛书》本同，民国溯初钞本"野"作"燕"。"燕制"，不辞。"野制"指野史之类的文字。如清黄宗羲《万履安先生诗序》："犹幸野制遥传，苦语难销，此耿耿者，明灭于烂纸昏墨之余，九原可作，地起泥香，庸讵知史亡而后诗作乎？"③又高士奇《荷叶》："劝饮连筒碧，裁衣野制存。"④结合诗文"况是先朝盛箸述，汉卿道学殳山笔"，民国溯初钞本或当据正。

（14）《题钱警石广文泰吉放蝶诗》："胚胎各有因，轻薄谅同耻。由来清淑气，细不遗虫豸。蠛蠓有君臣，蠛蝈有母子。蝉有好絜性，螽有不妒美。"（P.71）

按：《敬乡楼丛书》本同，民国溯初钞本第一个"不"作"有"。"不遗"指不遗漏。如唐白居易《读谢灵运诗》："大必笼天海，细不遗草树。"⑤又清陈维崧《观槿堂词集序》："幽可匹夫庄骚，细不遗夫虫豸。"⑥结合诗文"胚胎各有因""蠛蠓有君臣"与"蝉有好絜

---

① （宋）范成大：《石湖诗集》卷11，四部丛刊景清爱汝堂本，第65页。
② （宋）吴文英：《梦窗稿》，明刻宋名家词本，第10页。
③ （清）黄宗羲：《南雷文定前后三四集》卷1，清康熙刊本，第8页。
④ （清）高士奇：《高士奇集》卷10，清康熙刻本，第479页。
⑤ （唐）白居易：《白氏长庆集》卷7，四部丛刊景日本翻宋大字本，第59页。
⑥ （清）陈维崧：《陈检讨四六》卷10，清文渊阁四库全书本，第176页。

性",疑"有"为涉上致误,民国溯初钞本或当据正。

(15)《酬屠筱园学博寄怀之作》:"先生鹤垂翅,弟子鱼聚头。况复婴脚疾,举步难自由。离裛慰何时,一日真三秋。"(P.73—74)

按:《敬乡楼丛书》本同,民国溯初钞本"垂"作"重"。"垂翅"即垂翼。如唐钱起《送员外侍御入朝》:"自怜江上鹤,垂翅羡飞鸣。"[①] 又"裛",民国溯初钞本同,《敬乡楼丛书》本作"懹"。《集韵·皆韵》:"懹,通作裛。"据此及诗文,民国溯初钞本"重"当作"垂",聚珍本"裛"又作"懹"。

(16)《钱警石得孙吴赤乌十二年砖及天册元年砖各一,有诗属和》:"仲文求古心忘劬,秦碑汉牒罗清娱。旁揆又得两令辟,原注:"致令辟为郭",见《汉书·尹赏传》。**阳文款识皆孙吴。"(P.74—75)**

按:民国溯初钞本同,《敬乡楼丛书》本"揆"作"探"。"旁揆(搜)""旁探"均有广泛征求义。又清潘衍桐《两浙輶轩续录》"方成珪"下引此句:"旁搜又得两令辟,阳文款识皆孙吴。"[②] 结合诗文"仲文求古心忘劬,秦碑汉牒罗清娱",疑"揆、探"形近相混,《敬乡楼丛书》本或当据正。

3.校脱文

(1)《以诗问古芸疾兼通其意》:"太冲莫与胜,长年终可祈。明春挈季咸,叩门挹清辉。愿君处三渊,示以衡者机。"(P.33—34)

按:《敬乡楼丛书》本同,民国溯初钞本"渊"下阙"示"字。结合诗文"愿君处三渊"与上下文义,疑民国溯初钞本误脱,或当据此补正。

(2)《题蔡少峯花港观鱼图》:"红蓼半依吟屐,绿杨低护钓舟。颇有濠濮间想,如与惠庄同游。"(P.66)

按:《敬乡楼丛书》本同,民国溯初钞本"蓼"下阙"半"字。结合诗文"绿杨低护钓舟"与上下文义,疑民国溯初钞本误脱,或当据此

---

① (唐)钱起:《钱考功集》卷5,四部丛刊景明活字本,第25页。
② (清)潘衍桐:《两浙輶轩续录》卷25,清光绪刻本,第1077页。

补正。

（3）《题蔡砚香戴笠图》："皁林古驿临官路，负弩江干迎候处。绶曳缨鬖也自雄，眉低腰折知无数。"（P.67）

按：《敬乡楼丛书》本同，民国溯初钞本"驿"下阙"临"字。结合诗文"负弩江干迎候处"与上下文义，疑民国溯初钞本误脱，或当据此补正。

（4）《于学舍邻圃得孙吴天册元年砖，喜而有作》："万物沉埋有定数，一朝遇合真良缘。衰龄获此胜，砚供磨研。砖上斜裂成半圭式，故云。"（P.76）

按：清光绪刻本《两浙輶轩续录》卷二十五、《敬乡楼丛书》本、民国溯初钞本"胜"下均有"银尺待成璋"五字。结合诗文"万物沉埋有定数，一朝遇合真良缘"与上下文义，疑聚珍本误脱，或当据此补正。

4.校衍文

《于学舍邻圃得孙吴天册元年砖，喜而有作》："此钱铸自赤乌始，嘉禾五百犹在前。原注：嘉禾五年春，铸大钱，一当五百。至赤乌元年春，始铸当千大钱，见《吴志》。想从紫髯定制前后，历三嗣主无变迁。"（P.76）

按：清光绪刻本《两浙輶轩续录》卷二十五、《敬乡楼丛书》本、民国溯初钞本"制"下均无"前"字。结合诗文"此钱铸自赤乌始，嘉禾五百犹在前"，疑"定制前后"之"前"为涉上误衍，聚珍本或当删正。

5.校倒文

《四明学舍经兵燹后僅馀栋椽，陈紫珊广文偕莱、宋礼门遵路、吕听松涛两茂才为任修葺之役，感而有作》："白鹿遗经地，红羊小刼年。"（P.77）

下编 考校篇

按：《敬乡楼丛书》本、民国溯初钞本"菜"均在"偕"之上。"菜"为陈紫珊名，陈菜著有《紫珊诗稿》。结合诗文"宋礼门遵路、吕听松涛两茂才"，疑聚珍本误倒，或当据此乙正。

（二）聚珍版注文商兑

1.校讹文

（1）《哭马古芸》："记得同人赋倦游，君诗萧瑟令人愁。居然撒手红尘地，不待惊心白发秋。原注：君前岁《倦游》诗颔联云：催人白发不如归。结云：撒去红尘三万丈。余当日读之，即为愀然不怿，谁料竟成诗谶耶！"（P.35）

按：《敬乡楼丛书》本同，民国溯初钞本"谶"作"纎"。"诗纎"，不辞。"诗谶"指所作诗无意中预示了日后之事。结合原注"撒去红尘三万丈"与诗文"居然撒手红尘地"，疑"谶、纎"形近相混，民国溯初钞本或当据正。

（2）《题秀水陆烈妇传后》："原注：烈妇何氏，秀水庠生陆桂森妻。道光辛卯三月，桂森卒，烈妇年二十有七，以有遗腹子不殉夫地下。未半载，遗腹子又殇，乃于次日投缳而逝，时十一月十八日也。同邑金岱峯广文衍宗为作传。女阳亭边杵声歇，冤禽南飞夜啼血。"（P.52）

按：清光绪刻本《两浙輶轩续录》卷二十五、民国退耕堂刻本《晚晴簃诗汇》卷一百二十、《敬乡楼丛书》本同，民国溯初钞本"金"作"余"。金岱峰与方成珪同为浙江温州人。陈其元《庸闲斋笔记》："秀水金岱峰先生讳衍宗，嘉庆庚申举人，与先伯云伯公同年，官温州府教授。"[①]据此及诸本，疑"金、余"形近相混，民国溯初钞本或当据正。

（3）《题蔡少峯花港观鱼图》："花家山下路，别墅说前朝。曲沼开鱼国，斜通第四桥。原注：《西湖志》：苏堤第三桥曰望山，与西岸第四桥斜对，水名花港，通花家山。山下有卢园，为宋内侍卢允升别墅。景物奇秀，凿池甃石，引湖水其中，畜异鱼数十种。"（P.66）

按：《敬乡楼丛书》本同，民国溯初钞本"甃"作"甕"。字书无

---

① （清）陈其元：《庸闲斋笔记》卷7，清同治十三年刻本，第98页。

"銎"字，疑为"甃"之讹。又清乾隆刻本《攜洲渔笛谱疏证》卷一"花港观鱼"、清文渊阁四库全书本《西湖志纂》卷一"花港观鱼"、清文渊阁四库全书本《六艺之一录》卷一百九"花港观鱼"等均引作"凿池甃石"。"甃石"指步趋有节貌。结合原注"景物奇秀"与"引湖水其中"，民国溯初钞本或当据正。

2.校脱文

《后绉云石歌》："若教持比瑶石台，原注：瑶石台系罗浮山奇石，高六百丈，广七十丈，见《汇苑》。形模毋乃藐乎小。……卓荦高风在人口，此石遂觉无限好。不然宣和花石纲，九州四海恣搜讨。筑成艮岳罗列多，俱入华彝珍玩考。"（P.27–28）

按：《敬乡楼丛书》本同，民国溯初钞本第一个"罗"字下阙"浮"字，"此"下无"石"字，"成"下无"艮"字。罗浮山为浙江永嘉名胜。《太平寰宇记·温州》："罗浮山在州北十八里，高三十丈。《永嘉记》云：此山秦时从海中浮来。"[①]结合诗题与"若教持比瑶石台"，疑民国溯初钞本误脱，或当据此补正。

《守孔约斋杂记》对读

《守孔约斋杂记》记述了清末浙南地域 22 则琐闻杂事。现行版本有温州市图书馆藏清末抄本和瓯风社刊本。这里据诸本与相关文献，分别对现存较早的清末抄本内容做一对读。

---

① （宋）乐史：《太平寰宇记》卷99，清文渊阁四库全书补配古逸丛书景宋本，第635页。

下编 考校篇

（一）校异文[①]

1.先府君文山公尝主泰顺刑钱席，言县治甚僻陋，前邑令有诗纪其风俗，为不肖诵之。尚记其两连云："生童惭愧三千字，吏役萧条四五人。市中猝遇生风虎，竃下常闻叫月蛙。"（P.2）

按：瓯风社刊本"连"作"联"。《玄应音义》卷三"连縣"注："连，古文联，同。"又朱骏声《说文通训定声·辵部》："连，叚借又为联。""连、联"来母双声，元部叠韵，音同相通。清末抄本"连"，据此又作"联"。

2.吾邑孙敬轩希旦，乾隆戊戌进士，廷试第三人。……曾记其封翁菐后题墓门一聨云："茣不出乡，此地有林麗川原之美；封以为识，抑予亦东西南北之人。"（P.3）

按：瓯风社刊本"菐、茣"均作"葬"，"聨"作"聯"，"麗"作"麓"。《金石文字辨异·去声·漾韵》引《唐景昭大法师韦君碑》："葬，作菐。"《宋元以来俗字谱·艸部》引《岭南逸事》："葬，作茣。"又《字辨·字体辨正之三》："聯：正；聨：俗。"《广碑别字·鹿部》引《清泰安关帝庙建殿题字》："麓，作麗。""菐、茣、葬"、"聨、聯"与"麗、麓"，三组均为异文关系。清末抄本"菐、茣""聨""麗"，据此又作"葬""聯""麓"。

3.有留别诗八首，都人传诵焉。今录于左曰："除书宠拜紫宸泥，温语亲承朶殿西。……梦草情怀愁渺渺，飞篷嵗月去堂堂。"（P.4）

按：瓯风社刊本"朶"作"朵"，"嵗"作"歲"。《玉篇·木部》："朶，同朵。"《集韵·果韵》："朶，或作朵。"又《正字通·止部》："歲，俗作嵗。"《重订直音篇·山部》："嵗，同歲。""朶、朵"与"嵗、歲"，两两均为异文关系。清末抄本"朶、嵗"，据此又作"朵、歲"。

4.春秋湮祀，神其何颜而晏然受之？或者海市蜃楼，变化不测，偶

[①] 本节引自清瑞安孙氏玉海楼抄本《守孔约斋杂记》。为考证需要，原文个别字形与讹脱衍误仍其旧，部分字体保留繁体，页码附后；下又分校异文、校讹文、校脱文、校衍文、校倒文等，同条文献按类分校，部分校对略有交叉。

有此物，而俚俗讹传耳。若果以此为买命钱，是戕虐生灵，罪不可逭矣。（P.15–16）

按：瓯风社刊本"戕"作"戕"。《隶辨·平声·阳韵》引《沈子琚碑》："戕，作戕。"文献亦有用例。如宋岳珂《桯史·泉江三地名》："戕人用牲。"①明方希古《宗仪九首·睦族》："何忍自相戕刺而不顾乎？"②"戕"又作"戕"，二者为异文关系。清末抄本"戕"，据此又作"戕"。

5. 尝赋《老少年》诗以自况，并索同人赓和。余时年十四，亦有诗云："雁来时节景凄凉，独洗衰容作艳粧。高映寒山枫叶晚，近分老圃菊花香。"（P.16）

按：瓯风社刊本"粧"作"妆"。《说文·女部》："妆，饰也。"徐锴《系传》："妆，今俗作粧。"又《正字通·米部》："粧，俗妆字。""粧"又作"妆"，二者为异文关系。清末抄本"粧"，据此又作"妆"。

6. 曾记其《秋日泛湖》一绝云："歌管中流泛画桡，跨红桥外雨潇潇。渚莲零落不归去，醉拾红衣当酒瓢。"后改归江西新城籍。（P.19）

按：瓯风社刊本"籍"作"籍"。王筠《文字蒙求·形声》③、朱骏声《说文通训定声·豫部》④"籍"又作"籍"。原《异体字表·竹部》所收字亦作"籍"。"籍"又作"籍"，二者为异文关系。清末抄本"籍"，据此又作"籍"。

7. 忆《北梦琐言》记左军使严遵美尝一日发狂，手足舞蹈。傍有一猫一犬，猫忽谓犬曰："军容改常也？颠发也。"犬曰："莫管他。"（P.21）

按：瓯风社刊本"尝"作"嘗"。《类篇·旨部》："嘗，或作

---

① （宋）岳珂：《桯史》卷2，四部丛刊续编景元本，第9页。
② （明）程敏政：《明文衡》卷54，四部丛刊景明本，第551页。
③ （清）王筠：《文字蒙求》卷4，清道光刻王氏四种本，第41页。
④ （清）朱骏声：《说文通训定声》，清道光二十八年刻本，第970页。

甞。"又《字汇·甘部》："甞，俗作嘗，亦通用。""甞、嘗"禅母双声，阳部叠韵，音同相通。清末抄本"甞"，据此又作"嘗"。

8. 小乙仍欲死魏，屡商诸何，何辄阻之曰："彼已可怜，畱守门尸可耳。"一日，小乙谓魏曰："汝坐食无业，何以图长久？已为汝结网具船，我任赀，汝尽力，二人同心，终身餬口无虑也。"……时盛夏，尸已腐烂，不甚可辬。（P.21-22）

按：瓯风社刊本"畱"作"留"，"辬"作"辨"，第二、三个"已"作"巳"。《干禄字书·平声》："畱、留，上通下正。"《集韵·祸韵》："辬，通作辨。"又《日知录·巳》引吴才老《韵补》："古巳午之巳，亦谓如已矣之已。""畱、留""辬、辨"与"已、巳"，三组均为异文关系。清末抄本"畱、辬、已"，据此又作"留、辨、巳"。

9. 结褵之夕，亲友喧扰，盖其俗以闹房彻夜为多子长寿之兆云。乙不胜其嬲，徃宿金姑家，言寻旧好。……逾数月，金姑生日，甲市酒肉为寿。是夕，各大醉，甲戯詀之曰："人言藉藉，谓卿戕害吾弟，有诸？"（P.26）

按：瓯风社刊本"盖"作"葢"，"徃"作"往"，"戯"作"戲"，第一个"藉"作"籍"，"卿"作"卿"。《广韵·泰韵》："葢，俗作盖。"《汇音宝鉴·公上上声》："徃，俗往也。"《龙龛手鉴·戈部》："戯：今；戲：正。"又朱骏声《说文通训定声·竹部》："籍，叚借为藉。"《字学三正·体制上·俗书简画者》："卿，俗作卿。"上述五组均为异文关系。清末抄本"盖、徃、戯、藉、卿"，据此又作"葢、往、戲、籍、卿"。

10. 金姑曰："然则杀尔弟者，尔得母感之？"曰："感之甚，恨不知其人，不能图报耳。"曰："然则杀尔弟者，即我是也。"……金姑起，出其箧中小刀曰："此锐器。"揭其牀左方砖曰："尔弟命根在是矣。"（P.27）

按：瓯风社刊本"尔"作"爾"，"牀"作"床"。《金石文字辨

343

异·上声·纸韵》引《唐高延贵造弥陁像记》："爾，作尔。"又《干禄字书·平声》："床、牀、牀，上俗中通下正。""尔、爾"与"牀、床"，两两均为异文关系。清末抄本"尔、牀"，据此又作"爾、床"。

(二) 校讹文

1.幼偕同门三人扶乩，卜终身休咎。时诸人以齿为序，公最少居末。乩神为伏魔大帝，判语云："把笔填硃字，先从易者行。三才并数目，甲子与方名。"（P.1）

按：瓯风社刊本第二个"乩"作"覘"。"乩"指占卜问疑。如《字汇·乙部》："乩，卜以问。""覘"则指偷偷地察看。《说文·见部》："覘，窥也。"结合前文"幼偕同门三人扶乩，卜终身休咎"与后文"判语云"，疑"乩、覘"形近相混，瓯风社刊本或当据正。

2.常曰："人命至重，不可草菅视也。"呜呼！府君盛德，岂不肖所能殚述？谨志一二，用以垂示子孙云尔。（P.2）

按：瓯风社刊本"菅"作"管"。"草菅"为草茅，常喻指微贱或草野。如《汉书·贾谊传》："其视杀人，若艾草菅然。"颜师古注："菅，茅也。"[①] "草菅人命"即指把人命看作野草，任意残害。结合前文"人命至重"，疑"菅、管"形近相混，瓯风社刊本或当据正。

3.王某者，邑东山渔人子，为蔡逆所得，抚为义儿，装束似俗所传哪吒像，群贼僣呼"三子太"。（P.2）

按：瓯风社刊本"僣"作"僭"。"僣"音铁，训狡猾；"僭"音譖，训儗；二者音义迥异。《五经文字·人部》："僭，作僣讹。"又《正字通·人部》："僣，他协切，音铁。僣侻，狡猾也。《佩觿》俗以僣侻之僣为逾僭之僭，非是。"结合上下文义，疑"僣、僭"形近相混，瓯风社刊本或当据正。

4.令尚欲开其生路，曰："毋妄言，不闻杀人偿命乎？"仍执前说不

---

① （汉）班固：《汉书》卷48，清乾隆武英殿刻本，第738页。

变。解郡至臬，供状如一，遂置极典。天网不漏，殆非人力所能舆矣！（P.3）

按：瓯风社刊本"舆"作"兴"。"舆"训和、给，"兴"训兴起、昌盛。结合前文"令尚欲开其生路"与"遂置极典"，疑"舆、兴"形近相混，瓯风社刊本或当据正。

5.林敏斋培厚观察学行俱犒，余生平第一知己也。嘉庆九年甲子，年四十余矣，始膺乡荐。戊辰成进士，入词垣。（P.4）

按：瓯风社刊本"犒"作"醇"。"犒"同"犒"，指用酒食或财物慰劳。《金石文字辨异·去声·号韵》："犒，同犒。""醇"则指酒味厚、纯粹或淳朴。如清陶元藻《泊鸥山房集·山阳县知县觉涯公传》："生平于族师东湖，外则师董葛岩两公文与行俱醇。"①结合前文"观察学行俱"，疑"犒、醇"形近相混，清末抄本或当据正。

6.六月初旬，飞云江涌出海乳万余，形白而圆。父老轰传，以为海神买命钱也，必有海水泛溢，淹没居民之患。余潜作一疏，焚之海神庙。（P.15）

按：瓯风社刊本"潜"作"僭"。"潜作"指在水面下行动或隐秘地行动。"僭作"超越本分去行事，有时也用作谦辞。如清李渔《闲情偶寄·语求肖似》："惟于制曲填词之顷，非但郁藉以舒，愠为之解，且尝僭作两间最乐之人。"②又"潜、僭"清精旁纽，侵部叠韵，古音近。结合后文"作一疏，焚之海神庙"，疑"潜、僭"形音近相混，清末抄本或当据正。

7.有邑令某将升武冈州牧，邻省漕督将过境，令上书驰贺，误书漕为糟。漕督报以诗云："平生不学醉侯，况复星轺速置邮。岂有尚书兼曲部，漫劳明府作糟工。……"（P.20）

按：瓯风社刊本第一个"糟"作"漕"。"糟"指做酒剩下的渣子或烂坏，"漕"指利用水道运输粮食或姓氏。明清设漕运总督管理全国

---

① （清）陶元藻：《泊鸥山房集》卷5，清刻本，第57页。
② （清）李渔：《闲情偶寄》卷3，清康熙刻本，第26页。

漕运事务。如赵尔巽《清史稿·绿营》："漕运总督统辖各卫所外，复统辖旗、绿、漕标三营。"①又"糟、漕"精从旁纽，幽部叠韵，古音近。结合前文"邻省漕督将过境"与"岂有尚书兼曲部"，疑"糟、漕"形音近相混，瓯风社刊本或当据正。

8.一日，某纳棚下，闻棚上有唱《九连环》曲者，仰见二猫，其一即家所畜，声出其口，大惊愕，然亦不之叱也。（P.20）

按：瓯风社刊本"仰"作"抑"。"抑见"指又见或再见。如明文德翼《求是堂文集·祭小孤神文》："忽闻庙社震扰，披发号天；抑见道路纵横，剖肝涂地。"②"仰见"则指抬头看。如宋李昉《太平广记·狐九·张谨》："昼耕夜息，疲苦备至，因憩大树下，仰见二儿。"③结合前文"闻棚上有唱《九连环》曲者"，疑"仰、抑"形近相混，瓯风社刊本或当据正。

9.忆《北梦琐言》记左军使严遵美尝一日发狂，手足舞蹈。傍有一猫一犬，猫忽谓犬曰："军容改常也？颠发也。"犬曰："莫管他。"（P.21）

按：瓯风社刊本"舞"作"举"。宋孙光宪《北梦琐言》："唐左军容使严遵美，于阉宦中仁人也。……一旦发狂，手足舞蹈，家人咸讶。"④清文渊阁四库全书本《天中记》卷五十四、明刻本《古今谭概》卷三十四、清咸丰瓮云草堂刻本《猫苑》卷上、清嘉庆三年（1798）自刻本《猫乘》卷四等均引作"手足舞蹈"。又"手足舞蹈"指手足抽搐，不能自制。结合前文"尝一日发狂"与后文"颠发也"，疑"舞、举"义近相混，瓯风社刊本或当据正。

10.平阳斗门魏某妻何有美色，与邻村姜小乙通。……小乙仍欲死魏，屡商诸何，何辄阻之曰："彼已可怜，留守门尸可耳。"（P.21）

按：瓯风社刊本"美"作"姜"，"尸"作"户"。"美、姜"形

---

① 赵尔巽：《清史稿》卷113，1928年清史馆本，第2152页。
② （明）文德翼：《求是堂文集》卷17，明末刻本，第367页。
③ （宋）李昉：《太平广记》卷455，民国景明嘉靖谈恺刻本，第2060页。
④ （宋）孙光宪：《北梦琐言》卷10，明稗海本，第53页。

下编 考校篇

近易混。结合后文"与邻村姜小乙通",疑"姜"为涉下致误,瓯风社刊本或当据正。又"门尸",不辞。"门户"指家庭或户口。如清阮元《两浙輶轩录·齐召南·孝眼先生歌》:"空城出避走村坞,病翁独留守门户。"①结合前文"小乙仍欲死魏",疑"尸、户"形近相混,清末抄本"尸"或为"户"之形讹。

11.一日,早至江头,渔船未到,见浮尸近岸,恻然欲瘞之。检其衣囊,得银五两,曰:"是可为具棺易衣矣。"而营圹苦难鸠工,乘夜无事,自携锹锄,发掘塘边官地。掘至丈余,得十数磁瓮,则灿然黄白盈其中。(P.23)

按:瓯风社刊本"磁"作"瓷"。"磁"指物体能吸引铁、镍等金属之性质,"瓷"为用高岭土烧成的一种比陶器细致而坚硬之质料。二者形义均异。《增广字学举隅·一字数音》:"磁,俗作瓷器之瓷用,非。磁即俗所谓袭铁石也。"又"磁、瓷"从母双声,之脂旁转,古音近。结合后文"瓮,则灿然黄白盈其中",疑二者音近相混,清末抄本或当据正。

12.结褵之夕,亲友喧扰,盖其俗以闹房彻夜为多子长寿之兆云。乙不胜其嬲,徃宿金姑家,言寻旧好。……金姑曰:"然则杀爾弟者,爾得母感之?"曰:"感之甚,恨不知其人,不能图报耳。"(P.26—27)

按:瓯风社刊本"褵"作"禠","母"作"毋"。"禠"指幸福吉祥,"褵"则指妇女出嫁时所系佩巾。"结褵"即指临嫁系佩巾之仪式,后泛指结婚。如《后汉书·马援传》:"施衿结褵,申父母之戒,欲使汝曹不忘之耳。"②结合后文"盖其俗以闹房彻夜",疑"禠、褵"形近相混,清末抄本或当据正。又"母、毋"形近易混。结合前文"然则杀爾弟者"与后文"感之甚",清末抄本"母"或为"毋"之形讹。

13.甲拨土视之,皮肉已腐,而犹可掇拾,因并夺其小刀,疾趋至县

---

① (清)阮元辑:《两浙輶轩录》卷22,清嘉庆刻本,第891页。
② (南北朝)范晔:《后汉书》卷24,百衲本景宋绍熙刻本,第318页。

署,击鼓鸣冤,将二物呈览。官验视有据,并询得通情曲折,即提金姑到案,一鞫而伏,以大辟定其罪,而出新妇于狱。(P.27-28)

按:瓯风社刊本"鞫"作"鞠"。"鞠"指告诫或养育,"鞫"指审问犯人。"一鞫而伏"即一审便服罪。如清蒲松龄《聊斋志异·于中丞》:"公叩关往见邑宰,差健役四鼓出城,直至村舍,捕得八人,一鞫而伏。"①结合前文"官验视有据,并询得通情曲折",疑"鞠、鞫"音同形近相混,清末抄本或当据正。

(三)校脱文

1.寻归里,邑之六书吏公聘为师,而不见邑宰。邑宰折简招,亦不往。时海寇蔡牵作乱,蔓延闽、广、浙东,其胁从有被获至县者,疑似之间,必多方昭雪,赖以全活者甚众。(P.2)

按:瓯风社刊本"方"下有"为之"二字。相似句式如唐李延寿《北史·李士谦传》:"他年饥,多有死者,士谦罄家资为之糜粥,赖以全活者万计。"②结合前文"其胁从有被获至县者"与后文"赖以全活者甚众"及句式搭配,疑清末抄本误脱,或当据此补正。

2.有邑令某将升武冈州牧,邻省漕督将过境,令上书驰贺,误书漕为糟。漕督报以诗云:"……读书字要分鱼豕,过客风原似马牛。闻说新衔今已转,武冈想是五缸州。"(P.20)

按:瓯风社刊本"缸"下无"州"字。清同治十三年(1874)刻本《庸闲斋笔记》卷五、清光绪五年(1879)申报馆丛书本《笑笑录》卷五、清光绪刻本《粟香随笔》卷二、清嘉庆二十五年(1820)刻本《快园诗话》卷一、清光绪申报馆丛书余集本《三借庐赘谭》卷四、民国退耕堂刻本《晚晴簃诗汇》卷九十五等均引作"武冈可是五缸州"。结合前文"有邑令某将升武冈州牧"与"闻说新衔今已转",疑瓯风社刊本误脱,或当据此补正。

3.一日,某纳棚下,闻棚上有唱《九连环》曲者,仰见二猫,其一

---

① (清)蒲松龄:《聊斋志异》卷9,清铸雪斋钞本,第358页。
② (唐)李延寿:《北史》卷33,清乾隆武英殿刻本,第524页。

即家所畜，声出其口，大惊愕，然亦不之叱也。"（P.20）

按：瓯风社刊本"纳"下有"凉"字。"纳棚"，不辞。"纳凉"即乘凉，文献常见。如清秦瀛《己未词科录·丛话》："夏月晚饭后纳凉棚下，家人报报恩放光急出视，则与往所见不同。"①又汤贻汾《琴隐园诗集·狮窟漫兴》："种罢葡萄又紫藤，安排几处纳凉棚。"②结合后文"棚下，闻棚上有唱《九连环》曲者"，疑清末抄本误脱，或当据此补正。

4.越三日，魏尸乃逆流漂至斗门侧，里人争往察视。时盛夏，尸已腐烂，不甚可辨。然魏数日不见，而小乙丑事户知之，疑即死其手。命四人舁之上岸，尸重，不能举，加至十余人，凝然如故。（P.22）

按：瓯风社刊本"事"下误空一"户"字。陈瑞赞《东瓯逸事汇录·平阳魏某》引作"然魏数日不见，而小乙丑事户知之，疑即死其手"③。结合前文"夫懦不能制，久亦安之"与后文"生前不能制其室人，死后乃亦灵于里众"，瓯风社刊本误脱，当据此补正。

（四）校衍文

1.徐藜阁徐得余试文，夜诵至再，蒋于隔房假寐，次早询藜阁曰："子昨读谁氏文，而有味若是？且读文亦何必再？"藜阁愕然。（P.18-19）

按：瓯风社刊本第一个"阁"下无"徐"字。陈瑞赞《东瓯逸事汇录·两奇士》亦引作"徐藜阁得余试文"④。结合前文"徐藜阁"与后文"得余试文，夜诵至再"，疑清末抄本涉上误衍，或当据此删正。

2.金姑临刑，犹詈曹家兄弟负心不置，人皆笑之。初，甲与金姑私昵，里人鄙薄其行，即其妻屡与反目，以为忘弟之仇，自沦于匪类也。（P.28）

按：瓯风社刊本"詈"下有"骂"字。"詈"训责骂，与"骂"义同。如《说文·网部》："詈，骂也。"王筠《说文句读·言部》：

---

① （清）秦瀛：《己未词科录》卷9，清嘉庆刻本，第128页。
② （清）汤贻汾：《琴隐园诗集》卷34，清同治十三年曹士虎刻本，第300页。
③ 陈瑞赞编注：《东瓯逸事汇录》，上海社会科学院出版社2006年版，第455页。
④ 陈瑞赞编注：《东瓯逸事汇录》，上海社会科学院出版社2006年版，第370页。

"罟，见《诗》《书》，是周语也；骂，见《史记》，是汉语也。"又《玉篇·网部》："罟，骂罟。"结合后文"曹家兄弟负心不置"，疑瓯风社刊本误衍，或当据此删正。

（五）校倒文

1.王某者，邑东山渔人子，为蔡逆所得，抚为义儿，装束似俗所传哪吒像，群贼僭呼"三子太"。嘉庆初，官兵擒获至县，时年不过十六七耳。（P.2）

按：瓯风社刊本"三子太"作"三太子"。明罗懋登《西洋记·老母求国师讲和/元帅用奇计取胜》："小神是哪吒三太子是也。领了牟尼佛爷慈旨，特来听宣。"①据此及前文"装束似俗所传哪吒像，群贼僭呼"，疑清末抄本误倒，或当据此乙正。

2.有留别诗八首，都人传诵焉。今录于左曰：……落落龙门仰岱嵩，不材真赏愧焦桐。文章北斗宗韩愈，裙屐东山谢忆公。药鼎分明虚夜月，苔阶宛转恋春风。（P.4）

按：瓯风社刊本"谢忆公"作"忆谢公"。"忆谢公"，古诗文常见。如唐杜甫《送裴二虬作尉永嘉》："隐吏逢梅福，游山忆谢公。"②又赵嘏《寄卢中丞》："独携一榼郡斋酒，吟对青山忆谢公。"③结合前文"文章北斗宗韩愈"与"裙屐东山"，此指诗人回想曾任永嘉太守的南朝山水诗人谢灵运穿木屐游东山之情景。疑清末抄本误倒，或当据此乙正。

（六）校错简

余最喜摄政王史阁部往复两书，已补入谈孺木迁《枣林杂俎》，再录于此。……苟安旦夕，弗审事机，聊慕虚名，顿忘实害，予甚惑之。（P.7-9）

国家之抚定燕都，乃得之于闯贼，非取之于明朝也。……惟殿下实昭鉴之。按阁部名可法，字道邻，谥忠贞。（P.9-15）

---

① （明）罗懋登：《西洋记》卷9，明万历二十五年刊本，第359页。
② （唐）杜甫：《杜工部集》卷9，续古逸丛书景宋本配毛氏汲古阁本，第90页。
③ （宋）洪迈编：《万首唐人绝句诗》卷37，明嘉靖刻本，第305页。

下编 考校篇

按：瓯风社刊本无"余最喜摄政王史阁部往复两书……按阁部名可法，字道邻，谥忠贞"两段。它们分别引自《大清摄政王致史可法书》与《史可法答书》，清同治十年（1871）江苏书局刻本《明纪》卷五十八、清钞本《明季南略》卷七引同。这两段内容与清末浙南不相关，疑清末抄本误入此，或当依瓯风社刊本移正。

概要之，综合相关的底本文献，对读方成珪现存的《集韵考正》《韩集笺正》《字鉴校注》《唐摭言校正》《敬业堂诗校记》《干常侍易注疏证》《宝研斋吟草》和《守孔约斋杂记》8部著述，共发现了624条可商之处。其中，又以因所参原底本传抄致讹最多，计212条；异文、脱文次之，分别为169条、139条；衍文、倒文与通例均少于50条，错简最少，仅3条。由此可看出，方成珪考据学著述质量较高，这或许也是清末学界推崇其考据学成果之原因。

结　语

　　地域学术是在中华学术大背景下成长起来的一种相对稳定的区域性学术。地域性学派的出现，是地域学术发展的重要标志。清代是一个学派纷呈、大师迭出的时代，乾嘉考据学是此期最有代表性的学术。它以小学通经明道为门径，在实事求是精神指导下，运用科学考据方法对传统经籍做研究。清代考据学不仅对传统学术有梳理之功，也推动了近代学术发展。浙江作为清代学术文化的重镇，涌现出以孙希旦、方成珪、孙衣言、孙锵鸣、黄体芳、孙诒让、陈虬、陈黻宸、黄绍箕、黄绍第和宋恕等为代表的专研考据的瑞安学派。方成珪是瑞安考据学的先锋，也是瑞安学派的重要代表人物，在中国考据学史上占有重要的地位。

　　方成珪少时喜读经书，精研小学，兼通文史；壮年好藏书，所得俸禄悉购古籍，藏书计万余卷；中年嗜校雠，手校抄本十多种；晚年尤喜诗文古物，常与友人交流。他性真情切，交游广泛。既有黄式三、管庭芬等治学之交，又有林培厚、端木国瑚、钱泰吉、吴钟骏等共事之交，还有宋咸熙、马锦、徐丙乙等诗文之交和吕荣、蔡载樾、姚燮等莫逆之交。这些交游，多维度展现了方成珪的高尚人格与风貌，亦可帮助我们了解清代地方文士的学术活动。可以说，方成珪的学术是在清代特有的学术背景和瑞安地域学术传统及自身努力等诸多因素综合影响下孕育出来的，它既与时代氛围相谐，又具有一定的差别性。

　　方成珪延续了乾嘉考据传统，以文本为对象，以语言文字学、文献学考据方法为手段，重视材料搜集、本源考求和文义疏通，形成了追本溯源、以真为要，参互钩稽、博猎有据，体例规范、考较求绎之特点。其成果主要围绕经学、小学和文学文献考据三个方面展开。代表作《干

结 语

常侍易注疏证》《字鉴校注》《集韵考正》《唐摭言校正》《韩集笺正》和《敬业堂诗校记》等在音韵、训诂、考据方面有许多精到的见解。它们不仅推动了清代瑞安及浙东考据学发展,也对清末及之后学者产生了很大的影响,书中观点至今仍受到学界的推崇与征引。和同代一些学者一样,方成珪考据学虽存在如理论性不足、创辟性欠缺、致用性不够等时代的局限,但这并不影响其作为"瑞安考据学第一人"的地位及其对清末民初考据学发展的贡献。

附录一　方成珪年谱简编

族祖方之正，字中行，明天启四年（1624）中举，擅文史，尤精易，著有《大易辨疑集》。父亲方宗盛，曾任泰顺刑钱席，分别于道光八年（1828）、道光二十五年（1845）获赠为修职郎、文林郎。母亲洪氏，籍贯浙江。道光八年（1828），亦按例被赐赠为八品孺人。

1785年（清高宗乾隆五十年）1岁

9月29日，出生于浙江省瑞安县杨衙街。取名方成珪，字国宪。

是年，吕荣30岁，两任浙江海宁东防同知。《（光绪）重修安徽通志》卷一百四十一有传。方成珪与其共事多年，建立了深厚的友谊。

林培厚23岁，与方成珪同乡，从政数十年，勤政爱民，深受百姓爱戴。《清史稿》卷一百七十一有传。方成珪甚钦佩之，两人诗文交流颇多。

洪守一16岁，中秀才后潜心著述，辑有《瓯乘拾遗》《俗字篇》，纂有《瑞安县志》。《两浙輶轩续录》卷三十七有载。与方成珪同乡，常同游赋诗。

端木国瑚12岁，擅长诗赋，著作颇丰。《清史稿》卷二百七十二有传。方成珪与其十分投缘，并在其鼓励下出版了首部诗集。

1786年（清高宗乾隆五十一年）2岁

张惠言（1761—1802）中举。清经学家、文学家。字皋文，一作皋闻，号茗柯，江苏武进人。嘉庆四年（1799）进士，充实录馆纂修官，后改翰林院编修。著有《周易虞氏义》《墨子经说解》《茗柯文编》等，辑有《词选》《七十家赋钞》。方成珪曾参其《易义别录》校注《干常侍易注》。

附录一　方成珪年谱简编

是年，同邑许松年（1767—1827）中武举。其投身浙江水师后，曾多次协助定海镇总兵李长庚（1751—1807）[①]击败浙东沿海之海盗。

1787年（清高宗乾隆五十二年）3岁

孙星衍（1753—1818）中进士。清藏书家、目录学家、经学家。字渊如，号伯渊，江苏武进人。历任翰林院编修、刑部主事、刑部郎中、署理按察使等。著有《周易集解》《尚书今古文注疏》《寰宇访碑录》《尔雅广雅训诂韵编》《晏子春秋音义》等。方成珪曾引其《周易集解》校勘《干常侍易注》。

是年，瑞安大水。（嘉庆《瑞安县志》）

1788年（清高宗乾隆五十三年）4岁

入私塾读诗义，接受启蒙教育。

是年，同邑余学礼任均州知州。余学礼字文航，号敬斋。乾隆十八年（1753）拔贡，选为八旗官学教习。后历任湖北巴东知县、湖南辰州府同知、湖北施南府同知、安陆知府等。著有《姓氏笺林》《文航漫录》等。晚年归乡后，与方成珪有诗文交流。（《守孔约斋杂记》）

1789年（清高宗乾隆五十四年）5岁

5月7日，瑞安大水。（嘉庆《瑞安县志》）

1790年（清高宗乾隆五十五年）6岁

10月，瑞安营署都司李春栏等巡洋，被海匪劫掠枪炮。（《清高宗实录》）

1791年（清高宗乾隆五十六年）7岁

钱泰吉出生于浙江嘉兴甘泉乡，后与方成珪共事于海宁州。《两浙輶轩续录》卷二十五有记。两人交情颇深，常一起讨论学术、诗词等问题。

1792年（清高宗乾隆五十七年）8岁

蔡载樾出生于浙江嘉兴桐乡，擅长诗画，好友乐交。他曾效仿王维为孟浩然建孟楼之意，在屋旁修建"待雪楼"迎接方成珪。

[①] 李长庚，字西岩，福建同安人。乾隆三十六年（1771）武进士，授蓝翎侍卫。历任浙江衢州营都司、乐清协副将、福建海坛镇总兵、浙江定海镇总兵、福建水师提督等，曾多次率部大败海盗蔡牵。

1793年（清高宗乾隆五十八年）9岁

安南海盗袭扰浙东沿海，劫夺商船，抢占海岛，残害百姓。

是年，薛俊声（生卒不详）任瑞安知县。薛京从子，博通群书，为文凌今轹古，著有《越游草》。康熙四十八年（1709）进士，终任刑部员外郎。

1794年（清高宗乾隆五十九年）10岁

瑞安校士馆落成，坐具由百岁老人徐迥捐赠。

是年，马国翰（1794—1857）出生于山东历城。清代文献学家、藏书家。道光十一年（1831）举人，次年恩科进士。历任陕西敷城、石泉、云阳知县和陇州知州。著有《玉函山房辑佚书》《玉函山房文集》《玉函山房诗集》等。方成珪曾参其所辑《周易干氏注》，对《干常侍易注》作了补校。

1795年（清高宗乾隆六十年）11岁

12月，瑞安大疫。（赵钧《过来语》）

1796年（清仁宗嘉庆元年）12岁

6月，瑞安飞云江涌现海乳，百姓轰传将有海水泛滥，方成珪去海神庙为百姓请福。《守孔约斋杂记》："6月初旬，飞云江涌出海乳万余，形白而圆。父老轰传，以为海神买命钱也，必有海水泛溢，淹没居民之患。余僭作一疏，焚之海神庙，……后卒无他变。"[1]

1797年（清仁宗嘉庆二年）13岁

管庭芬出生于浙江海宁路仲。曾于方成珪任海宁州学正、训导与宁波府学教授期间随其授业，并整理了《唐摭言校正》。（《管庭芬日记》）

1798年（清仁宗嘉庆三年）14岁

方成珪作诗应和致仕归乡官员余学礼，受到称赞。《守孔约斋杂记》："余邑余文恭公学礼，……归里后，翱翔山水，以终天年。尝赋《老少年》诗以自况，并索同人赓和。余时年十四，亦有诗云：'雁来

---

[1] （清）方成珪：《守孔约斋杂记》，清末瑞安孙氏玉海楼抄本，第15—16页。

附录一　方成珪年谱简编

时节景凄凉,独洗衰容作艳妆。高映寒山枫叶晚,近分老圃菊花香。侵凌霜信添春色,点逗风情趁夕阳。相对高吟更义手,依然歌舞少年场。'公甚称赏,以为不失大雅之度云。"[1]

是年,吴钟骏出生于江苏吴县,后出任浙江学政,与方成珪共事多年。曾为方成珪《集韵考正》作序。

是年,浙江学政阮元(1764—1849)[2]组织编纂的《两浙輶轩录》成稿。

1799年（清仁宗嘉庆四年）15岁

2月,清高宗弘历去世,和珅贪赃被查抄。(民国《清史稿》)

1800年（清仁宗嘉庆五年）16岁

6月,海盗蔡牵70余艘海船与水澳帮海盗60余艘会合,逼近浙东洋面。后被定海镇总兵李长庚部所败。此时在县衙任职的方宗盛积极为受蔡牵牵连的百姓申冤,并欲宽大处理蔡牵义子未果。(《守孔约斋杂记》)

1801年（清仁宗嘉庆六年）17岁

同邑林从炯(1779—1835)拔贡。原名佩金,字华锋,后改现名,字伯炯,号石笥,道光元年(1821)举人,曾任国史馆誊录。著有《玉甑山馆诗钞》《玉甑山馆文钞》等,并参纂《承德府志》等。

1802年（清仁宗嘉庆七年）18岁

8月1日,瑞安大风,海啸。(嘉庆《瑞安县志》)

1803年（清仁宗嘉庆八年）19岁

浙江巡抚阮元与学政文宁(1767—1823)[3]奏请礼部"咨准畲民一

---

[1] （清）方成珪：《守孔约斋杂记》,清末瑞安孙氏玉海楼抄本,第16—17页。
[2] 阮元,字伯元,号芸台,江苏仪征人。清中期官员、经学家、考据学家、金石学家。乾隆五十四年(1789)进士,历任山东、浙江学政,浙江、江西、河南巡抚和漕运总督、湖广总督、两广总督、云贵总督等职。著有《揅经室集》《国史儒林传》等,纂辑《经籍籑诂》,主修《广东通志》《嘉庆嘉兴府志》,校刻《十三经注疏》,汇刻《皇清经解》等。
[3] 文宁,原名文㭎,字蔚其,号远皋,又号芝厓,满洲正红旗人。乾隆四十九年(1784)进士,历任兵部右侍郎、浙江学政、江苏学政、河南巡抚等职。著有《壬午赴藏纪程诗》《精勤堂吟稿》等。

体考试"。（光绪《处州府志》）

1804年（清仁宗嘉庆九年）20岁

8月1日，瑞安大风雨，电光如火。房屋倒塌数千家，压死者数百计。（洪守一《瓯乘拾遗》）

是年，瑞安设立兴贤局，捐银作考生路费，共酬银三千两。

1805年（清仁宗嘉庆十年）21岁

瑞安邑令改卓吞山前清泉庵为萃英书院，即瑞安初等小学堂前身。瑞安学派前期代表孙衣言曾任主讲，从其受业者甚众。（嘉庆《瑞安县志》）

1806年（清仁宗嘉庆十一年）22岁

7月29日，瑞安大水。（嘉庆《瑞安县志》）

1807年（清仁宗嘉庆十二年）23岁

12月，李长庚率浙江水师亲兵抗击蔡牵，被海盗船炮击中颈额牺牲，被朝廷诏封为三等壮烈伯，赐谥"忠毅"。

1808年（清仁宗嘉庆十三年）24岁

6月，浙江乡试举人。（民国《瑞安县志稿》）

是年，与同场赴试者徐丙乙订交。

是年，林培厚登进士第，选庶吉士，授翰林院编修。端木国瑚赴京会试不第，授为知县。

1809年（清仁宗嘉庆十四年）25岁

12月，李长庚部将福建提督王得禄与浙江提督邱良功，合围蔡牵于浙江台州渔山外洋，蔡牵因寡不敌众，自炸座船，沉海而死。

是年冬，瑞安知县张德标修，王殿金、黄徵义等合纂的10卷本《（嘉庆）瑞安县志》书成付梓。

1810年（清仁宗嘉庆十五年）26岁

瑞安夏旱，栽种失收。（赵钧《过来语》）

1811年（清仁宗嘉庆十六年）27岁

2月24日，地震异常，春、夏瘟疫，又大旱。（嘉庆《瑞安县志》）

附录一　方成珪年谱简编

1812 年（清仁宗嘉庆十七年）28 岁

同邑鲍作雨（1772—1834）考选入贡生。字瑞昌，号云楼。道光元年（1821）中举，后受聘为瑞安聚星书院掌教，继又聘为《乐清县志》纂修。著有《周易择言》《六吉斋诗钞》等。

1813 年（清仁宗嘉庆十八年）29 岁

同邑洪守彝（1778—1841）拔贡。字叙堂，嘉庆二十四年（1819）举人，充镶黄旗教习，后又任河南宁陵、永宁知县等。著有《洪氏诗草》。

1814 年（清仁宗嘉庆十九年）30 岁

与同邑好友洪守一[①]、鲍作瑞[②]登龙山，并作《春日偕洪贯之守一鲍璞堂作瑞登龙山浮图》："挈伴东郊踏绿茸，更攀雁塔俯龙峰。数声仙梵空中落，万种春光物外逢。绝顶一层须更上，回头二客不能从。红尘隔断凡心净，便欲凭高唤赤松。"[③]

1815 年（清仁宗嘉庆二十年）31 岁

游仙岩观梅雨潭。（《宝研斋吟草》）

8 月 17 日，瑞安学派前期代表孙衣言出生于潘垟演溪草堂。字绍闻，号琴西，别署逊学老人。道光三十年（1850）进士，官至太仆寺卿。著有《逊学斋诗文钞》《郡志选举考正》等，编有《永嘉丛书》《瓯海轶闻》《玉海楼书目初稿》等。

1816 年（清仁宗嘉庆二十一年）32 岁

12 月，阮元主持校刻的《十三经注疏校勘记》243 卷刊刻完成。（阮元《恭进十三经注疏校勘记折子》）

1817 年（清仁宗嘉庆二十二年）33 岁

1 月 6 日，瑞安学派前期代表、孙衣言之弟孙锵鸣出生。字绍甫，号蕖田，晚号止庵。道光二十一年（1841）进士，官至翰林院侍读学

[①] 洪守一，字灌亭，又字贯之，号钝人，晚号厚河居士。祖籍安徽歙县，后定居浙江瑞安。清乾隆五十三年（1788）秀才，曾参纂嘉庆《瑞安县志》，并辑有《瓯乘拾遗》。
[②] 鲍作瑞，字瑞璇，号璞堂，浙江瑞安人。邑廪膳生。著有《璞堂诗稿》《草堂管窥》等。
[③] （清）方成珪：《宝研斋吟草》，清道光二十六年聚珍版，第 1—2 页。

士。著有《止庵读书记》《东瓯大事记》《海日楼遗集》等。

是年，考取内务府为上三旗（正白旗、正黄旗、镶黄旗）子弟设立的景山官学汉文教习一职。

1818 年（清仁宗嘉庆二十三年）34 岁

3 月 18 日，瑞安大雨水，平地水深三尺。（朱烈《温州地理论丛》）

1819 年（清仁宗嘉庆二十四年）35 岁

同邑曹应枢（1791—1852）中举，后数次参加会试均不第。与端木国瑚、董祊为文字之交。著有《梅雪堂集》《茹古堂集》等。

1820 年（清仁宗嘉庆二十五年）36 岁

7 月 13 日，瑞安大风雨，拔木淹禾，闹大饥荒。（嘉庆《瑞安县志》）7 月 27 日，大风，海啸。（瑞安科协辑《历代灾异》）

1821 年（清宣宗道光元年）37 岁

纂修《河南方氏家谱》1 卷。（民国《瑞安县志稿》）

是年，俞樾（1821—1907）出生于浙江德清。清末著名的经学家、考据学家。道光三十年（1850）进士，曾任翰林院编修。著有《群经平议》《诸子平议》和《古书疑义举例》等。

是年，大疫。次年，又疫。（民国《瑞安县志》）

1822 年（清宣宗道光二年）38 岁

6 月，任海宁州学正。（民国《杭州府志》）

1823 年（清宣宗道光三年）39 岁

葛云飞（1789—1841）中武进士。清代抗英民族英雄。字鹏起，一字凌召，号雨田，浙江杭州人。曾在温州、瑞安、定海等地水师营任职，镇守东南海疆 16 年，官至定海总兵。著有《水师缉捕管见》《浙海险要图说》等。

1824 年（清宣宗道光四年）40 岁

洪守一《瓯乘补遗》成稿，是年未刊行。道光二十九年（1849）在其侄洪澜等人的帮助下，改名《瓯乘拾遗》，由爱吾堂刻印。《瓯乘拾遗·自叙》："我瑞人也，所载掌故他邑不及采访，惟安固（瑞

附录一　方成珪年谱简编

安）略详。"[1]

1825 年（清宣宗道光五年）41 岁

同邑塾师赵钧（1788—1866）开始撰写日记体史书《过来语》。是书，原有 70 多册，今残存 20 册，50 多万字，稿本存温州市图书馆古籍部。

1826 年（清宣宗道光六年）42 岁

8 月，邀请吕荣一起观潮。《宝研斋吟草》："豪情白傅三升酒，健笔枚乘八月潮。谈笑风流归老辈，乾坤变态入深宵。"[2]

11 月，以海宁州学正兼任训导。（民国《杭州府志》）

是年，马锦收到方成珪赠诗后，遂依韵作《方雪斋学博有诗见赠次韵却寄》："寂寞吟身守草莱，霜毫秃尽谢无才。空随龄石敦骚雅，又遇灵皋讲体裁。落叶如惊诗社散，西风待送客船来。怀人秋水烦高咏，露白葭苍一溯洄。颓唐志气已难酬，多少明珠泣暗投。病鹤当阶惟顾影，寒蝉在树独吟秋。苔芩每结三生契，花木犹思八景幽。重览海天高阁上，浮萍身世等悠悠。"[3]

是年，又作《和幼心司马重阳雅集七律三章元韵》："九日频年递举觞，天公一例放晴光。歌台细按三商韵，经阁浓熏万卷香。旧事苍茫随梦远，新樽泚潋引情长。桂亭兰榭回翔处，便是神仙紫翠房。酿国寨旗共壮哉，如飞舞手门深杯。兴高张丈愁鞍盼，年少潘郎拔戟来。坚壁将皆无量寿，捉刀人亦不凡才。此时馋杀陈同甫，茗战难将雅抱开。书生几辈守觞铭，到此浑忘主客形。介寿宾曹宜菊醥，当筵人数合兰亭。会长不必咨谁健，才捷还须让独醒。恰似文昌珠纬举，光芒齐护极南星。"[4]

1827 年（清宣宗道光七年）43 岁

春，方成珪过桐溪，拜访了马锦。两人就诗书生活进行了多次交

---

[1] （清）洪守一：《瓯乘拾遗》，清道光三十年爱吾堂刻本，第 1 页。
[2] （清）方成珪：《宝研斋吟草》，清道光二十六年聚珍版，第 16 页。
[3] （清）马锦：《碧萝吟馆诗集》卷 7，清道光六年刻本，第 11—12 页。
[4] （清）方成珪：《宝研斋吟草》，清道光二十六年聚珍版，第 16—17 页。

流,增进了彼此友谊。是年,方成珪撰《尊经阁四景》①,马锦依原韵作《和雪斋学博〈尊经阁四景〉》:"杰阁崔嵬面海东,晓来晴旭射窗红。光华忽拥一轮大,波浪欲吞万里空。郭外鸡声鸣未歇,檐头塔影挂当中。先生自是珊瑚网,云蔚霞蒸五色工。更爱三更皓月圆,银蟾朗照海无边。茫茫彼岸大千界,皎皎当头尺五天。星斗高悬飞镜出,鱼龙冷守抱珠眠。分明太乙青藜杖,夜趁清辉校简编。拜乞昌黎健笔揉,文章那得涌风涛。追奔怒马无其连,压倒银山不敢高。日夕每惊云滚滚,往来常见雪滔滔。何劳留取城门轮,偶一凭栏兴便豪。海天如墨泼漫漫,此景营邱画亦难。碎玉千堆呈贝阙,晶盐一撒满沙滩。闭门稳卧多寒士,袖手高歌独冷官。隔岸冻云忽飞到,长空卷作白龙团。"②

方成珪后又作《咏古四首》:

身世悠悠困短衣,春田牧竖暂相依。南山石烂溪花瘦,东海风高野草肥。叩角清音过断坂,麾肱远影对斜晖。途人若问桃林事,渭水桥边有约矶。冀北秋深木叶号,孙阳一过马腾槽。画圆依样材皆劣,赏识逢君价始高。伏枥岂无千里骏,齐名惟有九方皋。天闲十二须良驷,安得斯人掌选曹。斜飞一箭饿鸱鸣,善射人夸古北平。雪后强弓猿臂挽,山前怪石虎牙撑。负隅寅客应潜避,环帐丁男蚤共惊。独恨他年诛醉尉,区区恩怨太分明。海上须眉变朔风,羝羊不乳恨何穷。伤心梦断乌头白,刺血书沾雁足红。零落节旄残雪裹,萧条鞭影夕阳中。异时绘入麒麟阁,无复丁年冠剑雄。③

马锦亦以《〈咏古四首〉和雪斋学博》应和:

荷蓑荷笠偶相依,歌罢商声叱犊归。君倘舍诸难自荐,臣方饥

---

① (清)马锦:《碧萝吟馆唱和诗词》卷4,清道光三年刻本,第2页。
② (清)马锦:《碧萝吟馆诗集》卷8,清道光六年刻本,第14页。
③ (清)马锦:《碧萝吟馆唱和诗词》卷4,清道光三年刻本,第8—9页。

附录一 方成珪年谱简编

甚不如肥。英雄溷迹甘居后,餔啜随群感式微。石烂南山泥没骭,牧人只道梦熊非。知已监车岂偶遭,孙阳更胜九方皋。无劳锦障雕鞍饰,不负追风掣电豪。四海访求图可按,千金品论价非高。倘逢西极来神骏,汗认桃花雪认毛。将军弯臂若猿轻,善射能令虎胆惊。怪石且疑蹲猛兽,狂风常欲吼前营。斜飞怒镝爪牙伏,强挽雕弓霹雳鸣。匹马短衣好身手,数奇何用计功名。十九年为海上翁,尔羊三百卧群中。吞毡仗节伤冰雪,裂帛传书讬鴈鸿。马角穷荒生不易,刀环乐府唱难工。李陵台下萋萋草,终古悲笳起朔风。①

方成珪再作《〈集禊帖〉寄怀古芸》:"九曲流相抱,虚怀仰舍人。静生山水乐,和集古今春。幽迹林间寄,清文坐右陈。同时兰与竹,契合岂无因。"②马锦酬以《次韵答雪斋学博仍〈集禊帖〉》:"今年欣得遇,天趣仰斯人。相晤忘终日,同游畅一春。情当娱室静,文不录言陈。大作随风寄,兴怀契合因。"③

是年,方成珪读马锦痛饮所作诗文,遂复拟四题向其索和。④马锦以《雪斋学博见余稿中痛饮各作访拟四题索和》酬答:

天涯浪迹复何依,鸟影投林便息机。结客黄金容易尽,催人白发不如归。撑将老眼看山足,剩得闲身食粟肥。撒去红尘千万丈,猪肝从此累人稀。得住茶床酒灶间,几如围裹万重山。风来松下琴无响,春到花边鸟亦闲。白版扉长双扇闭,黄庭经可一篇删。蒲团大有参禅意,炉蓺清香佛共班。划然清响动天风,岂有浮云扰眼中。半夜鱼龙沧海泣,一群猿鹤乱山空。偶将逸气舒陶令,欲把豪情答阮翁。春女善嚘秋士赋,笑他幽咽似吟虫。人生哀乐近中年,丝竹陶情亦自怜。鸟语间关时作友,琴心寂寞可无弦。仙人自唱紫

---
① (清)马锦:《碧萝吟馆诗集》卷8,清道光六年刻本,第11—12页。
② (清)马锦:《碧萝吟馆唱和诗词》卷4,清道光三年刻本,第19页。
③ (清)马锦:《碧萝吟馆唱和诗词》卷4,清道光三年刻本,第19页。
④ (清)马锦:《碧萝吟馆唱和诗词》卷4,清道光三年刻本,第20页。

云曲,下里谁赓白雪篇。慷慨唾壶还击碎,飘零红豆不须圆。①

同年,马锦采了花山笋,作图题诗与笋并寄方成珪。《积雨初霁花山笋正佳,专足采回,作图题诗以贻雪斋学博》:

春山夜夜动雷雨,犊角掀烟翠满坞。疾足往回数十里,担头荦确带泥土。广文思我渴且饥,苜蓿盘飡手扪肚。屋后薓葵足半亩,日付炊厨空野圃。忽然门外送笋来,齿颊馋涎垂缕缕。汲泉涤釜命亟烹,饱嚼狂吞减箟簩。笑余投赠太简约,清煮或嫌食蓼苦。索诗须要聚诗人,反累添买鱼肉补。讲堂羔雁无时无,更有殷殷献脩脯。②

方成珪先以《题采笋送笋图》回赠其图题诗:

古芸舍人性爱客,风流度越流辈百。遥怜苜蓿盘中空,馈此龙孙佐浮白。三月竹胎正苦老,大似耿恭啮笴革。今日得君花山种,甘脆宛如玉新擘。顿令老饕食量加,大嚼狂吞破常格。君与蒋侯画并妙,远势不嫌小本窄。采笋送笋分绘图,奚啻玉田得双璧。图后附以诗两首,万里烟云恣挥斥。徐生题咏亦超超,位置诗坛各称伯。笋既食尽无余剩,香味转从画中撷。把卷静参玉版禅,绝胜痴心空煮箦。③

同时专以《古芸饷马坟笋作此志谢》表示感谢:

古往今来不同局,广文先生食竟足。殷勤送酒多王宏,慷慨指囷有鲁肃。自问此心如水清,门外苞苴转相属。花晨兀坐了无事,复听

---

① (清)马锦:《碧萝吟馆诗集》卷8,清道光六年刻本,第9页。
② (清)马锦:《碧萝吟馆诗集》卷8,清道光六年刻本,第14—15页。
③ (清)马锦:《碧萝吟馆唱和诗词》卷4,清道光三年刻本,第30页。

附录一 方成珪年谱简编

荆扉响剥啄。启户忽来玉版师,附以手书一二幅。云是花溪坟上种,不比寻常村市鬻。稍久稽留恐不鲜,因教健步致双簏。良朋情义重如许,敢不勉旃遵所嘱。急命庖丁砺霜刃,杀此箨龙入我腹。质丰而脆宜佐醁,气清且腴胜食肉。甘美堪除何允辇,芬芳不愧韩侯簌。雏儿弱女恣大嚼,并可饱餐到童仆。遂命一家十余口,胸中各有渭川竹。我从去年读君诗,每每馋涎溢口角。今日承君远投赠,方信诗中语皆确。世间竟有此珍品,相见虽晚亦为福。作此预订来春约,愿更多多馈新玉。臭味吾曹无少差,定不厌余再三渎。[1]

是年,方成珪又作《即事二首》:"九重诏讨莫离支,韩范威名远出师。旧日山河归版籍,频年尘土浣旌旗。玉关地迥三龙接,花海霜寒万马驰。安得甲兵都浮洗,大书功绩勒穹碑。东南已扫鲸鲵穴,西北犹屯虎豹营。闻道大军频奏捷,并传余党半归诚。紫缰赐下云霄路,青禁荣兼保傅名。万里师徒供亿久,诸公何以慰皇情。"[2] 马锦亦酬之:"天弧西指扫欃枪,万骑云屯叶尔羌。羽檄飞传部落,黔黎安堵旧边疆。孤忠弱息归无恙,参赞奇谋定有方。褒锡殊恩荣保傅,元戎挞伐媲鹰扬。瓦解冰消寇势孤,纷纷城下献降俘。渠魁幸脱鲸鲵戮,荆棘严搜虎豹诛。早使凯歌传驿路,休教供亿困师徒。大功告蒇尘氛靖,帷幄勋劳秉圣谟。"[3] 同年,马锦游鸳湖又作和诗《鸳湖晚眺和雪斋学博》:"空水极沧茫,薄游天欲暮。同叩钓鳌矶,扁舟依岸住。暝阴小阁沈,冷意西风作。归鸦噪夕阳,败叶零秋树。凭栏供眺瞩,爽气遥空度。霜浓万井寒,鱼鳞不可数。只隔一林烟,如窥三里雾。胸襟顿觉宽,妙景目争赴。渺渺放鹤洲,曲曲捕鱼渡。蟹舍细灯移,菱塘短竹仆。云飞帆影过,雁落橹声误。城头半角斜,指认湖边路。对此发清讴,月上忘回步。公子结风标,亭亭双白鹭。"[4]

---

[1] (清)马锦:《碧萝吟馆唱和诗词》卷4,清道光三年刻本,第29—30页。
[2] (清)马锦:《碧萝吟馆唱和诗词》卷4,清道光三年刻本,第36页。
[3] (清)马锦:《碧萝吟馆诗集》卷8,清道光六年刻本,第26页。
[4] (清)马锦:《碧萝吟馆诗集》卷9,清道光六年刻本,第3页。

9月29日,方成珪生日,吕荣携菊贺寿。
1828年(清宣宗道光八年)44岁
2月,与宋咸熙订交。宋咸熙《耐冷谭·〈再叠前韵题绉云石〉序》:"瑞安方雪斋成珪,官海昌学正,耽吟爱士,与少仙相埒,雪斋尤温润也。戊子二月,始与余订交于马氏。"①

3月,马锦作《雪斋学博赠诗次韵》:"不受尘羁即散仙,厅莺载酒自年年。乡村招引游春去,一树桃花红欲然。忙如蝴蝶看花入,修禊将逢上巳辰。酒盏狂飞灯影暖,风光犹忆去年春。"②继作《慕庐次雪斋学博韵》:"奄霭溪边翠欲流,酒瓢茗椀此勾留。洞天不比桃源古,仙客如从杜曲游。雨湿庭花枝著泪,烟浓墓草径通幽。广微倘补笙诗卷,学步南陔恐未收。三尺篱垣判界疆,不教刍牧混牛羊。难忘桑梓贻先泽,每屈簪裾叩影堂。对岸松林环竹径,到门月槛接风廊。鸟声唤起提壶兴,一曲清歌酒一觞。"③后又作《重以花山笋送雪斋学博》:"山路春晴走健奴,重携乡味送官厨。野人长物夸惟此,太守清馋慰得无。入釜好凭槐火活,登盘不厌玉根粗。瓜朋蒜友纷然集,酒畔高吟或忆吾。"④

是年,马锦忆影僧柱石史事,即作《影僧柱石歌》记之:

> 水汤汤,菩提性。石铮铮,豪侠命。保全者众功德大,仗义而死得其正。明末寇焰纷披猖,驱掠妇女如牛羊。野花插遍长水塘,妖娆寄纳僧人房。红裙翠袖色迷眩,偏使阇黎饿眼见。摩登咒易摄阿难,几人能不禅心变。此僧肝胆独不平,隔院惨闻嚎哭声。撞钟击鼓纵使去,开笼放鸟群逃生。群逃生,寇兵到。索妖娆,僧不报。寇乃吓僧僧大叫,缚僧乱作猕猴跳。磨牙切齿啖僧肉,众弩齐

---

① (清)宋咸熙:《〈再叠前韵题绉云石〉序》,《绉云石小志》,海宁市文史资料委员会1996年版,第68页。
② (清)马锦:《碧萝吟馆诗集》卷9,清道光六年刻本,第8页。
③ (清)马锦:《碧萝吟馆诗集》卷9,清道光六年刻本,第8—9页。
④ (清)马锦:《碧萝吟馆诗集》卷9,清道光六年刻本,第9页。

附录一　方成珪年谱简编

开攒箭镞。肌骨无存血影新，等闲一死犹撑目。白石凿凿司宪坊，荒苔生翠落日黄。非碑非碣兀然立，千秋不灭经风霜。呜呼！见危不救非佛子，一念慈悲竟拚死。儒乎释乎理本同，古来杀身成仁每如此。①

方成珪阅之，依韵作《〈影僧柱石歌〉和马古芸》：

司宪坊，石高峙，上有血痕透骨紫。云是前朝无上士，生众善女自甘死。死可活人恒河沙，何惜一身洞万矢。至今天阴雨湿柱影新，犹令道旁过者争仰止。但忧当日流寇炽，赤眉黄巾徧地是。群荓既遁仍就缚，空教此僧碎虎齿。僧也含笑去，世事讵有底。瞻前顾后非丈夫，我亦第尽我心耳。血面径参三世佛，佛见虽怜却欢喜。大慈悲，大县解，能为空门振灵轨。下看世界慧眼愁，妖鲸吹浪犹未已。安得如僧千百辈，广作法航度佛子。凡乱有缘起，请为陈其始。盗贼本良民，酿祸自天启。茄花盛开委鬼坐，官吏追求肆搒捶。尔俸尔禄民脂膏，戒石空存诵者几。穷阎救死恐不赡，遂用戈矛易耒耜。朝廷日日督征讨，讵知官兵淫掠复尔尔。转不若方外缁流尚可恃。未识一时衣冠中，闻风能否颡有泚。吁嗟高皇年少曾为僧，只缘不嗜杀人定天纪。谁料遥遥末代有宗派，道力亦为一方倚。影不灭，石不圮，人与石俱不朽矣。②

是年，马锦得名贵鲥鱼，想起好友方成珪，遂作诗《食鲥鱼③二十四韵》以索和：

鯦类曰当魱，如鳊又异形。捕从富春渚，卖向浙江亭。每欲申

---

① （清）马锦：《碧萝吟馆诗集》卷9，清道光六年刻本，第11—12页。
② （清）方成珪：《宝研斋吟草》，清道光二十六年聚珍版，第29—30页。
③ 鲥鱼，古称"鯦"，又称"时鱼""三来""三黎"或"瘟鱼"。主要分布于中国浙江、福建、广东等东南部沿海一带。体长，达70厘米。肉肥硕，含脂高，肉味鲜，为名贵鱼类。

367

馋指，无由佐食经。暖风来舶趠，片叶入沧溟。正好樱桃节，初开芍药厅。临渊良足羡，弹铗不须听。小陋银刀白，长争钓竹青。搓头堪仿佛，石首转伶俜。入市催僮仆，承筐纳户庭。如逢鲜荔贡，犹带晚潮腥。典袴钱休论，供餐釜莫停。贪难分好友，烹自嘱庖丁。切戒纤鳞弃，毋教寸甲零。羹材融片玉，馔具灿星翠。尾连三尺霜，衣脱万钉。酥调肌细腻，碎剔骨玲珑。触鲠尤利，凝晴钥未扃。脂膏亲易润，七箸祝能灵。笋菌同时嫩，椒姜配味馨。油然色香味，具尔豆笾铏。不碍鲂兼鲤，犹如尹与邢。痴肠拼饟化，果腹趁眠醒。癖嗜甘秦炙，飞行贩越舲。金盘欣荐熟，醉我酒双瓶。①

方成珪即作《和古芸〈食鲥鱼二十四韵〉》应之：

当鮰乘时至，新诗怳写形。赋成排俪句，函递短长亭。笔阵君能敌，渔庄我旧经。连衡带西郭，张网向东溟。特重三鳖价，先投邑宰厅。盘餐常自给，榔响不虚听。入釜鳞全白，开樽眼乍青。北京游旷荡，南客影伶俜。冷落春风席，婆娑古树庭。主人耽肉味，供具厌鱼腥。此物筵终缺，相思箸每停。非鯔奚惧乙，似鹳合呼丁。鲑市频频过，馋涎续续零。蹉跎来海国，邂逅等晨星。绿正桑围幄，红兼荔绐钉。帆飞飔习习，钲击韵玲玲。耳触先搜篚，肩挑忽叩扃。丰腴奴白小，细腻仆黄灵。买喜随心获，烹旋扑鼻馨。怡宜樱笋，齐陋豕羊铏。骨鲠犹思鲁，姿纯或媲邢。但羞厨传乏，易遣醉魂醒。坦路堪驰骑，平波好驾舲。良朋如寄赠，重为倒银瓶。②

是年，马锦又收到方成珪的索和诗，便作《大雨不止雪斋学博有诗见寄次韵》："毕飗阴黑流星旄，溟海腾沸炭暗熬。嗟鱼适与蛟龙遭，随波逐浪亦以豪。北风峭劲南风鏖，劈空雷响升云礮。初闻窗竹鸣飔

---

① （清）马锦：《碧萝吟馆诗集》卷9，清道光六年刻本，第13—14页。
② （清）方成珪：《宝研斋吟草》，清道光二十六年聚珍版，第30—31页。

附录一 方成珪年谱简编

飔,青鸾摇尾势若翱。然而雨师心郁陶,驱令千百鼋鼍曹。阳乌匿影揪敛饕,九江卷起滔天涛。土膏浸润苔生毛,农夫刈麦心惨忉。泥浆没踝腰镰刀,如葱剥尽留枯袍。败谷为虫难攻牢,田畯几使弃屋逃。或谓后笑应先号,原田晦晦非危挠。惰者有禁勤者褒,插秧匍匐昂其尻。及时蓑笠休惮劳,长夏可免运橰槔。氛祲不染祛山臊,谁欤吻燥忘当膏。况乃甘泽无久叨,炎蒸三伏红输高。穏待充积秦仓敖,岁收岂患蠋秋毫。丙丁帖奉健笔操,雨声犹似弹灵璈。"①

1829年(清宣宗道光九年)45岁

方成珪收到吕荣所作《月夜露坐歌因成长句》,阅罢遂作《读幼心司马月夜露坐歌因成长句奉呈》:"吴刚老人运巨斧,高劓八万四千户。天风吹断丁丁声,玉屑琼霏落如雨。惟公食之清肺肝,元精照耀牛斗干。遂令万象发光怪,络绎来赴霜毫端。姮娥夜夜块居独,似嫌霓裳听已熟。广延曹侣弹八璈,奏公新翻月下曲。王子登、董双成,歌音嘹亮鸾凤鸣。夜深曲罢悄无语,惟见瑶台如水清。"②

是年,送吕荣返归江苏阳湖,又作《送吕幼心司马归阳湖并序》:

> 红镫绿琖,侍欢宴者八年;北渚南津,牵离裾兮一旦。无不望匆匆之行色,销黯黯之吟魂。而况海内衣冠,争仰元龙丰范;瀛壖妇孺,熟谙司马姓名。年来咳唾余恩,活人无算;记得琳琅高价,惠我有孚。则当此白云在天,尺波如电,能弗感申重之宠睠,诉辛苦以文辞哉?公江左硕儒,汉朝循吏,始褰帷于桐国,旋露冕于萧关。大夏蒙头,宽然共庇;阳春有脚,到处皆周。下车则来暮兴讴,离境则遮围成市。以故皖口长棠荫,生前立荀令之祠;筓头遍插桃花去,后号冯公之岭也。追乎恩霑北阙,绩著束瀛。鹭羽潮平,稳度春秋二汛;鱼鳞塘罨,栽桃柳千章。半年银印兼权,熊轼播细侯之誉;数月玉峰暂驻,鲛人传谢客之诗。方谓日照高衢,凤

---

① (清)马锦:《碧萝吟馆诗集》卷9,清道光六年刻本,第14页。
② (清)方成珪:《宝研斋吟草》,清道光二十六年聚珍版,第36—37页。

飞易上；岂料风吹别调，鸾舞难谐。既霄汉之翻身，遂溪山之纵步。顾或尘寰事怪，镇日书空，愤吒情深，终朝仰屋。赵少公之远谪，有堕心摇恨之形；陆务观之晚年，多叹老嗟贫之作。未免浮名过恋，冲尚难言。而公则倚石忘情，看云得意。破甑奚烦再顾，恍孟敏之旷怀；清尊常喜不空，得孔融之豪趣。陶靖节田园归去，止乐琴书；杜少陵诗句吟来，不忘忠爱。往往占风测水，较雨量晴。短长都托乎四声，忧乐直通乎百姓。固非徒侈真才人之慧业，而实足见大君子之用心矣。兹者岁莫言旋，朋歌赠别。对江梅兮缱绻，攀岸柳兮萦回。恩岂能酬，父老焚香而下泣；缘犹未了，宾僚捧袂以陈词。此时骊唱方殷，既莫辍归舻之棹；他日燕来有约，待重倾社酒之觞。是为序。①

1830年（清宣宗道光十年）46岁

忆吕荣赠菊而作《次韵幼心司马对菊寄怀之作》："纷纷凉月写碧萝，茶烟随风帘外过。菊香菊影各清绝，秋蟹秋鲈应醉多。步陇或寻野叟话，临流更听渔人歌。欲陪筇屦恣游赏，其奈关山迢递何。"②

是年，端木国瑚举家迁居瑞安县城。

1831年（清宣宗道光十一年）47岁

与蔡载樾相识并订交。

是年，作《题蔡砚香学博吟稿后》以述怀："岁初泛榷小桐谿，犹见龙蛇壁上题。闻说春风过苔雪，由来真味出盐齑。青山揽胜频叉手，绿酒逢欢直到脐。何日一樽相对举，更将诗律细参稽。"③

又作述怀诗《寄怀吕幼心司马》："花落空庭叶满枝，出墙夭棘冒丝丝。次公狂饮无聊赖，平子闲居有所思。人过饯春如惜别，书开临发为添诗。江南耆宿看应笑，请付孙郎帐下儿。"④

---

① （清）方成珪：《宝研斋吟草》，清道光二十六年聚珍版，第40—42页。
② （清）方成珪：《宝研斋吟草》，清道光二十六年聚珍版，第46—47页。
③ （清）方成珪：《宝研斋吟草》，清道光二十六年聚珍版，第49—50页。
④ （清）方成珪：《宝研斋吟草》，清道光二十六年聚珍版，第50页。

是年，瑞安多大水，溺死人民如浮萍。（赵钧《过来语》）

1832年（清宣宗道光十二年）48岁

4月，给管庭芬寄月课题。《管庭芬日记》："晨幼坪寄方雪斋学师月课题来，'若臧武仲之知'五句，诗'下笔春蚕食叶声'得'蚕'字。"[1]

5月，又寄月课题给管庭芬。《管庭芬日记》："雪斋学师寄月课题来，文'道不同不相为谋'，诗'青天无片云'得'天'字。"[2]

8月20日，瑞安学派中期代表黄体芳（1832—1899）出生于城厢小沙堤居第。黄体芳，字漱兰，号莼隐。同治二年（1863）进士，官至内阁学士、江苏学政、兵部左侍郎、左都御史等。著有《江南征书札》《江南征书文牍》《漱兰诗葺》《醉乡琐志》等。其子黄绍箕（1854—1908）、侄黄绍第（1855—1914）均为瑞安学派后期代表，且均为进士。

1833年（清宣宗道光十三年）49岁

与马锦、蔡载樾、王补坪等游鸳湖。《宝研斋吟草》："忆昔鸳湖艇，同吟雁路秋。光阴如梦过，风景有图留。知己平生感，因兹泪更流。"[3]

是年，闻吕荣重游泮宫与其两孙同举之喜事，遂作诗寄贺：

> 儒风重家塾，首推东莱吕。名贤传既多，科级拾亦屡。递迁晋陵郡，尤昌人物谱。海门争飞超，云路失修阻。道光十三载，茂才一双举。先生携麟孙，殷勤拜鳣序。云昔癸巳岁，亦曾弟子补。计年先后同，周围甲子数。维时冠盖集，式歌肴核旅。雏赓老凤鸣，弧共德星聚。朱颜生羽翣，素志寄毫楮。嗣尘康乐辞，勉学黄门语。新诗辱相示，逖听喜欲舞。盛事萃一门，离怀隔三暑。待营剡溪棹，亲贺济源墅。一醉三百觚，先生倘见许。[4]

---

[1] （清）管庭芬著，张廷银整理：《管庭芬日记》（第2册），中华书局2013年版，第675页。
[2] （清）管庭芬著，张廷银整理：《管庭芬日记》（第2册），中华书局2013年版，第680页。
[3] （清）方成珪：《宝研斋吟草》，清道光二十六年聚珍版，第59页。
[4] （清）方成珪：《宝研斋吟草》，清道光二十六年聚珍版，第55—56页。

继又作《前诗意有未尽再成四律》：

老来剑气尚龙摅，重见双南出冶初。传学自应分范砚，扶行端不藉陶舆。当年侪辈谁争席，畅好生涯是积书。一笑窗前新绿满，科名草又绕庭除。手携双凤入宫墙，旧事从新话更长。彩笔屡惊同学队，锦标俄夺少年场。搴帷到处间阎乐，解组归来姓字香。想见酒酣挥尘候，白头潇洒胜诸郎。此会风流果绝尘，劝觞兼得众词人。聚来骨肉形骸放，论到文章气味亲。从古上庠尊国老，待看公燕冠乡宾。明年鲤信秋光好，先贺文孙折桂新。香火因缘信有之，德门三代尽深知。往时连袵情何限，异地开函喜不支。便唤妻儿传吉语，遥飞觞斝祝蕃厘。开心杖履欢娱会，输与花间蛱蝶随。①

8月，临近49岁生日，作自寿诗《五十述怀》：

其一："镜发萧疏雪渐侵，半生微尚讬秋琴。关心文字知无补，回首家园感不禁。马鬣久封幸远梦，雁行中断易哀吟。追思年少团栾日，寸晷真堪抵万金。"其二："也曾踏遍软红尘，帝里风光入咏频。醉后每聆燕市筑，梦中俄食圣湖莼。昭王台迥青云隔，都尉城低碧海亲。天与清闲消晚岁，香炉茗碗日随身。"其三："门前问字客频仍，立脚相期最上层。人喜识途如老马，自怜钻纸学痴蝇。由来山水知音惯，几辈云霄得路曾。愿与诸君同努力，无穷尽味此青灯。"其四："孤木迎风失所依，浸成四十九年非。次公嗜酒狂名著，中散酬书懒性违。临水却知濠上乐，灌畦早息汉阴机。满庭松菊甘为主，萧洒何心学表微。"唐韦表微年四十九，自称松菊主人。②

9月29日，管庭芬前来祝寿。《管庭芬日记》："初九，重阳。

---

① （清）方成珪：《宝研斋吟草》，清道光二十六年聚珍版，第56—57页。
② （清）方成珪：《宝研斋吟草》，清道光二十六年聚珍版，第57页。

晴。晨祝雪斋学师五十诞辰,即酌于紫藤书屋,适春苹、谦谷亦在,并唔晴江外舅、仲方叔岳及笠湖。"①

1834年(清宣宗道光十四年)50岁

5月,与吴辛峰、韩振斋、朱立斋、金岱峰和钱泰吉等六人,以诗规劝好友屠筱园。钱泰吉《甘泉乡人稿》卷十六《〈屠筱园教授遗稿〉序》:"筱园以母忧去闻寮友共事杭州,寄所作怀,西安吴辛峰、萧山韩振斋、长兴朱立斋、瑞安方雪斋及岱峰与余六人者,五言古诗各一首,寓规劝于诙谐,而六人者之性情意趣皆得其真。"②在这次诗文切磋中,方成珪依韵作五言:"频年游虎林,同辈时经过。得君共楼止,谈笑益以多。碑搜汉熹平,觞举晋永和。嘤嘤鸟唤树,咴咴鱼吹涡。光阴过隙驹,局促理则那。业邀名儒许,甘受俗子诃。请看风雅人,瞬息归山阿。尊罍幸无恙,不饮当如何。"③

6月,据新旧《唐书》《全唐文》和《南院新书》等各类史料对吴昂驹所校《唐摭言》作了重新疏证,成《唐摭言校正》15卷,并将手稿本存于吴昂驹处。吴昂驹后又对其手稿作了3次复校,并于卷首撰写题识1则。

是年,瑞安大疫,百姓死亡多。(赵钧《过来语》)

1835年(清宣宗道光十五年)51岁

5月,与钱泰吉、金岱峰、管庭芬三人交流。《管庭芬日记》:"三十,晴。晨登吴山,茗饮于映山楼而返。午后唔雪斋、深庐二夫子并临安学师金公岱峰。"④

1836年(清宣宗道光十六年)52岁

1月,与钱泰吉、朱送云、沈鹿苹、管庭芬等共饮至暮。《管庭芬日记》:"初四,雨竟日。……适深庐夫子邀饮署中,同席者为雪斋学师及朱孝廉送云、沈大使鹿苹,饮至薄暮而散,即与晓峰解维,抵家已

---

① (清)管庭芬著,张廷银整理:《管庭芬日记》(第2册),中华书局2013年版,第740页。
② (清)钱泰吉:《甘泉乡人稿》卷16,清同治十一年刻光绪十一年增修本,第203页。
③ (清)方成珪:《宝研斋吟草》,清道光二十六年聚珍版,第61页。
④ (清)管庭芬著,张廷银整理:《管庭芬日记》(第2册),中华书局2013年版,第808页。

二更矣。"①

1837年（清宣宗道光十七年）53岁

参合岱南阁孙星衍刻本、雅雨堂卢见曾刻本、张惠言辑本和志林本等文献，对马国翰辑本作了完善，撰成《干常侍易注疏证》1卷。

1838年（清宣宗道光十八年）54岁

5月，与钱泰吉、吴清藻、管庭芬等三人共进晚宴。《管庭芬日记》："初二，晴。……是日扃试，雪斋、深庐二学师亦在，因留晚酌，并邀啸湄及陈节亭长同席，抵暮返棹。"②

与蔡载樾相约访梅华峰。《访梅花峰次砚香韵》："秋水潭边白版开，梅花峰裹冻余苔。横斜孤影寒如此，尚有闲人觅句来。龙华小劫感沧桑，花草全消往日香。输与玲珑一片石，年年无语立斜阳。"③后又分别为蔡载樾所作邃斋图、戴笠图题诗。方成珪撰《题蔡砚香邃斋图十六韵》：

> 泰运三阳升，天光照山薮。孟津及昆岳，珠璧争献寿。用《世说》蔡洪语。君才无不包，车载叶大有。鼎亨偶未卜，潇洒且诗酒。文君为端蓍，爻得邃上九。惟肥故能飞，《文选·张衡·思元赋》旧注：淮南九师道训云：邃而能肥，吉孰大焉。《后汉书》本传注引作"邃而能飞"。岂但鹿麋友。图开列岩岫，清境落君手。竹篱茅舍间，环以桃竹柳。不知读何书，芬芳定满口。忆昔子朱子，注易辟天牖。晚自称邃翁，孤立任击掊。君为西山裔，世谊傅孔久。渊源溯南宋，此意越曹耦。勖哉崇令德，努力步其后。终来有它吉，可筮比元咎。避世金马门，大隐隐朝右。④

又作《题蔡砚香戴笠图》：

---

① （清）管庭芬著，张廷银整理：《管庭芬日记》（第2册），中华书局2013年版，第837页。
② （清）管庭芬著，张廷银整理：《管庭芬日记》（第2册），中华书局2013年版，第917页。
③ （清）方成珪：《宝研斋吟草》，清道光二十六年聚珍版，第66页。
④ （清）方成珪：《宝研斋吟草》，清道光二十六年聚珍版，第64—65页。

附录一 方成珪年谱简编

> 语儿谿水潆而曲,春到玲珑破寒玉。杨柳烟中垂钓丝,蒙头圆影摇波绿。当年察父捷南宫,曾插宫花压帽红。北阙挂冠归话雨,东郊露冕罢观风。图成戴笠桐阴憩,老凤清声雏凤继。初日如描博士盘,闲云仍用先人例。荆钗健妇镇相于,绣袴郎君解读书。所好平生兼蜡屐,相逢何处有高车。皂林古驿临官路,负弩江干迎候处。绶曳缨影也自雄,眉低腰折知无数。邠庄地僻恣闲游,黄叶飞飞乱打头。岂独编蒲夸野制,还思种菜续风流。况是先朝盛著述,汉卿道学夋山笔。前辈巾簪足溯洄,莫年被服同疏逸。笑摩鬑发称夫须,博得官衔不离儒。露顶未甘师醉旭,添毫应许拟髯苏。尝闻陶令东皋隐,有子利名心亦尽。如尔烟霞又不孤,看人襁褓真堪哂。白云仙岭梦依依,<small>吾邑有白云岭,相传陶贞自楼隐处。</small>盟笠前言愿莫违。他日画师重点染,石边添我绿蓑衣。①

9月,福建闽县萧宝棻(1821—1861)②来信催收《秋花唱和诗稿》。《管庭芬日记》:

> 廿五,晴。升恒来即归。是晚,接韵秋回书云:"吴懋兄来,接读教言,就稔吟祉增绥,深慰悬系。《秋花唱和诗稿》业已汇齐,所缺者唯方雪斋学师及阁下与龚翁耳。方师处已作札去催,大稿及龚翁作,祈即日录付邮筒,以便写上,千万勿迟为祷。首页写'盟兰山馆唱和合刻',必得钟鼎文或隶书为妙,并乞一挥。奉复,即询秋祺不宣。"即晚申。③

12月,蔡载樾为接待方成珪所修"待雪楼"落成,遂派子蔡锡琳去海宁州接方成珪相聚。

---

① (清)方成珪:《宝研斋吟草》,清道光二十六年聚珍版,第67—68页。
② 萧宝棻,字韵秋,福建闽县人,生活于道咸年间。著有《鹭江竹枝词》。
③ (清)管庭芬著,张廷银整理:《管庭芬日记》(第2册),中华书局2013年版,第933—934页。

是年，参寻各类诗文注疏与文献，对查慎行 48 卷《敬业堂诗集》作校补，成《敬业堂诗校记》。

1839 年（清宣宗道光十九年）55 岁

同邑陈步云（1773—1850）告老回乡。清中期海疆将领。字锡镰，号锦堂。历任温州镇千总、浙江定海镇总兵、广东琼州镇总兵和福建金门镇总兵等。曾多次击退横行台湾海峡之海盗，并首倡捐银创办瑞安聚星书院。遗作有《定海永安策》《琼岛风情录》《衢山议》等。

1840 年（清宣宗道光二十年）56 岁

6 月，英军发动鸦片战争，封锁广州、厦门后，北上进攻定海。

是年，瑞安学派代表黄体芳之兄黄体正（1810—1849）入京会试。后因试卷传阅时丢失，列入副榜，拣选知县。（余振棠《瑞安历史人物传略》）

1841 年（清宣宗道光二十一年）57 岁

1 月，管庭芬来访。《管庭芬日记》："十三，晴。晨之方雪斋、钱深庐二学师署，并之孙熙台少尹处，即至笠湖姻家贺岁。"[①]

5 月，管庭芬来访。《管庭芬日记》："十九，小暑节，酉初。晴。燠甚。辰刻观罗宗师文俊入学行香毕，余即之钱深庐、方雪斋二学师寓，并访诸友而归。"[②]

是年，以东雅堂本为底本，综合《旧唐书》《新唐书》《资治通鉴》等史料，并参考何焯《读书记》和《韩集点勘》《读韩记疑》等文献对《韩昌黎集》进行笺正，成《韩集笺正》5 卷。

1842 年（清宣宗道光二十二年）58 岁

屋旁偶得孙吴天册元年（275）砖一块。11 月，受嘉兴王茹园邀请，为《溪梅旧宅图》作跋。

1843 年（清宣宗道光二十三年）59 岁

5 月，以泽存堂五种本为底本，参钱广伯校本及清人注疏对《字

[①] （清）管庭芬著，张廷银整理：《管庭芬日记》（第 3 册），中华书局 2013 年版，第 1030 页。
[②] （清）管庭芬著，张廷银整理：《管庭芬日记》（第 3 册），中华书局 2013 年版，第 1044 页。

附录一 方成珪年谱简编

鉴》作校注,成《字鉴校注》5卷。7月,已升任宁波府学教授。《管庭芬日记》:"廿三,晨,霢霂即止。之方雪斋学师公馆,时已升任宁波府学教授。午后之三桥址观剧。晚雪斋师过谈久之而别。"[1]

是年,吴昂驹考选入贡生。吴昂驹,字千仲,号醒园,浙江海宁人。藏书家、校雠学家,著有《游横山诗册》。(《海宁艺苑人物》)他曾将《唐摭言》自校本送给方成珪校阅,并对其《唐摭言校正》作了多次复校。

1844年(清宣宗道光二十四年)60岁

孙衣言中举,时年29岁。(民国《瑞安县志稿》)

1845年(清宣宗道光二十五年)61岁

9月7日,地震。(赵钧《过来语》)

是年,参考曹刻本、宋椠本《集韵》,吸收段玉裁、严杰、汪远孙、陈庆镛等成果,并结合《方言》《说文》《广雅》《经典释文》和《类篇》等文献,完成著作《集韵考正》10卷本初稿。次年,又对全稿作了进一步修改。黄式三《〈集韵考正〉序》:"书成于乙巳以前,续改于丙午以后,用功勤而校雠精,《集韵》自是成完书矣。"[2]

1846年(清宣宗道光二十六年)62岁

9月24日,地震。(赵钧《过来语》)

12月,拜访姚燮,获赠《复庄诗问》诗集。《诗问·诗评》:"瑞安方雪斋学博成珪云:'丙午冬,出《诗问》相示,且校且读,浃句而周。'"[3]

是年,从已有的近千首诗歌中精选200余首,出版聚珍版活字印本《宝研斋吟草》1卷。1935年11月,近代藏书家黄群将该本编入《敬乡楼丛书》第4辑,校印出版。

1847年(清宣宗道光二十七年)63岁

1月,《集韵考正》正式定稿。方成珪《〈集韵考正〉自序》:

---

[1] (清)管庭芬著,张廷银整理:《管庭芬日记》(第3册),中华书局2013年版,第1129页。
[2] (清)孙诒让:《〈集韵考正〉后记》,《集韵考正》,清光绪五年《永嘉丛书》本,第2页。
[3] 赵杏根:《姚梅伯年谱简编》,《明清诗文研究资料辑丛》,吉林文史出版社1990年版,第98页。

"惟是校书如扫落叶，终无了期，况案少积书，疏舛自知难免，尚望博雅君子有以匡其谬而觉其迷焉。时道光丁未（1847）陬月望日，瑞安方成珪书于四明学舍。"①

是年，孙锵鸣提拔了李鸿章、沈葆桢两位官员。前者后成了洋务派首领，后者官至两江总督。俞樾曾赠寿联：天下翰林皆后辈，一朝宰相两门生。②

1848年（清宣宗道光二十八年）64岁

8月19日，瑞安学派中期代表、孙衣言次子孙诒让出生于潘垟茂德里。孙诒让，一名德涵，字仲容，别号籀庼。与同省的俞樾、黄以周合称为"清末三先生"。同治六年（1867）举人，后屡次会试均不第，转攻学术。著有《周礼正义》《墨子间诂》《契文举例》《札迻》等。孙诒让推崇方成珪之学术，曾撰写《方成珪先生雪斋传略》，并对《集韵考正》《干常侍易注疏证》作了补注。

1849年（清宣宗道光二十九年）65岁

端木国瑚之子百禄（1824—1860）拔贡，候选直隶州州判。字叔总，又字小鹤，号梅长。少承家学，喜金石，好诗文。著有《瓯江归棹录》《石门山房诗钞》《寄巢诗稿》等。（民国《瑞安县志稿》）

1850年（清宣宗道光三十年）66岁

6月6日，因老病卒，葬于瑞安县十二都北门外五里圣寿寺之侧。瑞安学派中期代表陈黻宸（1859—1917）③从孙、学派后期代表陈怀（1877—1922）④长子陈谧撰写了《方先生墓表》："先生生乾隆五十年（1785）乙巳九月二十九日，卒以道光三十年（1850）庚戌六月初六

---

① （清）孙诒让：《〈集韵考正〉后记》，《集韵考正》，清光绪五年《永嘉丛书》本，第3页。
② 李淳编：《瑞安市文化志》，西泠印社出版社2015年版，第2页。
③ 陈黻宸，幼名芝生，又名崇礼。字介石，室号饮水斋、烛见知斋，瑞安人。中国著名史学家、哲学家和教育家。与陈虬、宋恕合称"东瓯三先生"。1903年7月中进士，历任户部贵州司主事、学部京师编译局总纂、旅京浙学堂正总理、浙江省咨议局正议长等。著有《中国通史》《诸子通义》《老子发微》《庄子发微》等。
④ 陈怀，原名启明，字孟冲，一作孟聪，瑞安人。中国清史学科奠基者之一。曾任京师编译局分纂、旅京浙学堂教习、浙江省抚署参议厅参议、瑞安县议会副议长等。著有《清史要略》《中国近百年史要》等。

附录一　方成珪年谱简编

日。春秋六十有六,其葬于县北门外五里圣寿寺之侧,阅八十岁,乡人陈谧于是为表其墓。"①

是年,孙衣言中进士,居翰林八年,后升为侍讲。

---

① 陈谧:《方先生墓表》,《字鉴校注》,瑞安陈襄殷1932年手钞精校本,第1—2页。

附录二　方成珪作品目录

一　现存著作

（一）《集韵考正》10卷

1.道光丁未年（1847）稿本

2.瑞安项氏藏手稿本（又称"逊学斋藏钞本"）

3.清光绪五年（1879）《永嘉丛书》本（即"孙诒让《〈集韵考正〉补注》"）

4.民国铅印本（即"陈准《〈集韵考正〉校记》"）

5.清佚名钞本

6.钱恂旧藏本

7.《万有文库》本

8.《续修四库全书》本

（二）《韩集笺正》5卷

1.道光二十一年（1841）刻本

2.瑞安陈氏湫漻斋铅印本（"中华书局影印本""上海古籍出版社影印本"）

3.清道光佚名钞本

（三）《字鉴校注》5卷

1.瑞安陈襄殷手钞精校本

2.瑞安陈氏襄殷堂石印本

（四）《唐摭言校正》15卷

1.清道光十四年（1834）钞本

2.管庭芬抄本

（五）《敬业堂诗校记》48卷

1.《惜砚楼丛刊》本

2.《瓯风杂志》汇刊本

（六）《干常侍易注疏证》1卷

1.清光绪七年（1881）孙诒让补校本（又称"玉海楼钞本"）

2.永嘉黄氏校印本（又称"《敬乡楼丛书》本"）

（七）《宝研斋吟草》1卷

1.清道光二十六年（1846）聚珍版

2.《敬乡楼丛书》本（又称"永嘉黄氏校印本"）

3.清佚名钞本

4.民国溯初钞本

（八）《守孔约斋杂记》1卷

1.清末瑞安孙氏玉海楼抄本

2.瓯风社刊本

（九）《河南方氏家谱》不分卷

清道光元年（1821）刻本

二 未见著作

（一）《所见集时文》

陈谧《方先生墓表》记，今未见。

（二）《王右丞诗笺注》

陈谧《方先生墓表》记，今未见。

（三）吕祖谦《读诗记》校本

黄群《〈干氏易注疏证〉跋》记，今未见。

（四）王应麟《困学纪闻》校本

黄群《〈干氏易注疏证〉跋》记，今未见。

参考文献

一 古籍

（汉）班固：《汉书》，清乾隆武英殿刻本。
（汉）孔安国著，（唐）陆德明音义：《尚书》，四部丛刊景宋本。
（汉）刘安著，（唐）许慎注：《淮南鸿烈解》，四部丛刊景钞北宋本。
（汉）毛亨著，（汉）郑玄笺，（唐）陆德明音义：《毛诗》，四部丛刊景宋本。
（汉）司马迁：《史记》，清乾隆武英殿刻本。
（汉）王逸章句，（宋）洪兴祖补注：《楚辞》，四部丛刊景明翻宋本。
（汉）郑玄著，（宋）王应麟辑：《周易郑注》，清湖海楼丛书本。
（金）韩道昭：《五音集韵》，清文渊阁四库全书本。
（晋）葛洪：《抱朴子》，四部丛刊景明本。
（明）程敏政：《明文衡》，四部丛刊景明本。
（明）樊维城：《盐邑志林》，景明刻本。
（明）高启：《高太史大全集》，四部丛刊景明景泰刊本。
（明）顾清：《东江家藏集》，清文渊阁四库全书本。
（明）焦竑：《皇明人物要考》，明万历三衢舒承溪刻本。
（明）罗懋登：《西洋记》，明万历二十五年（1597）刊本。
（明）宋濂：《篇海类编》，明成化三年（1467）至七年（1471）明释文儒募刻本。
（明）文德翼：《求是堂文集》，明末刻本。

参考文献

（南朝）范晔：《后汉书》，百衲本景宋绍熙刻本。
（南朝）萧统编，（唐）李善等注：《六臣注文选》，四部丛刊景宋本。
（清）查继佐：《罪惟录》，四部丛刊三编景手稿本。
（清）陈其元：《庸闲斋笔记》，清同治十三年刻本。
（清）陈维崧：《陈检讨四六》，清文渊阁四库全书本。
（清）邓显鹤：《沅湘耆旧集》，清道光二十三年（1843）邓氏南村草堂刻本。
（清）段玉裁：《经韵楼集》，清嘉庆十九年（1814）刻本。
（清）方成珪：《宝研斋吟草》，清道光二十六年（1846）聚珍版。
（清）方成珪：《干常侍易注疏证》，清光绪七年（1881）孙诒让补校本。
（清）方成珪：《韩集笺正》，1926年瑞安陈氏湫漻斋校刊本。
（清）方成珪：《敬业堂诗校记》，1934年《惜砚楼丛刊》本。
（清）方成珪：《守孔约斋杂记》，清末瑞安孙氏玉海楼抄本。
（清）方成珪：《唐摭言校正》，清道光十四年（1834）钞本。
（清）方东树：《汉学商兑》，清光绪十一年（1885）刻本。
（清）方薰：《山静居画论》，清知不足斋丛书本。
（清）冯桂芬：《（同治）苏州府志》，清光绪九年（1883）刊本。
（清）高士奇：《高士奇集》，清康熙刻本。
（清）顾蔼吉：《隶辨》，渔古山房藏版。
（清）顾广圻：《思适斋集》，清道光二十九年（1849）徐渭仁刻本。
（清）管庭芬著，张廷银整理：《管庭芬日记》，中华书局2013年版。
（清）国史馆：《清史列传》，中华书局1928年版。
（清）杭世骏：《道古堂文集》，台北书局1960年版。
（清）黄式三：《黄式三全集》，上海古籍出版社2014年版。
（清）黄奭：《黄氏逸书考》，江都朱氏补刊本。
（清）黄宗羲：《南雷文定前后三四集》，清康熙刊本。
（清）李道平：《周易集解纂疏》，清道光刻本。
（清）李渔：《闲情偶寄》，清康熙刻本。

383

（清）罗士琳：《旧唐书校勘记》，清道光惧盈斋刻本。
（清）马锦：《碧萝吟馆唱和诗词》，清道光三年（1823）刻本。
（清）马锦：《碧萝吟馆诗集》，清道光六年（1826）刻本。
（清）毛德琦：《庐山志》，清康熙五十九年（1720）顺德堂刻本。
（清）潘衍桐：《两浙輶轩续录》，清光绪刻本。
（清）蒲松龄：《聊斋志异》，清铸雪斋钞本。
（清）钱谦益：《列朝诗集》，清顺治九年（1652）毛氏汲古阁刻本。
（清）钱泰吉：《甘泉乡人稿》，清同治十一年（1872）刻光绪十一年（1885）增修本。
（清）阮元辑：《两浙輶轩录》，清嘉庆刻本。
（清）孙衣言：《瓯海轶闻》，上海社会科学院出版社2005年版。
（清）孙诒让：《〈集韵考正〉后记》，《集韵考正》，清光绪五年（1879）《永嘉丛书》刻本。
（清）孙诒让著，潘猛补校补：《温州经籍志》，上海社会科学院出版社2005年版。
（清）孙诒让著，雪克辑点：《十三经注疏校记》，齐鲁书社1983年版。
（清）汤贻汾：《琴隐园诗集》，清同治十三年（1874）曹士虎刻本。
（清）陶元藻：《泊鸥山房集》，清刻本。
（清）王筠：《文字蒙求》，清道光刻王氏四种本。
（清）吴昂驹：《敬业堂诗集参正》，清道光十八年（1838）刻本。
（清）吴骞：《拜经楼诗集》，清嘉庆八年（1803）刻增修本。
（清）姚燮著，路伟、曹鑫编：《姚燮集》，浙江古籍出版社2014年版。
（清）张惠言：《易义别录》，清《皇清经解》本。
（清）张惠言：《周易虞氏义》，清嘉庆八年（1803）阮氏琅嬛仙馆刻本。
（清）赵宏恩：《（乾隆）江南通志》，清文渊阁四库全书本。
（清）朱骏声：《说文通训定声》，清道光二十八年（1848）刻本。
（宋）曹彦约：《昌谷集》，清文渊阁四库全书本。
（宋）陈彭年等：《重修广韵》，四部丛刊景宋本。

参考文献

（宋）陈彭年等：《重修玉篇》，清文渊阁四库全书本。

（宋）陈起编：《江湖小集》，清文渊阁四库全书补配清文津阁四库全书本。

（宋）陈舜俞：《庐山记》，民国殷礼在斯堂丛书影元禄本。

（宋）程颐：《伊川易传》，元刻本。

（宋）丁易东：《周易象义》，清文渊阁四库全书本。

（宋）范成大：《石湖诗集》，四部丛刊景清爱汝堂本。

（宋）洪迈编：《万首唐人绝句诗》，明嘉靖刻本。

（宋）乐史：《太平寰宇记》，清文渊阁四库全书补配古逸丛书景宋本。

（宋）李昉：《太平广记》，民国景明嘉靖谈恺刻本。

（宋）柳永：《乐章集》，清劳权钞本。

（宋）欧阳修等：《新唐书》，清乾隆武英殿刻本。

（宋）孙光宪：《北梦琐言》，明稗海本。

（宋）王应麟：《诗考》，明津逮秘书本。

（宋）吴文英：《梦窗稿》，明刻宋名家词本。

（宋）叶适：《水心集》，四部丛刊景明刻黑口本。

（宋）岳珂：《金佗稡编》，明嘉靖刻本。

（宋）岳珂：《桯史》，四部丛刊续编景元本。

（宋）曾巩：《元丰类稿》，四部丛刊景元本。

（宋）赵公豫：《燕堂诗稿》，清文渊阁四库全书本。

（宋）朱熹：《晦庵集》，四部丛刊景明嘉靖本。

（唐）白居易：《白氏长庆集》，四部丛刊景日本翻宋大字本。

（唐）杜甫：《杜工部集》，续古逸丛书景宋本配毛氏汲古阁本。

（唐）杜甫著，（清）仇兆鳌注：《杜诗详注》，清文渊阁四库全书本。

（唐）段成式：《酉阳杂俎》，四部丛刊景明本。

（唐）房玄龄：《晋书》，清乾隆武英殿刻本。

（唐）李鼎祚：《周易集解》，清文渊阁四库全书本。

（唐）李延寿：《北史》，清乾隆武英殿刻本。

（唐）陆龟蒙：《甫里集》，四部丛刊景黄丕烈校明钞本。
（唐）欧阳询：《艺文类聚》，清文渊阁四库全书本。
（唐）钱起：《钱考功集》，四部丛刊景明活字本。
（元）黄庚：《月屋漫稿》，清文渊阁四库全书本。
（元）周权：《此山诗集》，清文渊阁四库全书本。
（战国）荀况著，（唐）杨倞注：《荀子》，清抱经堂丛书本。
（周）庚桑楚：《亢仓子》，明子汇本。
陈谧：《方先生墓表》，《字鉴校注》，瑞安陈襄殷1932年手钞精校本。

二 图书

敖运梅：《清初浙东学派诗人群研究》，上海交通大学出版社2014年版。
陈瑞赞：《东瓯逸事汇录》，上海社会科学院出版社2006年版。
陈新雄：《训诂学》，台北学生书局2005年版。
陈祖武、朱彤窗：《乾嘉学派研究》，人民出版社2011年版。
郭康松：《清代考据学研究》，湖北辞书出版社2001年版。
郭庆财：《南宋浙东学派文学思想研究》，中华书局2013年版。
郭锡良：《汉字古音手册》，北京大学出版社1986年版。
郭在贻：《训诂学》，湖南人民出版社1980年版。
何炳松：《浙东学派溯源》，商务印书馆1934年版。
胡朴安：《中国文字学史》，上海书店1984年版。
黄爱平：《朴学与清代社会》，河北人民出版社2003年版。
黄群：《黄群集》，上海社会科学院出版社2004年版。
姜海军：《宋代浙东学派经学思想研究》，齐鲁书社2017年版。
梁启超：《清代学术概论》，东方出版社2012年版。
梁启超：《清代学术概论》，商务印书馆1930年版。
梁启超：《中国近三百年学术史》，天津古籍出版社2003年版。
刘建臻：《清代扬州学派经学研究》，江苏人民出版社2018年版。
潘猛补：《温州历史文选》，作家出版社1998年版。
潘善庚：《历代人物与温州》，中国人民解放军7228工厂1986年版。

参考文献

庞天佑：《考据学研究》，新疆大学出版社 1994 年版。
漆永祥：《乾嘉考据学研究》，中国社会科学出版社 1998 年版。
钱穆：《中国近三百年学术史》，中华书局 1984 年版。
任嘉禾：《考据学新探》，内蒙古大学出版社 1996 年版。
沈克成：《温州历史年表》，北京电子出版物出版中心 2005 年版。
宋维远：《瑞安市志》，中华书局 2003 年版。
孙延钊：《孙衣言孙诒让父子年谱》，上海社会科学院出版社 2003 年版。
汪启明：《考据学论稿》，巴蜀书社 2010 年版。
王凤贤、丁国顺：《浙东学派研究》，浙江人民出版社 1993 年版。
王晓清：《中国地域学派叙论》，湖北人民出版社 2013 年版。
王欣夫：《文献学讲义》，上海古籍出版社 1986 年版。
王宇：《永嘉学派与温州区域文化》，社会科学文献出版社 2007 年版。
吴光：《黄宗羲与清代浙东学派》，中国人民大学出版社 2009 年版。
徐道彬：《戴震考据学研究》，安徽大学出版社 2007 年版。
徐世昌：《清儒学案》，世界书局 1962 年版。
徐世昌：《清儒学案》，文楷斋刊刻本 1939 年版。
许苏民：《朴学与长江文化》，湖北教育出版社 2004 年版。
杨树达：《古书句读释例》，中华书局 2003 年版。
杨树达：《中国文字学概要》，湖南人民出版社 2010 年版。
叶建华：《浙江通史》，浙江人民出版社 2005 年版。
殷惠中：《温州历史人物》，作家出版社 1998 年版。
于省吾：《甲骨文字诂林》，中华书局 1996 年版。
余振棠：《瑞安历史人物传略》，浙江古籍出版社 2006 年版。
袁行云：《清人诗集叙录》，文化艺术出版社 1994 年版。
张舜徽：《清代扬州学记》，广陵书社 2004 年版。
张舜徽：《清人文集别录》，华中师范大学出版社 2004 年版。
张舜徽：《清儒学记》，齐鲁书社 1991 年版。
张舜徽：《中国文献学》，中州书画社 1982 年版。

张渭毅：《中古音论》，河南大学出版社 2006 年版。

赵尔巽：《清史稿》，中华书局 1976 年版。

赵连稳：《清代浙东史学派经世致用思想》，知识产权出版社 2005 年版。

赵少咸：《广韵疏证》，巴蜀书社 2010 年版。

赵振铎：《集韵校本》，上海辞书出版社 2012 年版。

赵振铎：《集韵研究》，语文出版社 2006 年版。

郑鹤声、郑鹤春：《中国文献学概要》，上海书店出版社 1983 年版。

支伟成：《清代朴学大师列传》，泰东图书局 1925 年版。

周绍良：《唐代墓志汇编续集》，上海古籍出版社 2001 年版。

朱承平：《文献语言材料的鉴别与应用》，江西高校出版社 1991 年版。

三　报刊

（清）方成珪：《〈唐摭言校正〉自跋》，《浙江省通志馆馆刊》1986 年第 1 期。

（清）方成珪：《〈字鉴校注〉自序》，《浙江省通志馆馆刊》1945 年第 4 期。

陈吉生：《试论中国民族学的八桂学派》，《广西社会科学》2008 年第 7 期。

陈野：《整理乡贤文献　绍续先哲之学》，《浙江日报》2017 年 8 月 21 日。

陈准：《陈准刻书表》，《中华图书馆协会会报》1940 年第 5 期。

宋慈抱：《〈瓯海轶闻续编〉自叙》，《瓯风杂志》1934 年第 6 期。

宋慈抱：《〈瑞安诗征〉序》，《瓯风杂志》1935 年第 23 期。

宋慈抱：《瑞安县志各门小叙》，《浙江省通志馆馆刊》1945 年第 3 期。

孙延钊：《书〈守孔约斋杂记〉后》，《瓯风杂志》1934 年第 8 期。

谭其骧：《中国文化的时代差异和地区差异》，《复旦学报》（社会科学版）1986 年第 2 期。

余麟：《新书介绍与批评：〈韩集笺正〉》，《北京图书馆月刊》1928 年第 4 期。

张渭毅：《〈集韵〉研究概说》，《语言研究》1999 年第 2 期。

后　　记

　　书稿即将付梓之际，内心却是百感交集。从 2012 年第一次接触方成珪这个人物，到 2021 年最终完成初稿，转眼间已过去了 10 年。可以说，这本书稿见证了我的求学、治学之路。

　　大学毕业后原本打算步入职场的我，因机缘巧合走上了攻博之路，加之原本所学专业偏图书出版，故入学后有一段时间比较茫然。有幸的是，导师汪启明先生鼓励我发挥交叉学科的优势，从兴趣的角度开展学术研究，这使我忽然有了一种莫名的信心。也正是在先生的鼓励、指导和帮助下，才有了现在这个"兴趣选题"。记得一次在查找考据人物时，偶然翻到有"瑞安考据学第一人"之称的方成珪，隐约觉得值得考究。查阅相关文献后，便写了一篇两万字的综述找导师交流。先生认为，研究单个人物不具有学术延展性，建议选择有学术共性的群体进行研究，于是就有了后来的博士论文《清代瑞安学派考据学研究》。

　　毕业入职高校后，学校要求申报课题，苦于没有前期积累的我，因不想浪费之前搜集的方成珪资料，便申报了《地域学派视野下方成珪考据学研究》之选题。出乎意料的是，最终获得国家社科基金青年课题立项，这让一直坚持兴趣研学的我备受鼓舞。整个撰写过程虽经历了不少波折，但也在探索中收获了一些乐趣。天道酬勤，功不唐捐。庆幸自己坚守了那份热情，并将其持续地保持了下来。

　　在此，要感谢导师汪启明先生，是先生引领我走向考据学这条道路，是先生教会我为人为学之道，更是先生鼓励我保持对学术的浓厚兴趣，才让我能够一直在热爱的事业上不断奋斗。

　　感谢我的家人，是你们默默地鼓励与支持，让我心无旁骛地在开展学术研究。感谢你们的包容，让我坚持学术之路。同时还要特别感谢我的妻儿，每当疲倦、懈怠时，是你们给予了我无穷的力量。

感谢温州图书馆古籍部王妍主任、温州博物馆文物征集保管部谢作拳主任、温州市社科联原副主席洪振宁先生和贵州师范大学社科处、文学院、文学·教育与文化传播研究中心、出土文献及近代文书研究中心、汉字文明传承传播与教育研究中心西南地区研究基地等单位领导、同事给予的大力支持与帮助，感谢中国社会科学出版社任明、王正英等编辑老师的辛勤付出。

限于个人研究水平，书中难免有不妥之处，敬希读者不吝赐教。

刘思文
辛丑年秋于贵阳吟峰苑